홍익인간형 플랫폼국가로 가는

한국대혁명

홍익인간형 플랫폼국가로 가는

한국대혁명

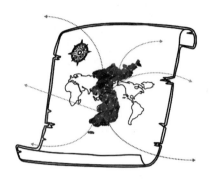

최동환 지음

～～ 물병자리

홍익인간형 플랫폼국가로 가는 한국대혁명
초판 1쇄 인쇄일 2018년 6월 28일
초판 1쇄 발행일 2018년 7월 7일

지은이   최동환
펴낸이   류희남
편집기획 천지영
교정교열 홍대욱

펴낸곳 물병자리
출판등록 1997년 4월 14일 (제2-2160호)
주소 03173 서울시 종로구 새문안로5가길 11, 801호 (내수동, 옥빌딩)
전화 02) 735-8160 팩스 02) 735-8161
이메일 aquari@aquariuspub.com
트위터 @AquariusPub
홈페이지 www.aquariuspub.com

ISBN 978-89-94803-45-6 03300

· 이 도서의 국립중앙도서관 출판도서목록(CIP)은 서지정보유통지원시스템 홈페이지(http://seoji.nl.go.kr)와 국가자료공동목록시스템(http://www.nl.go.kr/kolisnet)에서 이용하실 수 있습니다. (CIP제어번호: CIP2018016856)

머리말

현재 우리는 지난 3천 년 동안의 문명과는 전혀 다른 개념의 반도체문명으로 바뀌는 대혁명 시대의 입구에 서있다. 그리고 천하대란은 이미 시작되었다.

이 책은 천하대란을 극복하고 새 문명을 이끌 국가 모형으로 '플랫폼국가'라는 새로운 국가 모형 또는 개념을 세상에 선보이고자 한다. 플랫폼국가는 근대에 포르투갈과 스페인에서 처음으로 발생한 이후 네덜란드, 영국, 미국, 일본을 거쳐 지금 우리 대한민국에 와있으며 일반적인 국가에 비하면 몇 배, 몇 십 배 강한 국력으로 세계를 지배해 왔다.

이 책은 또한 근대와 현대를 지배해온 강대국으로서 플랫폼국가들의 생장쇠멸과 변천과정을 밝히고 다름 아닌 우리 민족이 미래의 반도체문명을 이끌 '홍익인간 모형'이라는 전혀 새로운 패러다임을 통해 플랫폼국가를 만들어 새로운 시대에 적응하고 선도하는 한국대혁명의 서막을 열었노라고 단언코자 한다.

이 모형은 철학자나 역사가, 정치가들의 머릿속에서 만들어진 것이 아니라 실제 현실에서 대자연과 인간 공동체가 진행하는 생명의 과정을 그대로 본떠 만든 것이다. 이 모형은 우리 민족이 현실에서 실제로 행동한 여러 운동의 원리를 담고 있다. 또한 근대세계를 지배하던 패권국가로서 플랫폼국가의 원리를 설명한다.

생텍쥐페리는 사하라 사막 어딘가에서 꿈같이 아름답게 여우와 어린왕자를 만났지만, 나는 사우디아라비아의 사막 흙먼지 속에서 우리 민족 노동자 300여 인의 피와 땀과 눈물과 함께 이 '홍익인간 모형'을 만났다.

나는 1980년대 초 사우디아라비아 건설현장에서 5년 동안 현장 기술자로 일하는 과정에서 300인의 동료 노동자들과 함께 우연인지 필연인지 철학 실험을 수행하게 되었고, 이 과정에서 노동자들이 갖가지 난관을 돌파하고 갖은 문제를 창의적으로 해결하는 자발적 행동을 통해 '홍익인간 모형'을 드러내는 것을 두 눈으로 똑똑히 목격하고 심득心得 할 수 있었던 것이다. 이는 마치 식물인간 상태의 인간이 벌떡 일어나 격투기 선수가 된 것과 같은 변화였다. 이 모형이 적용된 다음 발휘된 능력은 그 이전에 비해 실로 몇 배, 몇 십 배로 증폭되었음을 현실에서 보여주었다. 사막이라는 최악의 조건에서 우리 노동자 300인이 스스로 창조적 대중이 되면서 집단행동을 통해 현실에서 처음으로 드러낸 것이다.

1980년대 중반에 내가 귀국했을 때 마침 일반에게 『천부경』과 『삼일신고』와 『366사』가 공개되었다. 나는 이 경전들 안에 담긴 수학적 수식과 기하학적 도형과 철학이론이 내가 사우디아라비아에서 경험한 '홍익인간 모형' 체계와 맞아떨어진다는 사실을 알게 되었다.

그리고 나는 우리나라의 세계적 가전 대기업에서 서로 다른 두 차례의 신형 에어컨 개발 프로젝트에 컨설턴트로 참여하여 서로 다른 두 차례의 과학적 실험을 통해 이 '홍익인간 모형'의 이론체계를 증명했다. 이 두 개의 서로 다른 프로젝트는 모두 그 이전의 부품이 가졌던 능력에 비해 비약적인 성능을 보이며 성공을 거두었던 것이다. 이 모형은 인간 공동체는 물론 기계 능력도 놀라울 만큼 증폭시킨다는 사실을 과학적 실험으로 증명한 것이다.

 이렇게 찾아낸 철학의 이론체계는 한민족의 창조적 대중이 한국대혁명의 과정인 동학농민전쟁 이후 항일독립운동과 4·19혁명, 부마민주항쟁, 5·18광주민주화운동 등을 일으키며 잠재된 능력을 대대적으로 증폭시킨 원리와 일치한다. 한민족의 경전에 내장된 '홍익인간 모형'은 한민족의 창조적 대중의 잠재의식과 관습에도 늘 살아서 숨 쉬고 있으며 이 양자는 동일하다는 사실을 확인하였다. 그리고 지난 3천 년 간의 철기문명을 극복하는 반도체문명은 소통과 신뢰와 증폭의 영역인 "온 힘의 영역"이 전면적으로 활성화함으로써 생명의 과정이 만들어내는 '홍익인간 모형'으로만 설명된다는 사실을 발견했다.

 이 '홍익인간 모형'은 반도체문명이 본격적으로 시작되는 제4차 산업혁명의 성공을 위해 필수불가결한 사고와 행동의 틀을 제시한다. 이 책은 이를 위해 누구나 이해할 수 있는 꼭 필요한 여러 가지 설명과 증명을 할 것이다. 그 여러 가지 중 하나가 반도체문명의 핵심 중 핵심인 트랜지스터의 원리가 '홍익인간 모형'으로만 설명되고 증명된다는 사실이다.

 세계사의 변방에 불과하던 서구인들이 세계를 지배하고 세계사에 일찍이 없었던 무한한 권력을 인류에게 행사한 결정적인 이유는 산업혁명에 성공했기 때문이다. 그 이전에 해양혁명과 상업혁명이 있었지만 확대재생산이 가능해진 산업혁명이 그 근본적인 변화였다. 제1차 산업혁명을 주도한 국가는 플랫폼국가로서 영국이다. 그리고 제2차, 제3차 산업혁명을 주도한 국가는 플랫폼국가로서 미국이다.

자유주의를 운영하는 플랫폼국가 미국이 이 연속되는 산업혁명의 과정을 진행하는 동안 이를 따라가며 경쟁하며 전쟁을 벌였던 전체주의 국가 독일과 일본과 소련은 모두 패배하고 말았다. 그리고 이제 포스트 전체주의 국가 중국이 뒤를 이어 경쟁하고 있다. 그 과정에서 세계사적인 천하대란과 천재일우의 기회가 동시에 우리 대한민국이 위치한 동북아에 집중되고 있다.

산업혁명과 전체주의는 불가분의 관계가 있다. 우리는 독일과 일본과 소련이 왜 전체주의를 채택했어야만 했으며 또한 그들은 왜 모두 패배했는가를 모두 추적하여 알아야 한다.

또한 일본이 동북아에서 최초로 산업혁명에 성공한 이래 동북아 삼국은 유럽과 미국과 달리 모습을 바꾸며 1차, 2차, 3차, 4차로 진행되는 산업혁명의 성장동력을 독자적으로 만든 적이 한 번도 없다. 모두 유럽과 미국의 것을 복제한 것에 불과하다. 그 주된 이유는 유럽과 미국과 달리 동북아는 근대 이후 지적 독립을 이룬 적이 전혀 없기 때문이다. 오히려 일본을 비롯한 동북아는 유럽과 미국과는 정반대 방향으로 되돌아가 중화주의 유교를 다시 받아들이거나 20세기의 괴물 전체주의를 택한 것이 근대 이후 동북아의 역사이다.

미국만큼 볼품없는 식민지로 시작한 대한민국이 오늘날 세계를 주도하는 제3차 산업혁명에 적응하고 장차 세계질서의 판도를 근본적으로 바꿀 제4차 산업혁명에 뛰어들었다. 그리고 이제 대한민국이 제시하는 '홍익인간 모형'은 유럽과 미국의 지적 독립을 능가하는 전혀 새로운 한 민족의 지적 독립을 선언한다.

미국과 러시아가 처음 출발할 때는 그 영토도 좁고 국력도 약한 나라였다. 당시에는 누구도 지금처럼 드넓은 국토와 강한 국력의 강대국이 될 지에 대해 상상하지 못했다. 마찬가지로 그 미국과 러시아가 처음 출발할 때처럼 영토도 좁고 국력도 약한 지금의 대한민국이 장차 얼마나 광대한 영토와 강력한 국력을 가진 나라가 될지에 대해 누구도 상상하지 못하고 있다.

제4차 산업혁명은 새로운 시대에 적응한 플랫폼국가가 주도할 것이다. 이 길은 아무도 가보지 못한 길이지만, '홍익인간 모형'은 언제나 누구도 모르고 가보지 못한 곳에서 새로운 길을 개척한다.

개벽開闢이란 무엇인가? 사전적 의미로는 세상이 처음으로 생김을 의미하며 또는 새로운 사태가 열림을 비유한다.

우리 민족의 근대 개벽은 동학농민전쟁이었다. 서양에서는 칸트의 철학이 개벽을 설명하기 직전에 멈추어버렸다. 칸트 이후 헤겔과 마르크스의 변증법은 칸트가 발견한 개벽 직전의 비판철학이 이론을 더 이상 발전하지 못하도록 가로막았다. 헤겔과 마르크스의 변증법은 2,500년의 오랜 기간을 거쳐 이제 막 참다운 인간으로 태어나려는 서양철학을 태어나지도 못한 상태에서 사산시켜 버렸다.

따라서 서양이 근대 이후 발전시킨 서양의 휴머니즘은 결코 참다운 의미의 인간중심주의가 아니었다. 서양문명은 사람다운 사람으로 막 태어나려다가 죽어버린 인간중심주의요, 사람중심주의였다. 서양의 그 휴머니즘, 인간중심주의는 천박하고 잔인한 것이었다. 누가 이런 것을 진리라고 말하는가?

또한 서양은 아직 개벽상태 즉 음양오행의 직전원리에 머물러 있을 뿐 그것을 개천상태로 혁신할 꿈도 못 꾸고 있다. 동양도 마찬가지이다. 서양과 동양이 똑같이 개벽이라는 문제에 부딪쳐 똑같이 사산된 문명이 된 이유는 개벽이 정상적으로 이루어지면 개천과 재세이화와 홍익인간이 일어나는 '홍익인간 모형'의 과정적 이론체계를 전혀 알지 못하기 때문이다.

누구나 납득할 수 있도록 분명하게 설명할 수 없는 내용이 현실에서 실현되기는 불가능하다. 따라서 나는 이 책에서 이 '홍익인간 모형'을 단군조선에서 전해지는 단 65개의 글자로 이루어진 『천지인경』을 통해 유도하며 설명할 것이다. 이 손바닥 안에도 충분히 적을 수 있는 초소형의 간단명료한 65글자의 경전 안에 지난 3천년 간 동서양의 철학자들이 상상도 할 수 없었던 '반도체 문명'의 설계원리가 빠짐없이 모두 담겨 있기 때문이다. 나는 이 책에서 이 65글자 경전에 담긴 '홍익인간 모형'의 내용과 지난 3천년 간 동서양 철학자들의 모든 사고와 행동의 틀을 알기 쉽게 비교 검토할 것이다. 그리고 그 과정에서 왜 지난 3천 년 간 동서양의 철학자들이 반도체문명을 이끄는 플랫폼국가의 설계원리를 만들 수 없었음이 밝혀진다. 그리고 왜 우리 한민족의 고유한 사고와 행동의 틀이 미래의 반도체문명을 이끌어갈 '홍익인간 모형'의 플랫폼국가를 설명하며 한국대혁명을 이루어낼 수 있는가가 하나하나 밝혀질 것이다. 플랫폼국가의 내용이 누구나 이해할 수 있도록 한 눈에 이해할 수 있는 알기 쉬운 수학적 수식과 기하학적 도형과 철학의 이론 체계와 과학적 실험 데이터로 분명하게 설명될 때 그것을 현실에서 실현할 수 있게 되지 않겠는가?

항일독립운동의 중심이자 대한민국의 원형인 대한민국 임시정부에서 반포한 대한민국 건국강령은 대한민국 헌법의 기초이다. 그런데 이 대한민국 건국강령은 의미심장하게도 『천부경』, 『삼일신고』, 『366사』 외에 한민족의 고유한 경전 20여 권 중 하나인 『신지비사』의 내용 중 핵심을 원문 그대로 싣고 있다. 그리고 '재세이화'와 '홍익인간'을 담고 있다.

대한민국 임시정부에서 정식으로 반포한 대한민국 건국강령은 고려와 조선이후 1천 년 만에 대한민국이 신지비사에 담긴 한민족 국가의 정치철학인 '홍익인간 모형'으로 정식으로 복귀함을 선언한 것이다. 그리고 우리 민족이 지적 독립선언과 동시에 정치적 독립선언을 한 것이다. 이는 실로 우리 민족이 1천 년 만에 다시 원래 우리 민족의 사고와 행동의 틀로 돌아가는 획기적인 대사건이다.

나는 이 책에서 『신지비사』의 원문 180자 전문을 모두 공개하고 그 경전에서 '홍익인간 모형'의 개천상태의 삼한의 구조가 태극과 64괘임을 도출해낼 것이다.

그럼으로써 대한민국 임시정부가 추진했던 대한민국 헌법의 기초를 만드는 작업이 고려와 조선 1천 년 동안 사라졌던 한민족 고유의 '홍익인간 모형'이 전면적으로 복귀하는 것임을 재조명하고 그것을 다시 수학적 수식과 기하학적 도형과 철학이론체계로 설명하겠다. 그럼으로써 동학농민전쟁에 이어져 진행된 항일독립전쟁의 중심 대한민국 임시정부에서 시작하는 한국대혁명이 한민족의 고대국가인 배달국과 단군조선과 고구려와 발해와 신라로 이어지는 '홍익인간 모형'의 이론 체계를 복원하여 계승했음을 분명히 밝힐 것이다.

세계사에는 단 한 번의 실수로 그 흔적조차 없이 사라진 수많은 민족들이 존재한다. 그리고 우리 한민족의 오늘은 과거 어느 때보다 풍전등화와 같이 어려운 시대이다. 이제 우리 한민족이 새로운 반도체문명에 적응하고 주도적으로 이끌 플랫폼국가를 만드는 기회는 단 한 번일 뿐 연습은 없다. 이 책이 이 시대에 세상에 나와야 하는 이유가 이것이다.

지난 3년 동안 나는 문을 걸어 잠그고 많은 책을 읽으며 사색을 거듭하면서 이 책을 썼다. 20년 전에도 이번과 똑같이 3년 간 문을 잠그고 책을 읽고 책을 썼었다.

책을 읽고 생각을 하며 책을 쓰는 일에는 고요한 평정상태가 반드시 필요하다. 반만년도 더 이전에 만들어진 '홍익인간 모형'을 복원하고 그것을 이 시대와 앞으로 올 시대에 맞추어 설명하는 일은 한 사람이 가진 능력과 가치를 극단적으로 증폭시킬 것을 요구한다. 이 일은 누구도 대신해줄 수도 없고 그 누구에게도 도움 받을 수 없는 일이다.

그러나 필요할 때마다 내가 가진 모든 열정을 아낌없이 불태울 수 있는 나만의 고요한 시간을 이처럼 마음껏 가질 수 있다는 사실 하나만으로도 나는 이미 이 세상에서 아무 것도 부러울 것이 없다. 고대 그리스의 철학자 데모크리토스는 "차라리 나는 (기하학에)반드시 필요한 증명방법을 발견할지언정, 페르시아의 왕좌를 원하지는 않겠다(슈퇴릭히, 『서양철학사』 상)"고 했다. 데모크리토스에게는 당시 세계를 지배하던 페르시아 제국의 왕좌보다는 세상에 꼭 필요한 새로운 이론의 발견이 훨씬 더 소중했다.

　그렇지만 나는 지금까지 새로운 이론을 발견하겠다는 의지나 목적조차 가진 적이 없었다. 나로서는 오랜 세월을 통해 나의 개인적 삶 안에 우연히 찾아온 여러 소중한 기회들을 정성으로 대해 왔다. 그리고 나의 마음 깊은 곳에서 하고자 하는 바에 따라 내가 할 수 있는 한 있는 힘을 다했다.

　이 책을 마무리하는 지금, 지난 가을 산책길에서 줄을 지어 노래 부르며 날던 오리들이 이제 다시 왔던 곳으로 줄을 지어 노래 부르며 날아가고 있다. 이미 내 책상 위에는 수선화와 히아신스가 다시 아름답고 향기롭게 피어나고 있다. 이제 곧 뒷동산에는 향기로운 한 잔의 차와 함께 온갖 꽃이 다투어 피어나는 봄이 올 것이다.

단기 4351년(서기 2018년) 3월

배달 최동환

차례

제1부 플랫폼국가와 산업혁명 이야기

1. 플랫폼국가란 무엇인가?

플랫폼은 기차역이다. 플랫폼은 '허브hub'와 '스포크spoke'로 설명해도 같은 뜻이다. 새로운 철길이 생기면 새로 생긴 역을 중심으로 역세권이 형성되어 새로운 상권이 생겨나듯, 역은 국가적 규모나 국제적 규모의 정치·경제·문화의 중심이 된다. 서울역은 남으로는 부산과 목포와 만나고, 북으로는 신의주와 함흥이 만나 서로 교차하며 통합의 중심이 되는 플랫폼이다. 더 나아가 서울은 남으로는 태평양의 일본과 미국 그리고 북으로는 유라시아대륙의 중국과 러시아가 만나 교차하는 통합의 중심이다. 이러한 통합의 중심으로서의 대한민국은 이 시대 최대의 자본과 기술과 인력과 군사력이 집결하면서 플랫폼국가로 성장하는 세계적인 중심이다. 이는 허브 국가라고 해도 마찬가지다.

오늘은 PC혁명, 인터넷혁명, 모바일혁명을 맞으며 플랫폼 기업이 세계를 지배한다. 구글, 아마존, 네이버 등은 물론 안드로이드를 플랫폼으로 삼는 스마트폰 기업이나 자동차산업을 플랫폼으로 삼는 기업 등이 세력을 확장해왔다.

 이들은 모두 디지털 연결성을 가지면서 기존의 세상을 새로운 세상으로 혁신하는 플랫폼 모델을 보여주고 있다. 과거에 역이 모든 것을 연결하며 도시로 발전하는 것과 마찬가지로 플랫폼 기업이 디지털을 통해 모든 것을 소통과 신뢰를 통해 연결하며 능력과 가치의 증폭을 이루고 있는 것이다. 그럼으로써 이들 플랫폼 기업은 오늘날 기존의 기업이 가지고 있는 힘에 비해 몇 배, 몇 십 배의 힘을 발휘하며 세계를 지배하는 것이다.

그러나 이러한 플랫폼 모형은 이 시대의 플랫폼기업에만 해당하는 것이 아니다. 이미 근대의 시작과 함께 플랫폼국가가 만들어져 기존의 국가가 가지는 힘과 가치의 몇 배, 몇 십 배의 능력과 가치를 가지고 세계를 지배해 왔다.

 플랫폼국가는 항상 양극단의 세력이 만나는 교차영역에서 발생하여 양극단을 연결하며 신뢰를 형성하면서 자신의 능력과 가치를 증폭하면서 발생한다.

 그 양극단이 만나 연결되는 경계면의 영역이 새로운 역사를 창조하는 의사소통과 신뢰와 힘의 증폭이 이루어지는 '온힘의 영역'이다. '온'이란 순수한 우리말로 전체를 의미하며 100을 의미한다, '온힘'은 대립하는 양극단의 영역을 소통과 신뢰를 통해 연결하여 전체인 '온'을 만들어 능력과 가치를 증폭하게 만드는 커뮤니케이션과 미디어의 영역이다. 이를 중용中庸이라고 해도 좋지만, 순수한 우리말 '온힘'이 더 풍부하고 심원한 의미를 담는다. 플랫폼국가는 아리스토텔레스의 형식논리학의 동일률과 모순률과 배중률 그리고 칸트의 이율배반과 헤겔과 마르크스의 변증법을 철저하게 무시하고 온힘의 영역을 구축하여 양극단을 통합하며 성립된다.

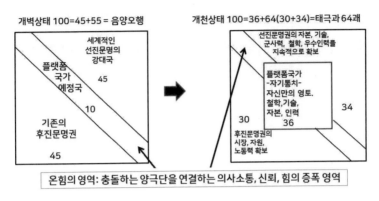

<그림1> 플랫폼국가 기본 모형

플랫폼국가 모델은 천부도天符圖의 기하학적 도형으로 요약된다. 〈그림 1〉은 플랫폼국가의 기본내용이 보여주는 기하학적 도형은 플랫폼국가의 기본 설계원리인 개벽 상태와 개천 상태를 한 장의 그림으로 그린 것이다. 이 도형과 그 자체에서 설명하는 수학적 수식은 이 책 전체를 통해 여러 가지 다양한 내용과 방법으로 충분히 이해할 수 있도록 설명할 것이다.

개벽 상태는 천하대란을 극복하며 플랫폼국가를 만들어가는 첫 번째 상태이다. 즉 개벽상태의 특징은 서로 대립하는 양극단이 만들어내는 모순을 있는 그대로 인정한다. 그리고 대립하는 양극단의 경계면에 제3의 영역인 온힘의 영역이 존재하며 이 영역이 소통과 신뢰를 형성하여 양극단을 통합하며 능력과 가치의 증폭을 이루어낸다. 대한민국은 지리적으로 이 양극단의 소통과 신뢰와 증폭을 이루는 온힘의 영역이자, 사상적으로도 자유주의와 전체주의의 양극단이 부딪치는 온힘의 영역이다. 이 개벽 상태는 그 자체로 아리스토텔레스의 모순률과 배중률을 완전히 극복한다. 그러니까 식물인간 상태로 몸과 마음이 분리된 상태에서 몸과 마음이 하나로 통합되는 것이다. 그리고 개천 상태는 이렇게 통합된 몸과 마음의 중앙에 존재하는 머리의 영역이 활성화되어 그 머리로 생각하고 몸과 마음을 움직이는 상태이다.

2. 산업혁명은 세상을 어떻게 바꿔놓았나?

근대로부터 산업혁명은 만물의 아버지요, 만물의 왕이다. 산업혁명은 어떤 것은 신으로 만들었고, 어떤 것은 인간으로, 또 어떤 것은 노예 또는 자유인으로 만들었다.

한민족이 그 대표적인 실례이다. 일본이 먼저 산업혁명에 성공하고 우리가 뒤처지자 우리는 곧바로 일본의 노예가 되었다. 그리고 우리가 산업혁명에 성공하자 우리를 짓밟은 일본마저 제치고 제3차 산업혁명의 경제 강국이 되었다. 이 과정의 시작과 끝은 모두 산업혁명이었다.

산업혁명의 후발주자들이 전체주의를 받아들여 사생결단의 몸부림을 통해 산업혁명에 성공한 것처럼 대한민국도 그들 이상으로 사생결단의 몸부림을 통해서야 겨우 산업혁명에 성공할 수 있었다.
산업혁명의 후발주자들이 산업혁명에 성공하는 일에는 반드시 무리가 따르기 마련이다. 독일과 일본과 소련의 전체주의는 그 전체주의의 독성에 의해 결국 패망했다.

근대국가의 제1원리가 산업혁명이라는 것은 현대문명 전체의 핵심이 되는 주제이다. 따라서 우리는 산업혁명 이전 근대의 시작이자 바탕이 되는 대항해시대로부터 시작하여 네덜란드의 상업혁명과 영국의 제1차 산업혁명을 모두 살펴보아야 할 필요가 있다. 그리고 이 국가들 중 플랫폼국가를 형성한 나라들의 특징을 살펴볼 필요가 있다.

그리고 단지 산업혁명에 한 번 성공한다고 강대국이 되는 것은 전혀 아니다. 우리는 왜 산업혁명에 성공하고도 강대국이 되지 못하고 몰락하는 이유 또한 분명히 이해해야 한다. 그 이유는 대체로 전체주의와 연관이 있다. 나치독일과 붉은 소련과 천황 중심 국체사상 일본도 산업혁명에는 성공했지만 모두 미국과의 전쟁에서 패하고 전체주의 국가들은 종말을 맞았다.

정치가의 머릿속에 공산주의든 나치즘이든 아니면 다른 무엇이 들어있든 그것은 근대 이후 국가의 생존과 발전에 중요한 문제가 아니다. 진정한 문제는 오직 하나다. 그것은 계속 이어지는 제3차, 제4차 산업혁명에 성공하는가 아닌가일 뿐이다.

레닌은 시대를 분명히 읽고 있었다. 그는 자신이 성공시킨 러시아혁명으로 만든 국가 소련의 미래가 전력電力과 대량생산이 주도하는 제2차산업혁명의 성패에 달려있음을 뚜렷하게 알고 있었다. 이 같은 통찰력은 매우 드문 것이었다.

레닌은 다른 것은 몰라도 반드시 제2차 산업혁명을 성공시켜야 한다는 확고한 생각을 가지고 있었다는 점에서 현대국가의 지도자 자격을 갖춘 것이다. 그리고 스탈린은 레닌이 만든 설계도를 따라 밀고 나간 것이다.

소련과 대한민국은 모두 단시간에 산업혁명에 성공하기 위해 독재를 사용했다는 점은 공통점이다. 그러나 레닌과 스탈린은 전체주의 국가를 만들어 수많은 사람들을 학살하고 강제수용소에 가두는 압제를 통해 제2차산업혁명에 성공함으로써 그 시작부터 이미 제3차산업혁명에 실패하여 몰락하는 길을 만든 것이다. 단시간에 산업혁명에 성공하기 위해 소련이 사용한 전체주의는 국가가 사회를 파괴하고 그 자리를 대신함으로써 새로운 성장동력을 만들어낼 자발적이고 자율적인 사회의 능력과 가치가 사라진 것이다.

이승만과 박정희는 두 사람 다 비록 권위주의적이기는 했지만 자유주의적인 바탕을 유지했다. 박정희의 군사독재는 심한 것이었지만 스탈린의 전체주의 독재와는 비교할 수 없는 것이었다.

또 그 과정에서 소련과 대한민국의 차이점이 확연히 드러났다. 즉 대한민국의 진정한 주인이 이승만과 박정희가 아니라 한민족의 창조적 대중이라는 사실은 4·19혁명과 부마항쟁, 광주민주화운동, 6·10항쟁 등이 보여준 역동성에서 분명히 드러났다. 이 역동성이 한민족이 진행하는 한국대혁명의 위대한 저력이었다. 그러나 소련의 대중은 이러한 역동성이 없어 전체주의 독재에 끌려 다니다가 결국 소련 자체가 붕괴하고 말았다. 그 후유증은 오늘날의 러시아가 고스란히 안고 있다.

대한민국은 산업혁명에 성공하고도 그 후유증을 넉넉하게 견디고 민주화에 성공할 수 있었고, 더 나아가 제3차 산업혁명에 성공하고 또 제4차 산업혁명으로 나아갈 수 있게 되었다. 우리나라가 산업혁명에 성공하는 데 큰 힘이 된 것은 해양세력이자 자유주의 세력인 미국과 유럽과 일본이 대륙세력이자 전체주의 국가들인 소련과 중국과 북한을 견제하기 위해 우리나라를 전폭적으로 지원한 것이 큰 힘이 되었음을 무시할수는 없다.

즉 대한민국의 지정학적 위치가 정확하게 세계적인 '온힘의 영역'이며 또한 한민족의 특징이 '온힘의 영역'을 극대화시키는 소통과 신뢰와 증폭의 능력이다. 그것을 바탕으로 플랫폼국가를 이룬 것이 곧 대한민국이 아시아의 다른 여러 나라들보다 몇 배, 몇 십 배의 비약적인 발전을 한 원인이다.

산업혁명으로 형성된 자본주의가 만들어내는 잉여 자본은 제국주의를 낳고, 잉여 인간은 전체주의를 낳았다.

히틀러와 스탈린식 전체주의를 묘사한 조지 오웰의 『1984』와 세련된 과학문명의 전체주의를 묘사한 올더스 헉슬리의 『멋진 신세계』는 내용이 반대다. 조지 오웰은 『1984』와 『동물농장』에서 전체주의 국가들이 비밀경찰과 강제수용소를 통해 이루어지는 무시무시한 압제의 공통적인 모습을 정확하고 재미있게 잘 그려냈다.

그러나 올더스 헉슬리는 『멋진 신세계』에서 자유가 넘치는 자유주의 국가들에서 대중들이 쾌락을 추구하며 대중 스스로 자신들을 바보로 만드는 기술을 떠받들게 되는 우민주의愚民主義로 운영되는 세련된 전체주의를 정확하게 내다본 것이다.

러시아의 생리학자 파블로프는 개에게 먹이를 주기 전에 벨을 울리면 그것만으로도 개가 침을 흘리게 된다는 조건반사를 발견했다. 러시아혁명에 성공한 레닌은 파블로프의 연구 내용을 듣고 "실로 흥미로운 이야기"라며 파블로프에게 그 작업 개요의 정리를 부탁했다. 파블로프가 408쪽 짜리 보고서를 제출하자, 레닌은 단 하루 만에 보고서를 모두 읽고 매우 감격한 표정으로 "이로써 혁명의 미래가 보장되었다"라고 말했다(오카다 다카시, 『심리조작의 비밀』). 전체주의의 실행방법이 파블로프의 연구로부터 마련된 것이다. 이로부터 '파블로프의 개'는 전체주의의 상징이 되었다.

파블로프는 연구소와 풍부한 자금을 제공받았으며, 마음대로 연구할 수 있는 특권이 주어졌다. 자유롭게 해외에 가는 것도 허용되는 등 구

소련에서는 이례적인 특별대우를 받았다. 파블로프의 연구는 그만큼 특별했으며, 혁명을 성취하는 데 크게 공헌했다는 평가를 받았다.

파블로프의 연구는 전체주의자들이 국가가 운영하는 일에 없어서는 안 될 내용이며 또한 전체주의를 이해하는 일에 없어서는 안 될 내용이 기도 하다. 자본주의는 제국주의와 전체주의라는 괴물을 만들었다. 우리가 이 두 가지 괴물에 대해 모른다면 플랫폼국가를 이해할 수 없다.

한나 아렌트는 "자본주의는 잉여자본과 잉여인간을 발생시켰는데, 제국주의가 잉여자본의 조직이라면 전체주의는 잉여인간의 조직이라고 할 수 있다"고 했다(한나 아렌트, 『전체주의의 기원』 1).

제국주의란 무엇인가? 제국주의에 대한 연구에 있어서 "19세기말의 해외 팽창에 대한 어떤 경제적 분석도 그 논리적 출발점은 1902년 처음 출판된 J. A. 홉슨 (Hobson)의 『제국주의Imperialism』 다. 금융계의 거두들은 자기들의 영여자본을 보다 유리하게 투자하기를 바랐기 때문에 해외로의 팽창을 소망했다는 것이다."

레닌은 "제국주의란 독점과 금융자본의 지배가 성립된 단계까지 발전한 자본주의이다. 그 속에서는 자본의 수출이 특히 중요해졌으며, 국제적인 트러스트들 간에 세계분할이 이미 시작되었고, 거대한 자본주의 열강들 간에 세계의 영토분할이 완결된 것이다"라고 말한다. 그리고 레닌은 "제국주의는 프롤레타리아 사회혁명의 전야"임을 굳게 믿고 있었다(레닌, 『제국주의』).

그러나 제국주의는 레닌의 굳은 신념에도 불구하고 달리 맥없이 스스로 종말을 맞고 말았다. 즉 한나 아렌트는 "처칠이 '통솔하기'를 거부했던 '대영 제국의 청산' 이후 불가피한 것처럼 보였던 제국주의의 종말은 인도의 독립 선언과 함께 기정사실이 되었다. 영국인들이 식민 통치를 자발적으로 청산한 것은 20세기 역사에서 가장 중대한 사건 중 하나로 간주되며, 이 일이 일어난 뒤에도 해외 식민지를 계속 붙잡고 있던 유럽 국가는 하나도 없었"음을 말한다(한나 아렌트, 『전체주의의 기원』 1).

그리고 유럽 국가들이 제국주의를 포기한 이유는 제국주의를 통해 얻는 경제적 이익보다 그것을 유지하기 위한 비용이 훨씬 커서 그 부담을 감당할 수 없었기 때문이다.

즉 "제국주의 정책에서 이윤 추구의 동기가 중요하다는 사실은 과거에도 종종 과대평가 되었지만, 이 동기가 이제 완전히 사라져버린 것이다. 극히 부유하고 극히 강력한 국가만이 제국주의가 야기하는 막대한 손실을 감당할 능력이 있다"는 것이다(한나 아렌트, 『전체주의의 기원』 1). 자본주의의 문제아 제국주의는 사실상 유명무실해졌다.

이제 문제는 제국주의에서 전체주의로 넘어왔다. 자본주의가 새로운 성장동력을 찾을 때마다 노동자의 일자리가 문제가 된다. 즉 잉여인력의 문제이다. 과거 제1차 산업혁명에서 시작하여 지금 제4차 산업혁명에 이르기까지 갈수록 잉여인력의 문제는 커지고 치명적이 된다.

한나 아렌트는 "잉여재산보다 더 오래된 것은 자본주의 생산의 다른 부산물이다. 즉 산업 확장의 시기 이후에 늘 따라오게 마련인 위기가 생산 사회에서 영구적으로 제거한 인간 폐기물이 그것이다. 할 일이 없어 늘 한가한 사람들은 잉여재산의 소유자만큼이나 공동체에 무용지물이었다"라고 냉정하지만 정확하게 말한다(한나 아렌트, 『전체주의의 기원』 1). 근대 이후 문제는 잉여인간인 것이다.

나치독일과 국체주의 일본과 붉은 소련은 모두 영국과 미국을 따라잡기 위해 산업혁명을 일으키는 과정에서 무리하게 전체주의를 택했다.

이들이 짧은 시간 안에 산업혁명을 성공시키는 방법은 국민의 개성을 말살하고 국가가 하나의 거대한 공장이 되고 국민이 하나의 거대한 기계가 되는 길 뿐이었다.

그것은 인간의 자유를 말살하고 단지 기계처럼 주어진 자극에만 반응하는 파블로프의 개로 만드는 것이었다.

따라서 한나 아렌트는 "전체주의 국가의 모범적인 '시민'은 파블로프의 개이고 가장 기초적인 반작용으로 축소된 인간 표본이며 언제나 폐지되어 다른 것으로 대체될 수 있는 반응의 묶음, 똑같은 방식으로 행동하는 반응의 묶음"이라고 말한다(한나 아렌트, 『전체주의의 기원』1).

하지만 민주주의 국가는 '온힘의 영역'이 살아있음으로 해서 죽어있는 전체주의 국가가 가지고 있는 능력과 가치보다 몇 배, 몇 십 배의 증폭된 능력과 가치를 발휘할 수 있다. 그것이 바로 전체주의와 이 책에서 곧 설명할 '홍익인간 모형'이 실현하는 민주주의와의 차이점이다. 민주주의는 인간이 기계나 파블로프의 개와 달리 존엄하다는 바탕에서 출발한다. 따라서 전체주의나 자유주의와 달리 잉여인간 문제는 처음부터 발생하지 않는다.

앤서니 기든스는 전체주의가 "일반적으로 근대국가의 특징과도 관계가 있는데, 전체주의 지배로 떨어질 가능성을 함유하지 않는 민족국가는 존재하지 않는 다고 말할 수 있다."라면서 전체주의를 근대국민국가의 일반적 특성으로 보고 있다(앤서니 기든스, 『민족국가와 폭력』).

기든스는 근대 국민국가 모두가 전체주의 국가가 될 가능성이 있다고 본다는 점에서 보다 현실적인 안목을 가지고 있다. 근대 국민국가가 가지는 공통적인 문제가 잉여인간이기 때문이다.

대학살, 공포, 광란이 만들고 사회적 동력이 사라진 포스트 전체주의

이제 포스트 전체주의에 대해 살펴보자. 이 용어를 처음 사용한 사람은 체코슬로바키아의 인권운동가이자 초대 대통령 바츨라프 하벨이다. 그는 유혈사태 없이 공산당 정권을 붕괴시켜 '벨벳혁명'으로 불리는 체코슬로바키아 민주화운동의 지도자이다. 그는 1978년에 쓴 그의 「힘 없는 힘*The Power of the Powerless*」 이라는 에세이를 통해 과거 스탈린이나 히틀러와 같이 대학살과 무지비한 테러를 동원하는 공포의 전체주의가 아닌데도 오늘날 전체주의가 운영되는 원리를 '포스트 전체주의posttotalitarianism'라고 부르며 설명했다.

하벨은 "체코슬로바키아에서 "권력의 중심은 진리의 중심과 동일하다"라고 한다. 그리고 당시 체코의 체제는 전통적인 독재와도 다르고, 통상적으로 이해하고 있는 전체주의와도 다른 이른바 '포스트 전체주의 체제posttotalitarian system'라고 설명한다. 그것은 당시 체코의 프라하에서 스탈린이나 히틀러처럼 테러와 공포 없이 운영되는 전체주의이다.

하벨은 프라하의 야채가게 지배인이 가게 유리창 앞에 양파와 당근과 함께 내건 슬로건 "만국의 노동자여 단결하라"는 구호를 예로 들며 이 새로운 전체주의를 설명했다.

그 야채가게 지배인은 포스트 전체주의의 상부에서 양파와 당근과 함께 그 슬로건을 받아 걸었을 뿐이다. 그리고 그 슬로건은 그의 가게뿐 아니라 어느 곳에도 걸려있다. 그 자신도 그 "만국의 노동자여 단결하라"라는 슬로건에 아무런 관심이 없고, 그 가게를 찾는 사람들 중에서도 그 슬로건에 관심을 가지는 사람은 아무도 없다.

그러나 만약에 그 슬로건을 가게 유리창에 걸지 않는다면 그는 심각한 불이익을 당할 것이다. 하지만 그 슬로건을 걸므로 해서 그는 포스트 전체주의 국가의 시스템과 조화를 이루며 평화롭게 살아갈 수 있는 것이다.

말하자면 프라하의 청과물 상점 지배인으로 상징된 국민 모두는 포스트 전체주의 국가와 일종의 타협을 통해 자발적인 협력을 하고 있는 것이다. 포스트 전체주의 국가는 이런 식의 자발적인 동원 시스템으로 움직이고 있다는 것이다.

포스트 전체주의는 과거 히틀러나 스탈린과 같이 적극적인 정보조작과 무차별적인 거대한 공포를 통해 대중을 열정과 광란 속에 지지와 참여를 통한 동원을 하지 않는다. 아니 이미 그렇게 할 동력을 잃었다.

포스트전체주의는 자발적인 대중의 지지와 동의를 확보하지만 그것은 약간의 충격으로도 깨어지는 약한 것이다. 바츨라프 하벨은 포스트 전체주의의 이러한 측면을 처음으로 설명한 것이다.

하벨의 포스트 전체주의는 중국의 노벨 평화상 수장자 류 사오보의 포스트 전체주의로 이어진다. 중국은 미국과 소련의 냉전이 극심할 때 미국이 소련을 견제하기 위해 중국을 대대적으로 지원함에 힘입어 산업혁명에 성공했다. 그러나 중국은 여전히 전체주의 국가이다. 류사오보는 이 시대의 대표적인 포스트 전체주의 국가 중국을 비판한다.

결국 자유주의 자본주의가 일으키고 진행해온 산업혁명은 20세기에 이르러 잉여인간이 만든 전체주의를 낳고 말았다. 그 전체주의가 포스트전체주의가 되었어도 근본적인 문제는 조금도 바뀌지 않는다.

이들 전체주의 국가들이 자유주의 국가가 일으킨 산업혁명이 만든 잉여인간의 문제를 해결한 것은 사실일지 모르지만 그보다 더 큰 문제를 안게 되었다. 무엇보다도 치열한 경쟁을 통해서만 만들어지는 성장동력을 만들 수 없게 된 것이다. 대신 무시무시한 비밀경찰과 물샐틈없는 대중의 상호감시와 밀고체계 그리고 강제수용소가 자리를 잡게 된 것이다.

한편 현대의 세련된 전체주의 국가에서는 정말로 소중한 사실들과 진실들을 넘쳐나는 쓰레기 정보의 바다에 빠뜨려버림으로써 대중에게 속임수와 프로파간다와 폭력을 사용할 필요조차 없다.

3. 유럽 플랫폼국가의 흥망성쇠

　유럽혁명은 영국의 산업혁명으로 상징된다. 그리고 산업혁명은 그 이전에 포르투갈과 스페인의 해양혁명과 네덜란드의 상업혁명이 있었기에 가능했다. 또한 이 나라들은 모두 플랫폼국가라는 공통점이 있다.

　그러나 유럽혁명의 시작이 강력한 이슬람세력의 침략과 몽골제국의 침략으로 인하여 유럽 전체가 풍전등화와 같은 위기로부터 비롯되었음을 아는 사람은 많지 않다. 새로운 문명은 항상 극한에 달한 전쟁과 죽음의 공포와 굶주림과 질병의 비참함과 함께 시작하기 때문이다.

　이슬람 세력은 713년에 유럽의 서쪽으로는 스페인과 포르투갈의 이베리아 반도를 침략하여 그 대부분을 약 800년이나 지배했고, 한 때는 피레네 산맥을 넘어 프랑스의 심장부까지 진격했으며, 동쪽으로는 중국 접경지역까지 세력을 펼칠 정도로 강력했다. 오스만 투르크는 유럽의 중심 오스트리아의 수도 빈을 두 번이나 포위했었다. 이슬람세력은 광대한 영토와 뛰어난 과학기술과 철학과 문화를 가지고 있었던 당대 최대의 선진 문명권이었다.

　900년 전으로 돌아가면 "당시 서유럽에는 코르도바를 빼면 도시가 없었거니와, 이 도시마저도 무슬림 세계의 일부였다."(루이스 멈퍼드, 『기술과 문명』) 그리고 당시 서유럽은 "빈곤하고, 폭력이 난무하고, 정치적 난장판인데다가 거의 어떤 척도로 보아도 가망 없이 뒤떨어진 곳"이었다 (필립 T. 호프먼, 『정복의 조건』).

　유럽은 이제 막 암흑시대를 벗어내려고 했으므로 이슬람세력의 찬란한 선진문명에 비하면 너무나 보잘것없는 후진지역이었다.

그러나 이베리아 반도의 스페인과 포르투갈은 달랐다. 이베리아 반도는 선진문명의 이슬람세력과 미개한 유럽대륙이 첨예하게 맞부딪치는 커뮤니케이션과 미디어의 "온힘의 영역"을 형성하기 시작한 것이다.

스페인과 포르투갈은 이슬람과 유럽이라는 양극단의 세력이 소통과 신뢰를 형성하며 상호균형과 통합으로 능력과 가치의 증폭을 이루어 플랫폼국가가 만들어질 수 있는 최적의 조건이 마련된 것이다.

그리고 스페인과 포르투갈에서 시작한 해양 플랫폼국가는 스페인의 식민지였던 네덜란드가 역사상 최초의 상업 플랫폼국가로 다시 태어나 세계적인 패권국가가 되었고, 스페인과 네덜란드의 영향권에 있던 영국이 새로운 산업 플랫폼국가로 다시 태어나 세계적인 패권국가가 된 것이다. 이른바 세계사적인 천시天時와 지리地理, 인화人和를 동시에 얻은 것이다.

그러나 러시아는 전혀 다른 세계적인 강대국이었던 몽골제국의 지배하에 있었고 너무나 구석진 곳이라 누구도 거들떠보지 않던 여러 작은 나라 중 하나인 모스크바공국에서 시작했다. 이 나라는 몽골제국의 거대한 세력과 힘없고 미개한 유럽대륙이 맞부딪치는 경계면 즉 "온힘의 영역"에 위치함으로써 이 양대 세력이 소통하며 상호관계를 형성하여 상호균형과 통합하는 플랫폼국가를 만들어낼 수 있었다.

또한 유럽혁명은 무엇보다도 나침반과 화기와 화약과 인쇄술의 혁명이기도 했다. 이는 먼저 중국에서 만들어져 이슬람세계를 통해 유럽으로 전해졌다.

유럽의 플랫폼국가들은 모두 해양플랫폼을 구축했다는 공통점이 있다. 심지어는 대륙국가인 러시아가 세계최강의 기마민족 국가였던 몽골을 물리친 근본적인 힘은 유라시아대륙 북부의 구석구석을 관통하는 내륙의 하천들을 선박을 통해 지배했기 때문이었다. 기마민족에게 하천은 군사적으로 장애물 이외의 다른 아무 것도 아니었고 바로 그 점이 러시아가 가진 상대적 강점이 되었다.

먼저 포르투갈과 스페인이 해양 플랫폼국가를 세워 아메리카대륙과 아시아로 뻗어나갔다. 그럼에도 불구하고 그들은 여전히 농업국가 경제의 틀인 단순 재생산을 벗어난 것은 아니었다.

단순 재생산은 농경국가의 경제로써 "투자를 추가하지 않고 계속 같은 규모로 되풀이하며 이루어지는 생산이다. 농경사회는 대부분 자급자족형 단순 재생산 사회이다. 이러한 사회는 생산이 점차적으로 떨어지므로 증산이 이루어지기 어렵다. 설혹 풍작 등으로 증산이 이루어져도 잉여가 새로운 생산 요소로 투입되어 생산을 확대할 경제구조가 아니므로, 결국 투입대비 산출량의 증가속도가 점점 낮아지고 정체하는 경제 성장의 감속현상이 나타난다."(김태유, 『패권의 비밀』)

이 경우 생산을 확대하는 방법은 오직 새로운 토지를 전쟁을 통해 확보하는 것뿐이다. 그러나 새로운 토지를 얻었다 해도 증산의 효과는 그때뿐이고 다시 정체되기 마련이다. 지난 3천 년간 제국들이 빠졌던 함정이다.

따라서 농경국가의 단순 재생산에 머물렀던 포르투갈과 스페인은 해양 플랫폼국가로서 세계제국을 이루었지만 경제적으로 곧 성장동력을 잃어버리고 몰락의 길을 걷게 된다.

진정한 상업 플랫폼국가를 세워 세계최초로 자본주의 방식으로 운영한 국가는 스페인의 식민지에 불과했고 인구도 적고, 나라의 땅도 해수면보다 낮은 곳이 많은 네덜란드였다. 그러나 네덜란드의 위치는 남유럽과 북유럽이 대서양과 강을 통해 만나 하나가 되는 절묘한 "온힘의 영역"에 위치해 있었다.

네덜란드는 농업국가의 단순재생산을 극복하고 세계최초로 확대 재투자를 통해 상업 플랫폼국가를 이루었다. 그럼으로써 네덜란드는 그 식민지로 출발했고, 좁은 국토와 그나마 열악한 환경과 적은 인구에도 불구하고 세계적인 패권을 차지할 수 있었다.

"상업 사회는 주로 사치품 무역rich trade을 통해 상업 이윤을 확보하고 자본축적으로 인해 확대 재투자가 일어난다는 점에서 산업 사회의 성장유형에 근접 하지만, 거래되는 품목이 주로 농업 생산물이라는 점에서 근본적으로는 농업 사회에 기반을 두고 있다. 그런 점에서 상업 사회는 농업사회에서 산업 사회로 이행하는 과도기에 위치하면서 산업 혁명을 태동시키는 모태 역할을 했다."(김태유, 『패권의 비밀』)

이제 네덜란드는 단지 영국이 산업혁명을 이루어 산업 플랫폼국가를 형성할 모태의 역할만 하고 성장동력을 잃어버리고 패권을 빼앗기게 된다.

결국 해양 플랫폼국가와 상업 플랫폼국가는 결국 더 발전할 수 있는 성장동력을 찾지 못하고 몰락하고 말았다.

그러나 새로운 상업 플랫폼국가로 등장한 영국은 끊임없이 발전할 수 있는 새로운 성장동력을 찾아낸 것이다. 바로 이것이 산업혁명이었다. 산업화는 그 자체가 확대재생산을 가능하게 하여 끊임없는 성장동력을 찾아낸다.

즉 "산업 사회는 공장이나 기업 등의 인위적인 공간에서 자본, 노동, 기술, 원자재, 에너지 등의 생산 요소들을 투입해 재화와 용역을 생산하는 사회이다. 여기에서는 확보된 이윤이 자본으로 축적되고 또 기술혁신에 투입되어 신기술에 의한 신제품이 계속적으로 개발되기 때문에 상업 사회와 같은 성장의 한계가 극복되고 결과적으로 확대 재생산의 선순환이 지속적으로 이루어진다."(김태유, 『패권의 비밀』)

여기서 산업사회의 사물의 영역은 땅과 원자재와 기계, 노동 등이며 관념의 영역은 에너지, 기술 등이다. 온힘의 영역은 자본과 의사소통과 신뢰의 영역이다. 그리고 이 세 영역이 통합하여 개벽상태를 이룬 다음 개천상태의 공적영역과 사적영역을 이룰 때 산업사회는 그 이전의 농업사회, 상업사회에 비해 몇 배, 몇 십 배의 능력과 가치가 증폭되는 것이다.

유럽 문명을 시작한 해양 플랫폼국가 포르투갈과 스페인

문명과 야만이 충돌하는 경계면 즉 아리스토텔레스 이래 논리학에서 금기시하는 제3의 영역으로서의 배중률排中律의 영역이야말로 플랫폼국가가 출현하는 가장 좋은 "온힘의 영역"을 형성한다. 스페인은 바로 그 영역에 자리 잡고 1492년 이슬람세력을 몰아내고 독립국가를 세웠다. 그리고 약 8백 년 식민지 지배동안 이슬람이 이루어낸 선진문명을 모두 자기 것으로 만들 수 있었다. 서양의 근대문명의 기초는 대부분 이 때 이슬람 세계로부터 받아들인 것이다.

심지어는 아리스토텔레스의 저작들도 이베리아를 점령한 이슬람 세력에 의해 아라비아어로 전해진 것을 로마자로 번역함으로써 다시 유럽에 전해진 것이다.

스페인과 포르투갈은 이슬람세력에 의해 정복당한 약 800년 동안 이슬람세력이 축적한 고급지식과 기술 대부분을 흡수하고 고급인력까지 받아들이고 그것으로 아직 미개한 유럽대륙에 진출하여 영토와 시장을 확장하고 나아가 아메리카 대륙으로 확장함으로써 지중해시대를 대서양시대로 혁명적으로 바꾼 것이다.

문제는 누가 먼저 지금까지 세계를 지배하는 가장 큰 금기의 벽을 깨부수고 새로운 시대를 여는가 하는 일에 달려 있다.

유럽문명을 세계사에 등장시킨 최초의 사건은 그 이전 1,000년 동안 유럽은 물론 이슬람세계에서도 금기로 생각했던 서아프리카의 사하라 서부에 대서양을 향해 돌출한 곳인 카나리아제도 남쪽에 위치한 보자도르 곶(Bojador, Cabo)을 넘어 포르투갈 사람 에아네스Eanes가 항해를 한 것이었다.

이 유럽인들과 이슬람인들이 절대적 금기로 삼았던 보자도르 곶을 넘은 일을 성공시킨 사람은 포르투갈의 엔리케(Henrique, 1394~1460) 왕자였다.

서양의 근대는 콜럼버스의 아메리카대륙의 발견이 아니라 그 이전에는 절대로 넘어가지 못할 금기였던 보자도르 곶을 넘은 것에서 시작했다고 할 수 있는 것이다. 이 발견으로 이른바 동쪽으로는 인도와 아시아로 진출하고, 서쪽으로는 아메리카 대륙으로 진출하는 대항해시대가 시작된 것이며 유럽혁명의 시작을 연 것이다.

7, 8세기 지중해는 '이슬람의 바다'였다. 당시 아랍인들이 세계 최고 수준의 수학 · 천문학 등의 과학지식과 나침반을 사용하는 기술은 세계 최고 수준이었다.

그러나 포르투갈은 온힘의 영역에 위치한 장점을 발휘하여 유럽의 바이킹의 선박과 이슬람 배의 장점을 통합한 '카라벨라 레돈다Caravela Redonda선'을 만들었다. 이는 대항해시대를 선도하는 조선기술의 혁명이었다. 그리고 선체에 포문을 달아 무장을 증가시키고 그 유명한 머스켓 총(화승총)을 만들었다. 이제 이슬람세력의 무력을 능가하는 힘이 생긴 것이다.

"범선으로 대서양을 항해하기 위해서는 나침반과 사분의 등 항해장비가 필수적이었다. 엔리케는 동방의 선진문물이 넘치는 이탈리아에서 이미 숙련된 기술자들을 초빙하여 항해장비를 제작하도록 했다. 그리고 이탈리아 출신의 노련한 선원들도 기꺼이 받아들였다." 이제 나침반은 대서양시대를 열기 시작했다. "키잡이는 나침반 및 해와 달과 별의 위치를 보고 당직간부의 지시에 따라 침로를 잡았다."(김석균, 『바다의 해적』)

이 일을 가능하게 만든 나침반은 이미 오래 전 중국에서 만들어져 이슬람 세계에 널리 사용되던 것이지 새로운 것은 아니었다.

꿩 잡는 것이 매라는 말처럼 어쨌든 나침반 기술로 새로운 대항해의 시대를 연 것은 포르투갈이었다. 보자도르 곶을 넘은 "에아네스의 항해 이후 포르투갈 원정대의 행렬이 이어졌다. 그 원정에 참가한 선박들은 아프리카 해안을 따라 희망봉으로 나아갔고 마침내 그곳을 돌아 인도에 도착했다."(김석균, 『바다의 해적』) 마침내 1497년 바스코다가마는 아프리카의 최남단 희망봉을 넘어 인도에 도착한 것이다. 이제 역사상 최초로 대항해시대가 활짝 열리고 유럽혁명의 문을 연 것이다.

"근대 초기 유럽 (1500년에서 1800년 사이의 유럽)을 휩쓸며 전쟁의 양상을 바꾸어놓은 군사혁명의 산물인 공격 수단과 방어 수단, 예컨대 화기火器와 화포火抱, 포로 무장한 함선艦船, 포격을 견디는 방어 시설 등이었다."(필립 T. 호프먼, 『정복의 조건』)

포르투갈이 대항해시대를 연 것은 새로운 개념의 범선과 그것을 이끌 나침반만이 아니었다. 그 범선과 나침반은 유럽대륙과 아프리카, 아시아, 아메리카 대륙이라는 대립하는 소통하여 서로 연결하는 수단이었다. 거기서 더 나아가 직접적으로 새로운 상호관계와 상호작용을 통해 균형과 통합을 이루는 근본적인 힘은 머스켓 총과 대포와 발달한 철기였다.

"서방원정에서 보여준 몽골의 엄청난 파괴와 잔인함은 유럽 세계에 '황화론'이라 불리는 공포를 불러일으키기에 충분했다. 이슬람의 우수한 인쇄술 · 나침반 · 화기 · 주판 등의 과학기술과 그 발명품 등이 몽골 인들에 의해 그들이 만든 편리한 역참을 통하여 유럽으로 전해지면서 교역이 전면적으로 확대되었다. 몽골 제국에 의해 중국 · 이슬람 · 유럽 사이의 장벽이 자연스럽게 무너진 것이다."(김석균, 『바다의 해적』)

특히 화기와 화약은 직접적인 위력을 발휘했다.

"예를 들어 오스만 인은 16세기 전반기에 고품질 화포를 만들어냈다. (중략) 그러나 유럽인이 끊임없이 추진하는 군사 혁신의 속도를 따라잡지는 못했다."(필립 T. 호프먼, 『정복의 조건』)

포르투갈 인은 16세기 초 이 화약기술로 아시아로 진출했다. 그들은 화약기술을 동원한 "체계적 폭력(또는 폭력의 위협)을 행사하여 상인을 갈취했고, 통치자로부터 양보를 얻어냈고, 동맹을 끌어들일 수 있었다. 그들의 무장선은 도시를 포격하고 더 큰 함대를 무찌를 수 있었다. 그들은 거의 20 대 1로 수적으로 열세였음에도 믈라카(Melaka, 옛 이름은 말라카Malacca)에서 상륙 작전을 감행했고, 공격해오는 전투코끼리들을 장창으로 격퇴하여 이 지역의 전략적 항구를 어렵사리 함락했다. 그리고 1568년 믈라카 요새는 포르투갈 인과 그 동맹들을 합한 것보다 열 배나 많은 무슬림 상륙부대의 포위를 견뎌냈다."(필립 T. 호프먼, 『정복의 조건』)

남아시아의 요충지 말라카에서 포르투갈에게 패배한 무슬림 군대는 누구인가? 그들이야말로 포르투갈과 스페인을 약 800년 간이나 지배하던 이슬람 세력이었다. 이제 이슬람 지배와 유럽 피지배의 관계가 처음으로 대역전하기 시작한 것이다. 그것도 이슬람세력 자신이 800년이나 지배하던 포르투갈과 스페인에게 자신이 전해준 나침반과 화약과 화포와 종이로 이슬람 세력 자신이 결정적으로 패배하기 시작한 것이다.

이제 "한 줌에 불과한 포르투갈인은 화약 기술에 힘입어 남아시아를 겁박한 다음, 향신료 무역에 비집고 들어가 이익을 얻고 아시아 상인들로부터 보호 비용을 받아냈다."(필립 T. 호프먼, 『정복의 조건』)

 이러한 포르투갈의 대약진은 이웃에 있는 스페인도 해양 플랫폼국가로 나서게 만들었다. 가장 결정적인 사건은 이사벨라여왕과 콜럼버스에 의해 아메리카 대륙을 찾아낸 것이었다. 아메리카 원주민들 입장에서는 종말론적 대재앙이 찾아온 것이었지만, 서구인들에게는 새로운 기회가 찾아온 것이었다.

 스페인 역시 나침반과 화기와 화약의 기술로 대양을 건너가 아메리카 대륙의 "아스텍 제국과 잉카 제국의 통치자들을 생포하고 결국 그들의 최고의 자리를 차지했다."(필립 T. 호프먼, 『정복의 조건』)

 포르투갈과 스페인은 한편으로는 이슬람의 선진 기술과 무기와 자본과 인력을 받아들이고, 다른 한 편으로는 이를 바탕으로 아직 미개한 유럽대륙과 아프리카 대륙과 아메리카 대륙, 아시아로 선박을 이용해 진출함으로써 해양 플랫폼국가를 만들 준비를 할 수 있었다. 이제 바다에서 이슬람세력의 패권은 사라지게 된 것이다.

 스페인이 플랫폼국가가 될 수 있었던 가장 큰 힘은 국가의 내부와 외부에 존재하는 양극단을 소통하고 신뢰를 형성하고 통합해주던 커뮤니케이션과 미디어의 영역인 "온힘의 영역"을 활용할 수 있었던 능력이었다. 그 힘이 사라지면서 스페인은 몰락의 길을 걷는다.

 이 두 국가는 지난날 자신들을 정복했던 이슬람세력을 아프리카와 인도와 아시아에서 몰아내고 전 세계적인 해양패권을 차지함으로써 세계 최초로 해양 플랫폼국가가 되었다.

 그러나 포르투갈과 스페인은 해양 플랫폼국가로서 패권국가가 된 그 순간부터 몰락은 시작된 것이다. 즉 이 두 국가가 플랫폼국가로서 존재할 수 있었던 가장 큰 원인은 이슬람세력의 압박이었다. 이 두 나라는 그들 이슬람 세력과 기독교세력과의 균형과 통합을 이룰 수 있었다. 그러나 이들 이슬람 세력을 이베리아 반도에서 완전히 제거하는 순간 포르투갈과 스페인을 플랫폼국가로 만들었던 소통과 신뢰와 증폭의 영역이 파괴된 것이다.

뿐만 아니라 그동안 이 플랫폼국가가 되기 위해 소통과 신뢰의 영역을 형성하던 핵심세력인 유태인과 아랍국가시민의 후손인 모리스코스 Moriscos들을 추방함으로써 플랫폼국가로서 필요한 양극단의 소통과 신뢰와 증폭을 이루던 "온힘의 영역"이 모두 파괴된 것이다.

이른바 스페인이 과거의 영토를 회복한다는 레콘키스타 직후 이사벨라와 페르디난트는 유대인의 토지를 몰수하고 에스파냐에 살던 약 20만 명에 달하는 유대인에게 넉 달 시한을 주고 떠나라고 한 것이다. 유대인들은 대대로 이어오며 살던 집을 헐값에 넘겨야 했고, 그동안 축적했던 금과 은은 영토 밖으로 가져갈 수 없었다. 이슬람 국가의 후손인 모리스코스들도 유태인과 똑같은 운명에 처해 추방당하며 금과 은은 가져갈 수 없었다.

스페인이 유대인과 모리스코스의 토지를 몰수하고 재산을 빼앗아 당장은 재산이 늘어나 좋았을지 모른다. 그러나 이제 더 이상 스페인은 플랫폼국가가 아니게 된 것이다. 이제 스페인에는 국제적인 소통과 신뢰와 증폭을 형성하던 세력과 다양성이 사라지고 종교적 획일성만 남게 된 것이다.

더 나아가 스페인은 가톨릭으로 개종한 유대인을 압박하고, 일반 유대인을 강제 개종하려고 한 것도 중요한 쇠퇴의 요인이 되었다. 왜냐하면 유대인들은 스페인을 떠나 대거 네덜란드로 향했기 때문이다. 이들 중 특히 유대인은 장차 치열한 국제경쟁에서 스페인을 몰아낼 국가인 네덜란드와 영국으로 건너가 이 두 나라를 상업 플랫폼국가와 산업 플랫폼국가로 만드는 일에 큰 역할을 했다는 점에서 스페인은 이중적인 손실을 스스로 자초한 것이었다. 온힘의 영역이 플랫폼국가를 만들기도 하고 파괴하기도 한다는 사실을 스페인이 정확하게 보여준 것이다.

포르투갈과 스페인은 세계로 뻗어나갔지만 국가의 주도로 움직인 것이 아니라 분산된 힘으로 움직였다는 점이 네덜란드와 영국과의 큰 차이점이다.

또한 포르투갈과 스페인은 여전히 농업국가였지 네덜란드와 같이 전면적인 상업국가로서의 면모를 갖춘 것이 아니었다.

"스페인은 아메리카의 은광에서 세계 은 생산량의 약 74퍼센트에 달하는 막대한 량의 은을 들여왔지만 그것을 국내 제조업에 투자하지 않고 목축업과 양모업에 투자함으로써 농업국가를 벗어나지 못했다."(김태유, 『패권의 비밀』) 더구나 스페인이 단지 해양 플랫폼국가에 머물러 상업 플랫폼국가가 되지 못한 결정적인 이유는 당시 이슬람세력의 상업을 담당한 모리스코인(기독교도로 개종한 이슬람교도)을 종교개혁을 이유로 몰아냈기 때문이다(김태유, 『패권의 비밀』).

4. 상업 플랫폼국가 네덜란드 이야기

네덜란드는 자본을 집중시켜 사용하고 금융을 발전시킴으로써 전쟁을 함에 있어 유리했지만 포르투갈과 스페인은 전혀 그렇지 못했다. 따라서 전쟁을 하면 할수록 국가는 빚 더미에 앉는 형국이 되었다. 따라서 성장은 멈출 수밖에 없었다. 이제 세계의 패권은 네덜란드로 넘어가는 것이다.

네덜란드는 당시 해양 플랫폼국가로서 유럽은 물론 세계적인 패권국가로 등장한 스페인의 식민지로 출발했다. 네덜란드는 세계적인 선진문명의 국가로서의 스페인과 포르투갈과 당시 후진문명이었던 유럽대륙과 영국이 충돌하는 경계면에 정확하게 자리잡고 있었다. 이는 전형적으로 모순률과 배중률을 무시하며 만들어진 "온힘의 영역"으로서의 플랫폼국가의 유력한 예정지였다.

네덜란드는 작은 영토의 열악한 환경의 상업국가였지만 스페인과 같은 거대한 해양 플랫폼국가와 싸워 이기고 독립을 쟁취하고 새로운 패권국가가 되었다. 그 이유는 네덜란드의 경제체제가 스페인과는 비할 수 없이 우수했기 때문이었다.

네덜란드는 인류 최초의 자본주의 사회였다고 볼 수 있다. 즉 농업국가의 단순재생산으로 지속적인 성장을 하기 위해 끊임없는 영토 확장을 해야 한다. 그렇다 해도 단순재생산으로는 지속적인 성장이 불가능하다.

그러나 "상업국가는 이윤을 확보하여 일부는 자본으로 축적하고 나머지는 더 많은 이윤을 얻기 위해 상업거래에 재투자된다. 이와 같은 방식으로 확보된 이윤은 자본으로 축적되고, 확대된 수요와 공급이 새로운 시장 균형을 가능하게 하여 경제 순환 주기가 원활하게 반복되고 지속된다. 이것이 상업 사회의 확대 재투자 체제에 바탕을 둔 경제의 선순환이다. 이 같은 확대재투자는 농업사회의 단순재상산과는 비교할 수 없이 강력한 힘을 가지게 되는 것이다."(김태유, 『패권의 비밀』)

역사적으로 플랫폼국가들은 상권을 장악하기 위해 항로를 확보하는 것이 필수이다. 그리고 식민지를 확보하여 시장을 확대해야 했다. 그런데 그 방법은 오로지 무력을 통한 전쟁뿐이었다. 그렇게 해서 마련된 항로와 식민지를 통해 "영국의 동인도 회사나 네덜란드의 동인도 회사는 일찍이 선례가 없는 대규모의 조직적 상업활동을 벌렸다. 그것은 세계경제를 주도하는 현대의 다국적 기업의 선조였다. (중략) 영국과 네덜란드 상인들은 국가의 정책을 결정하는 데 중요한 영향력을 행사했으며, 국가는 자본주의 경제에 가장 유리한 정책을 채택하였다."(차하순, 『서양사총론』 1).

당시 세계를 지배하던 스페인과 포르투갈이 거대한 영토를 가지고 있었고, 네덜란드는 스페인의 작고 열악한 영토의 식민지에 불과했다. 그러나 네덜란드는 단순재생산에 머문 스페인과 포르투갈과 달리 세계 최초로 확대재투자라는 전혀 다른 차원의 경제체제를 도입한 것이다.

전쟁은 옛날이나 지금이나 다른 무엇보다도 돈이 가장 큰 전쟁무기이다. 전쟁이 벌어지면 하루하루에 막대한 돈을 쏟아 부어야 한다. 따라서 돈이 없는 나라가 전쟁에서 이기기는 불가능에 가깝다.

농업사회는 아무리 포르투갈이나 스페인처럼 해양 플랫폼국가를 만든다 해도 공급이나 수요를 확대하지 못하고 동일한 정도의 균형밖에 이르지 못하는 단순재생산에 그치고 만다. 따라서 자본의 축적이 한계에 부딪친 상황에서 불가피한 전쟁을 치르다 보면 국고는 바닥나기 마련인 것이다.

그러나 확대재투자가 가능해진 네덜란드는 공급과 수요를 계속 확장할 수 있었다. 그리고 자본을 축적하고 국공채를 발행하여 재투자가 가능하며 또한 전쟁에 있어서 전쟁비용을 걱정하지 않아도 되는 것이다.

네덜란드는 자본주의 국가로서의 면모를 세계 최초로 갖춘 것이다. 또한 이러한 의미에서 네덜란드는 스페인과의 전쟁에서 압도적인 경쟁력을 가진 것이다.

또한 바다를 통한 상업은 농업보다 이윤이 매우 높지만 그와 비례하여 위험부담도 크다. 따라서 상업 플랫폼국가의 사업가들은 무엇보다도 모험을 두려워하지 않는 용기를 바탕으로 한 자본주의 정신이 필수적이었다. 이러한 자본주의 정신이 역사상 최초로 발생한 나라가 네덜란드였다.

각국 정부는 선원을 양성하고 어로작업을 촉진하여 동시에 식량 자급을 늘리는 한편 수출상품을 다양화하려고 하였다. 이 방면에서 네덜란드는 가장 앞서 있었다. 콜베르 시대(프랑스 루이 14세 초기의 재정전문가)의 유럽 상선 2만 척 중 4분의 3은 네덜란드 상선이었다(차하순, 『서양사총론』 1).

스페인의 기술과 고급인력을 흡수한 네덜란드는 유럽에서 조선업의 절대강국으로 군림했다. 이는 또한 해양 플랫폼국가인 스페인의 해군력을 승계했음을 의미하는 것이었다.

이 같은 국력은 하루아침에 이루어지는 것이 아니었다. 그 이전에 농업에 부적절한 국토의 약점을 보완하기 위한 청어잡이 선단의 대어업으로 시작하여 청어를 가공하는 과정에서 소금을 정제하는 기술을 발전시켰다.

소금정제업의 발달에는 스페인에서 재산을 몰수당해 맨손으로 쫓겨난 유대인들의 역할이 있었다. 유대인들은 상업에 종사하거나 기술을 가진 사람들이 많았다. 그들이 네덜란드를 일으키는 데 결정적으로 역할을 한 것이다.

소금정제업은 청어를 가공하여 수출할 수 있게 해주었다. 그리고 그 대금으로 발트해의 곡물을 수입하여 일부는 국내에서 소비하고 일부는 남유럽 스페인과 포르투갈과 서유럽으로 수출할 수 있게 하여 네덜란드의 국가적인 부를 만들어주었다.

뿐만 아니라 소금정제업으로 다각화한 국가간의 무역을 함으로써 조선업과 가공산업이 발달하고 최신의 기술로 만들어진 선박들은 곧 대양으로 뻗어나가는 무역선임과 동시에 해군의 군함이기도 했다.

온힘의 영역이 가진 기능 중에서 증폭이 무엇인지를 말해주는 것이 바로 스페인에서 재산을 잃고 쫓겨난 유태인 소금정제업자의 역할이었다. 그들의 역할은 작은 것 같아도 네덜란드가 상업 플랫폼국가가 될 수 있도록 만든 결정적인 방아쇠가 된 것이다.

이러한 국력으로 당대 세계 최대의 강국으로 군림하던 스페인과의 80년 전쟁(1568~1648년)에서 승리하며 네덜란드는 명실공히 상업 플랫폼국가로 성장할 수 있었다. 당시 "최강의 스페인 군대를 네덜란드가 격파한 것에는 군사력의 효율적인 운영에 있었다."(김태유, 『패권의 비밀』)

네덜란드의 해군이 스페인의 해군을 무찌른 것은 해양 플랫폼국가로
서의 스페인의 몰락을 알리는 신호였고 또한 상업 플랫폼국가로서의
네덜란드의 부상을 알리는 신호였다.

"네덜란드 해군은 1600년 니우포트 전투와 1607년 지브롤터 전투,
1635년 다운즈 전투 등에서 모두 스페인 해군을 격파하고 승리를 거두
었다. 그리고 네덜란드 동인도 회사는 1601년에 설립된 잉글랜드 동인
도 회사에 비해 무려 10배가 넘는 대규모 자본을 조성해 규모상의 우위
를 확보했다...그리고 여기에서 축적된 자본은 네덜란드가 가속하는
경제 성장을 기반으로 경제적 패권을 차지하는 데 기여했다. 네덜란드
동인도 회사는 자본과 국가 권력이 성공적으로 결합한 최초의 사례였
고, 그것의 혁신적인 성향은 군사력 동원 방식에서도 잘 드러났다."(김
태유, 『패권의 비밀』)

이제 플랫폼국가로서 네덜란드는 세계 최강의 상업 강대국으로 부상
하여 스페인과 포르투갈 그리고 이탈리아 등이 장악하던 지중해와 아
시아와 대서양으로 뻗어나갈 수 있게 되었다. 특히 17세기 초에 설립
된 네덜란드의 동인도회사는 네덜란드가 세계로 뻗어나갈 수 있도록
만드는 원동력이었고 네덜란드가 처음으로 만든 확대재투자의 바탕이
되어주었다.

해양 플랫폼국가였던 스페인의 쇠퇴는 빈번한 전쟁으로 국력을 탕진
하고, 상인들과 기술자들이 네덜란드로 떠났기 때문이었다.

상업 플랫폼국가인 네덜란드도 똑같은 방법으로 쇠퇴의 길을 걸었다. 즉 네덜란드는 새롭게 떠오르는 산업국가인 영국과의 전쟁에서 국력을 소진하고 또한 고급인력을 빼앗겼을 뿐 아니라, 자본마저 영국으로 유출되며 길지 않았던 시간동안 가졌던 패권을 빼앗기고 말았다.

상업 플랫폼국가가 성공한 원인도 확대재투자에 있지만 실패한 원인도 확대재투자에 있었다.

왜냐하면 확대재투자를 통해 지속적인 성장을 위해서는 지속적인 이윤이 보장되어야 하지만, 그것이 뒷받침 되지 못할 때 확대재투자는 비생산적인 곳에 이루어지게 된다.

유명한 네덜란드의 튤립 투기가 바로 그것이다. 전혀 생산적이지 않은 튤립에 자금이 몰리면서 투기가 일어나고 얼마안가 그것이 허상임이 밝혀지면서 수많은 투자자들은 돈을 잃게 되는 것이다.

또한 네덜란드 자체에서 성장동력을 찾지 못하자 네덜란드의 투자자들은 자금을 영국에 투자하기 시작했다. 이는 국부의 유출이었다. 뿐만 아니라 상업을 담당하던 유태인들도 자금의 흐름에 따라 영국으로 흘러가게 되면서 네덜란드는 더 이상 상업 플랫폼국가로서의 패권을 지킬 수 없었다. 그리고 결정적으로는 "네덜란드는 영국과 세 번에 걸쳐 전쟁을 했다. 당시에는 네덜란드의 경제력이 압도적으로 우세했지만 군사적으로 우세하지 못했다. (중략) 네덜란드 해군의 선박의 성능과 화력이 영국해군에 비해 크게 뒤떨어졌다. 네덜란드 해군의 선박에는 대포를 80~90문 밖에 실을 수 없었던 반면에 영국의 선박은 3층 갑판에 100문 이상의 대포를 실을 수 있었다. 1660년대 이후에는 1천 톤 이상의 대규모 전함을 보유하게 되었다."(김태유, 『패권의 비밀』)

이제 네덜란드는 성장동력을 더 이상 찾지 못할 뿐 아니라 군사력에서도 영국에 비해 열세를 나타낸 것이다. 더 이상 플랫폼국가는 물론 패권국가로도 존재할 수 없게 된 것이다.

5. 영국과 러시아의 교훈

영국은 유럽대륙에 붙어있는 변방 섬나라로써 역사에 등장할 이유가 별로 없는 가난하고 힘 없는 미개한 나라였다. 그러나 천시와 지리가 영웅을 만들 듯 영국도 한 번 세계사적 천시와 지리를 얻자 단번에 플랫폼국가가 되어 세계의 패권을 차지하게 되었다.

그 주요한 원인은 대서양시대를 맞아 영국의 지정학적 위치가 유럽대륙에 붙어있는 변방의 섬나라가 아니라 유럽대륙과 아메리카 대륙은 물론 아시아와 아프리카를 연결하는 결정적인 "온힘의 영역"을 이루어 플랫폼국가가 될 수 있었기 때문이다. 더구나 영국은 네덜란드처럼 상업국가에 만족하는 것이 아니라 산업혁명을 일으킴으로써 확대재생산을 가능케 한 최초의 산업 플랫폼국가가 될 수 있었다.

이제 영국을 해양국가로 만들어주고 상업국가로 만들어 주었던 유럽대륙의 스페인과 포르투갈 그리고 네덜란드는 더 이상 선진문명이 아니었다. 영국은 스스로 세계 최초의 산업 플랫폼국가가 되어 누구의 영향도 받지 않고 자신의 힘으로 자기통치를 하며 세계로 뻗어나갈 수 있게 된 것이다.

영국은 상업 플랫폼국가로서 최대의 이익을 얻는 삼각무역을 통해 산업혁명을 일으키는 동력을 얻었다. 삼각무역은 오로지 영국의 이익을 위해 유럽과 아프리카와 아메리카를 연결하며 소통과 신뢰와 증폭을 형성하며 상호관계와 통합을 이룬 것이다.

"영국은 1670년 노예무역의 독점회사로 설립된 '왕립아프리카회사'를 중심으로 영국 ·아프리카 ·서인도제도를 연결하는 '삼각무역'을 경영하였다. 삼각무역은 본국에서 노예를 사기 위해 필요한 물건인 면직물 · 럼주 · 총포 · 화약 · 강철제품 등을 싣고 오늘날의 앙골라 · 나이지리아 · 세네갈 등 아프리카 서해안 지역으로 가서 현지 추장으로부터 흑인노예를 교환한 뒤 아메리카 대륙으로 건너가 노예를 팔고 그 대금으로 식민지의 생산품을 구입하여 본국으로 돌아오는 것이었다."
(김석균, 『바다의 해적』)

이 삼각무역을 위한 주상품은 면직물과 아프리카 흑인노예와 면화였다. 이 세 가지는 모두 아프리카 흑인의 희생과 연관이 있다.

삼각무역은 영국인들이 아프리카 흑인들을 유혹하고, 아프리카 흑인들을 상품화하고 또한 아프리카 흑인들을 노예화하며 만들어낸 추악한 무역이었다. 그러나 상업 플랫폼국가에서 이익을 위한다면 못할 일이 없었다.

삼각무역에서 영국이 판매하는 주력 상품은 면직물이었다. 처음에는 이를 인도의 벵골지역에서 수입했지만 그것을 사서 노예를 파는 아프리카의 촌장들이 이 면직물을 너무나 소중하게 여겼으므로 영국은 이를 스스로 생산하게 된다.

즉 영국은 이처럼 인도에서 수입한 면직물이 인기를 끌자 곧 물레방아(水車)를 사용하여 직접 방적과 직조를 했고 급기야 증기기관으로 수차를 대체함으로써 종전의 몇 십 배의 생산력을 만들어냈다.

이제 노예를 사들일 장사밑천인 면직물이 영국의 공장에서 무궁무진하게 만들어지게 된 것이다. 삼각무역을 대폭 확장할 수 있게 된 것이다. 그리고 공장에서 대량생산한 이 면직물은 아프리카에서 비싸게 팔아 노예를 사고 그 노예를 다시 아메리카에 팔았다. 아메리카에서는 면직물의 원료인 목화를 노예를 사용해 생산하는 것이다.

그러므로 영국 공장에서 만든 면직물을 비롯한 공산품을 가득 싣고 떠난 선박은 아프리카에서 모두 팔아 그 돈으로 노예를 사고, 그 선박에 노예를 가득 싣고 아메리카로 떠나 아메리카에서 산 노예를 모두 팔고 그 돈으로 아메리카에서는 면직물의 원료인 목화를 노예를 사용해 생산하는 것이다.

인류의 삶을 결정적으로 바꾼 산업혁명의 확대재생산이 시작된 영국

삼각무역으로 유럽과 아프리카와 아메리카를 돌아오면서 선박은 한 번도 빈 적이 없도록 상품으로 가득 채워 순환하는 것이다. 그리고 이 순환이 이루어지는 동안 영국의 면직물 공장은 쉴 새 없이 돌아가고 공장은 다시 확대되는 것이다. 이는 자본주의의 확대재생산이 최초로 이루어지는 과정이었다. 또한 본격적인 산업혁명이 시작되는 순간이었다.

삼각무역으로 면직물 공장이 쉴 새 없이 돌아간다는 것은 그 증기기관의 연료인 석탄을 캐기 위한 광산이 쉴 새 없이 돌아가는 것을 의미한다. 석탄광산이 움직이기 위해서는 지하로 내려가는 엘리베이터가 필요하며 또한 지하의 물을 퍼내는 펌프라는 기계가 필요하다. 또한 멀리 떨어진 산속의 광산과 공장이 있는 도시를 연결하기 위해서는 철도와 기관차가 필요한 것이다. 이처럼 영국에서 증기기관이 공장에서 상품을 생산하고 사회를 움직이며 공장국가로서의 영국이 등장하게 된 것이다.

드디어 삼각무역은 역사상 최초로 산업혁명을 촉발시킨 것이다.

"사람들은 종종 세계사의 운동의 리듬을 결정적으로 가속시킨 두 시기가 있었다고 하는데, 그것은 틀리지 않았다. 첫 번째 가속의 동인은 이른바 신석기 혁명이라고 불리는 것(동물의 가축화, 농업, 직조 및 토기 제작 기술의 발견, 뒤이은 인간의 정착 생활화 등)이었다. 우리 자신은 여전히 또는 점점 더 두 번째 가속기인 19세기 산업혁명의 연장선 속에서 살아가고 있다."(피에르 클라스트르, 『국가에 대항하는 사회』)

영국과 같이 작고 외진 섬나라임에도 일단 산업혁명에 성공하자 순식간에 거대한 땅과 인구를 가진 인도대륙 전체를 식민지로 삼고, 그보다 더 거대한 땅과 인구를 가진 중국을 단번에 그리고 간단하게 굴복시킨 것이다. 그리고 아메리카 대륙의 심장부와 오스트레일리아를 식민지로 만든 것이다. 이것이 플랫폼국가의 위력이다.

"1771년에 전직 이발사이자 가발 제조업자였던 리처드 아크라이트가 더비셔의 크롬퍼드에서 세계 최초의 수력 방적공장을 설립했다. 그는 6백 명의 노동자들을 고용했는데 그들은 주로 어린이였고 수공 방적공보다 10배의 노동을 할 수 있었다. 1775년에는 스코틀랜드의 수학 도구 제작자인 제임스 와트가 버밍엄의 기술자 매튜 볼턴과 힘을 합쳐 증기기관을 만들었다. 그것은 기계를 돌리고 엄청난 적재량을 운반할 수 있었으며 마침내 전에는 꿈도 꿀 수 없었던 속도로 배와 차를 움직일 수 있었다."(크리스 하먼, 『민중의 세계사』)

이제 근대 이후 국제질서를 결정짓는 국제질서의 아버지요 왕은 산업혁명이 되었다. 그야말로 산업혁명에 성공한 국가와 그 시민은 자유인이요, 아직 산업혁명을 알지 못하는 국가와 시민은 노예로 전락했다.

이제 근대 이후의 국가는 땅의 넓이와 인구의 다소로 결정하는 것이 아니라 산업혁명을 일으키고 지속적으로 발전할 수 있는 경제체제와 과학기술로 결정되기 시작한 것이다.

"산업혁명이 발발했다"는 말은 무엇을 의미하는가? 그것은 1780년 대의 어느 시점에서 인간 역사상 최초로 인간사회의 생산력을 속박하던 굴레가 벗겨지고 그 후 인간과 재화 및 용역을 끊임없이, 신속하게 그리고 현재까지는 무한하게 증식시킬 수 있게 되었음을 의미한다. 이는 오늘날 경제학자들에게 전문적인 용어로 표현하자면 '자립적 성장으로의 도약'으로 알려져 있다(에릭 홉스봄, 『혁명의 시대』).

로버트 오언의 모든 계급들이 연합하는 사회주의는 산업혁명의 부작용을 극복하려는 것이었다.

산업혁명은 일회성의 단순한 혁명이 아니었다. 확대재생산을 끊임없이 지속시킬 수 있도록 만드는 혁명적 변화가 산업혁명의 원리였기 때문이다. 따라서 산업혁명은 쉬지 않고 그 모습을 바꾸어가며 진행될 뿐 중단이 없다. 산업혁명이 만드는 확대재생산은 반드시 잉여자본의 제국주의와 잉여인간의 전체주의를 만들어낸다. 이 문제를 해결하지 못하는 한 자본주의는 결국 몰락하게 되는 것이다. 로버트 오언은 이 문제를 해결하는 일에 처음으로 나선 선구자이다.

사회주의라는 용어를 로버트 오언이 사용할 때는 모든 국가의 모든 계급의 연합이었지만, 마르크스에서는 자본가계급을 몰아낸 노동자계급만을 위한 용어로 사용되었다. 그것은 같은 사회주의 용어를 사용하지만 그 내용은 근본적인 차이가 있었다.

산업혁명 이전의 영국은 가난한 사람들도 공유지나 아직 소유가 분명치 않은 땅에서 농사도 짓고 양도 칠 수 있었다. 그러나 산업혁명이 일어나며 땅의 소유권이 명확해지면서 자기 땅에 울타리치기 운동(인클로저:enclosure)이 일어나며 살던 땅에서 쫓겨나기 시작했다. 그들은 도시로 몰려들었지만 살 길이 막막했다. 살기 위해 할 수 없이 공장에서 일했지만 그 처지는 너무도 열악했다.

자본주의는 폴라니의 말처럼 상품이 될 수 없는 땅과 인간을 상품화한다는 점에서 근본적인 문제를 가지고 있었다.

그리고 사적소유권은 그 이전에 서로를 묶어주면서 서로를 보호해주던 공동체의 끈을 파괴하면서 자본주의는 사회를 새로운 지배자와 피지배자의 계급을 만들어냈다.

이 문제를 해결하려는 사상이 사회주의였다. 로버트 오언은 이론이 아니라 행동으로 직접 산업혁명이 만들어낸 자본주의의 문제를 해결하려고 했다. 그는 어린 나이에 상점 점원에서 시작하여 자본가가 되면서 노동자와 자본가가 하나가 되어 협동하는 사회운동을 시작하여 많은 공적을 남겼다. 오늘날 유치원과 협동조합 등은 모두 그에게서 시작했다.

그리고 "1835년부터 오언은 '모든 국가의 모든 계급들의 연합'을 얘기하기 위해 '사회주의'라는 단어를 쓰기 시작했다."(로버트 오언, 『사회에 관한 새로운 의견』) 사회주의라는 용어가 처음 사용될 때에는 이처럼 "모든 국가의 모든 계급들의 연합"을 위해 사용하기 위한 용어라는 점을 주목할 필요가 있다.

로버트 오언은 "인간 노동력과 기계가 경쟁하는 것이 영원한 고통의 원인이고 그것을 치료할 것이 바로 인간의 단결과 상호 협동이라고 주장했다."(로버트 오언, 『사회에 관한 새로운 의견』) 그는 자본가와 노동자가 함께 단결하고 협동할 것을 주장했고 자본가인 오언 스스로 그 단결과 협동을 실행했다.

그는 영국의 뉴레너크에 공장을 운영하며 공동체를 건설했다. "공동체는 1000~1500에이커의 땅에 1,200명 정도의 사람들이 생활해야 하고 공동 부엌과 식당 등을 갖춰야 했다. 오언은 이런 공동체들이 늘어날 때 세상도 자연스럽게 변화되리라 믿었다. 오언은 화폐로 계산되는 이윤만을 추구하는 기업가들을 비판하면서 노동조건을 개선하고 협동조합으로 노동자들의 복지를 증진시키려 했다."(로버트 오언, 『사회에 관한 새로운 의견』) 그리고 노동자들이 일하는 동안 아이들을 유치원을 세워 무료로 운영하며 가르쳤다. 그 비용은 협동조합을 운영하여 마련했다.

로버트 오언이 말하는 사회주의는 이 책의 기본원리인 '홍익인간 모형'과 하나가 되고 있다. 모든 계급의 연합은 양극단인 자본가와 노동자가 소통과 신뢰와 증폭을 통해 상호관계를 만들어 균형과 통합으로 만들어지기 때문이다.

마르크스는 전형적인 학자로서 대립하는 자본가와 노동자 중 하나만 참이고 나머지는 거짓이라는 아리스토텔레스 형식논리학의 모순률에 100% 복종하고 있다. 그에게는 노동자만이 참이다. 그리고 자본가와 노동자 사이에 위치하며 양극단을 소통으로 연결하는 중간존재 즉 제 3의 존재를 완전히 배제하는 배중률에 100퍼센트 복종하고 있다. 마르크스는 학자로써 아리스토텔레스 이래 논리학을 충실하게 받드는 모범생인 것이다. 이 경우 노동자도 노조와 비노조, 정규직과 비정규직으로 나뉘며 계속 분열하며 노동계급의 계급화가 이루어질 수밖에 없는 것이다.

그에게서 자본가와 노동자의 협력은 모순률에 어긋나는 것이므로 금기이다. 또한 자본가와 노동자와의 의사소통과 신뢰와 양극단의 통합으로 인한 능력과 가치의 증폭은 제3자 배제의 원칙인 배중률에 어긋나는 것이므로 받아들여질 수 없는 것이다.

그는 공산당 선언의 마지막 페이지 마지막 줄에서 "지배계급으로 하여금 공산주의혁명 앞에 전율케 하라! 프롤레타리아가 이 혁명으로 잃을 것은 쇠사슬뿐이며 얻을 것은 전 세계다. 만국의 프롤레타리아여, 단결하라 !"(마르크스 · 엥겔스, 『공산당선언』)라고 말하며 자본가를 배제하고 노동자만이 단결하는 공산주의 혁명을 주장했다. 왜냐하면 그에게 노동자는 참이고 자본가는 거짓이기 때문이다. 이 같은 방법으로는 결코 산업혁명이 만드는 자본주의의 잉여자본과 잉여인간의 문제를 해결할 수 없다.

로버트 오언은 초등학교도 제대로 다니지 못한 점원출신의 사상가였고, 마르크스는 철학박사이었다. 그러나 로버트 오언은 현실에서 실제로 인간사회가 움직이는 핵심원리인 '홍익인간 모형'을 실제적인 삶을 통해 터득하고 있었고, 마르크스는 지난 3천 년 간 동서양을 지배해온 이원론 철학에 복종하고 있었다.

그러나 이제 반도체문명의 시대가 되면서 지난 3천 년 간 동서양을 지배해오던 철기문명의 이원론적 유토피아론은 더 이상 진리가 아니게 된 것이다. 새로운 반도체문명의 시대에는 '홍익인간 모형'이 새로운 힘을 가지며 로버트 오언을 다시 불러내고 있는 것이다.

마르크스는 로버트 오언을 공상적 사회주의라고 매도했지만 오언이 추구한 사회주의야말로 새로운 반도체문명의 시대가 되면서 자본주의의 문제를 극복하는 가장 현실적인 대안이 되고 있다. 반면에 마르크스의 이원론적 유토피아론의 사회주의는 이제 현실에서 실현 불가능한 공상적 사회주의가 되었다.

이 책에서 내가 사용하는 사회주의라는 용어는 로버트 오언이 사용한 "모든 국가의 모든 계급들의 연합"을 위한 사회주의 개념이다.

산업혁명으로 만들어진 사회의 가장 큰 적은 특수이익집단의 카르텔이다.

영국의 쇠퇴는 해양 플랫폼국가였던 포르투갈과 스페인 그리고 상업 플랫폼국가였던 네덜란드와 동일한 패턴을 밟고 있다.

가장 큰 이유는 새로운 성장동력을 찾지 못한 것이다. 반면에 후발 경쟁국가인 미국과 독일은 제2차 산업혁명에 성공함으로써 비약적인 성장을 하고 있었다. 그리고 식민지 국가들이 독립해나가고 제1차, 제2차 세계대전이라는 엄청난 전쟁을 겪는 과정에서 국력이 소진되고 엄청난 부채만 지게 된 것이다.

거기에 더해 맨슈어 올슨이 날카롭게 지적한 것처럼 기득권자들이 카르텔을 만들어 사회의 역동성을 파괴한 것이었다.

올슨은 "영국이 산업 혁명의 선두주자였음에도 불구하고 오늘날 경제 열등국으로 전락한 것은 각종 이익 집단의 축적으로 외부여건의 변화에 신속히 대응하는 유연성을 잃은 때문이라고 풀이한다. 2차대전 이후 일본이나 독일의 경제성장률이 영국이나 미국의 경제성장률보다 높은 것은 전자의 2개국에 있어서 이익 집단의 상대적 힘이 후자의 2개국에 있어서보다 약했기 때문이다"라고 주장한다(맨슈어 올슨, 『국가의 흥망성쇠』).

일본과 독일의 전체주의는 사회 안에서 특수이익집단이 카르텔을 형성하는 것을 강력하게 억눌렀다. 왜냐하면 이미 독일의 전체주의자들이 강력한 독점적인 특수이익집단으로 존재함으로써 다른 모든 특수이익집단을 배제하고 있었기 때문이다. 따라서 패전 이후 자유주의 국가가 된 독일과 일본은 내부에 성장을 막을 특수이익집단이 없으므로 해서 고속성장이 가능했던 것이다.

우리나라도 군사독재 시절에는 성장을 막을 특수이익집단이 거의 없었다. 군사독재세력 그 자체가 이미 독점적인 특수이익집단이기 때문이었다. 그러나 어느 정도 성장을 하자 곳곳에서 특수이익집단이 발호하여 산업이 성장하지 못할 정도로 발목을 잡고 있는 것이다.

오늘날 우리나라에서 노동조합을 비롯한 특수이익집단의 힘이 커지는 것은 곧 영국이 걸었던 몰락의 길을 그대로 걷는 것이다.

자유주의 국가가 자본주의를 운영할 때 반드시 만나는 함정이 바로 특수이익집단들의 발호라는 점을 영국은 잘 보여주었다. 그러나 그렇다고 해서 다시 전체주의국가나 독재주의국가로 되돌아갈 수도 없는 일이다. 또는 이도 저도 아닌 사회민주주의를 할 수도 없는 일이다. 사회민주주의에서는 새로운 성장동력이 나타나기 불가능하기 때문이다.

이것이 바로 한계에 도달할 수밖에 없는 자유주의 자본주의의 대안으로 '홍익인간 모형'이 필요한 이유이다. 홍익인간 모형이 제시하는 플랫폼국가의 특수이익집단은 국민 그 자체이기 때문이다. 국민 전체가 특수이익집단이 되는 민주주의 플랫폼국가야말로 반도체문명의 패권국가가 되는 것이다.

독특한 플랫폼국가 러시아와 전체주의 국가 소련은 이렇게 흥하고 망했다.

돌이켜보면 러시아는 미국만큼이나 독특한 플랫폼국가였다. 러시아는 먼저 몽골족의 가혹한 지배를 받았다. 당시 몽골족은 단순한 야만적인 유목민이 아니었다. 유라시아 대륙을 지배한 당당한 세계제국의 지배자였다.

러시아는 유라시아를 지배한 몽골과 유럽대륙의 경계면인 온힘의 영역에 존재함으로써 플랫폼국가가 될 수 있는 가능성을 가지고 있었다.

러시아는 다른 플랫폼국가와는 전혀 다른 방식으로 플랫폼국가를 만들었다. 즉 러시아는 세계제국이던 몽골의 행정능력과 유목민족의 강점을 받아들이는 동시에 당시 산업화되어가던 유럽의 문물을 동시에 받아들였다. 그들은 유럽인에게는 몽골족으로 비쳐졌고, 아시아의 유목민족들이나 이슬람 세력에게는 소총과 대포를 사용하는 유럽인으로 비쳐졌다.

이제 러시아는 유럽의 산업력과 농업기술과 항해능력 그리고 몽골족의 기동력까지 모두 갖춤으로써 지금까지 없었던 최초의 대륙 플랫폼 국가가 될 수 있게 된 것이다.

따라서 러시아는 선진문명의 강국이었던 몽골 족뿐 아니라 이슬람세력의 군사력보다도 더 강력한 힘을 가지게 되면서 유라시아 대륙 북방 최대의 강국이 된 것이다. 이제 러시아는 발트해와 흑해, 동쪽으로는 태평양을 향해 진출할 정도로 세계적인 대륙 플랫폼국가로 성장할 수 있었다.

영국이 바다를 지배했다면 러시아는 하천을 지배했다. 러시아는 유럽 산업문명이 만든 총과 대포로 무장함으로써 몽골족 기마부대의 돌격을 저지할 수 있는 수단을 갖추게 되었다. 뿐만 아니라 러시아는 몽골 족에게는 거추장스러운 장애물에 지나지 않는 하천을 선박을 통해 지배했다. 그럼으로써 유라시아 북방의 넓은 지역 구석구석을 선박을 통해 진출할 수 있었다. 거기에 더해 러시아는 유목민족이 하지 못하는 농경기술을 활용함으로써 이제 그 동안 아시아 대륙을 지배하던 유목민족에 대해 절대적인 우위를 가지게 된 것이다.

물론 유명한 코자크 기병대는 몽골의 기마부대 못지않은 기동력을 갖춤으로써 아시아는 물론 서방세계에도 이름을 날리게 되었다.

근대 서유럽의 작전이 철도나 자동차, 비행기 등의 기계로 상대편의 기동력을 압도하여 유목민을 유목민 자신의 땅에서 군사적으로 꼼짝도 못하도록 밀어 박은 것처럼, 코자크는 코자크 특유의 방법으로 하천을 장악함으로써 유목민을 군사적으로 꼼짝 못하게 했다.

그래서 그들은 결국 유라시아대륙 북방의 광활한 영토를 지배하게 되었는데, 그것은 배로 이룬 것이지 기마로 이룬 것이 아니었다. 그들은 드네프르 강에서 돈 강으로, 돈 강에서 볼가 강으로 진출했다 "1586년에는 또 다시 볼가 강과 오브 강 사이의 분수령인 우랄 산맥을 넘어 시베리아의 여러 하천을 탐험하고 1638년에는 오츠크 해에 도달했다."(토인비, 『역사의 연구』)

근대의 러시아는 유럽 산업혁명에 기대어 소총과 대포 그리고 내륙을 가로지르는 선박을 갖춤으로써 유라시아 북방 강국으로 성장한다.

보잘것없이 작고 힘없는 모스크바 공국이었지만 산업화의 영향을 받아들임으로써 몽골족과 이슬람세력을 어렵지 않게 몰아내고 유라시아 북방지역을 차지하게 된 것이다.

그러나 러시아는 서방의 플랫폼국가들이 갖추었던 플랫폼국가의 요소를 완전히 갖추지는 못했다. 즉 포르투갈과 스페인에서 시작하여 네덜란드와 영국과 미국 그리고 일본과 대한민국이 플랫폼국가를 만드는 패턴은 동일했다. 언제나 먼저 플랫폼국가가 된 나라의 기술과 학문과 자본과 고급인력이 새로운 플랫폼국가로 부드럽게 이동하는 패턴이 있었다.

그러나 러시아는 처음부터 기존의 플랫폼국가들로부터 심각한 견제를 받았으며 그 경향은 지금에 와서도 변함이 없다.

따라서 먼저 만들어진 플랫폼국가들로부터 기술과 학문과 자본과 고급인력의 부드러운 이전이 이루어지지 못한 것이다. 러시아가 미국 못지 않게 대륙 플랫폼국가로서 발전했지만 늘 뒤처지는 이유가 바로 이것이다.

그런데 정말로 궁금한 것은 도대체 농업국가에 불과하던 소련이 어떻게 제2차 산업혁명에 성공할 수 있었는가 하는 점이다.

러시아는 영국과 미국과 독일과 일본에 비해 뒤처진 나라였다. 그런 후진국이 단시간에 세계적인 강대국이 된 이유는 당연히 산업혁명에 성공했기 때문이다.

변변한 무역도 하지 못하고 미국처럼 노예도 거느리지 못한 러시아가 어떻게 산업혁명에 성공했는가하는 점이 우리의 관심사이다. 알고 보면 그 방법은 매우 단순한 것이었다. 즉 국민 모두를 노예 또는 기계 부속품으로 만드는 방법이었다.

즉 국민 중 대다수를 차지하는 농민의 땅을 모두 빼앗고 집단농장으로 내쫓았다. 그리고 국가가 농산품을 최소가격으로 사들이는 것이다.

국가가 그렇게 헐값으로 사들인 농산물을 도시에 비싼 값을 팔아 이윤을 남기는 것이다. 그리고 공장에서 생산한 생활필수품을 싸게 사들여 도시와 농촌에 파는 것이다. 소련은 이렇게 하여 발생한 막대한 이익을 중화학공업에 집중 투자함으로써 제2차 산업혁명에 성공할 수 있었다.

그 과정에서 농민과 노동자들은 비밀경찰이 철저하게 감시하고 또한 내부 밀고자들을 운영하여 국민 전체를 숨도 제대로 쉬지 못하게 만든 것이다. 만일 불평불만을 표시하거나 불순한 행동을 하면 즉시 그 유명한 시베리아 강제수용소로 끌려가는 것이다.

스탈린의 소련이 이같이 전체주의를 수단으로 산업혁명에 단시간에 성공함으로써 소련은 강대국이 될 수 있었다.

그러나 소위 사유재산의 폐지라는 공산주의의 이름으로 농민은 자신의 땅을 빼앗기고 집단농장으로 쫓겨나 국가의 소작인이 되었지만 오히려 차르 시대보다 더 무자비한 탄압을 받았다. 노동자는 자본가의 굴레에서는 벗어났는지 모르지만 국가라는 그보다 훨씬 더 무자비하고 포악한 자본가에게 이루 말할 수 없는 착취와 억압을 당한 것이다. 이처럼 소련은 사회를 파괴하고 그 자리에 국가가 군림했다. 사회가 사라진 사회에서 어떻게 사회주의가 될 수 있는가? 또한 국가가 농민과 노동자의 생산수단을 빼앗아 그들을 노예화했다. 이것이 어떻게 공산주의가 될 수 있는가? 전체주의는 어떤 경우에도 사회주의가 될 수 없고, 공산주의가 될 수 없는 것이다.

소련 전체주의의 연출자 레닌과 주연배우 스탈린은 이렇게 말할 것이다. "우리가 신속하게 산업화에 성공하는 길만이 먼저 산업화된 영국과 미국, 독일과 일본 등의 노예가 되지 않을 유일한 방법이다. 그 과정에서의 희생은 어쩔 수 없다. 전체주의면 어떤가? 어쨌든 성공하지 않았는가?"

소련이 제2차 산업혁명에 성공한 것 이상으로 그들의 실패 또한 현대사의 미스터리다. 즉 소련의 성공은 오래가지 못했다. 온힘의 영역을 파괴했기 때문이다. 전체주의는 소통과 신뢰를 형성하는 온힘의 영역이 국가의 선전선동의 영역이 되어버림으로써 성립한다. 그러나 제3차 산업혁명은 바로 이 온힘의 영역이 활성화되면서 정보화혁명에 의해 일어났다.

제3차 산업혁명의 시대는 전력이 생산력이 아니라 커뮤니케이션과 미디어의 영역이 만들어내는 소통과 신뢰와 증폭이 생산력인 시대가 된 것이다. 그러나 전체주의는 의사소통과 신뢰 대신 비밀경찰의 감시와 폭력 그리고 강제수용소로 운영되는 것이다. 제2차 산업혁명에서 제3차 산업혁명으로 혁신하면서 전체주의 국가 소련은 망하지 않을 수 없었다. 이는 오늘날 중국과 북한 등에도 적용되는 문제이다.

슈밥은 "1760~1840년 사이의 제1차 산업혁명은 철도건설과 증기기관의 발명을 바탕으로 기계에 의한 생산을 이끌었다. 19세기 말에서 20세기 초까지 이어진 제2차 산업혁명은 전기와 생산 조립 라인의 출현으로 대량생산을 가능하게 했다. 1960년대에 시작된 제3차 산업혁명은 반도체와 메인프레임 컴퓨팅 mainframe computing (1960년대), PC personal computing(1970년대와 198년대), 인터넷(1990년대)이 발달을 주도했다. 그래서 우리는 이를 '컴퓨터 혁명' 혹은 '디지털 혁명'이라고도 말한다."(클라우스 슈밥, 『제4차 산업혁명』). 즉 제3차 산업혁명은 컴퓨터와 인터넷이 만들어 냈다. 이는 정보화혁명이라고도 한다.

이제 정보화혁명은 만물의 아버지요, 만물의 왕이다. 제3차 산업혁명 이후 언제 어디에서나 정보화혁명은 어떤 것을 신으로 만들고, 어떤 것은 인간으로, 또 어떤 것은 노예나 자유인으로 만든다.

이 정보화혁명에서 신이 된 대표적인 나라는 미국과 일본과 대한민국과 대만이었다. 그리고 가장 먼저 노예가 된 나라가 바로 소련이었다.

마뉴엘 카스텔은 소련이 붕괴되어 해체된 원인에 대해 "산업경제는 정보화 및 지구화가 되든지 아니면 붕괴되어야 했다. 단적인 예는 초산업사회였던 소련의 극적인 붕괴다. 소련은 구조상 정보화 패러다임으로 전환할 수 없었고 국제경제로부터의 상대적인 고립 속에서 성장을 추구할 수 없었기 때문에 붕괴된 것이다"라고 말한다(마뉴엘 카스텔, 『네트워크 사회의 도래』).

결국 소련은 정보화혁명 즉 제3차 산업혁명으로의 경쟁에서 패배하여 붕괴되었다. "소련 국가통제주의의 시도는 실패로 돌아갔고, 전체제제를 붕괴시키는 결과를 낳았다. 그렇게 된 대부분의 원인은, 국가통제주의가 새로운 정보기술에 구현된 정보화주의(informational ism)의 원리를 동질화시키고 이용하는 능력이 없었기 때문이다."(마뉴엘 카스텔, 『네트워크 사회의 도래』)제3차 산업혁명인 정보화혁명은 농업과 제조업과 서비스 등을 모두 정보화하는 혁명을 의미한다. 이제 소련에서 레닌 연출 스탈린 배우의 "소비에트+전력화=공산주의"가 의미하는 제2차 산업혁명에 성공한 다음 제3차 산업혁명으로 혁신하지 못할 경우 몰락은 불가피하다. 바로 이 점에서 전체주의 국가는 능력과 가치가 증폭되는 것이 아니라 몇 배, 몇십 배 축소되는 것이다. 따라서 전체주의 국가에서는 "온힘의 영역"이 생산력이 되는 제3차 산업혁명보다 더 큰 시련은 없는 것이다. 이러한 즉 소련이 해체되는 것은 당연한 순서이다.

제2차 산업혁명에는 전체주의 국가가 유리하다는 점은 이미 역사가 증명한다. 전체주의 독일과 일본과 소련이 산업화에 성공했었고 오늘날 중국이 저임금으로 자본을 끌어들여 중화학 공업을 일으켜 산업화에 성공한 것이 그것이다. 그러나 전체주의 국가 최대의 위협은 그 다음이다. 즉 제3차, 제4차 산업혁명인 것이다. 소련의 붕괴는 철기문명이 끝나고 반도체문명이 시작함을 극적으로 보여주었다.

오늘날 우리는 이 제3차, 제4차 산업혁명이 중국과 베트남과 북한 등의 전체주의 국가에게 어떤 영향을 주는가를 보고 있다.

그리고 우리 대한민국이 얼마나 슬기롭게 제2차, 3차 산업혁명에 성공했음을 알 수 있다. 나아가 제4차 산업혁명에 필요한 것이 곧 '홍익인간 모형'이 설명하는 민주주의임도 분명하다.

전체주의 국가들은 도저히 얻을 수 없는 강력한 경쟁력을 민주주의만
이 가져다 줄 수 있기 때문이다. 따라서 여러 자유주의 국가들 중에서
누가 먼저 반도체문명의 시대를 지배하는 플랫폼국가를 운영하는 참
다운 민주주의를 실현하는가 하는 점이 미래를 결정할 것이다.

6. 플랫폼국가 미국 이야기

미국인 대부분은 유럽에서 빚과 가난에 찌들어 도망하듯 대서양을 건너왔거나 아프리카에서 노예로 팔려온 가련한 사람들이 만든 나라이다. 또 미국 동부해안에서 정착하는 과정에서 온갖 고난을 다 겪으며 생존한 사람들이 만든 나라이다. 그러나 쥐구멍에 볕들 날도 있는 것처럼 이같이 희망 없이 버려진 나라도 천시, 지리, 인화를 얻자 세계최강국이 된다.

유럽과 미국의 내륙을 연결하는 제2차 산업혁명 플랫폼국가 미국과 에머슨의 아메리카니즘

영국으로부터 독립한 미국은 여전히 대서양과 인접한 13개 주로 이루어진 작은 나라였다. 초창기 미국 13개주는 유럽대륙과 미국대륙의 경계면에 위치함으로써 양대륙의 소통을 통한 상호작용으로 균형과 통합을 만들어내는 플랫폼국가로서의 좋은 위치를 차지하고 있었다.

미국은 선진문명을 가진 유럽대륙의 힘을 받아들여 아직 미개척지인 미국의 내륙지방으로 진출하고 나아가 태평양 해안인 캘리포니아에 도달하는 전형적인 플랫폼국가가 된 것이다.

미국이 영국으로부터 독립의 힘을 얻어 독립하는 과정은 네덜란드가 스페인으로부터 독립의 힘을 얻어 독립하는 과정은 기본적으로 비슷하다.

식민지 시절 이 두 국가는 국가를 운영할 인력과 자본을 자연스럽게 받아들였고 그 나라가 차지한 플랫폼으로서의 지역적 이점을 최대한 발휘하여 발전한 다음 독립한 것이다.

그러나 미국은 네덜란드와 영국과 근본적으로 다른 점이 있었다. 네덜란드가 상업을 확대재투자를 하고, 영국이 산업을 확대재투자를 하기 위해서는 반드시 바다로 나가 영토와 시장을 개척해야만 했다.

미국은 그럴 필요가 없었다. 대신 내륙지방으로 깊숙이 들어가 태평양에 이르는 광대한 영토를 개척하고 그 지역에 주민을 심어놓고 땅을 소유하게 하면 그것으로 충분했다. 전 세계 모든 나라의 국민이 원하는 꿈이지만 미국에서만이 그 꿈을 쉽게 이룰 수 있었다. 아메리칸 드림이 시작된 것이다.

그럼으로써 대서양과 맞닿은 동쪽의 북부지역은 산업화가 이루어진 공업지역이 되고 나머지 남부와 서부는 원료를 제공하고 상품을 소비하는 시장이 되는 것이다. 그럼으로써 미국은 자연스럽게 산업국가로서 확대재생산이 자체적으로 이루어질 수 있었다.

미국은 거대한 땅을 소유한 러시아가 국민을 파블로프의 개로 만들어 강압하고 착취하여 제2차 산업혁명에 성공한 것과는 뚜렷한 대조를 보인다. 물론 미국도 그 과정에 미국 원주민인 인디언의 대량학살이 있었고 또한 아프리카 원주민을 대량으로 납치하여 노예로 삼아 부려먹는 끔찍한 일과 남북전쟁의 비참함이 있었다.

그러나 미국은 다른 어느 나라보다 비교적 자유와 평등이 폭넓게 이루어지고 자기만의 땅을 가지고 농사를 짓고, 비교적 쉽게 직업을 얻을 수 있어 부족한 인구를 지속적인 이민을 통해 보충할 수 있었다.

미국은 1776년 7월 4일 당시의 영국의 식민지 상태에 있던 13개의 주가 서로 모여 독립을 선언했다. 미국은 독립전쟁에서 승리하고 1783년 파리조약에서 독립이 승인되었다. 그러나 미국은 여전히 정치적, 경제적, 문화적으로 유럽의 영향권에서 벗어나지 못했다. 이때 하버드 신학대학 출신 사상가인 에머슨은 이렇게 썼다. "미국이라는 몸과 마음에 자리 잡고 있는 '유럽이라는 회충'을 몰아내고 그 자리에 '유럽적인 정열을 미국적인 열정으로 대체시키는' 것이 자신의 목표라고 선언한다." (폴 존슨, 『위대한 지식인들에 관한 끔찍한 보고서』)

에머슨이 정신적 기반으로 삼은 아메리카니즘에 집착한 것은 자기 자신의 사회에 귀속하는 바와 일맥상통하므로 해를 거듭함에 따라 그는 차차 자신의 사회로 접근해 간다. 유럽의 지식인 계급과는 정반대되는 사고방식이다.

그리고 미국의 지적 독립 선언이라고 불리는 유명한 연설하게 된다. 1837년 렐프 왈도 에머슨은 하버드 대 강연에서 미국의 작가는 '위대하고 먼 낭만적' 세계에서 방향을 돌려 미국의 가장 훌륭한 산물인 평범한 민중의 생활에 눈을 돌려야 한다고 주장했다. 그는 한 걸음 더 나아가 "이제 우리는 우리의 발로 걸을 것이고, 우리의 손으로 일할 것이며, 그리고 우리의 정신으로 말할 것"이라고 역설했다(강준만, 『미국사산책』 2). 이제 미국은 유럽과는 전혀 다른 미국만의 미국이 되는 새로운 미국의 설계원리를 제시한 것이다.

그는 "외국학문에 종속되어 있는 시대, 오랜 도제(徒弟)의 시대는 바야흐로 종말이 가까이 오고 있습니다. 우리들 주위에서 솟아나고 있는 무수한 새로운 생명을 항상 외국수확물의 시들어버린 찌꺼기로만 기를 수는 없습니다. 여러 가지 사건과 행동이 일어나고 있는데, 이러한 것을 노래해야 하며 또 이러한 것을 자연 그대로 노래할 수 있도록 해야 할 것입니다."라고 주장했다(강준만, 『미국사산책』 2).

미국이 독립전쟁에서 승리하여 독립을 쟁취했다고 하지만 미국은 여전히 유럽인들의 나라였고 특히 영국인들의 나라였다. 누구도 미국인의 정신으로 새롭게 생각하고 새롭게 행동하자는 생각을 한 사람이 없었다. 그것은 일종의 금기였다. 그 금기를 에머슨이 깨버린 것이다. 이 연설이후 미국사회의 반응은 매우 뜨거웠다. 그의 주장은 언론과 각계각층에 크나큰 반응을 일으켰다.

이 주장은 미국내 신문에 대서특필되었다. 『뉴욕 트리뷴New York Tribune』은 에머슨의 사상을 국가가 공공재산으로 삼아야 한다고 대대적으로 역설했다. 올리버 웬텔 홈즈(Oliver Wendell Holmes, Sr. , 1809~1894)는 이 강연을 '미국의 지적 독립선언' 이라고 불렀다(강준만, 『미국사산책』 2).

그런데 유럽문화에 예속된 에머슨 시대의 미국은 지금 미국과 유럽 그리고 중국, 일본의 문화에 예속된 대한민국과 너무도 비슷하지 않은가?

그런데 왜 우리 대한민국에서는 이러한 지적 독립선언이 없었는가? 대한민국은 여전히 미국과 유럽에서 베껴온 외국학문에 종속되는 것을 자랑으로 알고 있는가?

에머슨은 1870년 말 실로 국민적 영웅 내지 지도자가 되어 있었다. 에머슨은 프랑스의 빅토르 위고, 러시아의 톨스토이와 같은 존재로서 미국 위인의 모델이 되었다.

에머슨은 그 후 많은 연설을 했고, 그것은 책으로 만들어졌다. 그것이 『자기신뢰』, 『대령大靈』, 『자연』이었다. 그의 책은 미국지식인에게 널리 읽혔고 지금도 그러하다. 미국 역대 대통령을 비롯한 소문난

독서광인 버락 오바마 미국 대통령이 밝힌 애독서 목록에는 랠프 왈도 에머슨의 『자기신뢰Self Heliance』가 들어 있다. 오바마 대통령은 셰익스피어의 희곡, 허먼 멜빌의 『모비딕』 등과 함께 가장 즐겨 읽는 책으로 「자기신뢰」를 꼽았다. 또한 트럼프 대통령의 애독서이기도 하다.

미국은 이제 에머슨이 내세운 아메리카니즘의 깃발 아래 유럽문명과 전혀 다른 독자적인 미국문명을 만든 것이다.

그가 만든 모임의 동료였던 헨리 데이비드 소로 역시 그 영향력은 에머슨 못지 않았다. 그의 책 월든 『월든』, 『시민 불복종』은 폭넓게 읽혔다. 특히 인도의 독립영웅 간디가 그의 『시민 불복종』의 영향을 받았음은 잘 알려진 사실이다. 또한 흑인인권 운동가 마틴 루터 킹도 큰 영향을 받은 것으로 알려졌다.

이들은 1960년대 미국의 사회운동인 히피운동에서 정신적 지주가 된 것으로 알려졌다. 그리고 제3차 산업혁명을 주도한 애플의 창업주 스티브 잡스를 비롯하여 구글의 CEO 에릭 슈미츠 등이 젊은 시절 히피였음은 잘 알려진 사실이다. 캘리포니아가 제3차 산업혁명의 진원지인 것과 히피운동의 중심이 역시 캘리포니아였던 것은 우연만은 아니었다.

즉 미국인의 정신으로 생각하고 말하고 행동하자는 에머슨의 생각이 미국이 제2차 산업혁명과 제3차 산업혁명과 지금 제4차 산업혁명의 원동력인 것이다. 이 세 개의 산업혁명은 모두 미국인의 정신으로 생각하고 행동한 결과에 다름이 아니다. 다른 어느 곳에도 없는 미국인만의 생각으로 만들어졌고 미국인만의 행동으로 이루어진 것이기 때문이다.

미국은 제2차 산업에 성공함으로써 제2차 세계대전의 승전국이 될 수 있었고 그 후 산업 플랫폼국가로 세계의 패권을 잡을 수 있었다. 그리고 계속 이어진 제3차 산업혁명에 성공함으로써 여전히 제2차 산업혁명에 머물러있는 소련을 전쟁 없이 몰락하여 해체하게 만든 것이다. 그리고 미국은 이제 경쟁자가 없는 초강대국이 되어 지금까지 세계의 패권을 유지하고 있다. 이제 제4차 산업혁명도 미국에서 시작하고 있다.

에머슨이 극복한 것은 무엇보다도 칼뱅의 예정설이었다. 에머슨의 사상은 그가 유니테리언 파(일신주의一神主義)의 목사로서 유니테리언 신앙에 바탕을 둔다. 유니테리언 교도들은 삼위일체를 부정했기 때문에 이런 이름이 붙여졌다. 유니테리언과 유니버설리즘을 합한 UUA는 신약 기독교의 진정한 후예라고 할 수 있는 종교개혁자들, 그 중에서도 급진적인 종교개혁자들에게서 그 뿌리를 찾아볼 수 있다(Alan W. Gomes, 『유니테리언 유니버살리즘』).

초기 미국사회는 칼뱅주의의 영향으로 형성된 청교도들이 만들어나갔다. 사치와 성직자 권위를 극복하고 철저한 금욕주의와 바이블의 원칙을 따랐다.

그러나 칼뱅주의의 핵심인 예정설은 많은 문제를 안고 있었다. 에리히 프롬은 그의 『자유로부터의 도피』에서 칼뱅의 예정설이 인간을 어리석고 무력하게 만들었으며 근대 최악의 비극을 만든 나치 전체주의를 만든 근본적인 원인이었음을 주장한다.

즉 "칼뱅의 예정설은 나치의 이데올로기 속에 가장 활기차게 되살아났기 때문에 여기서 명백히 지적해야 할 하나의 의미를 함축하고 있는데, 그것은 바로 인간이 기본적으로 불평등하다는 신조다. 칼뱅에게는 두 부류의 인간이 존재한다, 하나는 구원받을 인간이고, 또 하나는 영원히 저주받을 운명을 타고난 인간이다. 이 운명은 태어나기도 전에 결정되어 있고, 사람이 세상을 살면서 무엇을 하든 안 하든 운명을 바꿀 수는 없기 때문에, 인류의 평등은 원칙적으로 인정되지 않는다. 인간은 불평등하게 창조되었다는 신조는 인간들 사이에는 어떤 연대도 존재할 수 없다는 것도 암시한다." (에리히 프롬, 『자유로부터의 도피』)

칼뱅의 예정설이 나치의 이데올로기 속에 가장 활기차게 되살아났다는 프롬의 주장은 충격적인 것이다. 칼뱅의 예정설은 인간이 태어나기도 전에 신에게 영원히 구원을 받을지 영원히 저주를 받을지가 미리 결정되었다는 주장이다. 이러한 예정설에 의해 누가 구원을 받을 지 저주를 받을 지는 전혀 알 수 없다. 프롬은 그럼에도 불구하고 칼뱅주의자들은 아무런 근거 없이 자신들은 신의 선택을 받아 구원될 것이며 다른 모든 사람들은 신의 저주를 받았다고 생각한다는 것이다. 차라투스트라의 극단적인 선악이원론이다.

"칼뱅주의자들은 순진하게도 자신들은 신에게 선택을 받았고 다른 사람들은 모두 신에게 저주를 받았다고 생각했다. 이런 믿음이 심리적으로 다른 사람들에 대한 깊은 경멸과 증오를 나타낸 것은 분명하다. 사실상 그들은 신에게도 그와 똑같은 증오심을 품고 있었다. 근대 사상은 인간의 평등을 점점 더 강력하게 주장했지만, 칼뱅주의자들의 신조는 결코 완전히 소리를 죽이지 않았다. 인간은 민족적 배경에 따라 기본적으로 불평등하다는 교리는 같은 신조를 다른 이론적 설명으로 재확인하는 것이다. 심리학적 의미는 똑같다."(에리히 프롬, 『자유로부터의 도피』)

결국 예정설은 무엇을 의미하는가? 인간의 의지와 노력은 아무런 쓸모도 없고 인간은 더 없이 나약하고 무력하다는 것이다. 단지 신의 의지에 의해서만 모든 것이 결정된다는 것이다. 이른바 신본주의神本主

義이다.

"예정설은 심리적으로 이중적인 의미를 가지고 있다, 그것은 한편으로는 개인이 보잘것없고 무력하다는 느낌을 표현하고 강화한다. 인간의 의지와 노력이 아무 쓸모도 없다는 것을 이보다 더 강력하게 표현할 수 있는 교리는 없다. 인간의 운명에 대한 결정은 그 자신의 손에서 완전히 벗어난 곳에서 내려지고, 인간이 무슨 짓을 해도 이 결정은 바꿀 수 없다. 인간은 신의 손에 쥐어진 무력한 도구일 뿐이다."(에리히 프롬, 자유로부터의 도피』)

칼뱅주의는 인간이 이토록 무력하고 스스로의 삶을 결정할 자유가 없으며 신에 의해 모든 것이 결정된다고 믿은 것이다.

이 예정설을 극복하는 사상이 일신주의一神主義 즉 유니테리어니즘이다. 에머슨은 이 하버드 신학대학에서 유니테리언파의 목사로 출발한 것이다.

많은 유니테리언들이 스페인 사람이며 의사였던 마이클 세레베투스를 유니테리아니즘의 창시자로 인정하고 있다. 세르베투스는 카톨릭과 결별한 후에. 자신의 주장을 전파하기 위해서 제네바로 갔다. 그리고 그 곳에 발을 들여놓지 말라는 칼빈의 경고도 무시했다. 재판이 3개월 간 계속되었고, 결국 그는 1553년 10월 21일 챔펠에서 화형당했다. 세르베투스의 처형으로 그의 이론에 공감하는 사람들이 나타났고, 그는 반 삼위일체 신앙을 지킨 순교자로 부상하였다(Alan W. Gomes, 『유니테리언 유니버살리즘』). 유니테리언파와 칼뱅파는 이처럼 처음부터 상극이었다.

기독교의 경전은 구약과 신약을 하나로 하지만 이 양자는 근본적으로 다른 개념을 가지고 있다. 나는 그 중 신약은 우리 한민족의 '홍익인간 모형'과 일치하는 바가 많지만 구약은 전혀 다르다는 사실을 나는 『단군과 예수의 대화』에서 설명한 바 있다.

또한 유니테리언들은 특히 " 역사적이고 성경적인 기독교의 가르침을 완벽하게 부인하고 있다. 즉 예수 그리스도의 신성과 말 그대로의 육체적인 부활, 유일한 구세주로서의 예수님의 역할, 피를 통한 예수님의 속죄(하나님의 진노를 만족시킨 것), 이밖에도 몇 가지 정통적 기독교 교리들을 거부하고 있다."(Alan W. Gomes, 『유니테리언 유니버살리즘』)

채닝은 미국 유니테리아니즘의 가장 위대한 빛이라고 할 수 있다. 로버스트(Robust)는 이런 채닝을 "유니테리아니즘의 사도"라고 불렀다. 채닝은 그리스도가 인간보다는 높은 존재이지만, 하나님보다는 훨씬 더 낮은 존재라고 주장했다. 채닝은 삼위일체 교리가 비성서적이며 비합리적이라고 주장했다. 또한 그는 삼위일체 교리 때문에 유일신인 하나님, 즉 복잡한 삼위의 합체가 아니라 단일체이신 하나님을 예배하는 데 있어서 혼란을 일으키게 되었다고 비난했다. 역사학자 윌버의 말처럼. "이제까지 미국에서 그렇게 많은 독자들에게' 그리고 그렇게 막대한 영향을 미친 설교는 아마 없었을 것이다"라고 했다(Alan W. Gomes, 『유니테리언 유니버살리즘』).

실제로 독립 초기 초대 대통령 워싱턴부터 제퍼슨을 거쳐 6대 애덤스까지 일신주의자들이 많았다. 동시에 당시 미국 지성의 전당이라고 할 수 있는 하버드 대학교의 교수진도 일신주의자들이 다수 포진하고 있었으며 에머슨이 대표적인 학자였다(박의경, 『미국 민주주의와 관용의 정신』).

하버드 대학은 1636년에 청교도들에 의해서 설립되었지만. 결국 유니테리언에게 굴복 당하고 말았다. 에머슨과 헨리 데이빗 소로(Henry David Thoreau) 는 매우 유명한 초월론자들이다. 초월주의는 지적인 운동으로써, 19세기 미국에서 수많은 문학 인사들의 마음을 사로잡았다. 초월주의는 "유니테리아니즘(일신주의 一神主義)의 파생물이었다. 즉 많은 사람들이 유니테리아니즘이 너무 보수적이고 정통적이라고 생각했던 것이다(Alan W. Gomes, 『유니테리언 유니버살리즘』).

초월론자들은 예수님의 가르침이나 기적. 그리고 인간의 이성보다는 종교적인 직관을 더 중요시했다. 하나님은 우리들에게 자신의 진리를 직접적이고 내적으로 계시하고 있다고 주장한 것이다. 바로 여기서 최제우 선생의 시천주侍天主와 단군 도해님의 일신강충一神降衷이 만나 하나가 되는 것이다. 즉 인간이 존엄하다는 인존성人尊性의 근거이다. 즉 미국 문명의 핵심인 아메리카니즘과 한민족 '홍익인간 모형'의 역사적인 만남이 모든 인간의 중심에 존재하는 '하나님'을 통해 이루어지는 것이다.

초월주의자등이 추구하였던 개인의 자존적 독립성을 비롯한 탁월성이란 신념체계로 인해 미국의 민주주의는, 토크빌의 우려와 달리, 자유와 갈등하지 않는 정치적 평등의 확산이라는 길로 갈 수 있었다(박의경, 『미국 민주주의와 관용의 정신』).

바로 이 인간의 내부에 존재하는 하나님으로 만들어진 개인의 자존적 독립성이 미국의 자유와 평등을 형성하여 미국이 지속적인 혁신으로 새로운 성장동력을 만들어낼 수 있었던 배경이다.

미국은 동부에서 제2차 산업혁명 유럽의 선진기술과 미국 내륙 서남부의 원료와 시장을 소통하고 통합하여 성공하였다.

남북전쟁은 오직 산업혁명의 성공을 위한 전쟁이었다. 미국이 제2차 산업혁명에 성공하기 위한 가장 큰 전환점은 남북전쟁이었다. 북부가 산업혁명에 성공하기 위해서는 노동자와 원료와 시장이 반드시 필요했다. 원래 미국은 땅이 넓어 만성적인 인력부족에 시달려왔다. 더구나 산업혁명에는 노동자가 대대적으로 필요하기 마련이었다. 북부가 산업혁명에 성공하기 위해서는 남부와 서부의 농민들을 대량으로 유인해 와야 하는 것이다. 그 일에는 물론 흑인노예가 당연히 포함되어 있었다. 그리고 서부와 남부에서 안정적인 원료가 공급해주고 그것으로 만든 상품을 팔 수 있는 시장이 되어 주어야 하는 것이다.

미국의 남북전쟁은 곧 미국이 산업혁명에 성공하기 위한 전쟁이외에 다른 것이 아니었다. 남북전쟁은 이미 산업화되어 강력한 공업생산력을 가지고 있던 북부의 승리로 끝났다.

결국 북부연합은 그 자체가 플랫폼국가로서 영국의 산업력을 받아들여 아직 미개한 남부의 여러 국가들을 자신의 영향력에 포함시킨 것이다. 북부는 남부와 서부를 식민지처럼 활용할 수 있게 된 것이다. 이제 미국은 단일시장이 되었고 하나의 경제권과 정치권으로 통합된 것이다.

이제 미국은 자체적으로 확대재생산이 가능해지면서 영국이 이루지 못한 제2차 산업혁명을 역사상 최초로 성공시키게 되는 것이다.

역사가들은 적어도 2개의 산업혁명이 있었음을 증명해주었다. 첫 번째 혁명은 18 세기의 마지막 30년 동안에 시작되었는데, 증기기관, 다축(多軸)방적기, 야금학에서의 코트(Cort) 공정과 같은 새로운 기술, 더 넓게 연장에서 기계로의 대체가 이 혁명의 특징이다. 대략 100년이 지난 후의 두 번째 혁명 때는 발전, 내연엔진, 과학을 기반으로 한 화학제품, 효율적인 철강 제련법 등이 나타났고, 전신의 보급과 전화의 발명에 따른 커뮤니케이션 기술이 도입되었다(마뉴엘 카스텔, 『네트워크 사회의 도래』).

미국은 철도와 전신망을 통해 넓은 대륙 구석구석까지 원활한 소통이 가능해졌다. 남북전쟁은 철도전쟁이라고 할 만큼 철도가 중요했다. 즉 맥틀루언은 "전쟁의 기술을 전대미문의 높은 수준으로 끌어올린 것은 철도였는데, 남북전쟁은 철로로 싸운 첫 번째 전쟁이었다. 이 전쟁은 아직 철도를 큰 전쟁을 위해 써 볼 기회를 갖지 못했던 유럽의 모든 군인들에게 연구와 찬양의 대상이 되었다"고 말한다(매클루언, 『미디어의 이해』).

남북전쟁이 끝난 후 철도는 이제 전쟁이 아니라 경제의 비약을 위해 눈부신 활약을 하게 되는 것이다.

그리고 맥클루언은 "전신은 사회의 호르몬"이라고 까지 중시했다. "1848년, 등장한 지 겨우 4년밖에 되지 않았던 전신은, 미국의 주요한 신문들이 뉴스를 취재하기 위해 공동조직을 만들지 않으면 안 되게 만들었다. 이러한 노력으로 AP통신사Associated Press가 생겨났고, 그 통신사는 계약자에게 뉴스를 팔았다."(매클루언, 『미디어의 이해』)

지금으로서는 상상이 가지 않지만, 전신電信이 없었을 때 정보의 유통은 단지 사람과 말, 마차, 기차에 의해서만 가능했다. 혹 비둘기를 사용했다고 하지만 그것은 특수한 경우일 것이다.

맥틀루언은 "무선 전신은 1910년에 놀라우리만큼 대중의 관심을 많이 모았다."고 말하며 "호르몬은 내분비선에 의해서 만들어지며, 멀리 멀어진 기관의 기능을 조절하고, 조정하기 위하여 혈액 속에 분비되는 특수한 화학적 전달물질."이라고 주장하며 국가에서는 전신이 바로 그 호르몬이라는 것이다.

전신이 발명되고 나서는 전류를 이용한 유선전신이나 전파를 이용한 무선전신으로 각종 정보는 순식간에 유통될 수 있었다. 특히 미국과 같이 거대한 나라가 산업화를 이루는 일에 전신과 철도가 얼마나 결정적인 요소였던가는 말할 나위가 없을 것이다.

"남북 전쟁 이후 철도망 부설 작업이 전국적으로 시작되고 연방 정부의 정책이 기업에 우호적인 방향으로 바뀌면서 산업화 속도가 눈에 띄게 빨라졌다. 대불황기에는 경영 구조 개편과 경영 방식 혁신, 철도와 전신망을 이용한 새로운 마케팅 기법의 도입 등을 통해 '규모와 범위의 경제'를 실현하는 대기업이 등장했다. 이에 힘입어 미국은 강철, 화학, 전기, 전자, 자동차 등 새로운 산업 부문에서 강자로 부상하면서 영국의 패권을 위협했다(김태유, 『패권의 비밀』).

이제 미국은 강철, 화학, 전기, 전자, 자동차 등 새로운 산업 부문에서 강자로 부상했다. 지금까지 존재하지 않았던 이른바 제2차 산업혁명에 성공한 것이다. 이제 미국은 마음껏 확대재생산을 할 수 있게 된 것이다.

세계의 공장이 된 미국은 제1차 세계 대전에서 전쟁당사국들에게 군수품을 비롯한 많은 공산품을 조달하는 기지가 되었다. 그리고 제2차 세계 대전은 미국이 성공한 제2차 산업혁명의 위력이 어떤 것인지를 세계에 과시하는 전쟁이었다. 어떤 나라도 이 거대한 공장국가로서의 미국을 당할 나라가 없었음을 전쟁의 결과가 분명히 보여주었다. 미국은 플랫폼국가가 다른 국가보다 몇 배, 몇 십 배의 능력과 가치를 가진다는 사실을 현실에서 분명하게 증명하고 있는 것이다.

이는 포르투갈과 스페인 그리고 네덜란드와 영국이 국제사회에 등장하던 것과 똑같은 것이되 그 영향력은 비교할 수 없을 정도였다.

가히 제2차 세계대전 이후의 미국은 "산업혁명은 만물의 아버지요, 만물의 왕이다. 산업혁명은 어떤 것을 신으로 만들고, 어떤 것은 인간으로, 또 어떤 것은 노예나 자유인으로 만든다"는 말을 다시 한 번 실감나게 만들었다.

미국 동부와 동아시아를 연결하고 통합하는 제3차 산업혁명 플랫폼 국가 미국

영국에서 시작된 제1차 산업혁명이 미국으로 건너가 대서양과 가까운 동부지역에 자리 잡고 그것이 제2차 산업혁명으로 다시 태어났다. 그 이전에는 유럽대륙에서 미국대륙으로의 과학과 기술과 인력과 자본이 이전되는 복잡한 과정을 필요로 했다. 그리고 에머슨이 주장한 것처럼 유럽이라는 회충을 몰아내고, 미국인으로서 생각하고 미국인으로서 행동한 결과 유럽이 일으키지 못한 제2차 산업혁명을 일으킨 것이다.

PC와 인터넷을 기반으로 하는 새로운 3차 산업혁명의 중심이 된 서부의 캘리포니아는 선진문명을 가진 동부와 아직 후진문명에 머무르는 태평양너머의 아시아를 소통하고 상호관계를 통해 균형과 통합을 이루어 플랫폼국가를 형성하기에 적합한 지역이다.

다만 캘리포니아는 새로운 국가를 형성할 필요는 없었다. 미국연방정부에 속하되 정치적·경제적 지원을 받아내면 되기 때문이다. 다른 플랫폼국가들 경우처럼 새로운 군사력을 형성할 필요가 없다는 것은 큰 장점이 되는 것이다.

캘리포니아에서 이루어지는 제3차 산업혁명은 태평양을 넘어 일본과 대한민국과 대만과 싱가포르 등으로 연계되며 발전했다. 나중에는 중국도 합세했다.

2017년 노벨문학상을 받은 밥 딜런은 1960년대 히피문화의 상징이었다. 나는 그의 노벨상 수상이 의미 있고 또 당연하다고 생각한다. 왜냐하면 미국의 히피문화는 전 세계 국제질서의 판도를 완전히 새롭게 바꾸어 놓은 제3차 산업혁명의 씨앗이었기 때문이다.

일반적으로 히피라고 하면 우리나라의 부잣집 막내아들처럼 도무지 주제 넘는 일을 밥 먹듯 하는 철없고 무책임하며 퇴폐적인 아이들로 기억한다. 우리나라에서도 1960~1970년대에 히피문화가 전해진 바가 있지만 그 의미를 알고 따라한 사람은 거의 없었다.

무엇보다도 히피문화가 탄생한 것은 당시 젊은이들의 숫자가 갑자기 증가했다는 점에 있었다. 즉 "출산율의 회복은 제2차 세계대전 중에 벌써 감지되기 시작해 1946년부터 두드러진다. 이후 15년 정도 지속된 베이비붐으로 미국 인구는 많이 젊어진다. 예컨대 1964년에는 미국인 중 40퍼센트가 스무 살 미만이었다."(크리스티안 생-장-폴랭, 『히피와 반문화』) 젊고 건강한 미국의 출현이었다.

역사상 처음으로 미국사회를 가득 채운 이 다수의 젊은이들은 제1차 산업혁명과 제2차 산업혁명동안에 그들의 이전 세대들이 만들고 합의한 자유주의 자본주의에 대해 의문을 가지게 된 것이다.

그들은 풍요로운 미국사회에서 성장했지만 그들은 더 많은 것을 원하게 된 것이다. 하지만 더 이상 미국사회는 그들이 원하는 것을 채워줄 수 없게 된 것이다.

그들은 라디오가 장착된 자동차를 타고 원하는 곳을 돌아다니며 음악을 구가했다. 그렇게 탄생한 것이 히피음악이다. 밥 딜런, 존 바이에스, 지미 핸드릭스 등은 그때 탄생했다.

"반전운동은 베트남 전쟁이 격화되던 60년대 후반에 반체제의 주요전제로 인정되었으며, 반문화를 지탱하던 해방운동의 일부가 된다. 대학가의 평화적 반전운동은 1964년의 군사적인 확전 이전부터 존재하던 것이었다. 특히 버클리 대학을 중심으로 병역 거부자들이 군국주의 반대와 개인적 선택의 자유 존중을 요구해왔던 것이다."(크리스티안 생장폴 랭, 『히피와 반문화』)당시 젊은 미국인들은 이 문제를 자신만의 생각으로 자기 스스로 자율적으로 해결하고 있었다. 그 사회적 운동이 바로 히피이즘이었다. 이들은 분명 "유럽이라는 회충을 몰아내자"고 역설하며 미국인만의 방법으로 생각하고 행동하자고 주장한 에머슨과 소로의 제자들이었다.

스튜어드 브랜드는 잡지 〈Whole Earth Catalog〉를 만들어 운영했는데 당시 1950년대 생의 청소년들이 이 잡지에 결정적인 영향을 받았다. 그들이 바로 제3차 산업혁명의 핵심 PC혁명과 인터넷혁명을 이끈 애플의 창업자 스티브 잡스와 스티브 워즈니악, 구글의 CEO 에릭 슈미츠, 마이크로소프트의 창업자 빌 게이츠 등이었다. 이들은 모두 부자가 되기 위해 권력과 손잡고 온갖 권모술수를 통해 부를 축적하는 속물들과 근본적으로 달랐다. 그들은 히피들이 인간의 삶을 새로운 공동체를 중심으로 새롭게 바꾸려고 했던 것과 똑같이 인간의 삶을 새롭게 바꾸려는 상품들을 만들어냈다.

스튜어드 브랜드가 운영한 〈홀 어스 카탈로그〉는 히피가 지향하는 가치인 '의식의 확장', 그리고 자연으로 회귀해 만든 '히피 공동체'와 관련된 정보 및 상품을 소개하는 데 주력했고, 이러한 정보와 상품은 모두 공동체 생활을 뒷받침하는 도구로 여겨졌다.

스튜어트 브랜드는 인터넷 부흥기 였던 1995년, 〈타임〉에 「사이버공간에 오신 것을 환영합니다Welcome to Cyber space」라는 제목의 글을 기고했다. 그는 PC혁명과 인터넷 문화가 모두 대항문화의 산물이라는 취지를 담은 이 글에 '우리는 모두 히피에게 빚을 졌다We Owe It All To The Hippies'라는 부제를 달았다. 그는 히피문화의 상상력이 제3차 산업혁명의 핵심임을 정확하게 읽고 행동한 선구자였다.

이제 히피들의 낙원이었던 캘리포니아는 제3차 산업혁명의 산실로 그 모습을 바꾸었다. 자신들의 방법으로 세상을 바꾸려던 히피정신은 이제 대학에서 체계적인 학문을 갖추어 제3차 산업혁명을 통해 세상을 새로운 공동체로 바꾸기 시작한 것이다.

그들은 가장 먼저 거대한 컴퓨터를 모든 개인이 가질 수 있는 PC혁명을 일으켰다. 이른바 지식정보의 시대에 가장 중요한 생산수단인 PC를 모든 개인에게 보급한 것이다. 이제 히피들은 대학으로 돌아와 나름대로 세상을 바꿀 준비를 마치고 세상에 나오기 시작한 것이다.

이제 지식정보시대 최고의 생산수단인 PC를 가진 젊은이들은 거대한 기업을 상대로 전쟁을 벌려 곳곳에서 그 거대기업을 격파하기 시작했다.

그리고 지식정보시대에 PC 이상으로 결정적인 역할을 하기 시작한 것은 인터넷이었다. 이제 전 세계의 대기업과 싸울 힘을 가진 히피들은 인터넷을 통해 서로서로가 의사소통을 하며 상호관계를 맺고 새로운 지식정보세계를 창조하여 균형과 조화를 이루기 시작한 것이다. 바로 히피들이 추구하던 공동체가 가상세계에서 만들어지기 시작한 것이다.

이제 세상은 더 이상 이전의 제2차 산업혁명의 세상이 아니었다. 미국의 캘리포니아는 제3차 산업혁명 정보기술혁명의 산실이 되고 있었기 때문이다.

"히피들은 기존 체제에서 벗어나 더 좋은 세상을 만들고자 갈망했고, '의식의 확장'을 외치며 다양한 방식으로 해방감을 맛보고자 했다. 또 소비 자본주의로 대표되는 도시에서 벗어나 시골에서 히피 공동체를 형성해 인간의 정신적 · 물질적 환경을 조정하고자 했다. 히피들은 그들만의 방식으로 새로운 공동체를 모색했고, 이 발상이 초기 온라인 서비스에 반영된 것 이 PC통신이다. 당시 '전자 공동체' 또는 '전자 광장'이 실현될 수 있을지 여부는 전적으로 온라인 서비스의 가능성 에 달려있었다.

전자 광장이 본격적으로 등장한 때는 전자 시장의 움직임이 일단락된 뒤 블로그나 유튜브You Tube 같은 사용자 참여형 서비스가 등장한 2005

년 전후다. 전자 광장을 보다 직접적으로 실현한 매체가 소셜 네트워크 서비스이고, 그 선두에 페이스북이 있다."(이케다 준이치, 『왜 모두 미국에서 탄생했을까』)

실리콘 밸리에 모여든 유능한 젊은이들은 "허름한 클럽에 모여 가장 최신의 발전에 대한 아이디어와 정보를 교환하였다. 이러한 모임 중의 하나가 홈 브루 컴퓨터 클럽인데, 이곳의 젊은 공상가들 (빌 게이츠, 스티브 잡스, 스티브 워즈니악 등을 포함한)은 다음 몇 해 동안에 마이크로소프트, 애플, 코멘코, 노스 스타 등을 포함하여 무려 22개의 회사를 설립하게 된다."(마뉴엘 카스텔, 『네트워크 사회의 도래』)

히피문화가 실리콘 밸리의 문화로 정착하며 자발적이고 자율적인 민주주의 공동체를 추구하는 움직임은 〈버닝 맨〉이라는 행사가 잘 보여준다. 구글의 창업자 세르게이 브린과 래리 페이지는 면접을 볼 때, 버닝맨 참여자라면 일단 인센티브를 준다고까지 한다.

버닝맨이란 네바다 주의 블랙락black rock 사막에서 8일 동안 펼쳐지는 문화 축제를 말한다. 사막 한가운데 '버닝 맨'이라 불리는 커다란 사람 형태의 조형물이 세워지고, 전 세계에서 모여든 사람들이 차에서 잠을 자거나 최저가 숙박시설인 모텔 등에서 묵으면서 행사 기간 동안 완전히 새로운 세상을 창조한다(이케다 준이치, 『왜 모두 미국에서 탄생했을까』).

일주일 동안 5만 명이라는 거대한 대중이 자발적으로 집결하여 자율적으로 이 버닝맨이라는 나무인형을 만들고 태우는 과정에서 이 도시를 운영한다. 이는 아무 연고도 없는 사람들 5만 명이 집결하여 '홍익인간 모형'이 설명하는 '45도의 혁명'과 '우리는 100%'와 개벽상태와 개천상태를 이루는 민주주의 공동체를 스스로 만들어 운영하는 엄청난 경험이다. 히피문화에서 시작된 미국의 제3차 산업혁명과 제4차 산업혁명의 능력과 가치가 바로 이 일주일 동안의 행사에서 마음껏 분출되는 것이다.

캘리포니아에서 히피들이 추구하던 공동체가 캘리포니아의 실리콘밸리에서 재현된 것이다. 그리고 전직 히피들은 세계적인 사업가가 되어 제3차 산업혁명을 성공시킨 것이다.

제3차 산업혁명의 핵심인 PC와 인터넷이 소련이나 중국 또는 북한에서 탄생할 수 있었을까? 그것은 불가능한 이야기이다. 인터넷이야말로 대표적인 "온힘의 영역"이기 때문이다. 인터넷이 미국에서 탄생한 것은 미국의 커뮤니케이션과 미디어의 영역인 "온힘의 영역"이 그만큼 튼튼한 상태에서 그것을 극대화시킨 것이기 때문인 것이다.

인터넷은 핵전쟁으로 기존의 전화나 TV, 라디오 등의 미디어가 모두 파괴되는 절대적인 위기에 살아남은 자들이 서로 의사소통을 하기 위해 만든 것이다.

따라서 처음부터 인터넷은 중앙집권적인 소통과 완전히 반대되는 수평적 방식으로 소통한다. 따라서 기본적으로 PC와 PC를 연결하여 만들어지는 인터넷에서는 최소한 이론적으로는 누구나 평등하다. 민주주의의 가능성이 생겨난 것이다.

인터넷은 복잡하고 광대한 수평적인 네트워크로 이루어져있기 때문에 기본적으로 어떤 권력이든 이를 통제하기는 불가능하다. 따라서 누구나 평등하게 참여할 수 있는 새로운 공간인 것이다. 따라서 적어도 이론적으로는 인터넷이야말로 민주주의를 위한 도구인 것이다. 따라서 전체주의가 가장 기피하는 미디어이다.

무엇보다도 인터넷은 네트워크와 네트워크를 연결하는 네트워크이다. 모든 PC가 인터넷과 연결됨으로써 인터넷은 사실상 전 지구적인 하나의 거대한 PC를 만들어 낸 것이다.

그러나 인터넷이 민주주의의 도구로 사용될 수 있다는 것은 의심의 여지가 없지만, 반대로 인터넷이 거대한 감시의 도구로 사용될 수 있다는 점도 이미 밝혀졌다.

즉 "에드워드 스노든의 폭로로 일부가 드러났고, 해방과 민주화의 도구로 전례 없는 역할을 할 수 있는 인터넷은 동시에 무차별적이고 광범위하며 그 의도를 파악할 수 없는 거대 감시 도구로 탈바꿈할 수도 있다는 사실을 목격했듯이, 더욱 투명해진 세상에서 프라이버시란 무엇인지에 관한 세계적 논의가 이제 막 시작되었다."(클라우스 슈밥, 『제4차 산업혁명』)

뿐만 아니라 포스트 전체주의 국가인 중국은 인터넷을 통제할 수 있다고 확신을 하고 있는 것 같다. 그리고 실제로 중국은 인터넷을 통제함으로써 전체주의 국가의 새로운 모습을 보여주고 있다.

미국은 대서양과 유럽대륙, 아프리카대륙과 태평양과 아시아대륙의 중심 플랫폼국가이자 제4차 산업혁명 플랫폼국가로 나아가고 있다.

19세기에 에머슨이 말한 미국적인 열정은 제2차, 3차 산업혁명에 처음으로 성공시키고 이제 제4차 산업혁명을 주도하고 있다.

그리고 미국은 지금까지 세계사에서 한 번도 없었던 양대양 플랫폼국가를 바라보고 있다. 양대양 플랫폼국가란 미국이라는 국가 자체가 온힘의 영역이 되어 대서양에 맞닿은 유럽 대륙과 아프리카 대륙과 태평양에 맞닿은 동북아 대륙과 인도 대륙의 소통을 이루며 상호관계를 형성하여 균형과 통합을 이루겠다는 것이다. 미국의 지정학적 위치가 그것이다.

이는 결국 미국이 남북 아메리카의 중심이 되어 대서양과 태평양을 통해 전 세계를 경제적, 정치적, 문화적으로 영향을 미치는 전무후무한 전 지구적인 플랫폼국가가 됨을 말한다.

산업혁명으로 만들어진 산업사회는 공장을 통한 확대재생산이 그 기본원리이다. 공장의 기계를 움직이는 연료는 산업사회의 생존과 직접 연결된다. 그러므로 특히 제2차 산업혁명 이후 산업국가는 유전에서 채굴하는 기름의 확보가 그 무엇보다 중요했다. 미국은 최근 석유문제를 해결함으로써 새로운 성장동력을 찾아냈다. 이 사건은 세계의 정치경제에 결정적인 영향을 미친다.

"지하 깊은 암석층에 꽁꽁 숨어 있던 석유와 가스를 세상 밖으로 꺼낸 이는, 셰일의 아버지라 불리는 조지 미첼이다. 그런데 조지 미첼은 17년간의 시행착오 끝에 그의 나이 80세를 앞둔 1998년 셰일오일 채굴 기술을 완성해냈다. 마침내 미국이 보유한 엄청난 양의 셰일오일과 가스가 경제성을 갖게 된 순간이기도 했다."(KBS 미국의 부활 제작팀, 『미국의 부활』)

조지 미첼은 자기 돈 600만 달러를 들여가며 '수압파쇄공법'의 기술을 개발하고 1만개가 넘는 유정을 파냈다, 하지만 연이은 실패로 이렇다 할 성과를 내지 못했지만 끝내 성공한 것이다(KBS 미국의 부활 제작팀, 『미국의 부활』).

에머슨 이후 미국인만의 생각과 행동이 최근의 PC혁명과 인터넷혁명과 블록체인혁명에 이어 셰일혁명까지 이어지며 성공한 것이다.

미국만이 가지고 있는 진정한 강점은 이 같은 계속되는 혁명이 만든 효과가 아니라 이처럼 누구도 상상하지 못하는 새로운 성장동력을 지속적으로 만들어내는 놀라운 창조적 능력이다.

가장 최근에 만든 성장동력인 셰일혁명은 미국이 무진장한 석유와 가스를 확보했다는 점에서 미국뿐 아니라 전 세계의 정치, 경제, 군사 등에 결정적인 변화를 예고하는 것이다.

제2차 세계대전에서 전체주의 국가 일본이 미국에게 패한 가장 큰 이유가 바로 석유를 확보하는 일에 실패한 것이다. 석유가 없으면 공장을 운영하지 못할 뿐 아니라 탱크와 자동차는 물론 항공모함과 전함과 비행기 등이 모두 고철덩어리로 전락하기 때문이다.

전시가 아니더라도 국제유가는 산업국가의 성장과 직접 연결되는 중요한 지표이다. 전 세계를 충격으로 몰고 간 미국발 2008년 세계금융위기에 대해 그 원인이 미국의 월가 금융회사들의 도덕적 해이에 있다고 비난을 받았다.

그러나 2008년 금융위기가 금융회사의 도덕적 해이가 주된 원인이 아닌 것이 명백하다. 왜냐하면 "2008년 7월 11일 뉴욕상품거래소의 WTI 국제유가가 147.27달러/1배럴"로 역사상 최고점에 달했다는 사실을 안다면 금융위기의 주된 원인이 국제유가에 있었음을 알게 된다.

국제유가가 배럴당 147달러일 때 그 돈을 주고 석유를 사서 공장을 운영하여 이익을 남길 제조업회사가 얼마나 되겠는가? 또한 그 비싼 석유를 사용하여 개인사업을 하거나 자동차로 출퇴근하는 가정의 경제적 부담도 매우 크므로 소비가 위축될 것은 분명하다.

아무리 기발한 아이디어와 뛰어난 경영자와 우수한 노동자가 참여해도 유가가 비싸다면 결코 이익을 남길 수가 없는 것이다. 또한 소비가 위축되니 물건을 만들어도 잘 팔리지 않아 재고가 쌓이게 된다.

그러한 즉 그 회사에 돈을 빌려주는 금융회사들이 견디지 못하는 것은 당연한 이치일 것이다. 그러니 금융회사들이 생존을 위해 온갖 무리한 비상수단을 사용하지 않을 수 없었고 그것은 금융위기를 가속시켰을 것이다. 그것이 곧 2008년 금융위기의 실체인 것이다.

미국은 2008년 금융위기 이후 국제사회에서 믿음과 지도력을 잃었다. 그리고 중국이 미국의 패권을 대신한다는 이상한 예언(?)이 그 후 상식이 된 것이다.

그러나 바로 그 금융위기의 순간 대반전이 미국에서 이미 시작하고 있었다. 그것이 바로 "셰일 혁명"이다. 결론부터 말하면 미국은 "셰일혁명"의 성공으로 더 이상 중동에서 기름을 수입하지 않아도 되게 되었다. 그리고 저렴한 에너지를 무궁무진하게 공급받음으로써 미국의 산업은 재도약할 기회를 얻은 것이다.

미국은 더 이상 중동 산유국의 눈치를 보지 않는다. 그리고 국제유가를 조정하는 위치에 서게 된 것이다.

셰일오일은 2011년부터 대량 생산되기 시작해 2014년엔 하루 900만 배럴까지 생산량이 늘었다. 이는 하루 1,000만 배럴 가까이 생산하는 사우디아라비아와 거의 맞먹는 수준이다. 2013년엔 세계 산유국 순위 2위를 차지하고 있는 러시아를 추월해 세계 최대 에너지 생산국으로 자리잡았으며 2015년엔 원유 최고 수입국의 자리를 중국에 넘겨주기까지 했다(KBS 미국의 부활 제작팀, 〈미국의 부활〉).

이제 미국은 2008년 금융위기 당시와 완전히 정반대의 상황을 맞은 것이다. 세일오일의 대량생산은 유가를 하락시켜 미국산업의 제조와 생산과 설비와 유통의 원가를 대폭 낮춤으로써 기업의 경쟁력이 다시 살아난 것이다.

따라서 외국으로 나갔던 제조업들이 다시 미국으로 되돌아오는 리쇼어링 정책이 성공하기 시작한 것이다. 그리고 자동차를 사용하는 개인 사업자와 가정은 소비를 위한 여력이 크게 높아진 것이다.

"셰일가스 혁명은 100년에 한 번 아니 200년에 한 번 있을까 말까 한 에너지 혁명이다. 그렇기 때문에 세계의 산업, 사회, 그리고 정치, 외교 등 각 분야에 영향을 미치고 있다. 셰일가스 혁명을 기점으로 세계의 판도는 완전히 뒤바뀌었다. 그중에서도 급격한 변화를 맞고 있는 곳이 미국이다. 미국의 경제는 금융과 제조업 모두 부흥함으로써 명실상부한 최강국으로서 세계 경제를 주도하고 있다고 단언할 수 있다.현재 미국은 셰일가스 개발을 거의 독점하다시피 하고 정치적, 경제적, 군사적으로도 세계를 지배할 준비를 갖추었다고 해도 과언이 아니다."(이즈야마 와타루, 『셰일가스 혁명』)

이와 반대로 중국은 여전히 에너지를 수입하지 않으면 안 되는 세계 최대의 원유수입 국가이다. 따라서 국제유가를 조정할 능력을 갖춘 미국과의 경쟁에서 매우 불리해진 것이다.

따라서 세계의 패권이 미국에서 중국으로 이동한다는 말은 어디까지나 2008년 당시의 구닥다리 전망일 뿐이다. 이제는 오히려 전체주의 국가 중국이 가지고 있는 여러 국내적인 문제들이 터져 나올 시점이 되고 있는 것이다. 극심한 빈부격차의 문제, 제2의 천안문사태, 티베트와 신장 위구르 자치구의 문제 등이 그것이다.

또한 제3차 산업혁명에 적응하지 못함으로써 소련이 해체되어 에너지 수출로 살아가는 러시아는 도저히 이길 수 없는 경쟁자 미국을 만나 가뜩이나 어려운 경제가 더더욱 위축될 수밖에 없게 된 것이다.

이제 무진장한 셰일오일이 강력하게 뒷받침하는 제4차 산업혁명의 선두주자인 미국은 자신감을 가지고 다시 세계의 패권을 행사하기 시작한 것이다.

물론 금융위기를 비롯한 여러 위기가 미국에 언제라도 반드시 다시 닥칠 것이다. 그러나 미국이 그때마다 그것을 극복하고 새로운 성장동력을 찾아내는 능력이 있는 한 플랫폼국가로서의 미국은 흔들리지 않을 것이다. 그러나 그 성장동력을 찾아내는 능력을 다른 나라가 찾아내는 순간 미국문명은 쇠퇴의 길로 가는 것이다. 이 또한 피할 수 없는 운명이다.

이제 미국은 세 번째 플랫폼국가를 내다보고 있다. 그것은 아메리카 대륙 전체를 온힘으로 하여 동쪽의 대서양과 유럽과 아프리카 서쪽의 태평양과 아시아를 통합하는 세계 플랫폼국가이다. 이 양 대륙 세계 플랫폼국가로서의 미국은 뒤에서 수식과 도형과 이론을 갖추어 양 대륙 세계 플랫폼국가 대한민국과 함께 다시 다룬다.

양 대륙 플랫폼국가 미국에 전체주의의 어두운 그림자가 드리우다.

이 시대 자유주의 국가의 상징인 미국의 감옥에서 전혀 상상도 할 수 없었던 전체주의의 특징이 나타나고 있다.

자유주의 자본주의가 만들어내는 산업혁명의 궁극적 문제는 언제나 잉여인간의 문제이다. 그 잉여인간의 문제를 해결하겠다는 전체주의 국가들은 모두 실패했다. 그러나 전체주의 국가들이 실패했다고 자유주의 자본주의의 원래 문제인 잉여인간의 문제가 해결된 것은 전혀 아니라는 사실을 세계 최대의 수감자를 가지고 있는 미국이 잘 보여주고 있다.

"국제교도소연구센터는 세계 수감 인구 동향에서 몇 가지 중요한 결론을 도출해냈다. 하나는 (수감 인구 중) 거의 절반이 미국 (229만 명)과 러시아(81만명) 중국(강제수용소에 수용중인 65만 명을 포함해 165만 명)에 있다는 것이다"(2000년부터 2010년 사이 주정부 및 연방정부에서 사설 기관에 투옥된 사람의 수가 계속해서 증가했다.) (사스키아 사센, 『축출 자본주의』)

눈을 의심하게 만드는 통계이다. 미국에 러시아와 중국보다 압도적으로 많은 세계최대의 수감자가 있다는 것은 도대체 무엇을 의미하는 것인가?

전체주의 국가들은 항상 자신의 국민들과 전쟁상태에 있다. 그리고 그 수단이 비밀경찰과 강제수용소이다.

자유주의 미국도 자본주의가 만들어내는 궁극적인 문제인 잉여인간을 다루는 일에 이미 실패한 것인가? 그래서 자유주의 국가 미국도 자국의 국민과 전쟁을 하는 과정에서 중국과 러시아보다 더 많은 수감자를 만들어낸 것인가?

자유주의 미국도 자본주의가 만들어내는 궁극적인 문제인 잉여인간을 다루는 일에 이미 실패하여 전체주의적인 현상이 일어나고 있음을 분명히 보여주고 있다.

"얼마 전까지만 해도 감옥은 범죄를 저지른 뒤 죗값을 치르는 곳이었다. (실제로 범죄를 저질렀건 아니건 간에 말이다.) 그러나 이제 감옥은 갈 곳 없는 이들을 수용하는 곳, 나아가 이윤을 추구하고 수익을 창출하는 곳이 되었으며 이 같은 인식은 미국을 필두로 점차 널리 퍼지고 있다."(사스키아 사센, 『축출 자본주의』)

자본주의가 만드는 잉여인간의 문제에 미국의 자유주의도 이미 한계를 보이고 있는 것이다. 과거 소련과 독일의 거대한 강제수용소가 미국에서는 잉여인간을 처리함과 동시에 자본가의 자본주의 기업이 된 것이다.

"대규모 수감은 한때 지독한 독재정권하에서나 목격되는 현상이었다. 그러나 오늘날 그것은 오히려 선진 자본주의와 불가분의 관계에 있다.(공식적으로는 범죄라는 연결 고리를 거치지만 말이다) 수감자 중 대부분은 직업이 없으며, 이 시대에는 그들을 위한 일자리를 더 이상 찾기 어렵다. 재소자의 교정 가능성이 높고 그들에게도 일할 권리가 있다고 믿던 20년 전까지만 해도 상황이 이 정도로 심각하지는 않았다.

그런 점에서 오늘날 미국과 영국의 재소자들은 무자비한 초기 자본주의 시기에 흔히 볼 수 있었던 잉여 노동력의 현대판이라 할 수 있다."(사스키아 사센, 『축출 자본주의』)

미국은 제2차 산업혁명과 제3차 산업혁명에 성공하고 제4차 산업혁명을 선도하는 자유주의 국가이다. 그러나 자본주의가 만들어내는 잉여인간의 문제는 갈수록 더 치명적인 문제가 된다는 사실을 수감자의 통계 숫자가 말해주고 있는 것이다.

"현재 미국인 100명 중 1명이 연방 교도소 또는 주립 교도소에 수감되어 있거나 구치소에서 재판을 기다리고 있다. 보호관찰이나 가석방 상태에 있는 이들까지 더하면 그 숫자는 700만을 훌쩍 넘겨 31명당 1명꼴이 된다. 체포 전력이 있거나 유죄 판결을 받은 사람들까지 포함하면 그 수는 미국인 4명 중 1명, 즉 6500만 명에 이른다. 인구의 약 25 퍼센트가 사법 당국의 관리 하에 있다는 것은, 현재 미국의 상황이 다른 북반구 선진국과 비교해볼 때 엄청나게 심각하다는 의미다. 미국을 예외적 사례로 치부하고 싶다면 공영 및 민영 교도소의 급증을 유용한 증거로 사용할 수 있을 것이다. 미국은 전 세계에서 수감률이 가장 높은 국가이며 특히 루이지애나 주는 주민 55명 중 1명이 투옥 상태에 있다."
(사스키아 사센, 『축출 자본주의』)

미국의 감옥은 제3차 산업혁명이 생산한 거대한 잉여인간의 처리 수용소이다. 오늘날 미국은 죄수들의 노동력을 합리적으로 착취하고 있다.

그리고 충격적으로 들리겠지만 죄수를 공적영역인 국가에서 교정하는 것이 아니라 사적영역인 기업이 영리를 목적으로 사용할 때 그 죄수는 이미 죄수가 아니라 노예의 성격을 가지게 된다. 미국의 자유주의 자본주의가 얼마나 큰 함정에 빠졌는가를 미국인들은 아직 모르고 있다.

즉 "민간 기업은 재소자들의 값싼 노동력을 여러 방법으로 활용할 수 있다. 1)제조업과 서비스업에 죄수들의 노동력을 직접 투입하거나, 2)다른 기업과 계약을 맺어 죄수들이 생산하는 상품이나 서비스를 구매하거나, 3)세계적으로 증가 추세에 있는 사설 교도소 회사에 투자하는 것이다. 관련 조사에 따르면 셰브런, 뱅크 오브 아메리카, AT&T, 스타벅스, 월마트를 비롯한 대부분의 회사가 주로 두 번째 단계를 활용한다."(사스키아 사센, 『축출 자본주의』)

미국이 이미 보여주고 있는 전체주의적 특징은 조지 오웰의 『1984』가 보여준 히틀러나 스탈린식이 아니라 올더스 헉슬리의 『멋진 신세계』가 보여주는 지극히 세련된 전체주의이다.

그러나 그것이 무엇이든 전체주의의 잉여인간 문제는 자유주의 자본주의가 도달하는 궁극적인 한계이다. 세계적인 패권을 차지한 자유주의 자본주의 국가 미국도 잉여인간 문제를 해결하는 일에 이미 실패하고 있는 징조를 확연히 보여주고 있다.

자유주의 자본주의가 전체주의보다 우수한 것은 누구나 아는 당연한 사실이다. 그러나 그것은 플랫폼국가가 만드는 민주주의 국가로 가는 연결고리일 뿐 궁극적인 목표가 될 수 없음 또한 분명하다.

7. 동북아시아 플랫폼국가와 전체주의

유럽혁명은 미국혁명으로 이어지고 이는 다시 동북아혁명으로 이어지고 있다. 동북아혁명은 당연히 산업혁명으로 시작한다. 산업혁명은 동북아에서 먼저 일본에서 시작하여 우리 대한민국으로 이어지고 중국으로 향한다.

그러나 동북아의 한중일 삼국은 유럽문명과 미국문명이 산업혁명을 일으키면서 만들어낸 독자적인 성장동력을 자체적으로 만들어낸 적이 한 번도 없다. 일본이 스스로 독자적인 성장동력을 만들지 못하고 유럽과 미국의 것을 베끼고 따라했듯이 우리나라와 중국도 그러하다.

동북아 혁명의 치명적인 문제가 바로 스스로는 독자적인 성장동력을 만들어낼 능력이 전혀 없다는 것이다. 그 이유는 명백하게도 동북아에서는 아직 유럽과 미국과 같이 독자적인 지적 독립을 이루지 못했다는 사실이다.

동북아는 지난 2천 년 간 중화주의 유교가 지배해왔다. 이는 전체주의와 거의 다를 바가 없다는 점에서 동북아의 한중일삼국에게 치명적인 문제가 된다. 한중일 삼국은 자신만의 지적독립을 이루었다고 주장하지만 그것은 단지 중화주의 유교의 것을 답습하거나 전체주의 것을 복제한 것에 지나지 않는다. 사정이 이러한 즉 어떻게 동북아에서 지적독립을 이룰 수 있으며 나아가 어떻게 새로운 혁명적인 성장동력을 만들어낼 수 있겠는가?

근대를 시작한 일본이 자신만의 사상이라고 주장한 천황중심 국체사상은 중화주의 유교의 아류에 불과했다. 그리고 중국의 공산당은 다시 중화주의 유교로 돌아가고 있다.

일본은 재빠르게 유럽과 미국이라는 해양세력과 러시아와 중국이라는 대륙세력이 충돌하는 천하대란에서 가장 먼저 기회를 잡아 플랫폼국가가 되었다. 그리고 대한민국은 해양세력인 자유주의 세력 미국과 유럽과 일본이 전체주의 세력인 소련과 중국과 북한과의 충돌에서 치명적인 피해를 입음과 동시에 비약적인 발전의 기회를 잡아 플랫폼국가가 되었다.

이제 다시 천하대란은 해양세력인 미국과 새로운 강대국이 된 대륙세력인 중국과의 충돌로 일어나고 있다. 그 와중에 이 양극단의 경계면에 위치함으로서 소통과 통합과 증폭의 영역인 온힘의 영역이 된 대한민국과 북한과 대만과 일본은 치명적인 위기임과 동시에 전에 없던 대약진의 기회를 맞고 있다.

일본은 동북아 최초의 산업혁명에 성공했지만 전체주의로 망하고 말았다.

동북아에서 가장 먼저 기회를 맞았던 일본은 플랫폼국가를 만들었지만 성급하게 전체주의 국가가 됨으로써 스스로 자멸하는 길을 선택했다. 일본이 먼저 선택한 전체주의는 그 후 중국과 북한이 다시 받아들였다. 일본의 전체주의는 천황 중심 국체사상 전체주의였다. 이 일본의 전체주의는 동북아 전체에 근본적인 영향을 미쳤다.

일본이 플랫폼국가가 된 결정적인 이유는 해양국가인 영국과 미국이 동북아에서 러시아 남하를 막기 위해 일본을 전폭적으로 지원했기 때문이다. 근대 이후 이어진 거대한 플랫폼국가들이 만드는 도도한 흐름에서 벗어나 홀로 플랫폼국가가 되는 것은 현실에서는 사실상 불가능하다. 일본은 영국과 미국의 지원을 받음으로써 아시아 최초로 제2차 산업혁명에 성공하고 플랫폼국가를 만들어 중국과 러시아와 전쟁하여 승리하고 중국과 동남아까지 진출할 수 있었다.

일본은 스스로 온힘의 영역이 되어 미국과 영국의 선진문명을 받아들여 그 힘으로 산업혁명에 성공하여 아직 농업국가에 머무르는 동북아 대륙과의 소통을 주도하여 열도 플랫폼국가가 된 것이다. 일본의 지정학적 조건이 해양세력과 대륙세력이 첨예하게 맞부딪치는 시대를 만남으로써 일약 세계적인 플랫폼국가가 되어 다른 아시아 국가에 비해 몇 배, 몇십 배의 능력과 가치를 갖춘 것이다.

일본이 중국을 침략하여 미국과 영국과 전쟁을 하지 않고 텅 빈 만주와 시베리아를 차지했다면 지금 일본은 아마 세계적인 패권국가가 되었을 것이다. 그러나 당시 일본에는 앞을 내다보는 걸출한 경세가가 한 명도 없었고 대신 속 좁고 성급한 전체주의자들만 득시글거렸다.

따라서 제2차 산업혁명에 일본이 성공했다 해도 전체주의 국가가 된 일본은 소통과 신뢰와 증폭의 능력의 영역인 "온힘의 영역"이 이미 파괴된 상태였다. 이미 전체주의 국가 일본은 과거 다른 나라들보다 몇 배, 몇 십 배의 능력과 가치를 갖춘 플랫폼국가가 아니었다.

반대로 여전히 "온힘의 영역"으로 양극단을 통합하여 산업혁명을 발전시키고 있는 플랫폼국가로서의 미국의 국력은 전체주의 국가 일본과 상대가 되지 않았음을 제2차 세계대전이 증명된 것이다.

그럼에도 불구하고 미국이 계속 제2차 세계대전 이후 패전국인 일본을 지원한 이유도 그 이전과 마찬가지이다. 전체주의 국가인 소련과 중국이 태평양지역으로 영향력을 행사하지 못하게 막기 위해서이다. 즉 패전국인 일본이었지만 여전히 미국과 유럽의 해양세력과 중국과 러시아의 대륙세력의 경계면에 위치한 "온힘의 영역"으로서의 일본의 가치는 변하지 않은 것이다.

이러한 이유로 일본은 제2차 세계대전에서 미국에게 패망했음에도 불구하고 제3차 산업혁명을 성공시켜 다시 한 번 세계적인 플랫폼국가가 될 수 있었다. 그러나 제2차, 제3차 산업혁명 모두 미국이 시작한 것을 일본은 따라갔을 뿐 새로운 시대를 새롭게 창조하는 성장동력을 만든 적은 한 번도 없다. 이것이 미국과 일본의 근본적인 차이이다.

그렇다 해도 일본이 아시아 최초로 산업혁명에 성공하여 세계적인 강대국이 됨으로써 동북아의 우리나라와 중국과 대만에 미친 영향력은 우리가 아는 것 이상으로 거대하고 뿌리 깊은 것이었다.

일본은 동북아에서 최초로 근대국가를 이룸으로써 서양의 것을 처음으로 동양의 것으로 다시 재정비했다. 그리고 그 재정비한 것이 다시 우리나라와 대만과 중국으로 건너간 것이다. 근대 이후의 동북아의 서구식 학문과 제도 등은 일본으로부터 다시 만들어진 것들이었다.

일본 국학과 천황 중심 국체사상은 중화주의 유교의 아류일 뿐이다.

일본의 국학자國學者 모토오리 노리나가는 일본만의 천황중심 국체사상의 원류를 세웠다고 주장하지만 사실은 일본인의 정체성을 완전히 파괴하고 중화주의 유교로 그것을 대체했다.

일본의 천황중심 국체사상 전체주의의 원류는 에도 시대의 국학國學의 권위자 모토오리 노리나가本居宣長와 후기의 국학자이자 복고신도復古神道의 집대성자인 히라타 아츠타네平田篤胤 등이 있다.

일본의 대표적인 국학자國學者인 모토오리 노리나가의 『나오비노미타마直昆靈』는 이렇게 시작한다.

"입에 올리기에도 황송한 우리 나라[皇大御國]는 아마테라스[神御祖天照大御神]가 낳으신 나라[大御國]이고 (우리 나라가) 모든 나라보다 우수한 이유는 우선 이 사실에서 명백하다. 세상에 있는 나라 중에서 아마테라스[大御神]의 은혜를 받지 않는 나라는 없다."(모토오리 노리나가, 『일본의 국체 내셔널리즘의 원형』)

아마도 일본인 중 모토오리 노리나가가 말하는 이 문구의 내용을 모르는 사람은 거의 없을 것이다. 그 다음으로 이렇게 이어진다. "아마테라스[大御神]는 손에 천신의 보물[天つ璽]을 높이 치켜들어 역대 천황가의 보물로서 전해 내려온 삼종三種의 신보神寶가 이것이다. 영원히 우리 자손들이 통치 받는 나라로서 (황손에게) 맡겨진 것처럼 황위 계승[天津日嗣]과 천황의 어좌[高御座]가 천지와 함께 흔들리지 않는 것은 이미 이 시기에 정해졌다."(모토오리 노리나가, 『일본의 국체 내셔널리즘의 원형』)

여기서 일본천황은 살아있는 신이면서 천황가는 영원히 이어진다고 주장하고 있다. 이 내용의 근거는 『고사기古事記』와 『일본서기日本書紀』다. 이제 모토오리 노리나가는 이제 그의 대표작

중 하나인 『다마쿠시게[玉くしげ]』에서 이렇게 말함으로써 중화주의 유교를 국체사상으로 둔갑시킨다. "대체로 나라가 잘 다스려지는지 어지러워지는지는 아랫사람이 윗사람을 외경하는지에 달려 있다. 다른 사람 위에 서는 사람이 자신의 윗사람을 깊이 외경하면 아랫사람 또한 차례차례로 그 윗사람을 깊이 외경하여 나라는 자연히 잘 다스려지게 된다."(모토오리 노리나가, 『일본의 국체 내셔널리즘의 원형』)

이제 모토오리 노리나가 등 유학자 출신의 국학자들은 수직적 계급구조의 중화주의 유교를 일본주의 국학의 국체사상으로 탈바꿈하는 작업을 시작한다. 즉 "국체론은 한 왕조로서 천황가가 고대부터 단 한 번도 단절 없이 존속해 왔다는 점이 일본이라는 나라의 특징이며, 그 점이야말로 빈번한 왕조교체를 경험한 다른 외국에 비해 일본이 우월한 이유라는 믿음으로 지탱되는 것이라고 주장했다. 그리고 그 믿음은 '만세일계'의 황통신화는 과거나 현재의 사실만이 아니라 영광스러운 미래를 위해서도 반드시 지켜야 할 당위적 요청"이라는 것이다(박홍규 외, 『국학과 일본주의』). 일본의 전체주의자들은 일본국민에게 이 내용을 초등학교에서 대학까지 그리고 군대와 직장을 통한 철저한 반복교육을 통해 세뇌시킴으로써 자발적인 참여와 복종을 이끌어낸 것이다.

모토오리 노리나가가 일본의 정체성을 주장하면서 사실은 유학자로서의 신념인 중화주의 유교의 양존음비陽尊陰卑식 지배와 피지배의 논리를 적용하고 있는 것이다. 그의 논리는 이제 대중이 순진하게 지배계급의 지시에 따르되 지배계급을 위협하는 혁명과 같은 급격한 변화를 추구하지 말라고 주장한다. 즉 "세상일이란 무엇이든지 착한 신과 악한 신의 소행이다. 이 때문에 좋아지는 일도 나빠지는 일도 궁극적으로는 사람의 힘이 미치는 바가 아니라서 신의 뜻대로 하지 않으면 어쩔 도리가 없다. 이 근본을 옹골지게 마음에 두고 나라를 위해서 생각할 때 비록 다소 나쁘더라도 이전부터 지속되어 와서 고치기 어려운 것을 갑자기 개정하려고 하면 안 된다. 고치기 어려운 것을 무리해서 갑자기 고치려고 하면, 신의 소위(所爲)에 거역하는 것이 되므로 오히려 더 나빠지는 일도 있다. 대체로 세상에는 나쁜 일, 꺼림칙한 일이 섞이지 않을 수 없는 것이 신대의 깊은 도리다. 어찌 됐든 흡족하게 좋은 일이나 기쁜 일로만 가득한 세상을 바랄 수 없음을 깨닫지 않으면 안 된다."(모토오리 노리나가, 『일본의 국체 내셔널리즘의 원형』)

모토오리 노리나가는 대중이 소수의 지배자가 다스리기 쉬운 어리숙해지도록 세뇌를 하고 있는 것이다. 이제 모토오리 노리나가는 대중이 중화주의 유교식으로 수직적 계급구조에 맞추어 그 계급의 분수에 맞게 살라고 주장한다. 그는 『비본 다마쿠시게[玉くしげ]』에서 이렇게 말한다.

"사람은 어떤 일이든지 신분에 걸맞게 하는 것이 좋다. 신분에 어울리지 않게 사치스럽게 사는 게 좋지 않다는 것은 말할 것도 없지만, 그렇다고 해서 낮춰보고 경시하는 것 또한 정도가 아니다. 다이묘는 다이묘에 어울리게 처신하는 것이 좋다 소박한 것이 좋다고 하여 하급 무사들과 같이 처신해서는 안 된다. 다음으로 그 아래에 있는 무사도 역시 신분에 상응한 모습이 좋다. 농민 · 도시민도 역시 신분에 맞게 처신하는 것이 좋다. 모든 일을 가볍게 하는 것이 좋다고 해서 처신이 너무나 가벼워지면 그에 따라 마음도 행동거지도 자연히 비천하고 가벼워지므로 위정자의 경우에는 특히 좋지 않을 때가 많은 법이다."(모토오리 노리나가, 『일본의 국체 내셔널리즘의 원형』)

이제 노리나가는 본격적으로 중화주의 유교의 수직적 계급질서를 강력하게 주장하고 있다. 바로 이것이 동중서의 양존음비陽尊陰卑사상 그대로를 복제한 것임을 드러내는 것이다. 또한 노리나가는 이제 고사기와 일본서기에서 천지만물의 생명의 과정을 주재하는 무스비의 어령을 빌려와 이렇게 주장한다.

"먼저, 모든 사람은 저 무스비의 어령御靈에 따라 사람으로서 행하지 않으면 안 되는 범위의 일을 태생적으로 충분히 할 수 있게 태어났다. 그 때문에 각자가 반드시 행하지 않으면 안 되는 범위의 일은 따로 배우지 않아도 제대로 행하는 것이다. 주군을 잘 받들고 부모를 소중히 하고 선조를 제사 지내고 처자나 노복奴僕을 자애롭게 대하고 다른 사람과 잘 사귀는 등의 일, 또 각자 가업을 열심히 하는 일 등도 사람이 반드시 잘해야 하는 일이다. 그 때문에 외국의 가르침을 빌리지 않더라도 애당초 누구나 잘 알고 있어서 행하는 것이다."(모토오리 노리나가, 『일본의 국체 내셔널리즘의 원형』)

그는 그의 머릿속에 있던 유학자로서 중화주의를 말하는 것이다. 즉 태극 1- 양의 2- 사상 4 - 팔괘 8 - 64괘 64의 피라미드 식 중화주의 유교의 계급질서를 일본식으로 바꾸어 주장하고 있다. 그러나 이들 국학자들은 원래 유학자로서 그 뿌리는 "정유재란 때 포로로 잡혀간 조선의 강항姜沆 선생에게 유학을 배운 후지와라 세이카藤原惺窩에서 시작된다." (박홍규 외, 『국학과 일본주의』) 후지와라 세이카는 강항이 조선의 학문제도에 대해 설명해주자 "정말 부럽구려, 왜 나 같은 사람은 중국이나 조선과 같은 나라에 태어나지 못하고 일본에, 더구나 이런 시절에 태어났을까요?"라고 한탄했다고 한다(강항, 『간양록看羊錄』). 그는 강항으로부터 3년간 주자학이론과 과거제도, 상례 등에 관하여 배움을 얻었다고 한다. 중화주의 유교가 일본에 뿌리내린 것이다.

그러나 『고사기』와 『일본서기』의 핵심원리는 이러한 중화주의 유교의 계급질서와는 정반대의 것이다. 나는 여기서 모토오리 노리나가가 내세우는 고사기와 일본서기에서 천지만물의 생명의 과정을 주재하는 무스비의 어령御靈은 결코 수직적 계급구조를 말한 것이 아니라는 사실을 증명할 것이다.

즉 모토오리 노리나가는 그가 금과옥조로 여기는 고사기와 일본서기의 핵심인 천지만물의 생명의 과정을 주재하는 무스비의 어령이 지니는 심오한 진리를 완전히 파괴한 것이다. 그리고 고사기와 일본서기의 핵심은 무스비의 어령의 의미를 중화주의 유교의 수직적 계급 논리로 바꿔치기 한 것이다.

따라서 일본인 본래의 위대한 일본정신은 그것을 되살리겠다고 주장한 장본인인 모토오리 노리나가가 도입한 중화주의 유교에 의해 완전히 파괴된 것이다. 그리고 노리나가는 일본이 세계의 중심이라는 일본식 중화주의를 주장한 것이다. 일본식 중화주의란 일본중심 국체주의임은 말할 나위가 없다. 우리 한민족은 이 모토오리 노리나가를 주목할 필요가 있다. 우리나라에서도 우리 한민족의 고유한 경전인 천부경, 삼일신고, 366사에 담긴 한민족의 위대한 정신을 되살리겠다고 큰소리치는 사람들이 많았다.

그들은 우리의 고유한 경전의 내용을 해설한다면서 실제로는 자신의 머릿속에 있던 기존의 유교, 불교, 도교, 단학/선도, 기독교 등 동서양철학의 내용을 우리의 고유한 것이라고 주장하지 않았던가? 그렇다면 그들은 우리의 경전에 담긴 참다운 내용을 완전히 말살한 것이다.

이들은 모두 국학자 모토오리 노리나가가 이미 일본에서 했던 일을 되풀이하는 것이 아닌지 살펴볼 필요가 있다. 따라서 한민족의 고유한 경전들에서 공통적으로 내장된 수학적 수식과 기하학적 도형과 철학의 이론체계를 분명히 밝히고 그것을 실험을 통해 과학적으로 증명하는 일은 중요하다. 왜냐하면 이들 모두가 다투어가며 말살한 한민족의 고유한 경전에 담긴 한민족만의 철학과 사상은 이같이 누구도 부정할 수 없는 근거로만이 원래의 모습으로 회복할 수 있기 때문이다.

모토오리 노리나가가 유학자로서 현실정치에 관심을 가졌던 반면에 국학자 히라타 아츠타네平田篤胤는 죽은 후의 영혼에 대해 관심을 가졌다. 이로써 일본의 국체사상은 종교적으로 변모하게 되는 것이다.

히라타 아츠타네는 "사후세계나 영혼의 행방에 대해 그다지 적극적이지 않았던 모토오리 노리나가에 비해, 유교를 비롯한 불교, 도교, 나아가서는 기독교 신학까지 끌어와 공동체적 도덕을 바탕으로 사후세계를 설명하여, 갈등과 반역을 억제하고 평민들에게 현실의 공동체에 대한 헌신과 천황에 대한 귀의를 이끌어 냈다고 평가하고 있다."(박홍규 외, 『국학과 일본주의』) 이제 무대는 후기의 국학자이자 복고신도復古神道의 집대성자인 히라타 아츠타네로 옮겨간다.

히라타 아츠타네는 인간이 죽어서 그 영혼이 "황천黃泉에 가지 않고 어디에 있는가 하면 신사神社나 사당祠堂 등을 지어서 모시는 경우에는 거기에 있게 되지만, 그렇지 않을 경우에는 그 묘소墓所에 있게 되며, 이는 또한 천지天地와 더불어 무궁無窮하게 있어서 마치 신들이 영원토록 그 신사神社 등에 계시는 것과 같다"고 주장한다(히라다 아츠타네, 『영靈의 진주眞柱』).

그래서 "신대의 신들이 먼 옛날부터 오늘날까지도 각 신사(神社)에 계시는 뜻을 깨달아야 할 것"이라는 것이다(히라타 아츠타네, 『영靈의 진주眞柱』).

이 히라타 아츠타네의 국학은 일본이 신령이 신사나 사당에 존재하는 신성한 나라이며 국가를 위해 죽었을 때 역시 그도 신령으로 존재하게 된다는 의식을 심어주었다. 국학은 이제 곧 죽음 이후도 보장하게 된 것이다. 이는 사실 많은 일본의 젊은이들이 죽음을 두려워하지 않는 무기가 되어주었다.

즉 "모토오리 노리나가本居宣長로부터 히라타 아츠타네平田篤胤으로 이어지는 과정을 정점으로하는 이른바 일본의 국학신도國學神道가 특히 19세기의 말엽부터 국수주의國粹主義의 정신적인 지주로서의 구실을 하게 된 것은 엄연한 사실이다. 그것은 루스 베네딕

트도 지적하고 있는 바와 같이 금세기에 들어와서 광신적 군국주의자들의 신념은 "일본의 진실한 사명은 황도皇道를 사해四海에 널리 홍포弘布 하고 선양宣揚하는 것 」이었으며, 이러한 사상은 비단 국학자들만의 신념일 뿐만 아니라 모든 군국주의자들의 공통적인 신념"이었다(히라타 아츠타네, 『영靈의 진주眞柱』).

일본 전체주의 황국사관은 강화된 중화주의 유교다.

이는 그 후 동경제국대학 문학부 국사학과 교수 히라이즈미 기요시平泉澄의 황국사관皇國史觀으로 다시 살아난다. "히라이즈미 사학의 정수는 가망이 전혀 없는 절망적인 전투에서도 천황을 위하여 기꺼이 목숨을 바치는 충의의 죽음을 찬양하는 것, 즉 '산화散華(충의사忠義死)의 미학'에 있다고 말했다. 히라이즈미 기요시의 말을 빌리면, 대의(천황=조국)를 위하여 목숨을 바쳐 벚꽃 지듯이 죽어가는 것이야말로 일본인의 이상적인 삶이다."(다치바나 다카시, 『천황과 도쿄대 』2)

훗날 일본의 전체주의에 앞장선 일본의 군부는 히라타 아츠타네의 국학과 하라이즈미의 황국사관에 입각하여 다음과 같은 결전훈을 만들어 일본의 젊은이들을 죽음으로 내몰았다. 1945 년 4월 육군상 아나미 고레치카의 이름으로 발표된 본토 결전을 위한 〈결전훈〉의 제4훈은 다음과 같다.

"황군 장병은 육탄 정신에 철저해야 한다. 유구한 대의에 사는 것은 황국무인의 전통이다. 군 전체가 육탄 정신으로 황토를 침범하는 자는 필사감투必死敢鬪하여 남김없이 살육하고 한 명의 생환자도 없게 해야

한다." 이는 옥쇄할 때까지 싸우라는 말이다. 〈결전훈〉 제2훈은 옥쇄 후의 영혼의 처신에 대해서까지 이야기한다. "황군 장병은 황토를 사수해야 한다. 황토는 천황이 계시고 신령이 계신 땅이다 맹세코 외이外夷의 침습을 격퇴하고 죽어서도 여전히 혼백으로 남아 수호해야 한다."(김후련, 『일본신화와 천황제 이데올로기』)

이 〈결전훈〉은 일본의 젊은이들에게 항복하지 말고 죽을 것을 강요하는 군령이다. 그리고 "황군 장병은 황토를 사수해야 한다. 황토는 천황이 계시고 신령이 계신 땅이다. 맹세코 외이外夷의 침습을 격퇴하고 죽어서도 여전히 혼백으로 남아 수호해야 한다"는 개념의 시작은 바로 히라타 아츠타네의 국학이며 나아가 하라이즈미의 황국사관이다.

그리고 이 국학이 만들어준 세계관은 이 시대의 일본인에게도 여전히 큰 비중을 차지하고 있다는 점이다. 그런데 고희탁은 우리 한민족도 1930년대 무렵 국학이라는 용어를 사용하기 시작했다고 한다. 독립회복을 위해 우리다움을 회복하려는 운동이었다는 것이다. 그런데 암울한 왜정시대倭政時代 기간 동안에 우리가 무의식 중에 접한 '국학'이라는 말에는 '일본 국학'의 그림자가 짙게 드리워져 있다고 한다.

"사실 한국에서도 '국학'이란 용어는 1930년대 무렵부터 사용하기 시작했습니다. 그것은 식민지 치하에서 조국을 상실한 원인을 밝혀내고 국권을 회복하려는 모색의 일환이었습니다. 일제치하에서 전개된 '국학운동'은 '국학 없이 국민 없고, 국민 없이 국가 없다'는 생각에서 '국민다움'을 보여주는 공통기억을 우리 역사 속에서 추출하고 이를 바탕으로 독립 회복을 위한 국민적 연대의식을 심으려는 민족운동이었습니다. 이와 같이 우리가 무의식 중에 접한 '국학'이라는 말에는 '일본 국학'의 그림자가 짙게 드리워져 있는 것입니다."(박홍규 외, 『국학과 일본주의』)

우리나라에서 사용하는 국학이라는 말과 개념에는 일본국학의 그림자가 짙게 드리워져 있다는 내용은 참으로 무서운 말이다. 왜냐면 일본국학은 황국사관의 전체주의와 연결되기 때문이다. 또한 중화주의 유교와 연결되기 때문이다.

근대에 산업혁명을 일으켜 강대국으로 등장한 국가들에게 대학은 대단히 중요한 역할을 한다. 일본에서는 이른바 동경제국대학이 그 역할을 했다. 그러나 한 편으로 동경대는 일본을 전체주의로 몰고 가는 국체사상으로의 대전환이 일어난 주무대였다.

온 일본을 한순간에 인질로 삼아버린 '국체國體'라는 관념이 일본을 마술적으로 지배하던 시대에 일어난 일들이 바로 이것이다. 그 이후 일본이 겪은 대파국은 저 가치의 대전환 시대에 이미 다 준비되고 말았다. 그러한 대전환(국체의 마술적 지배)이 일어난 주요 무대가 도쿄대였다 (다치바나 다카시, 『천황과 도쿄대』).

동경제국대학 초대 총장 가토 히로유키는 일본의 대학을 양학 위주로 개편한 일본 교육계의 거물이었다. 그는 문부대승을 거쳐 궁내성에 들어가 천황의 시독(가정교사)로 있으며 일본의 대학학제를 모두 설계했다. 이 실무를 담당한 문부관료들도 가토의 부하나 제자였다.

천황을 교육하고 일본교육체제를 설계한 가토는 메이지 8년에 이른바 천부인권설天賦人權說에 바탕한 보통국가의 『국체신론』을 발표했다. 그것은 당연히 기존의 국학자들이 세운 국체론에 대한 정면 비판이었다.

그 내용은 "신복臣僕은 오로지 군주의 명을 받들고 일심으로 이에 봉사하는 것을 당연한 의무로 생각하고, 또한 이러한 모습을 그 국체가 올바름을 보여주는 근거로 생각한다. 어찌 야비누열野鄙陋劣(천하고 더러움-옮긴이)한 풍속이라 하지 않을 수 있겠는가. 시험 삼아 한번 생각해보자. 군주도 사람이다. 인민도 사람이다. 결코 다른 유類가 아니다. (중략) 이러한 야비누열한 국체를 가진 나라에 태어난 인민이야말로 실로 불행의 극치라 하겠다."는 것이다(다치바나 다카시, 『천황과 도쿄대』).

그야말로 모토오리 노리나가와 히라타 아츠타네와 같은 국학자들이 내세운 국체사상에 대해 가토는 기절초풍할 정도로 강력한 일격을 가한 것이다. 그는 또 이렇게 말한다.

"일본, 중국 등 개화되지 못한 나라들에서는 예로부터 지금까지 국가·군민의 진리가 명백하지 않기 때문에 이러한 야비누열한 국체를 실로 도리에 맞지 않는 것이라고 생각하는 자가 전혀 없었을 뿐만 아니라 오히려 이를 옳다고 하여 점점 이를 양성하기에 이르러서는 실로 한탄스럽다 할 것이다."(다치바나 다카시, 『천황과 도쿄대』) 가토 히로유키가 주장한 천부인권설에 바탕한 보통국가 일본이 만들어졌다면 일본은 전체주의 국가로 나아가지 않았을 것이며 일본이 자랑하는 천황제는 영국과 같은 입헌군주국으로 처음부터 자리 잡았을 것이다. 그렇게 되었다면 일본은 동북아 최대의 강대국이 되었을 것이다.

그는 국학자 모토오리 노리나가와 히라타 아츠타네의 국체사상을 정면으로 비판한다. "나 역시 신전을 의심하지는 않지만, 모토오리, 히라타(아쓰타네) 등의 설에도, 대저 선전에 기록된 것들은 모두 신들의 사업이라 실로 기기묘묘하여 결코 인간의 지식으로 가늠할 수 없다고 했듯이 , 이것은 신전에 기록된 것으로 삼가 존신尊信하는 것은 가하지만, 오늘날 인간계의 도리에는 맞지 않으므로 국가적인 일을 논하는 것에는 일체 관계하지 않아야 한다고 나는 생각한다. 국가는 인간계에 있는 것이며, 인간계의 도리에 맞지 않는 것은 단연코 취하지 않아야 한다."
(다치바나 다카시, 『천황과 도쿄대』)

참으로 일본에 인물이 없었던 것이 아니었다. 더구나 도쿄대 초대 총장 가토 히로유키는 학자로서의 상식과 용기가 있는 훌륭한 인물이었다.

그러나 가토는 메이지 14년(1871) 11월 갑자기 신문광고를 내서 메이지 3년에 발행한 자신의 저서 『진정대의』와 메이지 8년에 발행한 『국체신론』을 절판했다는 사실을 소개했다. 이제 가토의 국체신론은 일본 전체에서 사라졌다.

그런데 『국체신론』에 이어 『천황기관설』이 문제가 되었다. 이 논쟁은 일본이 국가원수라도 법에 따라 통치하는 입헌군주제의 국가인가 아니면 천황이 곧 국가인 전제국가인가를 묻는 것이었다.

이는 "미노베 다쓰카치美濃部達吉 귀족원의원 · 전 도쿄제국대학 법학부 교수의 천황기관설 사건이다. 미노베의 천황기관설은 일본의 국체에 반하는 학설이므로 괘씸하다고 하는 비난이 의회 등에서 쏟아져 나오고, 마침내 그의 저서에 발매금지 처분이 내려지고, 미노베가 마침내 귀족원의원을 사직하지 않을 수 없는 처지로 몰린 사건이다."(다치바나 다카시, 『천황과 도쿄대』)

일본은 근대국가로서 천황도 법치국가의 일원으로 법에 따라 통치하는 것이 당연한 입헌군주국이었다. 그러나 일본의 모토오리 노리나가 이래의 국체사상은 이미 동경제국대학도 강력하게 장악하고 있었고, 군부와 정치단체들을 강력하게 지배하고 있었다.

미노베의 천황기관설 문제는 1935년 2월 18일의 귀족원 본회의에서 기쿠치 다케오菊池武夫(전 육군중장) 의원이 미노베를 '반역자', '모반인', '학비學匪'라 일컬으며 배격 연설을 한 데서 시작되었다(다치바나 다카시, 『천황과 도쿄대』).

지극히 당연한 말을 한 미노베는 졸지에 반역자, 모반자, 학문비적이 되어 사회에서 매장되고 만 것이다.

이제 우익이 미노베의 천황기관설에 대해 소동을 피우자 결국 다음과 같은 성명을 내기에 이른다. 즉 "본래 우리나라에서 통치권의 주체가 천황에게 있음은 우리국체의 본의이며 제국 신민의 절대부동의 신념 이라, (중략) 그러나 함부로 외국의 사례와 학설을 끌어다가 우리 국체 에 견주며 통치권의 주체는 천황에게 있지 아니하고 국가에 있다 하고 천황은 국가의 기관이라고 하는 소위 천황기관설은 우리의 신성한 국체에 반하고 그 본의를 그르치는 바 심히 크므로 이를 엄히 삼제芟除하지 않을 수 없다."(다치바나 다카시, 『천황과 도쿄대』).

이제 일본은 동경제국대학의 주도로 유럽식의 자유주의적 입헌군주 제에서 무지막지한 전체주의 국가로 가는 길이 열린 것이다.

동경제국대학 문학부 국사학과 교수 히라이즈미 기요시平泉澄는 "황국 일본 최대 이론가로서의 영향력이었다. 어느 방면에 대한 영향력이 었느냐 하면, 군부(고관 및 중견장교), 궁중, 고노에 후미마로 수상이나 도조 히데키 東條英機 수상 같은 정치 중추에 대한 것이었다. 저 전쟁

의 시대에 이토록 다방면으로 영향력을 행사하며 동분서주한 도쿄제
대 교수는 달리 없었다고 해도 좋을 것이다."(다치바나 다카시, 『천황과 도쿄
대』)

황국사관으로 만들어진 그의 드높고 강력한 명성은 개전 2년째인
1943년 9월에 간행된 『천병天兵은 무적』이라는 글에 잘 나타나 있
다. 즉 "만약 일본인 전부가 일본국을 위하여 생명을 바친다는 정신으
로 무장하고, 신민 전부가 폐하를 위하여 생명을 바친다면, 그런 도덕
이 확립되어 있다면, 외국을 두려워할 필요가 어디 있겠는가. 오늘날
가장 중대한 것은 일본의 도덕을 확립하는 것이다. 사람은 부모를 위
하여 죽고 신하는 군주를 위하여 죽는다는 도덕만 확립해놓으면 외국
을 전혀 두려워할 필요가 없다. 이것을 위하여 우리는 전력을 다하여
도덕을 확립해야 하지 않겠는가."(다치바나 다카시, 『천황과 도쿄대』)

히라이즈미 기요시의 황국사관이 말하는 일본의 "사람은 부모를 위
하여 죽고 신하는 군주를 위하여 죽는다는 도덕"은 바로 중화주의 유
교의 핵심이론을 보다 강화한 것이 아니고 무엇인가?

수많은 일본 젊은이들이 천황폐하 만세!를 외치며 죽음을 향해 뛰어
들게 만들었던 광기의 근원인 황국사관이다. 중화주의 유교 도덕의
극치를 보여주고 있는 것이다.

히라즈미 황국사관의 근거인 기타바타게 치카후사의 『신황정
통기神皇正統記』는 "대일본은 신국이다. 천조天祖가 처음 바탕을
열고 일신日神이 오래도록 정통을 전하셨다. 우리나라에서만 있는
일이며 이조異朝에는 이런 예가 없다. 이 때문에 신국이라고 하는
것이다"라고 주장한다(다치바나 다카시, 『천황과 도쿄대』).

종전 당시 육군성 군무과 내정반장으로 일하던 다케시타 마사히코竹下正彦 중좌는 다음과 같이 썼다.

"히라이즈미 사학의 정수를 이루는 천황 절대주의, 행학行學 일치의 정신은 대동아전쟁 내내 어느 전장에서나 황군이 장렬한 전투를 벌이고 때로는 전세가 기울어도 귀신이 곡할 정도로 분투하다가 천황폐하 만세를 외치며 웃으며 산화해가는, 광신적으로 보이기까지 하는 젊은 장교들의 행동에 강한 버팀목으로 작용한 것은 아닐까, 하고 나는 늘 생각하고 있다."(다치바나 다카시, 『천황과 도쿄대』)

태평양전쟁의 말기 히라이즈미의 황국사관은 일본의 수많은 젊은 이들이 죽을 것을 뻔히 알면서도 천황폐하 만세를 외치며 죽어가게 만들었다.

이러한 광기는 하루아침에 만들어진 것이 아니었다. 이미 메이지 유신 훨씬 전에 국학자 모토오리 노리나가와 히라타 아츠타네의 국체사상이 있었기에 가능한 것이었다. 그리고 그 모토오리 노리나가 국학은 근원은 다름 아닌 2천 년전 한나라의 동중서에서 시작된 중화주의 유교가 자리 잡고 있었다. 그리고 중화주의 유교가 중국의 독창적인 사상이라는 생각은 대단히 성급하다. 왜냐하면, 중화주의 유교는 또한 페르시아 배화교의 창시자 차라투스트라의 이원론의 아류임이 드러난다.

제3차 산업혁명과 일본의 부흥 그리고 소련의 해체

일본이 전후에 다시 부흥하여 소니와 도요타 등을 앞세워 세계를 제패하는 시기와 소련이 해체되는 것은 비슷한 시기에 일어났다. 이 두 국가의 흥망의 공통점은 제3차 산업혁명이었다. 일본은 이 혁명에 성공하여 세계제패의 길로 나아가고 소련은 실패하여 해체의 길로 나아간 것이다.

즉 정보기술혁명은 미국의 캘리포니아에서 시작했지만 그 핵심인 반도체 생산시장은 이미 1980년대에 일본이 지배했던 것이다.

"비록 1990년대 중반에 이르러서는 미국기업들이 대체로 경쟁우위를 다시 확보했지만, 실제 1980년대 일본 기업들은 반도체 생산에서 세계시장을 지배했다."(마뉴엘 카스텔, 『네트워크 사회의 도래』) 뿐만 아니라, "일본기업들의 독창성은 전자공학에서 제조공정을 개선하고, VCR과 팩스에서부터 비디오게임과 삐삐에 이르기까지 일련의 혁신적인 제품들로 전 세계의 일상생활 속으로 신기술이 침투해 들어가도록 하는 데 중요한 역할을 했다."(마뉴엘 카스텔, 『네트워크 사회의 도래』)

일본은 1980년대에 제3차 산업혁명의 초기에 다시금 플랫폼국가로 세계적인 경제대국으로 다시 태어난 것이다. 그리고 소련은 바로 그 제3차 산업혁명이 시작되는 시점에 해체된 것이다. 떠오르는 일본과 사라지는 소련의 묘한 대조가 러일전쟁 이후 다시나타난 것이다.

그러나 본격적인 제3차 산업혁명이 1990년대에 미국에서 PC와인터넷의 혁명으로 시작함으로써 일본은 힘을 잃기 시작한 것이

다. 또한 대한민국이 제2차산업혁명과 제3차산업혁명에 성공하
며 강력한 경쟁자로 나선 것이다.

8. 아시아 최초의 양대륙 플랫폼국가 대한민국

먼저 산업혁명에 성공한 일본은 역사상 처음으로 동북아 최대의 강대국이 된 반면 동북아의 전통적인 강국이었던 우리나라는 단숨에 나라를 잃고 노예가 되었다. 그러나 그 후 우리나라가 2차 산업혁명과 3차 산업혁명에 성공하면서 단시간에 세계적인 경제대국의 반열에 들었다. 더구나 제3차 산업혁명의 성공을 통해 우리를 노예화했던 일본을 꺾고 이제 세계적인 반도체 생산국가가 된 것이다. 참으로 산업혁명은 만물의 아버지요 왕이 아닐 수 없음을 우리 한민족만큼 뼈저리게 실감하고 있는 민족도 없을 것이다.

한반도는 지정학적으로 전 지구적 단위의 플랫폼국가의 위치를 가진다. 한반도는 지정학적으로 아메리카 대륙과 유라시아대륙의 소통과 신뢰와 증폭을 이루는 온힘의 영역으로, 이 거대한 두 대륙의 균형과 통합을 만드는 플랫폼국가가 될 수 있는 절묘한 장소를 차지하고 있다. 이는 먼저 플랫폼국가를 이룬 스페인과 포르투갈, 네덜란드와 영국, 미국이 가지지 못했던 강력하고도 독점적인 지정학적 경쟁력이다.

또한 중국대륙에서 보면 한반도는 중국의 머리 부분인 북경 일대를 단번에 가격하는 쇠망치와 같고, 일본열도에서 보면 한반도는 일본의 심장을 겨누는 날카로운 비수와 같다.

지정학적 조건뿐만 아니라, 한민족은 소통과 신뢰와 증폭을 이루는 온힘의 영역을 최적화한 '홍익인간 모형'으로 고대국가를 세우고 운영한 설계도와 실행방법을 우리만의 고유한 경전에 담았을 뿐 아니라 우리 한민족의 사고와 행동의 틀을 담고 있다.

우리나라는 이제 세계사적인 천시와 지리를 얻었다. 특히 철기문명이 반도체문명으로 혁신하는 이 시대에 해양세력과 대륙세력의 경계면에서 온힘의 영역을 이루어 플랫폼국가를 형성하는 우리나라는 3천 년만의 결정적인 기회를 얻고 있다.

이러한 천시와 지리를 얻은 우리나라에 아메리카 대륙과 태평양과 유라시아대륙의 자본과 인적자원과 정보와 문물이 집결하는 플랫폼국가가 될 수 있음은 누가 보아도 알 수 있는 것이다. 이제 문제는 인화人和이며 인화는 곧 민주주의 그것도 '홍익인간 모형'이 제시하는 역동적인 민주주의 이외에 다른 것일 수 없다.

한민족의 사고와 행동의 틀은 반도체문명과 플랫폼국가의 설계원리와 실행 방법과 일치한다. 이는 무엇을 의미하는가?

포르투갈과 스페인, 네덜란드와 영국, 미국 등 플랫폼국가를 만들었던 나라치고 극심한 내부적인 갈등과 참혹한 국제적 전쟁을 경험하지 않은 나라는 없다. 플랫폼국가는 어느 국가이든 그 시대 최강의 강대국과 구시대의 세력이 맞부딪치는 온힘의 영역에 위치하기 때문이다.

우리나라도 다른 플랫폼국가들과 다르지 않다. 당대 최강의 강대국인 해양세력인 영국과 미국이 러시아와 중국과 부딪치는 결정적인 시점에 있었던 결정적인 장소가 바로 한반도였기 때문이다. 또한 오늘날 우리나라는 미국과 일본이 강대국으로 떠오른 중국과 핵을 가진 북한이 충돌하는 천하대란에서 소통과 통합과 증폭의 커뮤니케이션과 미디어의 영역을 차지하고 있다.

우리가 경험한 구한말 갑오동학혁명으로 시작하여 항일독립투쟁, 한

국전쟁, 4·19혁명, 부마항쟁, 5·18 광주민주화운동, 산업혁명의 성공 등은 모두 한반도를 둘러싸고 벌어지는 이러한 국제관계와 불가분의 긴밀한 관계가 있다. 아프리카나 남미의 한적한 나라에서는 이와 같은 세계적 규모의 사건이나 전쟁은 일어날 일조차 없는 것이다.

그런데 우리 한민족의 경우 다른 플랫폼국가들과 전혀 다른 독특한 패턴이 있다. 동학농민전쟁에서 시작한 모든 사회운동은 모두가 한민족만의 '홍익인간 모형'의 사고와 행동이 담겨있다는 사실이다. 이 점은 유럽과 미국, 일본, 중국과 좋은 비교가 된다.

특히 미국이 유럽에서 벗어나 제2차, 3차 산업혁명에 성공하여 세계적인 패권국가가 되고 또 더 나아가 제4차 산업혁명을 주도하는 원동력은 랄프 왈도 에머슨이 잘 설명했다.

에머슨은 건국 직후 미국인들이 문화적 식민주의를 버리지 못하고 유럽인의 말과 태도와 문채 등을 흉내내는 것에 반발하여 아메리카니즘을 완성하여 미국지식인의 원형이 되었다. 그는 유럽과는 전혀 다른 미국을 만들고 미국적 열정을 만드는 것을 목표로 삼았다.

우리나라에서는 비슷한 내용을 하버드 대학 출신 에머슨과 같은 창조적 소수가 선언하는 것이 아니라 늘 민족적 위기마다 창조적 대중이 단결하여 집단적으로 표현한다는 점이 근본적으로 다르다.

이는 한민족의 고유한 '홍익인간 모형'으로서 이는 또한 한민족의 고대국가가 전한 플랫폼국가의 설계원리와 실행방법과도 일치하는 것이다. 그리고 내가 LG전자의 신형에어컨 개발프로젝트에 컨설턴트로 참여하여 실험을 통해 증명한 이론체계와도 일치하는 것이다.

우리는 분명하게 드러난 한민족의 생각과 행동방식에 대해 주목할 필요가 있다. 이는 명백하게도 플랫폼국가의 원리이자 민주주의의 원리이기 때문이다.

그리고 반도체 문명의 시대를 성공적으로 살기위해서 반드시 필요한 것도 바로 이 플랫폼국가의 원리이자 민주주의의 원리인 것이다.

미국이 사회운동으로서의 히피운동을 전개했을 때 그것에 담긴 의미를 이해하는 사람은 거의 없었다. 그러나 히피들의 중심지가 캘리포니아였고, 그 히피들 중에서 애플의 창업주 스티브 잡스와 구글의 CEO 에릭 슈미츠 등이 줄줄이 나왔을 때 비로소 사람들은 히피운동의 실체를 알게 된 것이다. 제3차 산업혁명은 순전히 미국적인 것이며 그것은 히피들이 꾼 꿈으로서의 공동체의 실현임을 뒤늦게야 알게 된 것이다.

마찬가지로 우리 한민족의 창조적 대중이 갑오동학전쟁 이후 지금까지 진행해온 사회운동의 진정한 의미는 '홍익인간 모형'이 설명하는 역동적 민주주의라는 점을 우리는 알 필요가 있을 것이다. 그리고 바로 그 안에 반도체문명과 플랫폼국가의 공통적인 설계원리와 실행방법이 담겨있다.

그러나 이제부터는 '홍익인간 모형'을 한민족의 잠재의식에서 불러내는 것이 아니라, 미리 학습을 통해 이해하고 행동할 수 있어야한다. 그럼으로써 한민족은 그 능력과 가치를 더욱더 증폭시켜 시시각각 변화하는 환경을 최적화하며 한국대혁명을 성공시킬 수 있을 것이다.

아메리카 대륙과 유라시아 대륙을 연결하는 플랫폼국가 대한민국은 뒤에서 수식과 도형과 이론을 갖추어 다시 설명한다.

9. 포스트 전체주의 국가 중국

중국의 노벨평화상 수상자 류샤오보[劉曉波]는 중국을 바츨라프 하벨이 1978년에 그의 책 『힘 없는 힘The Power of the Powerless』에서 밝힌 포스트 전체주의로서의 체코슬로바키아와 비교하고 있다.

류샤오보는 「포스트 전체주의 의식에 대한 조망」이라는 글에서 현대중국을 포스트 전체주의의 개념으로 설명한다. "포스트 전체주의 체제에서 '합법적' 위기가 발생하면 통치자는 독재정권을 유지하기 위해 안간힘을 쓰지만 권력은 갈수록 약화되고, 독재체제를 반대하는 여론이 형성되면서 시민사회가 자발적으로 확대되는 움직임이 나타난다. 물론 현 체제를 단숨에 전복시킬 수 없겠지만 낙숫물이 바위를 뚫듯 독재사회에서 일원화된 정치사회가 서서히 무너지고 경제와 가치의 다원화가 태동한다"는 것이다(류샤오보, 『류샤오보 중국문화를 말하다』). 더 이상 국가가 사회를 억압하고 지배하지 못함을 의미한다.

류샤오보는 천안문 사태에 앞장섰던 민주화의 대표적인 지도자 중의 한사람이다. 그는 중국사회를 포스트 전체주의로 보고 그 취약점을 정확하게 파고들고 있는 것이다. 그는 이렇게 말한다. "구체적으로 의식적인 측면을 살펴보면, 포스트 전체주의 사회인 중국은 '냉소화(犬儒, cynicos)' 시대 속에서 지향하고자 하는 방향과 목적을 잃은 채 이율배반과 자가당착에 빠져 있다. 현재 중국 인민(고위관료와 당원을 포함하여)은 공산당이 떠들어 대는 정치 선전을 더 이상 믿지 않으며 정치에 대한 신념과 충성보다 개인의 이익을 우선시한다. 뒤에서 퍼붓는 비난과 원망, 자기기만'에 빠진 고위관료를 향한 조롱이 중국 인민들에게

'생활의 낙'이 된 지 오래다."(류샤오보, 『류샤오보 중국문화를 말하다』)

류샤오보는 이미 바츨라프 하벨이 그랬듯 현대 중국을 명확하게 포스트 전체주의로 규정한다. 중국은 이미 목적과 방향을 잃은 지 오래라는 것이다. 이미 중국은 전면적으로 와해되고 있다는 것이다. "공개적인 장소에서는 기득권의 유혹과 강요에 못 이겨 많은 사람이 여전히 관영 〈인민일보人民日報〉의 장단에 맞춰 공산당의 업적을 찬양하고 있다. 이처럼 현 체제에 대한 이중적인 태도가 동시에 나타나고 있는 것이 오늘날의 중국이다."(류샤오보, 『류샤오보 중국문화를 말하다』)

분명한 것은 류샤오보를 비롯한 중국의 대중은 우리의 1980년대 운동권과 마찬가지로 새로운 미래를 만들어나가고 있다는 사실이다. 류 샤오보에 의하면 제2의 천안문사태는 이미 피할 수 없는 현실인 것이다.

중화주의 유교와 현대 중국공산당 정치는 하나다.

나치독일과 붉은 소련, 북한의 전통적인 전체주의이든 아니면 하벨과 류샤오보가 말하는 포스트 전체주의이든 모든 전체주의는 중화주의 유교와 거의 비슷하다.

그리고 중화주의 유교는 우리나라와 일본에도 큰 영향을 미쳤고 지금도 그러하다. 그 치명적인 독성은 중국만은 못하겠지만 여전히 심각하다.

조호길 전 중국공산당 중앙당교 교수는 더 자세하게 동중서의 중화주의 유교가 근현대 중국정치가 하나가 되는 과정을 설명한다.

"한漢나라의 동중서董仲舒는 천명론과 음양오행설陰陽五行說을 결합한

'천인감응天人感應'의 사상체계를 완성했다. 이 체계 위에 군주 정치의 기틀이 마련됐고 이는 근현대 중국 정치에도 깊은 영향을 끼쳤다…이어 대일통의 전통이 장제스蔣介石의 중화민국, 마오쩌둥毛澤東의 중화인민공화국을 거쳐 시장경제를 도입한 사회주의 중국에 계승됐다는 것이다." (조호길 전 중국공산당 중앙당교 교수, 『大一統 사상』)

동중서에서 시작하여 2천년 동안 중국을 지배해온 중화주의 유교는 중화민국의 장제스와 중화인민공화국의 마오쩌둥을 거쳐 시장경제를 도입한 포스트 전체주의 중국에 그대로 계승되어 있다는 것이다.

특히 모택동은 철저한 중화주의자로서 전체주의를 받아들였다는 점에서 오늘날 전체주의 중국의 사상적 근원이 되고 있다.

이에 대해 류샤오보는 보다 더 정확하고 날카롭게 하나가 된 중화주의 유교의 본질과 현대 중국 공산당의 핵심의 위험성을 고발한다.

"중국 문화의 최대 비극은 진시황의 '분서갱유'가 아니라 한 무제의 '백가를 모두 내치고 유가만을 떠받들었던' 사상에서 시작됐다. 한 무제는 동중서의 건의에 따라 유교를 국교로 삼고 폭력을 일삼는 황제질서를 천도天道라고 미화한 후 '하늘이 변하지 않으면 도는 변하지 않는다'라는 천인합일 사상을 내세워 왕조의 합법성과 권위를 인정받으려고 했다."(류샤오보, 『류샤오보 중국문화를 말하다』)

류샤오보가 말하는 제왕들에는 장제스와 마오쩌둥과 시장경제를 받아들인 포스트 전체주의 중국의 지도자들도 포함된 것이다. 따라서 류샤오보는 중국의 지식인들에게 이렇게 당부한다.

"당대 중국 지식인은 독재에 기대어 성인을 숭상하는 습성을 반드시 버려야 한다. 권력에서 독립하여 5·4 운동 이후 나타난 자유로운 사상, 독립적인 인격'의 새로운 전통을 발전시키는 것이야말로 당대 지식인의 가장 중요한 사명임을 잊지 말아야 한다.

류샤오보가 말하는 "독재에 기대어 성인을 숭상하는 습성"이야말로 중화주의 유교의 특징 중 가장 큰 것이며 또한 현대 중국의 전체주의와 그대로 맞닿아 있음을 알 수 있을 것이다.

또한 그 성인의 이름이 구 일본에서는 천황天皇이었고, 오늘날 북한에서는 수령首領이며, 소련과 중국에서는 위대한 영도자이다. 또한 우리나라에서도 항상 그 누군가 한사람을 숭상하고 싶어 한다. 결국 중화주의 유교와 전체주의는 조금도 다르지 않은 것이다. 한국대혁명의 시발점인 인존성에 의하면 창조적 대중 모두가 독립적 인격이며 성인이다.

중화주의 이전의 유교는 한민족의 홍익인간 모형과 하나다.

성균관대의 이기동은 "유교는 공자孔子가 창시한 것이 아니라 고대에서부터 내려온 훌륭한 사상들을 공자가 종합하고 정리하여 체계화한 것이다. 그러므로 유교를 제대로 이해하기 위해서는 유교문화 성립의 원류가 되었던 고대문화를 고찰하지 않으면 안 된다"라고 말한다(이기동, 『유교』).

그러니까 춘추전국시대 이전에 중국대륙에 존재했던 고대문화가 유교의 원류이고 공자는 그것을 계승했다는 것이다. 이렇게 본다면 우리 한민족의 고대국가에서 전한 '홍익인간 모형'과 공자의 유교와 공통점을 찾는 일이 이 시대의 중요한 과제로 대두되는 것이다.

　그리고 "인仁으로 대표되는 동이족의 정신문화가 중원으로 나아가 서부의 지적인 문화와 충돌하여 한동안 혼란한 시기를 거친 뒤 서로 조화를 이루는 새로운 사상이 발생하였는데, 그것이 중용中庸 사상이다. (중략) 유교는 공자의 가르침을 말하는데, 배우는 입장에서는 유학儒學이라 하고, 실천하는 입장에서는 유도儒道라고도 한다. 유교사상의 핵심은 인간의 정신적 삶과 육체적 삶의 조화를 추구하는 중용 사상이다"라고 말한다(이기동, 『유교』).

　이기동이 말하는 동이족이란 한민족과 만주, 몽골의 여러 민족과 일본민족을 포괄하는 민족들이다. 대표적인 국가가 바로 단군조선이다. 이 동이족의 정신문화가 중원에 존재했고 인仁 사상이며 그것이 서쪽에서 온 문화와 조화를 이룬 것이 중용사상으로 유교사상의 핵심이라는 것이다. 그리고 그것은 정신과 육체의 조화를 이루는 것이라는 것이다.

　우리는 이 책에서 커뮤니케이션과 미디어의 영역인 온힘의 영역이 얼마나 중요한 것인지를 알아가고 있다. 온힘의 영역은 관념론의 영역과 경험론의 영역을 통합하는 소통과 신뢰영역이다. 나는 이 온힘의 영역을 중용中庸이라고도 부르고 있다. 나는 이 양자가 동일하고 믿는다. 이 점에서 이기동이 말하는 유학儒學은 '홍익인간 모형'의 큰 틀 안에 들어온다.

　이렇게 보면 원래 유교의 사상은 한민족의 '홍익인간 모형'과 하나가 될 수 있는 것이다. 그러나 이러한 공자가 전한 원래적 의미의 유교와 동중서의 중화주의 유교가 말하는 양존음비의 이원론과는 정반대의 사상이 같은 유교라는 이름을 쓰고 있음을 알 수 있다.

따라서 우리는 공자의 유교와 중화주의 유교와 공자의 유교와는 분명히 구분하여 생각해야 한다. 우리는 동중서의 중화주의 유교는 단호하게 반대해야한다. 그러나 공자의 유교는 더 깊게 연구하여 고대 한민족의 정신문화와 유교가 어떻게 만나지를 연구할 필요가 있는 것이다.

중화주의 유교와 전체주의 그리고 법가사상은 하나다.

또한 중화주의 유교는 법가사상과 하나가 된다. 법가는 2천 년 이상 이어지면서 현대 전체주의 국가의 원형인 중국 전통 관료주의 제국의 성립에 관한 이론과 이데올로기의 토대를 구축하는 데 매우 중요한 역할을 했다.

중국의 법가사상은 대중을 파블로프의 개로 만드는 20세기의 전체주의와 거의 동일하다. "전체주의 국가는 군주에게 의지하는 관료를 이상적으로 여기며 관료를 그런 방향으로 키운다. 전체주의 국가는 조직 구성에 관한 권한을 독점하는데 이는 관리의 임명, 상벌의 집행을 독점한다는 것과 같은 의미이다. 이런 사회적 조건에서 관리는 행동 교정 교육에 종속되며 만약 교육이 성공한다면 군주가 내리는 상에 중독될 것이다. 법가 군주에게는 미리 프로그래밍된 로봇 같은 신하가 최상이다. 로봇처럼 신하를 길들이고 굴복시켜야 한다. 법가는 인간을 조종하고 통제하는 것을 동물 길들이는 것과 크게 다르게 보지 않았다. 이 점에서 법가는 심리학자 스키너와 의견이 일치한다."(정 위안푸, 『법가, 절대권력의 기술』

법가는 중국 역사의 발전에 지워지지 않는 흔적을 남겼지만, 보통 이 사실은 잘 인정되지 않는다. 중국에 관한 대중 저술은 대부분 유교가 중국 문화 전통의 특성이라고 말한다. 공자와 정통 유가는 의심할 여지 없이 중국과 아시아의 여러 나라에 지대한 영향을 주었고, 그 영향은 지금도 여전하다. 그러나 정치제도와 그 실천이라는 측면에서는 법가의 영향력이 유가보다 절대 작지 않다. 실제로 중국의 역사학자는 대부분 중국 제국의 정치 전통을 '외유내법外儒內法' 이라고 표현한다. 중국에서 관官이 주도한 정통 유교는 사실상 정통 유가의 수사법을 법가의 시각에서 재해석한 혼합물이었다(정 위안푸, 『법가, 절대권력의 기술』).

한국인이 중국을 보는 두 가지 시각

법가는 근대 전체주의의 원형인 관료주의 제국을 탄생시켰다. 사실상 중국 황실 정치체제는 법가 정치철학이라는 사상이 빚어낸 산물이다.
"사회과학자들은 현대 과학 기술로 사회를 통제하지 않으면 전체주의를 실현할 수 없다고 주장한다. 그러나 법가의 저술과 진秦나라의 제도에서 볼 수 있듯이 전체주의 이상과 개념의 연원은 2천 년 이상을 거슬러 올라간다. 수십 년 전부터는 서양 학자들도 근대 이전의 세계에서 전체주의적 요소를 발견하기 시작했다. 칼 포퍼Karl popper(1902~1994)는 '지금 우리가 전체주의라고 부르는 것은 우리의 문명 그 자체"라고 말했다. 배링턴 무어Barrington Moore(1913~2005)는 진秦 제국을 비롯한 중국의 역대 왕조뿐 아니라 근대 이전의 다른 비서구권 문명에서도 전체주의적 강박을 발견했다."(정 위안푸, 『법가, 절대권력의 기술』

전체주의는 20세기에 갑자기 발생한 것이 아니다. 특히 법가사상은 중화주의 유교라는 허울을 쓰고 지난 2천 년 간 중국을 전체주의로 다스려왔다는 것이다. 이는 현대 중국의 공산당 강령에도 큰 영향을 미치고 있다.

"법가의 저술은 중국 제국 시대에 황제와 고위 관료에게 교과서로 읽혔다. 이것이 법가가 중국정치에 계속 영향을 미치게 된 하나의 요인이다. 법가의 교의는 중국 제국 시대의 정치를 이끌었을 뿐 아니라, 마오쩌둥이 이끈 중국 공산당의 정치 강령과 제도 설립에 영향을 미쳤다. 이것은 결코 과장이 아니다."(정 위안푸, 『법가, 절대권력의 기술』)

우리나라에서 중국에 대해 두 가지의 크게 다른 상반된 시각이 존재한다. 하나는 2010년 노벨평화상 수상자인 중국의 류샤오보의 시각이며 다른 하나는 우리나라에서 대학교수로 살았던 리영희의 시각이다. 류샤오보는 "우리가 오늘날 보는 바와 같은 홍콩이 되기까지는 100년의 식민지 경험이 필요했다. 중국은 물론 대단히 큰 나라이므로 중국이 오늘의 홍콩처럼 변화하려면 300년이 필요할 것이다. 나는 300년이 충분할 것인지에 대해서 의문을 가지고 있다. 홍콩이 지금처럼 되기까지엔 100년의 식민지 경험이 있었으며, 중국이 오늘의 홍콩처럼 변화하려면 300년의 식민지 역사가 필요하다"라고 말했다(〈워싱턴포스트〉 2010년 12월 10일). 그는 중국이 홍콩같이 되려면 300년의 식민지 지배가 필요하다는 것이다. 그는 중국이 중화주의 유교와 전체주의로부터 벗어나기가 그만큼 어렵다고 본 것이다. 그야말로 동북아가 전체주의의 소굴이라면 그 중에서도 중국은 가장 구제하기가 불가능한 소굴이라는 것이다.

반면에 한국의 대학교수였던 리영희는 『전환시대의 논리』에서 "문화혁명을 일으켰던 중국의 모택동에 대해 개인숭배라고 하지만 약간 다른 데가 있다. 스탈린은 당과 정부로 구성되는 관료화된 권력체제의 거대한 피라미드의 꼭대기에 앉아 관료적 방법으로 숭배를 강요했다. 모택동은 문화대혁명을 통해 스스로 지휘한 당 관료기구의 타파로써 민중과 자기와를 직결시켰다. 차이는 이것이다'라고 주장했다(리영희, 『전환시대의 논리』). 그는 중국을 파탄지경까지 몰고 간 문화혁명과 그것을 이끈 모택동을 긍정적으로 보고 있음을 알 수 있다. 반면에 중국의 신세대 지식인 쉬즈위안은 문화혁명에 대해 "1950년에서 1976년까지 점차 수위가 높아진 폭력과 거기에 수반된 죽음 및 원한이 중국을 석권하면서 그 악영향이 모든 사회 조직에까지 파고들었고, 가장 은밀한 가정과 개인의 사생활에까지 스며들었다. 남편과 아내도 서로의 경계를 분명하게 그어야 했고, 아들은 아버지를 비판대 위로 밀어 올렸으며, 학생들은 선생님을 구타했고 무장 투쟁은 사람이 사람을 잡아먹는 지경에까지 이르렀다'라고 비판하고 있다(쉬즈위안, 『독재의 논리』). 특히 문화혁명으로 인한 식인食人까지 주장하고 있다.

우리는 전체주의 중국에서 천안문사태의 주역으로 중국당국에서 11년 형을 선고받고 살다 암에 걸렸지만 수술도 못 받고 죽어간 중국인 인권운동가 류샤오보와 중국의 신세대 지식인 쉬즈위안의 생각과 우리 대한민국에서 신문기자와 대학교수로 살다간 지식인 리영희의 생각이 정반대라는 사실을 발견한다. 누가 옳은가를 확인해 보아야 하지 않겠는가?

산업혁명에 성공한 전체주의 중국이 피할 수 없는 함정이 있다.

모택동의 문화혁명으로 내부적으로 경제적, 정치적, 문화적으로 파탄 상태를 맞은 중국에게 기사회생의 기회는 미국과 소련의 냉전에서 왔다. 미국은 중국을 끌어들여 소련을 고립시킬 필요가 있었다. 지푸라기라도 잡아야 할 중국은 미국과 국교를 맺고 이어서 유럽과 일본과 우리나라와 국교를 맺었고 이들 나라로부터 선진 기술과 막대한 자본을 끌어들여 산업혁명에 성공한 것이다.

하지만 산업혁명에 성공한 중국은 이제 세계적인 플랫폼국가가 되려는 꿈을 펼치고 있다. 중국이 플랫폼국가가 되어 스스로 세계와 커뮤니케이션과 미디어의 중심이 되지 못하면 더 이상의 발전은 불가능하게 되는 것이다.

따라서 중국은 세계와 소통하여 지속적인 확대재생산을 위해 반드시 필요한 석유를 안정적으로 공급받고, 그렇게 만든 상품을 유럽과 아시아로 안정적으로 판매하기 위해서는 육지와 바다에서 교통로를 확보하는 일이 필수불가결하다.

이제 중국은 바닷길과 육로로 산유국과 해외시장으로 연결하는 새로운 실크로드인 일대일로一帶一路를 만들기 위해 국력을 쏟아 붓고 있다. 그러나 중국의 현명한 지도자였던 등소평은 그가 죽기 전 후계자들에게 향후 50년간 미국과 패권을 다투지 말라고 당부했다고 한다. 그러나 후계자들은 그의 당부를 지키지 않고 이미 미국과 패권을 다투고 있는 것이다.

중국이 스스로 "온힘의 영역"이 되려면 전체주의를 포기해야한다. 그럴 수 없다고 본 등소평은 중국은 모든 면에서 미국과 경쟁할 정도로 실력을 갖추기 전에 미국과 패권을 다투면 위험해진다는 사실을 잘 알고 있었다.

지금 중국과 국경을 맞대고 있는 여러 나라들은 모두 과거 중국과 전쟁을 통해 국경선을 만들었던 나라들이다. 그중 우호적인 나라는 거의 없다.

국내에도 신장 위그루지역과 티베트 지역, 만주 지역도 원래 중국의 영토가 아니었다. 특히 신장 위구르지역과 티베트 지역의 독립요구는 심각한 갈등을 일으키고 있다. 또한 산업화로 인한 내부적으로 심화된 빈부격차는 그야말로 마르크스가 말한 프롤레타리아 혁명을 이 시대에 예고한다.

또한 공산당 일당독재의 관료주의는 필연적으로 부정부패와 무능한 국정운영으로 이어지기 마련이다. 이는 이미 드러난 천문학적 규모의 부채와 드러나지 않은 그보다 더 많은 부채가 중국의 앞날을 어둡게 만든다.

사람들은 중국이 장차 미국을 능가하는 패권국가가 될 것이라고 생각한다. 그러나 그러기 위해서 중국은 미국이 제2차, 3차 산업혁명을 성공시키고 주도해나갔듯이 제4차 산업혁명을 주도하고 먼저 성공해야만 한다.

그러나 민주주의의 원리로 진행되는 제3차, 제4차 산업혁명의 시대에 여전히 비밀경찰이 국민을 감시하고 국가가 정보를 통제하며 수용소를 운영하는 전체주의 국가 중국이 성공할 수 있을 것인지는 회의적이 아닐 수 없다.

중국이 무한한 가능성을 가진 나라임에는 분명하지만 그 가능성이 전체주의 중국에서 발휘될 것으로는 생각하는 것은 환상에 지나지 않는다.

지난 2천 년 동안 중화주의 유교가 중국 역사에서 보여준 대량학살의 참혹한 문제는 곧 20세기 전 세계 전체주의의 참상이며 21세기 전체주의의 미래다.

중화주의 유교가 대중이 가진 능력과 가치를 몇 배, 몇 십 배 축소시킨다는 것은 중국의 역사에서 명확하게 드러난다. 중화주의 유교는 수직적 계급구조의 사회조직을 만들며 부패한 관료조직이 필연적으로 나타난다. 그리고 소수의 지배자에 의해 토지가 집중되고, 지방의 호족들이 세력을 할거하게 된다. 중화주의 유교가 만드는 이러한 문제를 해결할 수 있는 방법은 오로지 반란 그것도 대동란과 그 틈을 타고 북방 유목민족이 쳐들어와 왕조를 바꾸는 일뿐이었다. 그러나 이러한 대동란과 유목민족의 정복은 시간이 지나면 또 다른 대동란과 또 다른 유목민족의 정복이 거듭되는 악순환의 연속이 곧 중국의 역사이다. 불과 100만도 안 되는 몽골족이나 여진족 등의 유목민족이 수천만 내지는 수억에 달하는 중국인을 노예화시키는 일이 반복되는 불가사의한 중국사의 비밀은 곧 중화주의 유교인 것이다. 그 대동란의 과정에서 군대나 폭도들은 서로가 서로를 죽이고 백성을 학살하는 거대한 규모의 대학살이 일상사였다.

"후한 이래 중국 사회의 구조적 대변혁기마다 100여 년에 달하는 장기적 대동란이 발생하곤 했다 역사학자들은 후한말의 동란이 중국 역사상 가장 커다란 경우에 속한다고 인정하고 있다. 5,000만에 달하던 후한의 인구는 삼국시대三國時代(227~280)에 들어와서는 불과 1,000만 정도로 감소했"다는 것이다(김관도 외, 『중국 문화의 시스템론적 해석』).

"대동란은 통계상으로 전체인구의 2/3를 소멸시키는 대재앙이었는데 중국에는 이런 대동란이 아홉 번이나 일어났다. 대동란과 맞먹는 대재앙을 가져오는 이민족의 침략전쟁도 여러 차례 일어났고 그들이 중국의 일부 또는 전부를 정복해서 지배한 세월만도 700년 이상이었다."(김택민, 『중국역사의 어두운 그림자』)

중국의 역사상 대규모(국가적 규모) 내란(혁명, 수탈전쟁, 반란까지도 포함하여)의 숫자를 근대 중국 사상가의 거인인 양계초梁啓超의 통계에 따라 고찰해 보면, 기원 전 221년(진시황제가 즉위한 해)부터 1920년까지 2,140년 동안 모두 160차례나 있었다. 내란에 소비한 햇수는 무려 896 년, 즉 3년 중 1년은 내란이 있었다는 결론이 된다(황문웅, 『중국의 식인문화』).

이러한 대동란의 가장 큰 원인은 중화주의 유교의 관료주의이다. 소수의 관료가 다수를 지배하는 구조에서 부정부패를 피할 방법은 없는 것이다. 이 문제는 20세기의 전체주의가 안고 있었던 문제와 동일하며 그 참혹한 결과와도 닮았다.

과거 중국의 반란과 대동란과 유목민족의 정복전쟁 그리고 자연재해는 힘없는 백성들에게 극한에 이르는 참혹한 고통을 안겨주었다. 그 중 가장 심한 것이 바로 인간이 인간을 잡아먹는 식인문화이다.

중국의 식인문화는 중화주의 유교와 무관하지 않다는 사실을 루쉰은 그의 『광인일기』에서 중국의 식인문화와 '인의도덕'을 연결시킴으로써 설명하고 있다. "그러니 내가 어떻게 그들의 심사를 헤아릴 수 있었 겠는가. 도대체 어떻게 해야 할지 모르겠다. 그것도 나를 잡아먹으려고 할 때는 더더욱 그렇다. 모든 일은 반드시 연구를 해봐야 명확히 알 수 있는 법이다. 예로부터 늘 사람을 잡아먹는 일이 있었다는 것을 나는 아직도 기억한다. 하지만 아주 명확한 것은 아니다. 역사책을 펼쳐 조 사해 보니 이런 역사에는 연대가 없고 비뚤비뚤 페이지마다 온통 '인의 도덕'이라는 몇 글자가 쓰여 있었다."

어느 나라든 전쟁과 자연재해가 닥쳤을 때 사람이 사람을 잡아먹는 일은 있기 마련이다. 그러나 중국의 경우 다른 나라와는 크게 다르며 그것은 중국인들이 뇌리에 깊게 각인되어있다. 즉 언제든 다른 사람들 이 나를 잡아먹을 수 있다는 관념이다. 루쉰은 『광인일기』에서 "4천 년 동안 수시로 사람을 잡아먹던 곳에서 자신이 여러해 동안 함께 뒤섞 여 살아왔다는 것을 나는 오늘에야 비로소 명백히 알게 되었다"고 말한 다.

중국에는 식인에 대한 수많은 기록이 있다. 당나라 안록산의 난에 식 인에 대한 기록을 보자. "장순은 적도들에게 포위되어 먹을 것이 떨어 지자 말과 소를 잡아먹었고 말과 소가 다하자 부인과 노약자를 잡아먹 었는데, 그 수가 3만이었다. 사람들이 장차 죽어 양식이 될 것을 알면 서도 이반하는 사람이 없었다. 성이 떨어졌을 때 남은 사람은 경우 4백 명뿐이었다(신당서」 권192. 장순전)."(김택민, 『중국역사의 어두운 그림자』)

그러니까 전쟁이 나서 성을 지키는 군대가 식량이 떨어지자 군인들이 그 성의 민간인들을 식량으로 삼아 잡아먹었다는 기록이다. 황건적의 봉기로 인한 대동란에는 전국적으로 참상이 벌어졌다. "197년(헌제 건

안 2년) , 이 해에 가뭄으로 기근이 들어 사민土民이 얼어죽거나 굶어죽었으며, 회하와 양자강 사이의 지방에서는 서로 잡아먹어 사람이 거의 사라진 정도였다(「후한서」 권75. 원술열전 권9 헌제본기). "(김택민, 『중국역사의 어두운 그림자』)

가뭄으로 기근이 들어 굶어죽고, 사람이 사람을 잡아먹어 사람이 거의 사라졌다는 말이다. 황소의 난에는 적도들이 인간을 약탈하여 절구에 넣어 뼈째 찧어 먹었다는 기록이 있다.

중국은 군대나 폭도들이 유사시에는 민간인을 휴대식량으로 삼았다는 말이다. 이러한 일은 수평적 평등구조에서 대중이 의사소통과 신뢰를 통해 양극단을 통합함으로써 대중의 능력과 가치를 몇 배, 몇 십 배 증폭시키는 '홍익인간 모형' 을 사용하는 한민족을 비롯한 북방 알타이 어족에게는 절대로 있을 수 없는 일이다.

지난 2천 년 간 대중 위에 거대한 폭력으로 군림하며 철두철미한 속임수로 지탱해온 중화주의 유교의 역사는 곧 한중일 동북아 삼국의 과거와 현재이다. 나아가 20세기 전체주의의 참혹한 대학살의 역사와 맞물리며 또한 21세기 전체주의의 미래를 보여준다.

이제 중화주의 유교를 계승하고 전체주의의 폭압이 교묘하게 유지되는 포스트 전체주의의 미래가 어떤 것인지 우리는 어렵지 않게 그려낼 수 있다.

10. 문명은 동쪽으로 가는가, 서쪽으로 가는가?

포르투갈에서 해양 플랫폼국가가 만들어지고, 네덜란드에서 상업 플랫폼국가 그리고 영국에서 제1차 산업 플랫폼국가가 만들어졌다. 그리고 미국에서 제2차, 제3차 산업 플랫폼국가가 만들어지고 그것은 일본을 거쳐 우리 대한민국으로 이어졌다. 그리고 반 플랫폼국가인 전체주의 국가에 대해 알아보았다.

이러한 일련의 플랫폼국가의 이동은 지난 5천 년간 해운의 중심국가가 이동하는 문명서진설과 상당한 부분 연결되는 바가 있다. 이는 산업 플랫폼국가가 바다를 활용한 해양 플랫폼국가이자 동시에 상업 플랫폼국가라는 사실에서 당연하다.

그리고 문명의 동진론이 있다. 이것은 칼 야스퍼스의 차축시대론車軸時代論이다. 야스퍼스의 주장을 우리 민족의 입장에서 본다면 지난 3천 년간 차라투스트라이래 발생한 종교와 철학은 모두 서양이나 중근동, 페르시아, 인도에서 발생하여 우리나라로 향한 것이다. 우리의 입장에서 본다면 야스퍼스의 차축시대론은 문명의 동진론이 틀림없다.

또한 야스퍼스의 주장에 철기문명의 이동과정을 결합시켜 보면 우리나라 입장에서는 문명의 동진설이 과학적 뒷받침을 얻게 된다. 문명의 동진설은 우리나라의 입장에 비추어 검토해볼 만한 충분한 가치가 있다. 또한 유교, 불교, 도교, 기독교 등이 서쪽에서 동쪽인 우리나라로 왔다는 점에서도 문명의 동진설은 옳다.

우리나라의 입장에서 보면 문명의 서진론과 동진론이 모두 옳다. 이는 보다 중요한 사실을 말한다. 즉 우리 한민족이 사는 한반도는 문명의 동진설과 서진설이 만나 소통과 신뢰를 통해 통합함으로써 그 능력과 가치를 증폭시키는 온힘의 영역으로서 동서문명의 플랫폼국가를 이루고 있다는 사실이다. '홍익인간 모형'은 우리 대한민국이 가지고 있는 문화적 그리고 역사철학적 의미가 무엇인지 소상하게 말해주고 있는 것이다.

해운산업의 대표적인 교과서인 마틴 스토퍼드의 『해운 경제학』은 지난 5천 년간 해상무역의 중심지가 변동한 역사를 설명하고 있다. 토인비의 문명서진론과 마찬가지로 스토퍼드의 『해운 경제학』에서 설명하는 문명서진론도 왜 문명이 서진하는가는 알 수 없다. 그러나 스토퍼드의 문명서진론은 분명한 역사적 근거를 가지고 설명하고 있다. 또한 반도체 서진론도 분명한 사실이다.

스토퍼드의 5천 년 간 해상무역 중심 국가들의 서향노선

스토퍼드에 의하면 "지난 5,000년 간 우연이었는지 혹은 깊이 잠재된 경제적 힘에 의해서였는지 모르지만 해상무역의 상업적 중심은 (중략) 서쪽을 따라 이동하였다"는 것이다. 그는 이를 '서향노선westline' 이라고 불렀다.

그는 세계의 해상무역의 중심국가는 기원전 3,000년 경 메소포타미아에서 시작하여 서쪽방향으로 계속 이동해왔다고 말한다. 그래서 인도양을 거쳐 레바논에 있었던 페니키아에서 지중해의 시대가 시작되었다는 것이다. 그리고 아테네와 로마를 거쳐 베니스를 넘어 대서양의 포르투갈과 스페인을 거쳐 네덜란드와 영국을 넘어 대서양을 횡단하여 미국으로 가고 다시 미국에서 태평양을 넘어 일본과 대한민국에 도착했다는 것이다. 그리고 다시 중국과 인도로 옮아간다는 것이다.

스토포드의 서향노선westline은 해운 네트워크의 중심국가의 변천과정은 〈그림 2〉와 같다. 놀랍게도 그는 지난 5천 년 간 해상무역 중심권 11개가 서쪽을 향해 자리를 바꾸는 과정을 연도별로 정리하며 설명하고 있다. 그리고 바다를 4국면으로 나누어 1국면은 지중해/인도양이며 2국면은 북대서양, 3국면은 태평양, 4국면은 중국해이다.

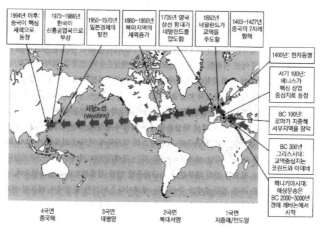

〈그림 2〉 서향노선: 5000년 간 해상 중심지(마틴 스토퍼드, 『해운 경제학』)

스토퍼드의 서향노선에 의하면 대한민국은 1973년~1986년에 해양무역의 중심국가였다고 한다.

그리고 그의 서향노선에 의하면 중국을 지나 인도에 가면 이제 5천 년동안 서쪽으로 향한 해양무역 중심국가의 중심이 그 출발점으로 되돌아온 것이 된다. 스토퍼는 이미 그 해양무역

중심국가가 인도로 그 성장 패턴이 옮겨가고 있다고 하니 이제 거의 지구를 한 바퀴 돈 셈이다.

스토퍼드는 해양경제학 분야의 교과서를 쓸 정도로 저명한 전문학자로서, 전문성을 가지고 지난 5천년 동안 진행된 서향노선을 주장하므로 설득력이 크다.

그리고 그의 서향노선이 근대 이후 플랫폼국가의 이동노선을 이해하는 일에도 많은 도움이 되는 것이다.

단 플랫폼국가로 생각해볼 때 미국은 여전히 플랫폼국가로서의 패권을 가지고 있으며 당분간 그 패권을 빼앗을 나라는 없는 것이다. 대한민국과 일본은 거대 플랫폼국가인 미국의 영향권 안의 작은 플랫폼국가다.

또한 스토퍼드는 우리나라에서 중국으로 해운국가의 중심이 넘어갔다고 보지만 중국은 플랫폼국가가 되기는 어렵다고 본다. 왜냐하면 근대 이후에 전체주의 국가가 플랫폼국가가 되어 세계의 패권을 행사한 경우는 한 번도 없었기 때문이다.

중국은 모택동까지는 전형적인 전체주의 국가였고, 앞에서 설명했듯이 바츨라프 하벨과 류샤오보가 말하는 것처럼 지금은 포스트 전체주의 국가이다. 과거의 히틀러와 스탈린식 전체주의나 지금의 포스트 전체주의나 전체주의의 중요한 특성은 조금도 다르지 않다. 전체주의는 항상 플랫폼국가가 가지는 특성과 반대방향으로 움직이는 것이다.

문명의 서진론 중에서 반도체를 중심으로 그 중심국가가 서쪽으로 이동한다는 반도체 서진론이 있다. 반도체 서진론은 미국이 반도체 중심국이 되면서 시작하여 패권을 잡지만 일본으로 중심이 넘어가고 우리 대한민국으로 다시 그 중심이 넘어왔다는 것이다.

반도체 분야에서 오랜 동안 실제로 몸을 담아왔고 또한 지금 반도체 회사를 운영하는 김태섭은 "반도체는 1958년 미국에서 발명되어 시장을 주도해오다가 1980년대 일본 기업들이 시장을 장악했다. 1990년대에 들어서는 한국이 급부상하였고 메모리 분야에서 마침내 세계 정상에 올랐다. 한국은 명실상부한 반도체 패권국가이다. 반도체 서진설(?)을 말할 만하다"라고 한다(김태섭, 『규석기 시대의 반도체』). 그런데 지금 반도체 중심 국가는 대한민국이지만 다시 서쪽의 중국으로 넘어가고 있는 과정에 있다고 한다.

이 흐름은 마틴 스토퍼드의 해양운송 중심국가의 서진설과 그 맥을 같이 한다는 점에서 우리 한국인들을 걱정하게 만든다. 우리의 기회가 중국으로 넘어가고 중국에게 반격을 당하게 되는 것이 그것이다.

해양운송과 반도체의 흐름보다 더 근본적인 것은 산업혁명이며 플랫폼국가이다. 누가 먼저 제4차 산업혁명을 일으키고 또한 그에 맞는 플랫폼국가를 만드는가가 중요한 것이다. 우리는 전체주의 국가들인 독일과 소련과 일본이 한 때 패권국가로 세계를 지배했음을 기억할 필요가 있다.

야스퍼스는 차축시대를 역사상 현존했던 에덴 동산이라고 주장한다.

야스퍼스의 차축시대론은 BC 800 년과 BC 200년 사이에 중국, 인도, 이스라엘, 그리스, 페르시아에 인간 정신의 위대한 전통이 생겼다고 주장하며 이 시대를 차축시대라고 주장했다.

우리 한민족의 입장에서 야스퍼스의 주장을 인정한다면 정신문명은 모두 서쪽에서 생겨나 동쪽인 우리나라로 온 셈이 된다. 이는 분명히 문명동진론이 된다.

칼 야스퍼스는 "세계사의 차축은 기원전 약 500년경으로 BC 800년과 BC 200년 사이에 이루어진 정신적 과정 속에 존재하는 것 같다. 이 시기가 우리에게는 가장 심오한 역사의 기점으로 되었다. 오늘날 살고 있는 우리 인간이 바로 그 때부터 살기 시작한 것이다 이 시기를 우리는 요약해서 '차축시대(車軸時代, die Achsenzeit)'라고 부른다."(칼 야스퍼스, 『역사의 기원과 목표』)

그렇다면 야스퍼스는 차축시대라는 용어를 어디서 가져온 것일까? 야스퍼스는 "헤겔은 다음과 같이 말하였다. 모든 역사란 그리스도로부터 나와서 그리스도에게로 되돌아가는 것이고, 성자聖子(Gottessohn)의 출생은 세계사의 차축인 것이다. 그러한 세계사의 기독교적 구조를 위한 우리들의 서력 기원이 그 증거가 되는 것이다"라고 하며 차축이라는 용어가 헤겔에게서 왔음을 밝힌다. 차축시대는 기본적으로 전형적인 서구 기독교 중심의 역사철학 방식임을 헤겔은 말하고 있다.

차라투스트라는 지난 3천 년 간 동서양 종교와 철학의 시작점

야스퍼스는 BC 800 년과 BC 200년 사이를 주목한다. 그리고 이 시대 안에 서양문명의 핵심과 중국과 인도와 페르시아의 문명의 시작도 함께 넣는다. 그리고 이 중요한 시대에 중요한 인물이 행동했다면 헤겔이 말하는 서양인만의 차축시대가 아니라 야스퍼스가 의도하는 인류의 차축시대가 될 수 있을 것이다. 이제 야스퍼스는 BC 800 년과 BC 200년 사이를 정하고 이를 "이 차축시대에서는 비상한 것들이 응축되어 나타났다"고 말한다. 즉 페르시아에서는 차라투스트라가 활동했고, 중국에서는 공자, 노자, 묵자, 장자, 열자 들이 활동했으며, 인도에서는 우파니샤드가 이루어지고 불타가 활동했다. 그리고 이스라엘에서는 엘리아, 예레미아 등이 활동했다는 것이다. 이제 헤겔이 말한 차축시대는 야스퍼스에 의해 중국과 인도와 페르시아와 팔레스타인까지 확장되었다. 야스퍼스의 의도처럼 이제 차축시대는 비상한 시대가 되었다.

야스퍼스는 이제 차축시대에 서양문명의 요람인 그리스까지 포함시킨다. 즉 그리이스에서는 호머와 파르메니데스, 헤라클레이토스, 플라톤, 투키디데스 등이 활동했다는 것이다. 그런데 " 이와 같은 유명한 이름들이 분명히 암시하고 있는 것은 이 몇 세기 동안에 서로가 전연 알지 못한 채 중국, 인도 그리고 서양에서 동시에 그 모든 것이 대두하였다는 사실이다."(칼 야스퍼스, 『역사의 기원과 목표』)

그리고 야스퍼스는 그가 정한 차축시대인 BC 800년과 BC 200년 동안 중국, 인도, 서양에서 이 같은 인물들이 서로 알지 못한 채 동시에 출현하여 활동했다고 주장하는 것이다.

그런데, 사실일까? 이 인물들의 사상을 정말로 서로 전혀 알지 못하면서 각자 활동했을까? 야스퍼스는 기독교가 모든 역사의 시작점이자 종착점이라고 주장하는 헤겔의 주장을 넘어 세계로 확장하기 위해 무리한 주장을 하고 있는 것은 아닐까? 에덴동산은 신화에 불과하다. 그러나 야스퍼스가 의도하는 차축의 시대에 인류의 모든 철학과 종교와 문화가 시작되었다면 이 시대는 신화가 아니라 현존했던 인류의 에덴동산이 된다. 이것이 야스퍼스의 희망이다. 야스퍼스의 말처럼 서로 모르는 채 동서양에서 위대한 정신적 인물들이 자연발생적으로 나타났다면 그 차축시대는 위대한 시대가 될 수 있다. 그러나 어느 한 사람을 중심으로 가지를 치듯 사상이 동서양으로 뻗어나갔다면 차축시대는 야스퍼스의 주장과 달리 허구가 된다.

차라투스트라를 영어로 쓰면 조로아스터가 된다. J. B. 노스는 『세계종교사』에서 이렇게 말한다. "조로아스터교가 다른 근동 종교들, 특히 유태교, 기독교 그리고 회교 이전 아랍인들에게 미친 영향은 사상의 측면에 관한 한 대단한 것이었다."(J. B. 노스, 『세계종교사』)

유홍태는 『페르시아의 종교』에서 이렇게 말한다.

"페르시아 종교의 체계화된 교리는 페르시아와 그 주변국에 걸쳐 폭넓게 영향을 주었고 현재까지도 그 흔적이 남아 있다. 특히 유대교와 기독교의 유일신 사상 이슬람교의 구원론, 메시아론, 부활론, 천국과 지옥, 천사와 악마 등의 교리는 조로아스터교의 교리와 매우 흡사하다."(유홍태, 『페르시아의 종교』)

또한 조로아스터교는 유대교, 기독교, 이슬람교의 탄생에도 지대한 영향을 미쳤다고 한다. 즉 "조로아스터교는 인류문명의 초기에 원형적 이론을 제시한 종교이다. 조로아스트교는 유대교, 기독교, 이슬람교의 탄생은 물론 인류정신사에 지대한 영향을 미쳤다."(나종근 역음, 『조로아스터』)

이 같은 설명만으로도 칼 야스퍼스가 차축시대 동안 서로가 모르는 채 동시에 모든 정신적 인물들의 정신적 업적이 발생했다는 것은 진실이 아님이 분명하다. 그것은 모두 차라투스트라로부터 시작했다. 그리고 차축시대의 정신적 지도자들 중 많은 사람이 공통적으로 가지고 있는 이원론적 유토피아론은 차라투스트라에게서 출발했음을 인정할 필요가 있다. 또한 야스퍼스의 말처럼 서로의 이론을 모르는 상태가 아니라 긴밀한 의사소통과 상호관계를 형성하면서 각자의 새로운 이론이 만들어진 것으로 보아야 할 것이다. 그렇다면 야스퍼스의 차축시대론은 의미가 퇴색하는 것이다. 그가 만들려했던 역사 속의 에덴 동산은 존재한 적이 없었다. 차축시대론이 페르시아의 차라투스트라와 충돌하며 그 의미가 퇴색한다고 해도 우리나라의 입장에서 볼 때 외래종교인 유교, 불교, 도교, 기독교 등이 모두 서쪽에서 온 것은 분명하다. 따라서 문명의 동진론은 사실이다. 물론 철기문명이 서쪽에서 온 것도 분명한 사실이다.

더 중요하고 더 큰 사실은 한반도는 문명의 서진론과 동진론이 소통과 신뢰를 이루어 통합되어 증폭을 이루었다는 점일 것이다. 즉 한반도는 지난 3천 년 간 동서 문명의 커뮤니케이션과 미디어의 온힘의 영역을 이루고 있었다는 사실이다. 이 시대의 한민족은 온힘의 영역으로 문명의 동진설과 서진설이 하나로 통합하며 일찍이 없었던 증폭의 힘을 얻어 세계사에 없었던 새로운 플랫폼국가를 이루고 있는 것이다.

제2부 유토피아와 홍익인간 모형

1. 홍익인간 모형 사관이란 무엇인가?

역사철학에는 세 가지가 있다. 이원론적 유토피아론과 순환적 역사관과 '홍익인간 모형'이 그것이다.

지난 3천 년 간 동서양을 지배해온 사상은 차라투스트라의 이원론적 유토피아론이었다. 이원론과 유토피아론이 결합할 때 그것은 정치와 종교의 가장 근본적인 핵심원리가 되었다. 이 원리가 역사를 설명하면 창조와 종말이 직선적으로 설명되는 일환론―環論의 역사관이 된다.

이 일환론을 완전히 부정하며 역사는 살아있는 생명체로서 생장쇠멸의 과정으로 거치며 순환한다고 주장하는 역사관이 순환사관이다. 이는 고대인들의 우주순환론과 이든 할둔과 슈팽글러와 토인비가가 설명한다.

'홍익인간 모형'은 역사순환론의 생명쇠멸의 과정을 인정한다. 그러나 역사순환론과 다른 새로운 생명의 과정을 설명한다. 역사순환론의 생장쇠멸의 과정은 이제 개인과 국가와 사회가 삶을 살아가는 생명체로서 여러 상태들로 나뉘어서 각각의 상태가 그 존재방식을 상세하고도 철저한 이론체계를 갖추게 된다.

즉 순환사관의 단순한 생장쇠멸의 과정은 이제 개벽상태와 개천상태와 재세이화상태와 홍익인간상태로 나뉘어 그 존재방식을 수학적 수식과 기하학적 도형과 철학의 이론체계를 갖추어 설명하게 된다.

그럼으로써 '홍익인간 모형'은 이제 생명의 과정으로써 역사철학을 설명하는 것은 물론이고 정치철학과 이론철학과 미학 등을 동시에 설명하게 되는 것이다.

그리고 이 '홍익인간 모형'은 단순한 순환론이 아니라 개인과 국가와 사회에 주어진 상태들을 최적화하여 순환론을 극복하는 이론체계라는 점에서 순환론과는 근본적으로 다르다. 다시 말하면 인간 개인과 대중은 자신이 중심에 존재하는 하나님一神으로 인해 만들어진 인간의 존엄성인 인존성人尊性을 바탕으로 하여 전체 과정안의 모든 상태들을 자율과 자치의 힘으로 능동적으로 최적화할 수 있다. 그럼으로써 각 상태를 최적화할 때 마다 자신에게 주어진 삶의 가치와 능력을 증폭시키면서 최종적으로는 인간의 가치와 능력을 극대화하는 것이다. 그리고 삶이 다할 때 자신의 중심에 존재하는 하나님의 근원인 우주의 중심에 존재하는 하나님에게로 돌아가는 것이다. '홍익인간 모형'은 순환론을 극복한다.

따라서 '홍익인간 모형'은 우주적 순환론이나 이븐 할둔, 슈팽글러, 토인비의 순환사관과는 비슷한 것 같아도 그 내용은 근본적인 차이가 있다.

한민족 고대국가에서 만들어진 '홍익인간 모형'이 이 시대에 복원되고 현대화되는 과정들 하나하나는 그 자체만으로도 '홍익인간 모형'을 이해하는 일에 적지 않은 도움이 되리라 생각한다.

그리고 '홍익인간 모형'을 단군시대의 경전 『천지인경』 65자에서 직접 유도하는 과정을 보여줄 것이다. 그럼으로써 개벽상태와 개천상태와 재세이화 상태와 홍익인간상태를 우리의 고대국가의 철학자들이 어떻게 설명했는가를 이해할 수 있을 것이다.

그리고 아무리 훌륭한 이론체계라 해도 그것의 발견과정이 육하원칙에 의해 분명히 설명될 수 없는 의심스러운 것이라면 크나큰 문제가 된다.

특히 '홍익인간 모형'을 설명하는 생명의 과정철학은 한민족이 고대국가를 세울 때부터 지금까지 한민족의 원동력이 되는 핵심 철학이다. 이러한 소중한 지식이 사기꾼 학자들의 학문이 되거나 사이비종교인들이 횡설수설하는 혹세무민의 지식이 된다면 한민족의 미래가 없는 것이다.

차라투스트라의 이원론적 유토피아가 지난 3천 년 동안 동서양을 지배해 왔다.

철기시대 3천 년간 동서양을 움직여온 철학은 "빛인 선은 어둠인 악을 이기고, 지상천국을 만들어낸다"라는 페르시아 배화교의 창시자 차라투스트라가 제시한 이원론적 유토피아론이다.

이는 인간사회를 선/악, 양/음, 지배/피지배, 주인/노예, 남/녀, 신본주의/인본주의, 사회집단/개인, 아리안민족/유태민족, 자본가/노동자 등으로 분리하여 서로가 서로를 부정하고 지배하고 박멸하게 만든다.

간단히 말하면 지난 3천 년 간 동서양에서 이 이원론적 유토피아론을 사용하는 세력은 "나는 언제나 선하므로 존귀하며 지배자이다. 그러나 너희들은 언제나 악하므로 비천하여 나의 지배를 받아야 한다. 이 진리가 실현되는 곳이 유토피아, 지상천국, 천년왕국이다"라고 주장하는 것이다. 그래서 이원론과 유토피아론은 함께 짝을 이룬다.

차라투스트라에 의하면 대자연과 대우주를 움직이는 원리는 대자연과 우주에 있는 것이 아니라 인간세계의 권력을 장악한 자신에게 있다.

이 차라투스트라의 이원론적 유토피아론은 동양에서만 해도 중화주의 유교와 천황중심 국체사상, 수령중심 주체사상, 황장엽의 사람중심주의, 선천과 후천 그리고 상생과 상극의 이원론적 유토피아론 등 무수하게 많은 아류를 낳았다.

현대에 가장 큰 영향력을 행사한 서양의 마르크스의 이원론적 유토피아론은 보다 자세한 설명을 위해 뒤에 다룰 것이다.

차라투스트라에게 자연법칙은 권력을 가진 사람이 만드는 것이지 자연에 존재하는 것이 아니다. 따라서 자연법칙은 인간사회의 지배자가 만드는 것이지 대자연이 만드는 것이 아니다.

페르시아 배화교의 창시자 차라투스트라는 "빛인 선은 어둠인 악을 이기고, 지상천국을 만들어낸다"고 말한다. 즉 선인 빛의 신이 악인 어둠의 신과의 최후의 전쟁에서 이기고 천국을 통치한다는 것이다.

즉 "페르샤의 종교사상은 선신과 악신의 이원론적 쟁투에서 이 세상은 창조되고 전개되어 간다고 하였다. 천지만물을 창조할 때 선의 신 아후라 마즈다가 빛을 만들면 악신 아이리만은 흑암을 만들고, 선신이 선과 정의를 내리면 악신은 사곡邪曲을 만들며, 선신이 건강과 평화를 지으면 악신은 질병과 전쟁을 지었다고 한다"는 것이다(채필근, 『비교종교론』).

그런데 인류가 생긴 이래 자연에서 빛이 어둠을 완전히 이기는 것을 본 사람이 있는가? 깜깜한 밤을 밝은 아침이 이겼다고 하지만 언제나 낮은 밤에게 다시 진다. 이는 누구나 아는 자연이 만드는 당연한 자연법칙이다.

그러나 차라투스트라는 이를 왜곡하여 거꾸로 된 자연법칙인 "빛인 선은 어둠인 악을 이기고, 지상천국을 만들어낸다"는 논리를 만들어냈다. 이 논리는 대자연의 자연법칙을 정면으로 무시한 것이다.

물론 선이 악을 이기는 세상은 바람직하며 누구나 공감하는 말이다. 그러나 만약에 자연상태의 현실에서 실제로 빛이 어둠을 이긴다면 그것은 인류의 종말이며 지구의 종말이며 우주의 종말을 의미하는 것이다.

이는 밤이 없는 낮만의 세상이며, 음이 없는 양만의 세상이며, 땅이 없는 하늘만의 세상이며, 여성이 없는 남성만의 세상이다. 이런 세상에 어떻게 우주와 지구와 인간이 살아남을 수 있겠는가?

그리고 차라투스트라는 창조와 종말의 이원론이 말들어내는 직선적 역사관인 일환론—環論의 창시자이다. 즉 빛인 선의 신이 어둠인 악의 신을 이길 때 모든 죽었던 사람들이 부활하게 된다는 것이다. 그리고 그들은 최후의 심판을 통해 선인과 악인이 가려지게 되는 것이다. 이제 선인은 영원히 살고 악인은 영원히 소멸되는 것이다.

"조로아스터는 아후라 마즈다가 언젠가는 결국 모든 악을 이기고 항복받으리라고 믿고 있었음에 틀림없다. 악의 영향이 선과 같이 영원하리라고는 믿지 않았다. 조로아스터는 전적으로 낙관적인 태도를 취했다. 선이 악을 이기고 남으리라는 것이다. 어떻게? 여기에서 종말론 즉 마지막 내지는 세상의 끝에 관한 개념이 등장한다. 조로아스터가 가르친 바에 따르면 지금의 세계질서가 끝나는 때에 만인이 모두 부활할 것이라고 한다. 그리고 불과 녹은 쇳물을 통한 일종의 시험을 거쳐 선인과 악인이 가려지게 된다. 원래의 가르침이 후대에 내려와 좀 더 확대되어서 전해지는 바에 의하면, 이 무서운 시험을 거칠 때 악인은 온몸에 불이 붙어 타버리지만 선인에게는 불이 뜨겁지 않으며 쇳물도 마치 우유처럼 부드러워 해롭지 않고 오히려 병을 낫게 해준다고 한다."(J. B. 노스, 『세계종교사』)

이제 차라투스트라의 직선적 역사관인 일환론과 이원론적 유토피아론은 완성되었다. 즉 자연법칙을 완전히 무시하고 "빛인 선은 어둠인 악을 이기고, 지상천국을 만들어낸다"는 논리가 만들어진 것이다. 차라투스트라의 이원론적 유토피아론의 근본적 문제는 그가 말하는 모든 이원론을 구성하는 양극단의 경계면에 위치하는 제3의 영역 즉 아리스토텔레스에게는 배중률의 영역이고 나에게는 온힘의 영역을 파괴함으로써 인간과 인간이 서로 소통과 신뢰를 통해 통합하는 길을 막은 것이다.

차라투스트라의 이원론처럼 세상을 선과 악의 이원론으로 보는 것은 인간의 지적능력을 극도로 축소시킨다. 선과 악은 마음의 영역이다. 몸은 깨끗함淸과 더러움濁으로 구분하는 것이다. 그리고 인간은 후厚하고 박薄한 것으로 구분하는 것이다.

가령 우리는 어떤 물건의 가격이 적당할 때 선악이원론 밖에 모르므로 그것을 선한 가격, 착한 가격이라고 말할 수밖에 없다. 그러나 그 물건의 가격이 적당하다면 그것은 깨끗한 가격이라고 해야 한다. 또한 어떤 관리가 뇌물을 멀리할 때 선악이원론으로는 착한 사람이하고 말할 수밖에 없다. 그러나 그 경우 그 사람의 처신이 깨끗하다고 말해야 하는 것이다. 또한 어떤 사람의 행동이 훌륭할 때 선악이원론으로는 착한 행동이라고 말할 수밖에 없다. 그러나 그 경우 그 사람의 훌륭한 행동은 후厚한 행동이라고 해야 하는 것이다.

인간 개인과 공동체의 마음과 관념은 선악善惡으로, 몸과 사물은 청탁淸濁으로 인간의 행동은 후박厚薄으로 설명해야 하는 것이다. 즉 선악, 청탁, 후박의 육원론이다. 그러나 이 모든 것을 뭉뚱그려 선악으로 밖에 설명할 수 없다면 인간의 지적능력은 극도로 축소되는 것이다.

그런데 차라투스트라 이후 동서양의 신학과 철학은 오로지 마음을 판단하는 선악 이원론만으로 몸까지 판단하고 또한 인간의 행동까지 판단하는 것이다.

이 방법은 마음을 지배하면 다른 모든 것도 따라온다는 전체주의의 핵심원리를 조지 오웰이 『1984』에서 말하기 2,700년 전에 차라투스트라는 설파한 것이다. 바로 이것이 3천 년 간 동서양 철학의 바탕을 이룬 것이다.

지난 3천 년 간의 신학과 철학이 얼마나 인간의 지적능력을 축소시켰는지에 대해 이보다 더 잘 설명할 수는 없다.

그리고 차라투스트라는 그 단순한 선악 이원론에서 선을 택하면 유토피아에서 살 수 있다고 유혹한다. 이보다 더 유치할 수 있겠는가? 우리 한민족의 경전 『삼일신고三一神誥』는 이 선악, 청탁, 후박에 대해 물샐틈없는 육원론 체계, 줄여서 삼원론의 이론체계를 제시한다. 이 선악, 청탁, 후박의 자세한 내용은 나의 『삼일신고』 2차 개정판(2009)에 자세하게 설명되어 있다.

전체주의는 차라투스트라의 이원론적 유토피아에서 유래된 것이다.

차라투스트라는 이원론적 유토피아론의 창시자로서 동서양의 수많은 종교와 사상가들이 그에게서 영향을 받았다. 서양철학의 원조라고 할 수 있는 피타고라스와 유대교, 기독교, 이슬람교의 탄생을 비롯하여 인류정신사에 막대한 영향을 미쳤다. 또한 이원론을 주장했지만 일원론으로 귀착되는 그의 철학은 이원론적 일원론이기도 하다. 즉 "일신론을 주장했지만 이원론적 요소를 지닌 조로아스터교는 (중략) 피타고라스가 바빌론에서 차라투스트라에게 가르침을 받았다는 전설이 있을 만큼 조로아스터교는 인류문명의 초기에 원형적 이론을 제시한 종교이다. 조로아스트교는 유대교, 기독교, 이슬람교의 탄생은 물론 인류정신사에 지대한 영향을 미쳤다."(J. B. 노스, 『세계종교사』)

결정적인 내용이다. 즉 여러 학자들이 말한 것처럼 거의 모든 고등종교에 영향을 미친 사상이 핵심이 이것이다. 그리고 중화주의 유교에도 영향을 미쳤으며 나아가 전체주의에도 영향을 미쳤다. 이원론적 유토피아론은 직선적 역사관의 원조이다. 이를 이 세상의 역사가 창조와 종말이 직선적으로 단 한 번만 순환하는 일환론이다. 전체주의를 체계적으로 설명한 칼 프리드리히의 전체주의에 대한 "여섯 가지 증후군" 중 첫 번째가 공인 이데올로기. 누구나 이것을 신봉하는 것으로 상정하고 있으며, 또 그것은 "인류의 완전한 최종 상태"에 초점을 맞추고 있다(레오나드 샤피로, 『전체주의 연구』). 프리드리히가 말하는 그 인류의 최종적 상태야 말로 세상의 역사가 단 한번만 창조와 종말로 직선적으로 순화하는 일환론이며 또한 유토피아론이다. 전체주의의 뿌리가 차라투스트라의 이원론적 유토피아론임은 이처럼 명확하다.

중화주의 유교도 마찬가지로 차라투스트라의 이원론에서 유래한다.

중화주의 유교의 뿌리도 페르시아의 차라투스트라의 이원론이다.

20세기 초 고고학탐사대가 사막에 묻혀 있던 중국 서부 투루판Tulufan 지역의 석굴을 발굴하면서 방대한 양의 마니교 저작물들이 함께 발견되었다. 즉 20세기 초 무렵인 1903년에서 1912년 사이에는 러시아, 독일, 프랑스, 영국의 많은 탐사대들이 중국의 동부인 동투르크스탄 둔황 석굴에서 많은 마니교 유적을 발견했다. 이를 '투루판Tulufan 유적'이라고 한다. 이곳에서 발견된 문서는 서기 10세기 것으로 마니가 만든 에스트란젤로어 외에 당시 사용되던 여러 언어들로 적혀 있다.(유흥태, 『페르시아의 종교』).

그런데 3세기에 페르시아에서 발생한 마니교가 차라투스트라에서 갈려났음은 이미 학자들이 고증하는 바이다. 결국 마니교가 중국에 침투한 것은 분명하다. 그리고 마니교의 교리는 기본적으로 차라투스트라의 이원론이다. 따라서 이 내용은 페르시아의 짜라투스투라의 이원론과 중국대륙이 어떤 경로와 방법으로 의사소통이 이루어지고 상호관계가 만들어졌는가를 증언해주고 있다.

중화주의 유교는 동중서의 양존음비陽尊陰卑가 그 핵심이다. 음양이 평등한 것이 아니라 양만 존귀하고 음은 비천하다는 것이다. 그런데 동중서 이전에는 이 같은 이원론을 찾기가 어렵다.

차라투스트라의 이원론적 유토피아론은 "빛인 선은 어둠인 악을 이기고 지상천국을 만들어낸다"로 요약된다. 동중서의 양존음비陽尊陰卑는 "빛인 양陽은 선하여 어둠인 음陰을 이기고 지상천국을 만들어낸다"이다. 빛과 양, 어둠과 음은 조금도 어긋남 없이 동일한 개념이다. 여기서 차라투스트라와 동중서의 중화주의 유교가 정확하게 일치한다.

이 양존음비陽尊陰卑의 내용을 근본으로 지난 2천년간 중국사회는 철저하게 계급화된다. 관존민비官尊民卑는 철저한 관료주의 중심의 계급 사회를 만들었고, 남존여비男尊女卑는 가정을 철저한 남성위주의 계급 사회로 만들었다.

그렇다면 누가 양으로써 지배자이고. 누가 음으로써 피지배자인가? 친절하게도 동중서는 이렇게 말한다.

"군주와 신하, 아버지와 자식, 남편과 아내의 본분(관계 맺음의 방식)은 모두 음과 양의 기에서 도출된다. 군주는 양으로, 신하는 음으로 분류되고, 아버지는 양으로, 자식은 음으로 분류되고, 남편으로 양으로 아내는 음으로 분류된다(동중서, 『동중서의 춘추번로』).

중화주의 2천 년간 중국에서는 군주, 부모, 남편은 양으로써 존귀하고, 백성, 자식, 부인은 음으로써 비천하다는 양존음비는 움직일 수 없는 철칙이었다.

"양기는 따뜻하지만 음기는 차갑고, 양기는 뭔가를 주지만 음기는 뭔가를 빼앗고, 양기는 사랑을 베풀지만 음기는 사납게(무자비하게) 굴고, 양기는 너그럽지만 음기는 다그치고, 양기는 좋아하지만 음기는 싫어하고, 생명을 살리지만 음기는 생명을 죽인다. 따라서 양은 늘 바람직한(유의미한) 자리를 차지하고 왕성한 국면에서 힘을 발휘하지만 음은 늘 보잘것없는(무의미한) 자리를 차지하고 마무리에서 작용한다."

　동중서의 양존음비陽尊陰卑는 차라투스트라식으로 말하면 "빛인 군주, 부모, 남편은 선하고, 어둠인 백성, 자식, 부인은 악하다" 이다. 선은 곧 존귀하며, 악은 곧 비천하다는 것은 차라투스트라와 동중서에게서는 진리인 것이다.

　많은 학자들이 차라투스트라교(조로아스터교)의 교리가 마니교, 유대교, 기독교, 불교, 자이나교, 바하이교에 영향을 주었을 것으로 생각하고 있다.

　그런데 누구도 차라투스트라교의 이원론의 교리가 중국의 중화주의 유교에 영향을 주었을 것이라고는 생각하지 못하고 있었다. 이는 모두가 중국이 독자적인 위대한 문명이라는 선입관을 가지고 있기 때문이다. 따라서 중화주의 유교를 중국인만의 독특한 사상으로 보아온 것이다.

　도대체 무엇이 위대하며 무엇이 중국만의 독자적인 것인가? 그런 것이 있기나 한가? 중국의 중화주의 유교의 핵심인 이원론이 만들어내는 수직적 계급구조는 결코 중국 고유의 사상 나아가 동북아 고유의 사상이 아니다. 그것은 명백하게도 페르시아 배화교의 차라투스트라의 것이다.

　그렇다면 철기문명이 중국으로 전파되면서 차라투스트라의 이원론이 전해진 것일까? 철기鐵器와 차라투스트라의 이원론은 함께 움직여온 것이다. 페르시아의 차라투스트라의 이원론이 중국에 전파되는 경로가 밝혀진 것이다.

　철기문명은 BC 1400년 경 히타이트Hittite 왕국에서부터이다. 중국에 전해진 것은 춘추전국시대이며 본격적으로 사용된 것은 진한秦漢시대로써 진나라 진시황이 중국을 통일한 시기와 한나라의 한무제 시대에 동중서가 중화주의 유교를 주장하여 관철시킨 시기와 정확하게 일치한다.

이 철기를 중국에 전해준 사람들은 중앙아시아의 유목민족들이다. 중국에서 청동기보다 우월한 철기를 사용한 유목민족의 지위는 중국인보다 상대적으로 높았을 것이다. 따라서 상대적으로 높은 지위를 가진 철기를 다루는 사람들의 생각이 중국인에게 전해지는 것은 당연한 일이 된다. 그런데 그 철기를 다루는 사람들의 머릿속에 담긴 생각이 차라투스트라의 이원론인 것이다.

바로 이 시기부터 신석기문명과 청동기문명 내내 동북아를 지배하던 한민족의 '홍익인간 모형'이 중국대륙에서 사라지고 만주와 한반도에 국한하게 된 것이다. 그리고 거꾸로 중화주의 유교가 한민족에게 영향을 미치기 시작한 것이다.

천황 중심 국체사상, 수령 중심 주체사상도 차라투스트라의 이원론적 유토피아에서 유래하는 것이다.

일본은 나치독일과 붉은 소련이 나타나기도 전에 이미 전체주의를 운영할 준비가 되어 있었다. 그것이 바로 천황 중심 국체주의이다. 일본의 국체사상이란 결국 중화주의 유교 2천년 권위에 굴복하여 일본 고유의 정신을 파괴한 사상에 불과하다.

영국과 프랑스와 러시아의 시민들은 근대와 함께 혁명을 통해 그들의 왕의 목을 자르거나 총으로 쏴죽이고 국민국가를 만들었다.

그러나 일본은 유럽과 반대로 단지 명목상의 군주에 불과하던 천황을 중심으로 하는 국체사상을 만들어 새롭게 근대 국민국가를 만들었다. 서양과는 완전히 반대방향으로 근대를 시작한 것이다. 근대 일본의 근본적인 문제이자 일본을 따라한 한국과 중국의 근본적인 문제가 이것이다.

즉 국체사상으로 지배되는 일본인은 표면적으로는 근대국가의 시민이었지만 실제로는 여전히 봉건국가의 백성이었다. 일본과 동북아는 아직도 이 문제를 극복하지 못하고 있다.

국체사상은 이미 유학자 출신의 국학자들에 의해 만들어져 있었다. 이로카와 다이키치는 『메이지 문화』에서 이렇게 말한다.

"국체 관념의 연원은 먼 옛날 8세기의 『고사기』와 『일본서기』로 거슬러 올라간다. 그 이래로 다수의 사서가 이 관념의 정통성을 계승해왔다. (중략) 특히 에도 시대는 야마자키 안사이山崎闇齋와 야마카 소고山鹿素行 등의 신유일치관神儒一致觀을 비롯한 유교적 국체론과, 모토오리 노리나가本居宣長, 히라다 아쓰다네平田篤胤 등의 국학적 국체론이 융성했다. 이 중에서도 미토학水戶學과 국학에서는 에도막부 말기에 수많은 존황양이 운동 지사들을 배출했다."(이로카와 다이키치, 『메이지 문화』)

일본국학의 존황양이尊皇攘夷, 존내비외尊內卑外의 일본주의적 이원론은 양존음비陽尊陰卑의 중화주의 유교의 아류에 불과하다. 일본의 국학자 모토오리 노리나가는 본래 민주주의적인 일본정신 나아가 동북아정신을 파괴한 동중서의 중화주의 유교로 일본의 국체사상을 세우려했다는 점에서 그 시작부터 이미 실패를 안고 있었다.

모토오리 노리나가의 저작 중 가장 중요한 『나오비노미타마直昆靈』가 아마테라스와 삼종의 보물로 일본국학의 근본을 세웠음을 우리는 이미 살펴보았다. 그리고 일본국학의 일본중심주의 핵심 이데올로기인 존황양이尊皇攘夷, 존내비외尊內卑外를 세웠다.

즉 일본은 존귀하고 외국은 비천하다는 것이다. 이는 중화주의 유교의 양존음비陽尊陰卑, 천존지비天尊地卑의 개념을 일본주의 국체사상으로 바꾸었을 뿐 그 원리는 완전히 동일한 것이다.

일본의 국학자들은 고사기와 일본서기의 바탕에 깔려있는 일본 고유의 사상에서 국체사상을 찾아냈다고 주장했다. 그러나 그들은 자신들이 알고 있는 중화주의 유교로 그 고사기와 일본서기를 설명한 것에 불과하다. 그럼으로써 고사기와 일본서기에 담겨있는 일본의 고유한 사상은 말살되었다. 그리고 그들의 머릿속을 지배하던 중화주의 유교의 틀로 천황을 중심으로 하는 국체사상이 만들어진 것이다.

그리고 그 동중서의 중화주의 유교가 페르시아의 차라투스트라의 이원론으로 만들어진 것이다. 따라서 그동안 동양철학이나 중국철학, 일본철학이라고 말한 것들의 핵심은 존재하지도 않는 허구의 것이 된다.

일본인의 근본정신은 우리 한민족과 다를 수 없다. 같은 뿌리에서 출발했기 때문이다.

고사기와 일본서기의 핵심부분은 우리 한민족의 '홍익인간 모형'을 그대로 설명하고 있다. 즉 다카미무스비高御産巣神는 창조적 대중의 원형으로서 말하자면 태아상태 즉 가능상태를 설명한다. 그리고 아내 이자나미노미코토伊邪那美命, 남편 이자나기노미코토伊邪那岐命가 만들어내는 것은 개벽 상태이다. 나아가 태양신 아마테라스日照大神는 개천 상태를 말하고 있다.

모토오리 노리나가는 아마테라스가 태양신이며 '홍익인간 모형'의 태극의 중심으로 64괘의 중심인지는 상상조차 하지 못했다. 그리고 아마테라스를 중화주의 유교식 이원론의 피라미드식 계급구조의 최상위로 설정했다. 또한 천황을 그 계급구조의 최상위로 설정했다.

이는 고사기와 일본서기에 담긴 진정한 일본정신이 '홍익인간 모형'인 사실을 전혀 이해하지 못하고 유학자인 자신의 머릿속에 존재하는 중화주의 유교의 계급구조로 이 책들을 이해했기 때문이다.

이처럼 일본인이 성서처럼 여기고 일본의 국학자들이 국체사상을 유도해낸 고사기와 일본서기는 명백하게 한민족의 '홍익인간 모형'을 설명하고 있는 것이다. 이 내용은 뒤에서 증명한다.

일본인들은 아직도 진정한 일본정신이 한민족의 고유한 경전 천부경, 삼일신고, 366사에 내장된 '홍익인간 모형'이라는 사실을 모르고 있다. 우리 한민족과 일본민족이 이 부분을 제대로 이해한다면 이 두 민족은 처음 출발했을 때처럼 강력한 연대를 다시 회복할 수 있을 것이다.

즉 '홍익인간 모형'이야말로 진정한 동양철학이며 참다운 중국, 일본의 고유한 철학인 것이다. 나아가 한민족의 고유한 철학이다.

일본은 패전이후 미국의 자유주의 사상을 받아들였다. 이제 일본에서 국체사상은 힘을 잃었다. 그러나 그 일본에서 해방될 당시 우리 한민족은 남북한이 모두 천황중심 국체사상 전체주의에 의해 심각하게 오염되어 있었다.

왜정시대倭政時代 36년간 우리나라는 일본의 천황 국체사상이 그대로 행해졌다. 특히 일본 군국주의가 전체주의화되는 1930년 대 이후 우리나라는 일본과 똑같이 일본의 천황은 살아있는 신으로 숭배하는 의식을 그대로 행하면서 천황 국체주의를 그대로 받아들일 수밖에 없었다. 그것은 각급단위의 행정조직은 물론 각급 학교에서도 엄격하게 지켜졌다.

일본이 패망하고 남북한으로 분리되며 남한에서는 일본의 천황 국체사상은 전면적으로 폐지되고 자유주의 자본주의로 정치경제의 체제가 바뀌었다.

그러나 북한의 경우 일본의 천황 중심 국체사상이 단지 수령 중심 주체사상으로 이름만 바뀌었다. 또한 천황의 상징인 삼종신기인 칼과 거울과 곡옥曲玉이 북한에서는 수령의 상징인 핵과 미사일과 화학·생물 무기로 바뀌었다.

살아있는 신으로서 천황은 역시 살아있는 신으로서의 수령으로 이름만 바뀐 것이다. 그리고 신사 참배 등의 모든 의식은 수령 동상 참배 등으로 바뀌었을 뿐 그 바탕의 사상은 그대로 였다.

살아있는 신으로서의 천황의 사진이 각급 행정기관과 학교에 모셔지던 것이 이제는 살아있는 신으로서의 수령의 사진이 동일한 장소에 동일한 숭배의 대상이 되고 있는 것이다.

결국 북한의 수령중심 주체사상은 일본의 천황 중심 국체사상을 그대로 받아들여 이름만 바꾼 것임을 알 수 있다.

일본의 전체주의와 소련의 전체주의는 기본적으로 동일한 정치제도이므로 북한이 스탈린의 전체주의를 받아들인 것이 일본의 천황 국체사상을 받아들인 것과는 기본적으로 충돌하지 않는다. 다만 시장경제와 사유재산을 부정하는 차이만 있을 뿐이다.

한나 아렌트는 "지배적인 파벌이 없다는 것은 후계자 문제를 전체주의 독재 정권이 가진 난제들 가운데 하나로 만들었다. 이 주제가 권력을 찬탈한 모든 이들을 괴롭혔던 문제였지만, 어떤 전체주의 독재자도 왕조를 세워 자신의 아들을 후계자로 지명하는 옛 방식을 시도하지 않았다는 것이 특징적이다. 히틀러는 여러 차례 후계자를 지명하고 또 그것을 스스로 파기한 데 반해, 스탈린은 후계자를 소련에서 가장 위험한 영예로 만들었다"라고 한다(한나 아렌트, 『전체주의의 기원』 2).

한나 아렌트는 세습왕조이면서 전체주의 국가인 일본과 북한을 이해하지 못한 것이다. 살아있는 신을 지도자로 받드는 세습왕조의 전체주의는 전 세계에서 오직 천황중심 국체사상 일본과 수령중심 주체사상 북한뿐이다. 세계사에서 오직 두 나라뿐이다.

그리고 그 왕권은 북한의 주체사상의 수령이 일본의 국체사상의 천황보다 훨씬 더 강력한 것이다. 이 두 나라의 전체주의는 전혀 새로운 전체주의이다. 아니 가장 오래된 전체주의이다. 왜냐하면 이 국체사상과 주체사상의 뿌리는 지난 2천 년 간 동북아를 지배하던 동중서의 중화주의 유교이기 때문이다. 또한 그 중화주의 유교의 뿌리는 저 페르시아 배화교의 창시자 차라투스트라였다. 이는 동양적인 것이 전혀 아니었다.

전체주의 일본은 국체사상을 오직 일본인만의 일본정신이라고 생각했지만 정작 국체사상 안에 일본정신은 없었다. 마찬가지로 전체주의 북한은 주체사상을 자신들만의 것이라고 생각했지만 정작 주체사상

안에 북한만의 것은 없었다.

동학농민전쟁과 5 · 18 광주민주화운동 등으로 상징되는 한민족의 한국대혁명은 '홍익인간 모형'과 불가분의 관계이다. 그러나 이 한국대혁명의 여러 운동들과 수령중심 주체사상 전체주의와는 정반대의 철학임은 말할 것도 없다. 그럼에도 불구하고 1980년대 이후 남한에서 주체사상을 추종하는 사람들은 한민족의 고유한 '홍익인간 모형'이 설명하는 동학농민전쟁과 5 · 18 광주민주화운동과 전체주의 사상인 수령중심 주체사상과 구분하지 못하고 있는 것 같다.

강제수용소와 비밀경찰과 감시시스템은 전체주의의 존재방식이다. 포스트전체주의를 설명한 바츨라프 하벨은 나치독일과 스탈린 소련의 강제수용소와 북한의 강제수용소가 유사하다고 말하고 있다(바츨라프 하벨, 『김정일은 최악의 독재자』).

전체주의 북한과 달리 대한민국의 시민들은 동학농민전쟁과 항일독립운동의 자기통치의 민주주의 정신을 계승했다. 한민족의 대중은 유럽의 대중보다 더 강력했고 훨씬 더 민주주의적이었다.

동학농민전쟁과 5.18 광주민주화운동은 대중이 자기통치를 하는 민주주의를 직접 운영한 경험을 체험했다. 동학농민전쟁은 7개월, 광주민주화운동은 10일 간이다.

그러나 1980년대 민주화운동 기간 동안 소위 386세대 일부 대학생들은 수령 중심 주체사상 전체주의 북한이 사회주의나 공산주의로 움직이기라도 하는 것으로 오해하는 경향이 있었다.

이른바 주체사상의 대부로 불렸던 김영환의 『강철서신』의 「노동해방운동의 힘찬 전진을 위해」의 다음과 같은 글에 그 내용이 잘 나와 있다.

"왜 바로 눈앞에 있는 발전된 사회주의의 생생한 실제모습을 놔두고, 무슨 뜻인지 잘 다가오지도 않는 관념적인 이야기를 주절주절 늘어놔야 하는가? 우리가 서있는 자리에서 불과 수십 킬로미터 밖에 떨어지지 않은 곳에서는 우리와 같은 언어를 쓰고 같은 문화적 전통을 가진 사람들, 같은 민족, 동포들이 사는 곳에서는 어릴 때부터 그렇게 귀가 따갑도록 헐벗고 굶주리고 있다고 들어온 바로 그곳 북한에서는 사람들이 특히 노동자들이 얼마나 풍족하고 편안하게 살고 있고 강압에 의해서가 아니라 강한 자발적 의지를 갖고 노동하고 있으며 (중략) 사회주의는 바로 이러한 것이라는 것들을 생생한 실제 자료에 제시하면서 설명하고 이 설명이 설득력 있게 다가갈 때 그 노동자는 신선한 충격과 새로운 세계가 열리는 데 대한 가슴 설레임, 체계적으로 학습하고자 하는 의지를 지니게 될 것이다. 그러나 실제로 현장 활동가로 자처하는 그 많은 사람들 중에 북한 실상에 대해 구체적으로 알고 있는 사람은 몇 명 되지 않으니 참 한심한 노릇이 아닐 수 없다."

그는 수령 중심 주체사상 전체주의로 움직이는 전체주의 북한을 사회주의 국가로 착각하고 있는 것이다. 전체주의 국가는 국가가 사회영역을 철저하게 장악하고 지배하기 때문에 사회가 존재할 수 없다. 집회결사의 자유와 언론의 자유가 존재하지 않음으로써 사회가 파괴된 나라에서 무슨 사회주의가 있을 수 있는가? 시장경제와 사유재산을 철폐한다고 공산주의가 되는 것은 아닌 것이다.

『강철서신』의 김영환은 왜 바로 눈앞에 있는 발전된 사회주의의 생생한 모습을 두고 복잡한 사회주의 이론이 무슨 필요가 있냐고 말하는 것이다.

그러나 그가 실제로 북한에 가서 북한의 실상을 알고 나서는 그의 생각을 완전히 바꾸어버렸다. 과연 김영환은 1980년대 대학생들이 가졌던 순수함과 용기와 열정을 그의 삶 자체에서 잘 보여주고 있다.

홍익인간 모형의 인존성은 신중심주의와 사람중심주의를 극복한다.

광주민주화운동이 보여준 10일간의 자기통치의 민주주의는 그 뿌리가 동학농민전쟁의 7개월간의 자기통치의 민주주의에 있었다. 동학농민전쟁은 7개월간 전라도 지역을 장악하여 동학농민군이 집강執綱이라는 대표를 내세워 대중의 자기통치를 한 세계사적인 사건이었다.

즉 "집강소는 이와 같이 통치권력을 완전히 장악하자 1894년 5월부터 11월말까지 약 7개월간 전라도 일대에서 탐관오리 처벌 및 가렴주구 폐지뿐만 아니라 사회신분제 폐지와 신분해방 및 지주제도 개혁 등 봉건적 구체제를 근본적으로 붕괴시키고 농민들이 원하는 농민적 민족주의와 농민적 민주주의의 신체제를 수립하려는 농민통치를 과감히 단행한 것이었다."(신용하, 『동학과 갑오농민전쟁』)

그리고 전국에서 "300만 명 이상이 일어나 30만 명이 희생되었음에도 계속 싸웠던"(나카츠카 아키라 외, 『동학농민전쟁과 일본』) 동학농민전쟁의 동력은 하나님이 인간의 중심에 존재한다는 시천주侍天主이다. 이 시천주는 우리 한민족의 고대국가부터 섬기던 하나님사상이다. 하나님사상은 이 책에서 설명할 천지인경 65자 중 4글자인 일신강충一神降衷이다.

이는 문자 그대로 하나님께서 인간의 중심에 내려와 계신다는 진리이다. 즉 인간이 존엄하다는 한민족 정신의 핵심 인존성人尊性이 성립하는 근거이다.

이 인존성은 서양 르네상스의 인간중심주의 휴머니즘과 포이어바흐와 마르크스의 사람중심주의와는 하늘과 땅만큼이나 다른 인간을 말한다. 신본주의는 인간이 원죄를 가짐으로써 악하다. 신본주의를 부정하는 인본주의 즉 사람중심주의는 성스러움을 잃고 천박하고 잔인하다.

한민족의 인존성은 인간이되 천박하거나 무자비하지 않고 존엄하고 성스러움을 잃지 않는 '홍익인간 모형'의 역동적인 삶의 중심이다.

모든 전체주의는 인간 개개인이 가지고 있는 인존성을 파괴한다. 북한의 수령중심 주체사상 또한 마찬가지이다. 그러나 바로 이 인존성이 동학농민전쟁의 핵심동력이요, 한국대혁명의 동학농민전쟁과 4 · 19혁명과 5 · 18 광주민주화운동의 핵심동력인 것이다.

1980년대 이후 아직도 우리는 인존성을 파괴하는 전체주의와 인존성을 중심으로 움직이는 5 · 18 광주민주화운동을 비롯한 한국대혁명을 구분하지 못하는 것 같다.

르네상스 이후 서양은 신본주의 사관에서 신을 쫓아내고 그 대신 인간의 이성으로 대체했다. 이것이 인본주의, 사람중심주의이다.

인본주의는 신이 아니라 인간의 의지로 과학과 기술과 지식과 윤리가 진보한다는 생각이다. 이 인간중심주의에 다윈의 진화론은 굳건한 토대가 되어주었다. 이제 신을 몰아낸 인간은 인간 자신의 능력으로 쉬지 않고 진화한다는 주장을 거리낌 없이 하게 된 것이다.

진화론을 받아들인 니체는 "신이 어디로 가셨냐고? 그는 소리쳤다. 내가 너희에게 말해주마. 우리가 신을 죽였다. 너희와 내가 말이다. 우리 모두가 그의 살해자이다!"라고 거리낌 없이 말한다(프리드히리 니체, 『비극의 탄생, 즐거운 지식』).

그렇다면 이제 신을 죽인 너와 나는 어떻게 해야 하는가? 니체는 "우리에게 이 피를 씻어 줄 자 누구인가? 우리를 씻어 줄 물이 어디에 있나? 어떤 속죄의 제의를 우리는 고안해 내야 한단 말인가? 이러한 행위의 위대성은 우리가 감당하기에는 너무 지나친 위대성이 아닌가? 그런 행위를 할 자격이 있음을 보이려면, 우리 자신이 신들이 되어야 하지 않을까?"라고 주장한다(프리드히리 니체, 『비극의 탄생, 즐거운 지식』).

신이 되어야 하는 니체의 사람은 아직 개인인지 사회집단이지 분명치 않다. 그런데 사람중심주의를 주장한 황장엽에 와서는 드디어 사회집단이 신성을 가지게 되었다.

황장엽은 개인의 생명은 잠시이므로 천한 인간이지만 존귀한 사회집단은 신처럼 영원한 삶인 영생을 누린다고 주장한다. 영생은 인간의 영역이 아니라 신의 영역이다.

황장엽은 드디어 사회에 신격神格을 부여한 것이다. 황장엽은 포이어바흐와 마르크스에게서 한 발 더 나아간 것이지만 그보다 더 근본적으로 니체에게서 한 발 더 나아간 것이다. 그리고 그의 철학은 이제 종교화되고 있다.

황장엽은 "영생을 누리는 절대적으로 선한 사회집단이 잠시 살다가는 악으로서의 개인을 극복할 때, 사람중심의 사회주의 천국이 만들어진다."는 이원론적 유토피아론을 주장한 것이다.

그는 "인간의 운명의 주체는 개인이 아니라 사회적 집단이다. 사회적 집단(인류)과 외부세계와의 관계에서 인간의 운명이 결정된다. 즉 인간의 집단과 외부세계와의 관계에서 세계에서 차지하는 인간의 자주적 지위와 창조적 역할의 수준이 결정 된다"(황장엽, 『인간중심철학원론』) 라면서 개인을 소외시키고 사회를 역사의 주인공으로 내세운다.

그가 말하는 주체사상의 주체는 어디까지나 개인이 아니라 집단이다. 이 내용은 곧 그 집단의 뇌수는 수령이므로 북한의 주체사상의 주체는 수령이 되는 것이다. 수령은 곧 천황 중심 국체사상의 천황과 같은 지위이지만 권력은 천황보다 훨씬 더 크다. 일본의 천황은 전통적으로 상징적인 존재이지만 북한의 수령은 최고 권력을 가지고 있기 때문이다.

그리고 이는 곧 동중서의 중화주의 유교의 양존음비 사상과 직접 연결된다. 사회집단은 존귀하고 개인은 비천하다는 것이다. 그 사회집단을 당이 대표하고 그 당의 중앙은 존귀하고도 존귀한 수령인 것이다. 동북아에서 지난 2천 년 간 기본적인 지배와 피지배의 관계는 이처럼 고정불변이다. 오히려 전체주의를 받아들임으로써 중화주의 유교보다 더 엄격하고 무자비한 계급구조가 만들어졌다.

황장엽은 구구절절이 사회집단은 존귀하므로 영생을 누리고, 개인은 비천하므로 곧 죽는다는 주장을 되풀이한다. "우선 우리의 생애를 짧다고만 생각해서 되겠는가 하는 것이다. 우리 개인의 생명은 짧지만 개인의 생명은 인류의 영원한 생명의 한 부분으로서 영생과 연결되어 있다. 우리의 삶의 순간순간은 인류의 영원한 삶과 연결되어 있다. 우리 개인을 고립적으로 보면 작은 존재이지만 영원한 인류의 생명과 뿌리를 같이 한다는 점을 고려한다면 더없이 위대한 존재라는 것이 명백"하다는 것이다(황장엽, 『인간중심철학 원론』). 이는 사회는 존귀하고 개인은 비천하다는 사존개비社尊個卑이다.

이제 황장엽은 기독교의 개인의 영생보다 더 나아가 사회의 영생을 주장하고 있는 것이다. 이제 황장엽의 사람중심주의는 중국의 도가들이 주장하는 개인의 불로장생을 사회의 불로장생으로 바꾸고 있다.

우리는 이미 일본의 국학자 히라타 아츠타네가 모토오리 노리나가의 국학을 종교화하고 그것이 하라이즈미의 황국사관으로 발전했음을 알고 있다. 이와 똑같이 포이어바흐와 마르크스의 사람중심주의는 황장엽에 와서 종교화하고 있는 것이다. 황장엽은 자신도 모르게 일본 천황 중심 국체사상 전체주의가 걸었던 길을 가고 있는 것이다.

결국 황장엽은 서구철학에는 정통했지만 우리 한민족의 한국대혁명의 과정인 동학농민전쟁과 항일독립운동과 4·19혁명과 부마항쟁과 광주민주화운동에 대해서는 아무 것도 모른 것 같다.

'홍익인간 모형'은 모든 개개인이 존엄하다는 인존성에서 출발하는 것이다. 그 개인의 존엄성을 바탕으로 사회의 존엄성을 확보하는 것이다. 개인과 사회의 존엄성을 확보하는 '홍익인간 모형'과 개인을 부정하고 사회를 신격화하는 이원론은 정반대의 이론체계이다.

황장엽이 우리 한민족의 경전과 사회운동의 창조적 대중이 설명하는 인간 개인의 인존성과 사회의 인존성을 이해했다면 남한에서 차마 사람중심주의를 주장하지 못했을 것이다.

그리고 황장엽이 사회를 신격화한 것은 차라투스트라의 이원론적 유토피아론을 받아들여 "빛인 사회는 어둠인 개인을 이기고 사회주의 지상천국을 만들어낸다”로 만든 것이다. 이는 차라투스트라와 마찬가지의 직선적 역사관으로 단 한 번만 순환하는 일환론의 연장선상에 있다.

 후천사상과 상생사상은 차라투스트라의 이원론적 유토피아에 바탕을 둔다.

 조선이 망하고 일본의 식민지배가 시작되는 대혼란에 빠진 우리나라에서 대중은 정신적으로 의지할 곳이 필요했다. 이 때 우후죽순처럼 민간종교가 생겨났다. 이 신흥종교들 중에는 시대를 선천과 후천의 이원론으로 나누어 유토피아를 설명하는 종교가 적지 않았다.

 여기서 선천과 후천은 주역의 “선천이천불위 후천이봉천시先天而天弗違 後天而奉天時”에서 유래한 말이다. 이것을 송나라때 진박이 선천 후천으로 설명한 것을 소강절이 선천팔괘, 후천팔괘 등으로 설명한 것이다.

 그 주장인 즉 “빛인 후천은 선으로 어둠인 선천의 악을 이기고, 우리의 후천진리가 지상천국을 이룬다”는 것이다. 이는 곧 차라투스트라의 이원론적 유토피아론의 또 다른 아류이다.

 이는 또한 상극오행과 상생오행을 설명하는 내용에서도 동일하다. “빛인 상생의 시대가 악인 상극의 시대를 이기고, 상생의 원리가 지상천국을 이룬다”는 내용이 그것이다. 이 역시 차라투스트라의 이원론적 유토피아론의 아류에 지나지 않는다.

 뒤에 다시 설명하겠지만 “개벽상태 100=45+55=음+양=상극오행+상생오행”이다. 음양과 상생오행과 상극오행과 선천과 후천 등의 모든 대립개념은 어느 하나가 선이고 어느 하나가 악인 것이 전혀 아니다.

이 양극단이 하나로 균형을 이루어 통합될 때 개벽상태가 개천상태인 "100=36+64=태극+64괘= 공적영역+사적영역"이 되는 것이다.

이처럼 '홍익인간 모형'은 차라투스트라의 이원론이 망가뜨린 인간 개인과 사회에 다시 생명력을 불어넣어 역동적인 삶을 회복시킨다.

2. 이원론의 유토피아를 넘어서

　차라투스트라의 이원론적 유토피아론은 창조와 종말의 이원론이 만드는 직선적 역사관으로 단 한 번만 순환하는 일환론—環論이다. 그리고 선악이원론에서 선이 악을 이기며 천년왕국을 이루는 이원론적 유토피아론을 바탕으로 한다. 이 역사철학은 개인과 국가와 사회가 생명체로써 생장쇠멸의 순환을 이루는 것으로 보지 않고 단 한 번만 진행하는 일환론이다.

　그러나 고대의 우주론적 순화론과 이븐 할둔과 슈팽글러와 토인비의 순환사관은 개인과 국가와 사회가 생장쇠멸의 과정을 진행하며 끝없이 순환하는 역사철학을 제시한다. 이는 지난 3천 년간 동서양을 지배해온 차라투스트라의 이원론적 유토피아론의 근본을 완전히 무너뜨리는 혁명이다.

　그러나 이 순환사관은 생장쇠멸의 전체 과정을 설명할 뿐 정작 그 생장쇠멸의 과정을 이루는 여러 상태들이 어떻게 존재하고 있는 지에 대한 존재방식에 대해서는 아무런 지식도 말하지 않는다.

　'홍익인간 모형'은 순환사관의 생장쇠멸의 과정을 보다 세밀하게 나누어 설명할 뿐 아니라 그 과정안에 존재하는 어려 상태들의 존재방식들을 각각 서로 다른 수학적 수식과 기하학적 도형과 철학의 이론체계를 갖추어 설명한다. 뿐만 아니라 인간 개인과 대중은 자신의 중심에 존재하는 하나님으로 인해 인존성을 갖고 있으므로 이 과정 안의 모든 상태들을 최적화하여 자신의 능력을 증폭시킬 뿐 아니라 자신의 삶의 가치를 극대화할 수 있다.

그럼으로써 자신이 삶이 다했을 때 떳떳하게 자신의 중심에 존재하는 하나님의 근원인 우주의 중심에 존재하는 하나님에게로 돌아갈 수 있다. 이것이 '홍익인간 모형'이다.

'홍익인간 모형'이 가지는 생명의 과정철학은 인간의 능력과 가치를 거듭해서 극대화하는 물샐틈없는 이론체계를 갖춤으로써 순환사관과는 근본적으로 다른 차원의 이론체계를 만들어냈다.

따라서 우리는 먼저 차라투스트라의 이원론적 유토피아론의 문제를 파악하고 이해한 다음 그것을 극복하는 순환사관을 이해한다면 '홍익인간 모형'을 이해하는 일에 큰 도움을 얻을 것이다.

이 장에서는 생명의 과정을 쉽게 이해하기 위해 주로 두 가지의 역사철학을 소개한다. 그 첫째가 우주적 순환론이다. 이는 동서양의 고대세계의 역사철학으로 지금 이 시대 문화와 문명의 토대가 되고 있는 것들이다.

두 번째는 이븐 할둔과 슈팽글러와 토인비의 순환사관이다. 이들은 인간의 삶과 문명과 문화를 살아있는 생명체로 보고 나고, 성장하고, 쇠퇴하고, 죽는 과정을 거듭 순환하는 것으로 보고 있다.

이 세 사람의 저명한 역사철학자들이 제시한 생장쇠멸의 순환사관을 이해한다면 이원론적 유토피아론을 극복하고 우리 한민족의 역사철학인 생명의 과정사관을 이해하는 일은 어렵지 않은 일이 된다.

이 중 가장 세련된 최근의 것이 토인비의 도전과 응전일 것이다. 그런데 토인비가 역사를 '창조적 소수'가 이끌었다고 보았다면, 우리 한민족의 과정사관에서는 '창조적 대중'이 역사를 이끈다는 점이 근본적이 차이이다.

이 차이는 역사철학에서 정치철학으로 넘어가는 중요한 부분이다. 토인비의 창조적 소수는 정치철학에서 소수가 다수를 지배하는 과두주의寡頭主義를 설명한다. 이는 차라투스트라에서 시작하여 플라톤과 동중서로 이어지는 이원론적 전통의 정치철학이다.

그리고 한민족의 창조적 대중은 '홍익인간 모형'의 주인으로 대중 스스로 국가를 통치하고 대중 스스로 그 국가의 지배를 받는 자기통치의 민주주의의 정치철학을 설명한다.

그리고 다음 장에는 창조적 대중이 실행하는 생명의 과정론을 단군조선시대의 경전 『천지인경』에서 직접 유도할 것이다. 그러므로 제1부에서 다루었던 플랫폼국가론과 이 장의 생명의 과정사관을 연결하고 그 모든 것을 단군조선 시대의 철학자가 남긴 '홍익인간 모형'의 이론체계로 직접 확인함으로써 우리 한민족의 사고와 행동의 틀로 과거와 현재와 미래를 하나로 묶을 수 있을 것이다.

우주순환론이 차라투스트라의 이원론적 유토피아를 극복한다.

우주순환론은 봄, 여름, 가을, 겨울의 우주적 순환을 인간의 나고, 자라고, 성장하고, 쇠퇴하고, 죽는 과정과 연결하여 하나가 된다.

우주순환론은 우주를 살아있는 생명체로 보고 생장쇠멸의 과정과 순환을 이루고 있다는 점에서 현대과학이 우주를 단순한 물질로 보는 관점과 극단적인 대조를 이룬다. 또한 단 한번만 순환하는 차라투스트라의 이원론적 유토피아론의 창조와 종말의 일환론을 근본적으로 부정한다.

이러한 우주순환론은 고대 메소포타미아와 이집트 등에서 나타난다. 이는 "인간의 생사의 주기와 뱀이 주기적으로 허물을 벗는 것과 태양과 달의 주기를 관찰하는 것과 관계가 있다." 또한 우주순환론은 인도 힌두교와 불교, 자이나교 그리고 고대중국 등에서도 나타난다.

고대문명에서 시간의 영원성은 허물을 벗는 뱀으로 상징되었다. 시간의 영원한 순환을 뱀이 스스로 허물을 벗으므로 해서 계속 다시 태어나는 현상으로 상징화한 것이다. 이러한 생각은 자기 꼬리는 물고 있는 뱀 우로보로스로 상징되었다. 이처럼 뱀을 영원이 되풀이되는 시간으로 상징하려는 시도는 동서양이 공통이었다.

우주순환론을 가졌던 고대인들은 스스로 작은 규모의 우주적 순환을 만듦으로서 그들 자신이 대우주의 순환과 일치시키고 있다. 고대의 동서양 곳곳에서 벌어진 신년 축제의식이 바로 그것이다.

"일찍이 종교적으로 중요한 의미를 지녔던 제의들, 예를 들면, 바빌론에서 신년 축제 의식은 이와 같은 사고를 보여준다. 소우주적인 규모에서 상연된 대자연의 연례적인 새로운 순환에 대한 제의극ritual drama은 매년 새로운 대우주적인 순환을 일으키는 본질적인 원인이었다."(그레이스 E. 케언즈, 『역사철학』).

민주주의의 바탕이자 현대의 문학과 연극과 예술의 바탕이었던 고대 그리스 아테네의 디오니소스의 축제 또한 이러한 우주론적 순환론에 의한 것임을 알 수 있다.

고대인들은 우주가 순환한다는 것을 신화를 통해 알려지고 이해되었다. 자연 상태에서 낮과 밤이 순환하고, 계절이 봄, 여름, 가을, 겨울로 순환하는 과정에서 태양이 중요성을 인식하게 되는 것이다. 특히 인류가 농경을 하면서 태양은 신으로 묘사되는 것이다. 이러한 자연의 순환은 자연스럽게 생장쇠멸의 우주순환론으로 이어진 것이다.

이렇게 보면 우주 순환론은 인류문명의 근원으로 보인다. 농업과 문학과 예술의 근본이었고 또한 종교와 정치의 바탕이었다. 지금 우리가 사는 이 시대의 대부분의 문화가 우주 순환론에 그 근거를 두고 있음을 알 수 있다.

이 순환론은 고대 메소포타미아와 중국과 인도를 비롯한 여러 곳에서 발견된다. 심지어는 이원론의 체계를 세운 플라톤도 국가가 여섯 단계로 순환한다고 주장했다. 즉 그에 의하면 왕 중심의 독재주의, 귀족중심의 귀족주의, 대중중심의 민주주의가 있다. 이들 셋은 헤로도투스가 『역사』에서 논증했듯이 장단점이 있다. 따라서 플라톤은 왕정이 쇠퇴하면 폭정이 되고, 귀족주의가 쇠퇴하면 과두주의가 되고, 민주주의가 타락하면 중우주의가 된다. 플라톤의 역사철학은 이 여섯 가지가 순환론을 이루고 있다.

고대로부터 국가와 문명을 하나의 생명체로 보는 관점이 유력했다. 즉 모든 국가와 문명은 모든 생명체와 마찬가지로 나고, 성장하고, 쇠퇴하고, 죽는다는 것이다. 모든 생명체가 이러한 순환을 거듭하듯 국가와 문명도 그 법칙에서 벗어나지 못한다는 것이다.

이븐 할둔의 역사철학적 순환사관이 차라투스트라의 이원론적 유토피아를 극복한다.

이 고대인의 우주론적 순환사관은 이븐 할둔, 슈펭글러, 토인비의 역사철학적 순환사관으로 계승되고 있다.

하지만 고대와 현대의 사이 중 특히 철기문명 3천 년간은 차라투스트라의 직선적이며 되풀이되지 되지 않는 한 번뿐인 일환론적 역사관이 지배적이었다.

이와 같이 볼 때 이 세 사람의 역사철학자의 순환사관은 차라투스트라의 역사철학 나아가 정치철학을 극복하는 중요한 시도가 되는 것이다

이븐 할둔은 4세기에 북아프리카와 스페인에서 활동한 이슬람권의 학자이지만 그의 영향력과 명성은 유럽에서도 자자하다. 특히 그의 저서인 『무캇디마』는 그 영향력의 중심에 있다. 영국의 역사가이자 그를 계승하여 새로운 순환사관을 제시한 토인비는, 이븐 할둔의 저서인 『무캇디마』에 대해 "시대와 장소를 불문하고 사람이 만들어낸 세계사 가운데 가장 위대한 문헌이다"라고 격찬할 정도이다(이븐 할둔, 『무캇디마』). 즉 "그는 아리스토텔레스와 마키아벨리 시대 중간에서, 사회과학의 가장 위대한 학자로서 이 학문에 관심을 갖고 있는 모든 사람의 관심을 끌게 하고 있다."(이븐 할둔, 『무캇디마』)

문화순환론에 있어서 이븐 할둔은 슈팽글러와 토인비에 앞서는 선구자이다. 그는 처음으로 문명과 문화를 생명체로 보고 그 상장쇠멸을 설명할 수 있는 패턴을 찾아내 설명한 것이다. 슈팽글러와 토인비는 이 방법을 따라한 것이다. 그는 『무캇디마』에서 독창적이지만 모두가 수긍하지 않을 수 없는 법칙으로 국가와 가문과 가정의 흥망성쇠를 설명했다. 그런데 그의 법칙은 우리나라 사람이라면 모두가 익히 알고 있는 상식이었다.

우리 한민족치고 '부자 삼대를 넘기지 못한다'는 말을 모르는 사람은 없을 것이다. 이븐 할둔은 우리나라 사람 누구나 아는 이 속담을 역사 철학의 법칙으로 설명한 것이다.

이븐 할둔은 하나의 새로운 세력이 오래되어 내부적으로 부패한 세력을 꺾고 새로운 왕조를 만들기 위해 반드시 필요한 것을 집단감정이라고 보았다.

새롭게 국가를 세우기 위해서는 반드시 자신의 집단을 지킬 수 있는 단합된 힘이 필요할 것이며, 또한 기존의 국가를 정복하기 위해서는 기꺼이 자신이 소속한 집단을 위해 목숨을 걸고 싸울 수 있는 강력한 결집력이 필요하다. 이것을 만들어내고 유지 발전시키는 자가 바로 집단감정이라는 것이다.

따라서 이븐 할둔이 볼 때 국가는 물론 가문과 가정의 성장쇠멸의 원인과 결과를 결정하는 것은 어디까지나 집단감정이다. 처음에 집단감정이 강렬할 때는 가정과 가문과 국가를 세울 수 있다. 그러나 집단감정은 점차적으로 약화되기 마련이고 그것이 거의 사라졌을 때 그 가정과 가문과 국가는 사라진다는 것이다.

이븐 할둔은 여기서 그의 독특한 역사철학을 설명한다. 즉 집단감정의 수명은 4세대 정도가 만들어내는 40년 정도라는 것이다. 바로 우리나라의 '부자 삼대를 넘기지 못한다' 는 속담과 동일한 개념이다.

이븐 할둔이 간단하게 설명한 4세대의 4단계는 (1) 창건자(創建者)의 세대 (2) 창건자와 개인적 접촉을 가진 2세대 (3) 전통에 의존하는 3세대 (4)파괴자의 4세대이다.

즉 그는 "그래서 하나의 집단감정이 새로운 세대에서 성장하였고 그 새로운 집단감정은 그들의 욕구를 밀고 나갈 수 있고 우위성을 확보할 수 있게 했다. 이것은 40년이라는 것이 그 기간 중에 한 세대가 소멸할 수 있고 새로운 세대가 출현할 수 있는 가장 짧은 기간이라는 것을 확실히 입증해 주고 있다. 현명하고 지혜로운 자를 찬미할지어다"라고 말한다(이븐 할둔, 『무캇디마』).

이븐 할둔의 역사철학은 한 사람의 삶이 태어나서 성장하고, 쇠퇴하고, 죽는 과정이 개인뿐 아니라 가정과 가문과 국가에도 똑같이 작용된다는 점을 처음으로 밝혔다는 점에서 특별하다.

그는 "가세家勢에 관한 4세대의 법칙은 통상적으로 진리로 받아들여 진다. 그러나 4세대가 지나가기 이전에 한 가문이 붕괴·소멸·일소되는 일도 일어날 수 있으며 '또한 기울어지고 부패한 상태이긴 하지만 5세대나 6세대까지 지속되는 일도 있을 수 있다.이 4세대란 창건자 및 창건자와 개인적 접촉을 가진 세대 '전통에 의존하는 세대' 그리고 파괴자의 세대로 설명할 수도 있다. 이보다 더 간단히는 설명할 수 없다"라고 말한다(이븐 할둔, 『무캇디마』).

그리고 이븐 할둔의 순환사관은 자연계에서 지구의 사계절이 봄, 여름, 가을, 겨울로 순환하는 과정과도 같다는 점에서 고대세계의 순환사관과 연결된다. 그리고 슈팽글러와 토인비의 순환사관에도 지대한 영향을 주는 것이다.

그의 4세대 법칙은 창건자에서 시작하여 파괴자로 가는 순환과정을 설명한다. 이븐 할둔의 순환사관은 유목민족이 정착민족을 정복하고 지배하는 법칙을 설명함으로써 지난 2천년 간 중국의 한족漢族과 우리 한민족을 포함한 북방의 알타이어족의 역사를 정확하게 설명한다는 점에서 대단히 중요한 설득력을 가진다. 나아가 유목민족과 정착민족의 투쟁을 신진세력과 구세력으로 바꾸어 생각한다면, 과연 그의 순환사관에서 벗어날 수 있는 가정과 가문과 국가가 이 세상에 얼마나 있을수 있을까? 아니 '부자 삼대를 넘기지 못한다'는 우리민족의 속담에서부자를 기업으로 바꾸면 자본주의 기업의 수명에도 그대로 적용될 수있을 것이다.

이븐 할둔은 문명을 유목민과 정착민으로 나눈다. 그리고 유목민은다른 누구보다도 집단감정으로 확고하게 단결해있다고 한다. 이븐 할둔은 유목민인 아랍민족출신으로 그 법칙을 밝힌다. 즉 인류가 만든 어떤 사회도 유목부족만큼 사회적 결속력이 강할 수 없다는 것이다. 이집단감정이 만드는 사회적 결속력은 '홍익인간 모형'이 설명하는 강력한 의사소통과 신뢰와 증폭의 영역인 온힘의 영역에 바탕한 개벽상태를 설명한다. 그리고 그들은 커뮤니케이션 미디어로서 말과 낙타라는훌륭한 수단을 가지고 있다. 이 미디어는 또한 방어와 공격의 뛰어난군사적 수단이기도 하다.

그리고 사막의 혹독한 환경에서 살아가는 그들은 누구에게도 의지하지 않고 스스로 자기신뢰를 통해 자기통치를 하고 자기성취와 완성으로 나아가는 능력이 있다. 누구도 이들을 노예로 삼을 수 없는 것이다.바로 한민족과 북방 알타이어족이 역사를 통해 보여준 특징이다.

그러나 도시에서 살아가는 도시인들은 퇴폐적이고 수동적이다. 그들은 유목민이 가진 고결함과 자기신뢰를 가지지 못한다. 이는 지난 2천년간 중화주의 유교의 지배를 받은 중국인들의 특징이며 오늘날 전체주의 국가 국민의 특징이다. 따라서 이들은 스스로 무너지기 마련이고 이 때 강력한 집단감정을 가진 일단의 유목민부족이 도시를 침략하여 새로운 왕조를 세우게 되는 것이다. 그리고 더 강력한 집단감정을 가진 부족은 나아가 세계제국을 세우기도 하는 것이다.

이제 창건자가 만든 국가를 이어받은 제2세대는 창건자들이 활동했던 거친 사막에서의 생활의 고통과 빈곤에 대해 알지 못한다. 다만 창건자들이 만들어 놓은 국가조직을 운영하는 방법들을 배운다. 그러나 창건자들이 목숨을 건 투쟁으로 이루어놓은 국가의 운영원리를 그 자식들이 배운다고 알 수 있는 것은 아니다.

항상 경쟁 부족과의 경쟁에서 패하여 목숨을 잃거나 가족들이 노예가 될 수 있는 투쟁의 현장에서 승리하여 국가를 이룬 창건자와 그것을 이어받은 그 다음 세대들은 세상을 보는 눈이 다를 수밖에 없다. 그리고 이 제2세대는 이미 농경민족과 동화되어 수직적 계급구조를 받아들이기 시작한다. 따라서 제1세대가 가지고 있었던 증폭의 힘은 사라지게 되는 것이다. 따라서 언제나 창건자들의 능력이 그 후계자들보다 우수할 수밖에 없는 것이다.

제2세대는 창건자들과 직접 생활하면서 보고 들으며 배우는 것이 있었다. 따라서 경우에 따라서는 이들 중 더 위대한 인물이 나올 수도 있는 것이다. 그러나 3세대는 그저 제1세대를 모방할 뿐이다. 즉 창건자의 1세대와 그 후계자인 2세대가 만들어 놓은 전통에 생각 없이 따르는 것 이외에 다른 선택을 하는 경우는 거의 없는 것이다. 이들 3세대는 창건자들이 강력한 자기신뢰를 통해 스스로를 실현하고 성취하고 완성하는 일은 없다. 그들은 이미 스스로의 힘으로 생각하고 자기신뢰를 통해 행동하는 능력을 잃은 것이다.

제4세대는 자신에게 주어진 지위와 권력과 재산이 강력한 집단감정에 의해 만들어진 것이며 그들의 선조인 창건자가 그 국가를 이루는 집단감정의 중심이 될 수 있었던 이유에 대해 아무 것도 알지 못한다. 그들이 아는 것은 그들의 지위와 권력이 피지배자인 대중에게 세금을 받아낼 수 있는 당연한 것이며, 그들을 군인으로 징발하여 전쟁을 벌일수 있는 당연한 힘으로 아는 것이다. 이제 수직적 계급구조에 의지하는 무능한 세력이 된 것이다.

그들 제4세대는 이제 국가의 집단감정의 중심이 되는 일에서 스스로멀어진다. 그리고 창건자의 세대들이 상상도 못할 화려하고 거대한 건축물을 지어 그것으로 자신의 부족한 권위를 대신하려고 한다. 또한 사치를 일삼고 전쟁을 일으키는 것을 두려워하지 않는다. 그럼으로써 국고를 탕진한다. 이제 제4세대를 이어온 집단감정은 완전히 사라졌다. 그리고 저 황량하고 살벌하기 이를 데 없는 사막의 유목부족 중 누군가가 새롭게 집단감정을 만들어내어 강력한 사회적결속력으로 이미 망한 제4세대를 간단하게 정복하고 새로운 국가를 세우는 것이다. 우리나라 속담에서 부자가 3대를 넘기지 못하는 것과 동일한 이치이다.

'홍익인간 모형'은 개벽상태와 개천상태와 재세이화 상태와 홍익인간상태로 계속 혁신함으로써 이븐 할둔의 4세대 법칙을 극복한다.

슈펭글러의 역사철학적 순환사관이 차라투스트라의 이원론적 유토피아를 극복한다.

슈펭글러는 이븐 할둔과 마찬가지로 문명을 생명체로 보고 성장쇠멸하며 순환한다고 보았다. 특히 그는 문화를 중시하므로 그의 순환사관은 문화순환사관이라 할 수 있다. "슈팽글러는 문화를 생물이나 유기체와 같이 동일하게 인정함으로써 생물비교형태학의 방법으로 문화를 이해하고자 한 것이다. 그래서 그는 모든 문화가 문화 이전 단계(봄), 문화초기 단계(여름), 문화후기 단계(가을), 문화 마지막 단계(겨울)를 거친다고 결론짓게 된다."(슈팽글러, 『서구의 몰락』)

그는 이븐 할둔의 순환사관을 보다 근본적인 우주적 순환이론으로 바꾸어 체계적인 설명을 한다. 즉 문화가 대자연이 봄, 여름, 가을, 겨울이라는 사계절로 순환하는 것과 같이 순환한다는 것이다. 이는 고대로부터 전해온 우주적 순환론을 그대로 응용하여 문화를 생명체와 같이 생장쇠멸하는 과정으로 설명하는 것이다.

슈팽글러에 의하면 문화는 생명체와 유사하게 "각자 특유의 고유한 성격을 지니고 있으며 출생하고 성장하는 모든 과정에서 그 특징들을 발휘한다. 그러나 각각의 문화는 유기체와 유사한 순환관을 지녔다는 점에서 제각기 문화의 독자성을 지닌다."(슈팽글러, 『서구의 몰락』)

슈팽글러에게서 "문화는 원시 사회의 미개한 상태에서 시작해 정치제도, 예술, 과학 등을 부흥시켜가지만 처음에는 거칠고 조야한 고대풍이다가 그 다음 단계에는 고전 시대로 개화되며 그 이후에는 퇴락으로 응결되었다가 마지막에는 상업화되고 세속화되는 새로운 유형의 미개 상태에 빠지면서 그 순환을 마감한다. 이 퇴화 상태의 문화에서는 새로운 것이 전혀 나오지 않고 창조력이 소진돼 사멸할 뿐이다. 그러나 이 사멸의 단계를 거치면 문화는 다시 새롭게 태어난다."

슈팽글러의 순환사관에서 문명은 결코 멈추지 않고 필연적으로 순환하는 것이다. 즉 "문명은 이루어진 것으로서 이루어지는 것에 뒤따르고, 죽음으로써 삶에 계속되고, 부동한 것으로써 발달에 뒤따르고, 지적인 소년으로써 또 석조인 동시에 석화하는 세계도시로써 시골에 또 정신적인 어린이에 뒤따른다. 문명이란 취소할 수 없는 하나의 종말이다. 그러나 그 문명은 언제나 가장 깊은 필연에 의하여 몇 번이고 나타났었다."(슈팽글러, 『서구의 몰락』)

슈팽글러는 문명이 생장쇠멸의 과정을 거치며 몇 번이고 다시 나타난다는 사실을 강조한다. 차라투스트라의 직선적 역사관이며 단 한 번만 순환하는 일환론을 극복하는 순간이다.

슈팽글러가 정신적 가치에 중요성을 부여한 이유는 당시 독일이 산업혁명을 성공시킨 영국과 비교할 수 없을 정도로 뒤떨어져 있었기 때문이다. 그러나 독일에게는 유럽의 다른 나라보다 정신적인 면 특히 철학에 있어서는 오히려 앞서 있었다. 칸트와 헤겔과 쇼펜하우어와 니체가 모두 독일인이므로 그가 정신적 가치에 중요성을 부여한 생각은 적어도 독일인의 입장에서는 정당했다.

슈팽글러는 그의 역사철학에 정신적 가치를 중심에 둠으로써 독일이 산업혁명에 앞선 영국을 비롯한 다른 나라들보다 우월하다는 점을 부각 시키려 했음을 알 수 있다.

그리고 그의 역사철학에 의하면 서구는 물질문명이 절정에 달했고 또한 처음 서구문명이 출발할 때의 고귀한 정신의 가치가 이제는 거의 다 사라졌으므로 몰락하는 길만 남았다고 주장한 것이다. 이것이 그의 『서구의 몰락』이 설명하는 역사철학이다.

토인비의 역사철학적 순환사관이 차라투스트라의 이원론적 유토피아론을 극복한다.

토인비의 역사철학의 대부분은 이븐 할둔과 슈팽글러의 것을 계승했다. 그러나 그는 숙명적인 순환사관에서 벗어나 도전에 대해 응전을 어떻게 하는가에 따라 다른 결과를 가져올 수도 있다고 생각했다는 점이 이븐 할둔과 슈팽글러와 다르다. 그러나 그는 도전과 응전 사이에 존재하는 온힘의 영역을 알지 못했다. 또한 그는 창조적 소수를 주장함으로써 고대 아테네의 민주주의적 전통을 무시하고 스파르타와 로마의 소수지배의 과두주의적인 전통을 승계했다.

그는 인류문명의 기원이 어떤 상호작용에서 비롯된 것이며 그것이 도전과 응전이라는 사실을 21개 문명의 기원을 통해 알아본다. 그리고 도전과 응전으로 문명을 설명하는 것이 토인비 이전의 인종설이나 환경설보다 나은 답을 줄 수 있는지를 알아보자며 그의 설명을 시작한다.

토인비는 " 우리의 21개의 문명의 기원을 조사해 보고 경험적 사실에 입각해 볼 때, 과연 '도전과 응전'식으로 생각하는 방법이 우리가 찾는 요인에 대하여 이마 음미해 본 결과 불충분하다고 판명된 인종설이나 환경설보다도 더 나은 답을 줄 수 있는지 확인하자고 한다(토인비, 『역사의 연구』).

토인비 역사철학의 핵심인 도전과 응전의 논리는 곧 뉴턴 물리학의 작용과 반작용임은 말할 필요가 없을 것이다. 그리고 뉴턴과 그의 역사철학의 문제는 곧 작용과 반작용 그리고 도전과 응전의 중간에 커뮤니케이션과 미디어의 영역으로서의 온힘의 영역이 없다는 사실에 있는 것이다.

즉 형식논리학의 배중률排中律을 극복하지 못하는 것이다. 이는 뉴턴 물리학을 따랐던 칸트철학과 애덤 스미스의 철학과도 공통점의 이루는 내용이다. 이 차이에서 토인비의 순환사관과 '홍익인간 모형'이 구분되기 시작하는 것이다.

어떤 기존 문명에서 새로운 도전이 발생하고 그 응전이 일어날 때 그 도전과 응전 사이에서 힘의 균형을 만들어내는 소통과 신뢰와 증폭의 영역으로서의 "온힘의 영역"이 필요하다. 이 영역이 도전과 응전의 균형을 이루어 그 중심에 새로운 공적영역을 만들어내고 그 외부에 사적영역을 만들어냄으로써 도전과 응전은 새로운 문명으로 다시 창조되는 것이다. 이 또한 플랫폼국가이다.

따라서 토인비의 도전과 응전의 역사철학은 왜 '홍익인간 모형'이 이 시대에 필요한 것인가를 잘 설명하는 것이다. 이븐 할둔과 슈펭글러의 순환사관에 이어 토인비의 도전과 응전의 역사철학이 있음으로 해서 '홍익인간 모형'의 생명의 과정사관을 설명하기가 쉬워지게 되는 것이다.

토인비의 창조적 소수와 '홍익인간 모형'의 창조적 대중은 정치철학에서 과두주의와 민주주의의 근본적인 차이이다.

소수가 다수를 지배하는 과두주의는 스파르타와 로마 그리고 플라톤과 아리스토텔레스 이래 서구문명의 특징이다. 서구문명에서 아테네의 민주주의는 이름만 전해질 뿐 그 실체는 철학자들에게 전혀 받아들여지지 않았고 역사에서도 사라졌다.

따라서 토인비는 창조적 소수의 중요성을 부각시킨다. 즉 "민주주의와 산업주의라는 크고 새로운 사회적 세력은 몇몇의 창조적 소수자가 불러일으킨 것으로, 대다수의 인간은 표면적 민주주의와 산업주의 인식 수준에 남아 있어 여전히 이들의 거대하고 새로운 사회 세력이 출현하기 시작한 이전과 거의 같은 지적·도덕적 수준에 머물고 있다. 실제로 '땅의 소금'을 자부하는 서유럽인이 오늘날 그 맛을 상실하는 위험에 빠져 있는 주요한 이유는 서유럽 사회 의 사회체제를 구성 하는 대다수의 인간에게 전혀 소금이 스며들지 않았기 때문"이라는 것이다(토인비, 『역사의 연구』). 물론 토인비가 말하는 민주주의는 아테네의 민주주의가 아니라 소수지배의 과두주의이되 이름만 민주주의이다.

그는 21개 문명을 도전과 응전으로 보고 도전에 대한 응전에 실패한 문명은 몰락했음을 논증했다. 토인비는 도전에 대해 응전에 성공한 창조적 소수는 그 사회의 새로운 지배계급이 된다고 생각했다. 그리고 이 창조적 소수가 이끌어가는 문명 역시 점차 처음 가졌던 창조력을 잃어가며 문명은 쇠퇴하고 또한 멸망해가는 악순환을 겪는다는 것이다.

따라서 토인비의 관심은 어떻게 하면 비창조적인 다수자를 실제로 창조적 소수자의 지도에 따르게 하는가에 있다.

"첫째 방법은 비인격적인 습관으로 이루어진 도덕적 습성을 강제적으로 주입시킨다. 둘째 방법은 다른 인격을 모방하고 다시 그와 정신적으로 일체가 되어 많든 적든 완전히 그와 동일화되는 것"이라고 한다(토인비, 『역사의 연구』).

토인비가 제시한 강제와 모방은 모두 대중을 이루는 개개인 모두가 존엄성을 가지고 자기실현을 하는 존재임을 부정하는 것이다. 즉 인간은 누구나 그 중심에 하나님이 존재하는 인존성을 안다면 결코 대중의 존엄성을 토인비처럼 강제와 모방을 주장하며 무시할 수 없다.

이븐 할둔의 집단감정이 토인비에게는 창조적 소수의 창조력이 되는 것임을 알 수 있다. 그렇다면 토인비가 말하는 창조력이란 무엇인가?

이에 대해 토인비는 "창조력이 상실되면 이러한 사람들은 비창조적 대중의 정신을 감화시킬 수 있는 신통력을 빼앗겨 버린다. 창조가 행해지지 않는 곳에는 마메시스(모방)도 행해지지 않는다. 피리 부는 능력을 상실한 사람은 이마 마력을 잃어 군중의 발을 춤추게 할 수가 없다. 만약에 흥분하고 당황하여, 훈련 하사관 또는 노예 사역자로 변신하면, 이미 이제까지처럼 사람을 끌어당기는 매력으로 끌고 갈 수 없어진 민중을 완력으로 누르려고 한다면, 그것은 더욱 더 확실하고 재빠르게 자신의 의도를 번복하는 꼴이 된다. 추종자들은 신묘한 음악이 그쳤기에 춤추는 발이 무디어지고 정지하였을 뿐이었는데, 이번에는 회초리가 자극을 하니 추종자들은 적극적으로 반항하게 되는 것"이라고 주장한다(토인비, 『역사의 연구』).

토인비는 "비창조적 대중의 정신을 감화시킬 수 있는 신통력"을 주장한다. 이 신통력은 토인비가 설명할 수 없는 영역이다. 그의 도전과 응전이라는 뉴턴의 작용과 반작용의 물리학의 지식으로는 설명할 수 없는 생명의 영역이기 때문이다.

그가 말하는 신통력이라는 이름의 창조력이란 대중이 가지는 양극단의 경계면인 중용의 영역에서 양극단의 소통과 균형을 이루어 통합하여 힘과 가치를 증폭시키는 능력이다. 그리고 대중의 중앙에 대중 스스로를 지배하는 공적영역을 만들어 대중 스스로가 지배받는 사적영역을 만드는 능력이다. 그리고 그 공적영역의 중심에서 사적영역을 이끄는 능력이다. 나는 토인비가 말하는 신통력을 사우디아라비아의 공사현장에서 300명의 노동자들이 피와 땀과 눈물을 통해 자기통치를 이루어내는 과정의 중심에 서서 직접 체득했다. 대자연과 대우주를 움직이는 진리는 인간의 머리로 만들어지는 것이 아니라 언제나 현장에 살아 숨쉬고 있는 것이다.

그가 『역사의 연구』 에서 핵심적인 개념으로 설명하는 창조력은 우리 한민족의 고유한 정신에 바탕을 둔 '홍익인간 모형'에서라야 이해할 수 있고 설명할 수 있는 개념이다.

3. 플랫폼국가의 비밀

우리는 차라투스트라의 이원론적 유토피아론이 직선적 역사관이며 단 한 번만 순환하는 일환론이라는 사실에 대해 알아보았고 그것을 극복하는 우주적인 순환론과 이븐 할둔, 슈펭글러, 토인비가 설명하는 생장쇠멸의 순환론적 역사철학을 살펴보았다.

그리고 이제 우리 한민족의 '홍익인간 모형'이 설명하는 생명의 과정은 이들 순환론과 무엇이 어떻게 다른가를 설명할 차례이다. 즉 이 모형이 논리학과 정치철학과 역사철학의 이론체계를 갖추어 생장쇠멸하는 순환론을 넘어 인간의 능력과 가치를 극대화하는 이론체계임을 설명한다. 그리고 먼저 '홍익인간 모형'을 설명하는 한민족의 고유한 경전들 중에서 단군조선의 단군도해님이 전한 천지인경에서 직접 유도하는 일을 할 것이다.

천지인경 65글자 안에 담긴 홍익인간 모형

제1부에서 개벽상태와 개천상태를 수식과 도형으로 설명하면서 플랫폼국가를 설명했지만 천지인경은 생명의 과정 전체인 개벽상태와 인존상태와 개천상태와 재세이화 상태와 홍익인간 상태를 모두 설명한다. 그것도 단 65글자로 한민족의 고유한 철학 모두를 설명하되 조금도 부족함이 없다.

특히 일신강충─神降衷, 성통광명性通光明, 재세이화在世理化와 홍익인간 弘益人間이 문자 그대로 명문화된 경전은 우리에게 전해지는 20여권의 경전 중 오직 이 경전뿐이다.

이 65자 경전을 통해 또한 지난 3천 년간 동서양을 지배한 이원론적 유토피아론이 얼마나 쉽게 인간과 대자연의 자연법칙을 무시해버렸는지를 알 수 있다.

그리고 이 65자 안에서 지난 3천 년 간 동서양철학이 모두 "잘못 놓인 상태의 오류"에 빠졌다는 사실의 윤곽이 드러난다.

또한 이븐 할둔과 슈팽글러와 토인비가 이원론적 유토피아론을 극복하는 순환사관을 발견했지만 그들이 얼마나 중요한 내용들을 보지 못하고 빠뜨렸는가를 알 수 있게 한다.

어리석은 대중은 결코 창조적 소수를 만들지 못한다. 그러나 한민족의 경우 창조적 대중 안에서 창조적 소수의 지도자가 국가와 사회의 창조력을 함께 만들어간다. 한민족이 쇠퇴한 이유는 언제나 창조적 대중의 창조력을 이원론으로 파괴한 지배적 소수가 창조적 대중의 창조력을 파괴하고 자신들 소수만의 부귀영화를 추구했기 때문이었다. 그 과정에서 창조적 소수는 온갖 질시와 모욕을 당하며 그 능력을 국가와 사회를 위해 발휘하지도 못하고 사라지는 것이다.

그러나 한민족의 장대한 역사를 움직여온 주인은 항상 '창조적 대중'이었다. 한민족의 '창조적 소수'는 언제나 '창조적 대중'과 함께 국가를 운영하며 역사를 창조해왔다는 점에서 다른 문명과 근본적으로 다른 것이다. 그럼으로 해서 한민족의 역사에서 창조적 다수와 함께 창조적 소수는 위대하다.

『천지인경』은 우리 한민족의 철학을 담고 있는 대표적인 경전인 『천부경』, 『삼일신고』, 『366사』의 핵심을 모두 담고 있다는 점에서 특별한 경전이다.

따라서 이 장은 이 경전에서 '홍익인간 모형'의 흐름을 전체적으로 파악한다. 그리고 그 세부적인 내용은 뒤에서 자세하게 다룬다.

『천지인경天地人經』은 단군조선의 11세 단군 도해道奚 님께서 남긴 경전이다. 『한단고기』의 단군세기에 의하면 "송화강 기슭에 관청을 세우시고 천제를 지내시며 경經에 대해 논하시고 고誥에 대해 강의하시니"라고 했다. 여기서 경은 천부경이고, 고는 삼일신고이다. 즉 『천지인경』의 근거를 말한 것이다. 그리고 "대시전大始殿을 세워 천제한웅天帝桓雄의 모습을 모시면서 사흘 동안 재계하시어, 일주일 동안 강의하시고 간절한 마음으로 남긴 글로서 혹시 유실될까 두려워 돌에 새겨 후세에 전한 경전이다."

(十一世 檀君 道奚 在位五十七年冬十月命建大始殿極壯麗奉天帝桓雄遺象而安之頭上光彩閃閃如大日有圓光照耀宇宙坐於檀樹之下桓花之上如一眞神有圓心持天符印標揭大圓一之圖於樓殿立號居發桓三日而戒七日而講風動四海其念標之文曰天以玄□爲大其道也普圓其事也眞一地以蓄藏爲大其道也效圓其事也勤一人以知能爲大其道也擇圓其事也協一故一神降衷性通光明在世理化弘益人間仍刻之于石)

이 말은 배달국에서 전한 『천부경』, 『삼일신고』, 『366사』의 핵심 이론을 이 65자 경전에 담았다는 말이며, 신하들에게 일주일이나 강의를 했다는 것이다. 그리고 단군 도해님께서는 혹시 이 경전이 유실될까 두려워 돌에 이 경전을 새겨서 후세에 전했다는 것이다. 이 경전에는 원래 이름이 없었다. 따라서 나는 이 경전을 『천지인경』이라고 했다. 여기서 천天은 성통광명 즉 개천, 지地는 재세이화, 인人은 홍익인간이다.

"하늘은 현묵玄默하여 고요하고 움직임이 없음으로 큰 도를 이루며 널리 미침으로써 둥근 원普圓을 삼으니 진일眞一이다. 땅은 모아 저장함蓄藏으로써 큰 도를 이루어 효로써 둥근 원效圓을 삼으니 근일勤一이다. 인간은 슬기와 능력으로 큰 도를 이루어 가려서 뽑는 것으로 둥그런 원擇圓을 삼으니 협일協一이다. 그러므로 나의 중심에 하나님이 내려와 계시니 일신강충一神降衷이다. 나의 중심에서 하나님의 광명을 통하여 성통광명性通光明을 이루고 세상에 머물면서 그 시작과 끝을 제거하여 재세이화在世理化를 이루고 인간의 모든 일에서 시작과 끝을 제거하여 모두에게 이롭도록 홍익인간을 이룬다."

(天以玄默 爲大其道也 普圓其事也眞一地以蓄藏爲大其道也 效圓其事也勤一人以知能爲大其道也 擇圓其事也協一故 一神降衷 性通光明 在世理化 弘益人間).

이 경전은 지금은 한문으로 전하지만 단군조선시대에는 전문篆文으로 전해졌을 것이다. 단군조선시대의 경전은 대부분 고구려에서 한문漢文으로 번역되었을 것이다.

이렇게 65자의 글자만 보면 단순한 문장 같기도 하고 무슨 암호문 같기도 하다. 그러나 『천부경』, 『삼일신고』, 『366사』에 공통적으로 내장된 수학적 수식과 기하학적 도형과 철학이론을 이 경전에 대입시키면 마치 기적처럼 한민족이 수천년 간 축적해온 철학의 전체 모습이 파노라마처럼 눈앞에 펼쳐진다. 『천지인경』이 처음으로 그 수학적, 기하학적, 철학적 모습을 드러내는 순간은 참으로 크나큰 충격이었다. 나는 천지인경의 발견과 중남미의 밀림속에서 마야의 피라미드의 발견 중 하나를 선택라고 한다면 주저하지 않고 『천지인경』의 발견을 선택할 것이다. 마야의 피라미드를 다 합친 것보다 더 많은 고급 정보가 이 천지인경 65자 안에 담겨 있기 때문이다.

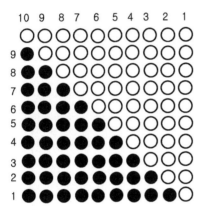

〈그림 3〉 천부도天符圖 - 일적십거一積十鉅

세로 : 일적이음립一積二陰立(일을 쌓아서 음을 세운다)=구체적 사물의 영역=45=음=상극오행, 가로: 십거이양작十鉅而陽作(열을 펼쳐서 양을 만든다)=추상적인 관념의 영역 =55=양=상생오행

먼저 『천지인경』의 우리 한민족의 거대한 '홍익인간 모형'으로 들어가는 열쇠는 우리의 고유한 경전 중 가장 근본이 되는 천부경 81자 중 여섯 글자인 "일적십거一積十鉅와 무궤無櫃"이다. 즉 여기서 일적십거는 다시 "일적이음립一積而陰立 십거이양작十鉅而陽作"라는 열 글자가 된다. 그리고 무궤無櫃는 "무궤이충생無櫃而衷生"이라는 다섯 글자가 된다.

천부경의 이 여섯 글자가 〈그림3〉의 천부도天符圖를 만든다. 그러고는 다음 쪽 〈그림 4〉와 같이 그 천부도 위에 천지인경 65글자를 올려놓는 순간 『천지인경』이 가진 '홍익인간 모형'

의 의미가 확연히 드러난다. 즉 음양오행과 태극과 64괘와 직접 맞물린다.

이 "일적이음립一積而陰立 십거이양작十鉅而陽作"을 근거로 그림을 그리면 〈그림 3〉의 천부도天符圖가 그려진다. 즉 일적이음립一積而陰立은 문자 그대로 하나에서 시작하여 차곡차곡 쌓아나가면 음을 이루는 흑점 45개가 만들어진다. 이것이 음이자 상극오행이자 낙서洛書의 영역이다.

십거이양작十鉅而陽作은 열을 펼쳐 나아가면 하여 양을 이루는 백점 55개가 만들어진다. 이것이 양이자 상생오행이자 하도河圖의 영역이다.

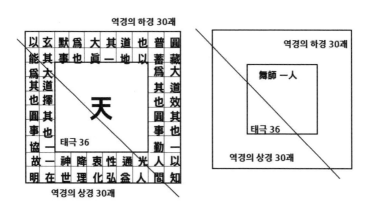

〈그림 4〉천부도 위의 천지인경 65자와 다산 탕론의 무사 1인과 춤추는 64인

이제 이 천부도는 전체 100=음 45+양 55라는 수식이 되었다. 이것이 바로 음양의 원리임과 동시에 하도의 수 55로서 상생오행과 낙서의 수 45로써 상극오행의 원리를 담는다. 즉 이른바 음양오행이란 바로 이 천부도로 설명되며 또한 100=45+55로

설명되는 것이다. 100은 순수한 우리말 "온"이다.

천부도 그림 자체가 설명하는 기하학적 도형과 수학적 수식은 결코 간단한 내용이 아니다. 지난 3천 년 간 동서양의 모든 철학자들이 이 단순한 천부도라는 그림에 담긴 100=45+55의 철학을 넘지 못하였다. 바로 이 그림과 수식이 개벽상태開闢狀態를 설명한다. 더 자세한 내용은 제3부로 미루고 여기서는 그 다음 개천상태開天狀態를 알아보자.

개벽상태에서 개천상태로 되려는 개인과 집단은 반드시 인존성人尊性이 필요하다. 인존성은 인간이면 누구나 가지는 존엄한 인격의 근원을 의미한다.

인존성은 인간이라면 누구나 그 중심에 '하나님/하느님'이 존재함으로써 성립된다. 즉 인간은 누구나 그 중심에 하나님/하느님이 내려와 계시므로 누구나 존엄하다. 그리고 모든 인간은 원래부터 자유롭고 평등하다. 『천지인경』은 이를 일신강충一神降衷이라고 한다. 여기서 일신一神은 문자 그대로 한민족 모두가 아는 '하나님'의 직역이다. 강충降衷은 모든 인간의 중심에 내려와 계신다는 것이다.

우리는 서양에서 신본주의神本主義가 인간을 무시하고, 억압하여 인간을 피지배자로 만든 반면, 그 신을 내쫓아낸 인본주의人本主義 즉 휴머니즘, 사람중심주의가 신을 무시함으로써 인간은 천박하고 무자비해졌음을 알았다.

천지인경이 설명하는 모든 인간의 중심에 내려와 계신 하나님/하느님의 철학인 일신강충으로 만들어진 인존성은 신중심주의가 인간을 원죄를 가진 악으로 몰아 무시하는 것과 인간중심주의에서 신을 무시하는 것을 모두 극복한다. 그럼으로써 신인 하나님/하느님은 더욱 성스럽고, 위대해지고 인간은 또한 더욱 더 존귀해진 것이다. 바로 이 인존성이 인류애와 인간의 기본권의 근본이 된다.

플랫폼국가가 되려면 무엇보다 먼저 대중이 집단적으로 인존성을 갖추어야 한다. 우리 한민족 대중이 사회적 행동을 보여주었던 동학농민전쟁과 항일독립운동과 4·19혁명과 5·18광주민주화 운동 등의 모든 운동을 운영했던 대중은 모두 집단적 인존성을 추구했다.

한민족의 창조적 대중은 구스타프 르봉이 『군중심리』에서 "군중의 행동은 두뇌의 영향보다는 척수신경의 영향을 훨씬 많이 받는다. 이런 견지에서 군중은 원시인들과 훨씬 가까워보인다. 그들의 행동은 파괴적인 결과를 낳을수록 더 완벽해질수 있다"라고 설명했던 군중과는 근본적으로 다르다(구스타프 르봉, 『군중심리』). 이들 군중은 전체주의의 유혹에 넘어가기 쉬운 집단이었다.

그러나 우리나라의 대중은 자기통치를 할 수 있는 창조적이고 민주주의적인 대중이다. 그 차이는 인존성이다. 동학의 최제우 선생이 내세운 시천주侍天主는 이 일신강충과 조금도 다른 내용이 아니다.

개벽상태가 천부경의 네 글자 일적십거一積十鉅로부터 만들어진 천부도라는 그림과 100=45+55라는 수식으로 설명되는 것을 보았다.

이제 그 천부도에 천부경의 두 글자 '무궤'가 개천상태를 어떻게 만드는가를 보자. 무궤는 '무궤이충생'이라는 다섯 글자가 된다. 이는 '무를 둘러싼 궤짝'이 천부도의 중앙에 생겨난다는 뜻이다. 즉 천부도가 설명하는 음양오행의 바탕위에 무를 둘러

싼 궤짝이 만들어지는 것이다. 그렇다면 음양오행 위에 무게가
들어가 무엇이 만들어지는가? 이제 천부도의 한가운데에 무를
둘러싼 궤짝 무게를 만들어보면 〈그림 5〉가 된다. 이 한 장의
도형으로 지난 3천 년 간 동서양의 철학이 모두 근거가 없는
이론임이 밝혀진다.

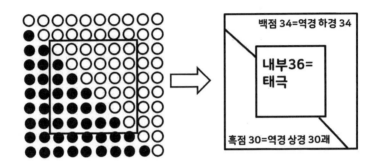

〈그림 5〉 천부도-무게

이 개천상태라야 이성과 자유, 지성과 의지 나아가 집단적 이
성과 집단적 지성 그리고 태극과 팔괘와 64괘 등이 설명되기
때문이다. 따라서 개천상태를 만들지 못하면서 이 모든 개념들
을 사용한 지난 3천 년 간 동서양철학자의 이론이 모두 "잘못
놓인 상태의 오류"임이 밝혀지는 것이다.

이제 천부도 즉 음양오행의 중앙에 사각형의 궤짝이 들어갔
다. 그리고 외부의 흑점은 30개, 외부의 백점은 34개이며 중앙
은 모두 36개의 흑백점이 되었다.

이를 수식으로 표현하면 전체 100= 중앙 36+외부 64(흑점

30+백점 34)이다. 여기서 36이 태극이며 외부의 64가 64괘이다. 흑점 30은 역경의 상경 30괘, 백점 34는 역경의 하경 34괘이다.

이제 왜 역경이 64괘로 고정된 것인지가 증명된 것이다. 역경은 절대로 64괘이어야만 한다. 63괘나 그 이하 또는 65괘나 그 이상일 수 없는 것이다. 그리고 역경의 상경은 반드시 30괘이고 하경은 34괘이어야만 하는 것이다. 그 이하고 이상도 안 되는 것이다.

그리고 중앙의 36은 태극이다. 태극인 $36=1+2+3+4+5+6+7+8$이다. 따라서 태극을 여덟 방향에서 보면 팔괘가 만들어진다. 여기서도 마찬가지로 반드시 팔괘이어야지 7괘나 9괘일 수 없는 것이다.

이제 음양오행의 바탕에 무궤가 놓일 때 태극과 팔괘와 64괘가 만들어지는 것을 증명했다. 물론 역경의 상경과 하경의 원리도 함께 증명했다.

그런데 지난 2천 년 간 동북아의 수많은 역학자들 중 이 음양오행에서 태극과 64괘가 만들어지는 원리에 대해 조금이라고 알았던 사람은 단 한 사람도 없었다.

이 원리는 내가 1991년 천부경 초판을 내면서 처음으로 세상에 알린 것이다. 그 이전에는 천부경의 원리에서 음양오행과 태극과 팔괘와 64괘가 증명된다는 것을 누구도 알지 못했다. 또한 역경의 상경이 왜 30괘이며 하경이 왜 34괘인지에 대해서도 아무도 설명하지 못했다.

이제 우리는 음양오행과 태극과 팔괘와 64괘 그리고 역경의 상하경의 원리를 이해했다. 그리고 단군조선의 도해단군께서 천지인경 65자를 어떻게 설계했는가를 앞의 〈그림 4〉를 통해 이해했다.

이제 천부도가 100=36+64로써 태극과 64괘가 설명됨을 우리는 알았다. 이제 천지인경 65글자를 천부도에 옮겨 적으면 정확하게 앞의 〈그림 4〉가 된 것이다. 이 한 장의 그림만으로도 『천지인경』은 음양오행과 태극 36과 64괘와 팔괘의 근본원리를 모두 말하고 있는 것이다. 그리고 일신강충을 천天이라는 단어 하나로 설명하고 있다.

그리고 천부도에 배치한 천지인경은 좌우대칭이 이루어지도록 설계되어 있음을 확인할 수 있다. 즉 爲大-爲大, 其道-其道, 也擇 -也效, 圓其 -圓其, 事也-事也, 協一 - 勤一 이 그것이다. 이러한 배치는 천지인경 65자를 설계할 때 천부도 위에서 미리 치밀하게 설계하지 않고는 결코 이루어질 수 없는 좌우대칭이다. 그리고 간단한 것 같지만 이와 같이 치밀한 대칭을 직접 만든다고 생각해보라! 가능하겠는가?

더구나 이 65글자 안에 『천부경』, 『삼일신고』, 『366사』의 기하학적 도형과 수학적 수식과 철학의 이론체계를 모두 담고도 부족함이 없다. 여기서 중앙 천天의 영역인 태극 36이 대중이 자기통치를 하는 공적영역이고, 64괘의 영역이 대중이 스스로 자기통치를 받아들이는 사적영역이다.

단 65글자 안에 이같이 동북아 고대문명 철학의 진수 모두를 담아 '홍익인간 모형'으로 설명한다는 것은 실로 인간의 능력과 가치가 최대한 증폭된 것이다. 이 천지인경은 또한 다산의 탕론과 부합된다.

이집트의 대피라미드는 건축기술과 노동자와 자재만 있으면 언제든 만들 수 있다. 그러나 『천지인경』 65자를 만드는 일은 인류의 철학사와 문화사에서 다시 찾아보기 어려운 업적이다. 이 『천지인경』의 원본인 천부경 81자만이 같은 그 업적에 앞서 이루어진 위대한 업적이다.

다산의 「탕론」의 내용 중에는 천지인경 65자의 구성원리와 불가분의 관계가 있어 반가움과 함께 놀라움을 준다. 관계되는 「탕론」의 내용을 보자.

"뜰에서 춤추는 사람이 64인인데, 이 가운데서 1인을 선발하여 우보(『禮記 雜記 下』)를 잡고 맨 앞에 서서 춤추는 사람들을 지휘하게 한다. 우보를 잡고 지휘하는 자의 지휘가 절주節奏에 잘 맞으면 모두들 존대하여 "우리 무사舞師님 하지만, 지휘가 절주에 잘 맞지 않으면 모두들 그를 끌어내려 다시 전의 반열班列로 복귀시키고 유능한 지휘자를 재선再選하여 올려놓고 '우리 무사님' 하고 존대한다. 끌어내리는 것도 대중大衆이고 올려놓고 존재한 것도 대중이다. 대저 올려놓고 존대하다가 다른 사람을 올려 교체시켰다고 교체시킨 사람을 탓한다면, 이것이 도리에 맞는 일이겠는가?"(정약용, 「탕론」)

이 글은 뜰에 춤추는 64인과 새 깃으로 장식된 의식용 일산日傘인 우보를 잡고 춤추는 사람을 지휘하는 무사舞師의 관계를 설명한다. 이 무사의 지휘가 리듬節奏에 잘 맞으면 춤추는 64인 모두 존대하지만 맞지 않으면 끌어내려 다시 지휘하는 무사를 추대한다는 것이다.

여기서 춤추는 64인과 무사 1인은 합이 65로서 천지인경의 65글자와 정확하게 일치한다. 그리고 〈그림 5〉에서 보이듯 64인은 천지인경에서 64괘를 의미하며 무사 1인은 그 중심인 태극의 중앙에 존재하는 한 글자 천天을 의미한다. 천부경의 무를 둘러싼 상자 무궤의 중심 일一이다.

여기서 태극은 공적영역인 국가를 상징하고 그 중심의 천天은 최고지도자인 단군 또는 천자를 상징한다. 그리고 64괘는 대중을 상징한다.

이 탕론에서 단군을 상징하는 무사가 64인의 춤추는 사람을 잘 지휘하면 존경하고 그렇지 못하면 끌어내리는 것은 단군이 지위에 맞게 잘하면 존경하고 그렇지 못하면 끌어내리는 것에 비유하고 있다.

이는 국가 최고지도자가 국정을 잘 운영하면 대중이 존중하지만 그렇지 못하면 그 지위에서 끌어내림을 말한다. 천지인경 65글자가 의미하는 내용과 다산의 탕론은 정확하게 일치한다.

단군조선의 47대 단군은 세습왕조의 군주가 아니라 이처럼 정치를 잘해 대중의 지지를 얻으면 존경받고 그렇지 못하면 끌어내리는 제도였다. 나는 『민주주의』 (지혜의 나무, 2016)에서 단군의 지위가 민주적으로 계승했음을 논증한 바 있다. 단군은 대중에 의해 언제든지 끌어내릴 수 있는 민주주의의 지도자였다. 그것이 바로 태극과 64괘가 설명하는 민주주의의 원리이다.

다산 정약용이 이 『천지인경』 을 알았을 리는 거의 없다. 그러나 그의 박학다식이 고대 중국의 민주주의에 대한 자료를 찾아내어 이렇게 『천지인경』 65자 그 자체가 설명하는 민주주의의 원리를 설명하는 일에 큰 도움을 주고 있다.

지금까지 설명한 내용을 좀 더 알기 쉽게 도형으로 설명하면 다음과 같다. 즉 일적십거로 만들어진 음양오행으로 개벽이 이루어지고 그 중심에 인간 개인과 집단의 중심에 하나님이 존재함으로써 인간은 인존성을 갖추게 된다. 그리고 이제 개벽은 개천으로의 혁신이 일어나게 되는 것이다.

여기서 개벽상태를 설명하는 음양오행은 곧 서양철학에서는 경험론과 합리론의 대립이다. 그러나 이 '100=45+55'가 설명하는 개벽상태는 칸트의 이율배반을 훨씬 넘어서는 내용이 된다.

즉 칸트는 뉴턴 물리학의 작용과 반작용의 원리를 이율배반에 사용했다. 이는 그 이전의 모든 경험론과 합리론을 침묵시키는 강력한 것이었다. 그러나 그것은 결국 뉴턴 물리학의 한계를 벗어나지 못한다.

인간 개인이나 집단은 물리학적 존재를 넘어 있다. 특히 인간은 인존성을 가진 존재이다. 이 문제는 경험론과 합리론이 대립영역에 커뮤니케이션 영역인 온힘의 영역이 작용함으로써 인간은 뉴턴의 물리학을 넘어 생명을 가지고 생각하고 행동하는 존재가 된다.

여기서 경험론의 영역은 육체의 영역으로 정의의 영역이고, 합리론의 영역은 마음의 영역으로 도덕의 영역이다. 중용의 영역은 이 정의와 도덕이라는 양극단의 균형을 이루어 통합하는 것이다.

결국 서양철학 2천 년은 '개벽상태 100=45+55'가 설명하는 철학 수준에 아무도 접근하지 못한 것이다. 마음과 몸이 균형을 이루어 하나로 통합되지 못하는 수준에서 어떻게 머리가 작동되겠는가? 마음과 몸을 최적화하는 철학적 방법을 모르면서 어떻게 머리를 작동하는 철학적 방법을 알겠는가? 머리를 최적화할 수 없는데 어떻게 머리 안에서 작동하는 이성과 지성을 사용할 수 있겠는가?

이성과 지성, 도道, 천天 등은 이 개벽상태를 넘어 개천상태에서야 비로소 나타나는 것이다. 지난 3천 년 간 이 개벽상태를 설명한 철학자가 아무도 없었다. 물론 개천상태는 아예 접근조차 한 철학자가 없다.

그럼에도 불구하고 지난 3천년 간 동서양의 철학자들은 개천상태에서 설명되는 이성과 지성, 도道, 천天 등으로 다른 모든 것을 설명하려고 했다. 이것이 모두 "잘못 놓인 상태의 오류"이다.

단군 도해님은 공적영역 36 태극은 고요하여 움직임이 없음으로 그 역할을 할 수 있다고 설명한다. 이것이 개천이다.

공적영역 36 은 오로지 하나가 되어 참됨으로써 널리 미침으로 양극단을 하나로 묶어 그 중심에 태극을 이룬다는 것이다. 이는 개천에 대한 소중한 설명이다.

하늘은 현묵하여 고요하고 움직임이 없음으로 큰 도를 이루며 널리 미침으로써 둥근 원을 삼으니 진일이다.

(天以玄默 爲大其道也 普圓其事也 眞一)

이를 도형과 수식으로 나타내면 206쪽 〈그림 6〉과 같이 태극과 64괘가 나타나며 그 외부에는 보이지 않는 384효가 있음을 알 수 있다 (64괘×6효=384효). 이로써 태극인 천의 영역과 64괘인 지의 영역과 384효인 인간의 영역이 한 장의 그림으로 나타나게 되었다. 이 개천이야말로 대중이 자기통치를 하는 국가의 탄생이다. 이를 단군 도해님은 성통광명性通光明이라고 했다. 이는 개천開天과 같은 말이다.

이제 개천-성통광명이 무엇인지 설명되면서 이는 결국 태극이라는 사실이 밝혀졌다. 태극은 두 개의 중심이 있다. 국가의 경우 그 하나는 집단이성이며 다른 하나는 집단지성이다. 이 집단이성과 집단지성이 조화를 이루어 하나가 될 때 그것이 국가성이며 태극이다.

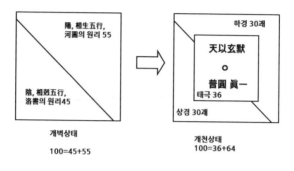

하늘은 현묵하여 고요하고 움직임이 없음으로 큰 도를 이루며 널리 미침으로써 둥근 원을 삼으니 진일이다.
天以玄默爲大其道也 普圓其事也 眞一

〈그림 6〉 천지인경과 개벽에서 개천으로

　공적영역인 태극을 만들어 대중의 집단이성과 집단지성의 조화로 이루어진 국가성을 이루어 스스로 자기통치를 하는 국가를 이루었다. 그렇다면 이제 사회가 스스로 자기통치를 하고 또한 사회와 대자연을 최적화함으로써 대중은 풍요로움을 얻고 스스로를 성취한다. 이것이 땅을 모아 저장함으로서 큰 도를 이루어 효과를 얻는 재세이화이다.

　사적영역 64는 스스로 시작(9)과 끝(10)을 제거하여 둥근 원 45를 만드는 것이다. 이것이 366사의 45훈의 의미로서 재세이화 상태이다.

　공적영역화한 사적영역 45는 모아서 저장함으로서 그 역할을 할 수 있다. 재세이화 45는 효과로서 오로지 하나가 되어 근면함으로써 시작과 끝을 제거하는 것이다. 이는 제세이화를 설명하는 귀한 자료이다.

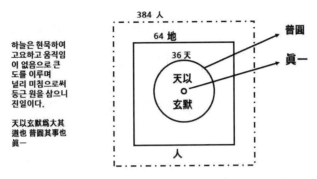

천지인경과 천이현묵天以玄默 36태극
그리고 64괘, 384효

하늘은 현묵하여
고요하고 움직임
이 없음으로 큰
도를 이루며
널리 미침으로써
둥근 원을 삼으니
진일이다.

天以玄默爲大其
道也 普圓其事也
眞一

384 人
64 地
36 天
天以
ㅇ
玄默
人
普圓
眞一

〈그림 7〉 천지인경과 천이현묵 36태극, 그리고 64괘 384효

땅은 모아 저장함으로써 큰 도를 이루어 효로써 둥근 원을 삼으니 근
일이다.

(地以蓄藏爲大其道也 效圓其事也勤一)

지이축장地以蓄藏과 재세이화

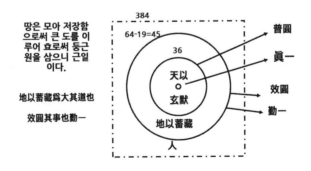

땅은 모아 저장함
으로써 큰 도를 이
루어 효로써 둥근
원을 삼으니 근일
이다.

地以蓄藏爲大其道也

效圓其事也勤一

384
64-19=45
36
天以
ㅇ
玄默
地以蓄藏
人
普圓
眞一
效圓
勤一

〈그림 8〉 지이축장과 재세이화

공적영역화한 인간의 사건들은 슬기와 능력으로 그 역할을 할 수 있
다. 366은 택함으로써 시작과 끝을 제거하니 협일이다. 단군 도해 님

께서 홍익인간을 직접 설명하는 소중한 글이다.

즉 사적영역 64를 최적화하여 45로 만들어 재세이화를 이루었다면 이제 인간세계의 모든 사건을 상징하는 384효의 시작(10)과 끝(9)을 제거하여 둥근 원 366사를 만드는 것이다.

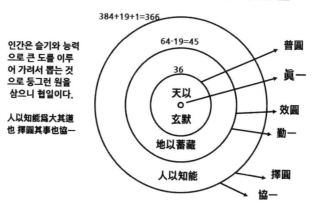

<그림 9〉 천지인경과 홍익인간 366

인간은 슬기와 능력으로 큰 도를 이루어 가려서 뽑아 오로지 하나가 되어 협력을 하고 것으로 시작과 끝을 제거한다.

(人以知能爲大其道也 擇圓其事也協一)

인간이 스스로 슬기와 능력을 펼쳐 모든 인간에게 억울함이 없는 평등하면서 세상, 그리고 크게 함께 하나가 되어 모두에게 이로운 세상이 곧 홍익인간의 세상인 것이다.

하나를 잡으면 셋이 끌려오고, 셋을 모아 하나로 돌아간다.

일신강충으로 하나인 하나님을 나의 중심에 섬김으로써 셋인 개천과 재세이화와 홍익인간이 끌려오니 집일함삼執一含三이고, 셋인 개천과 재세이화와 홍익인간을 모아 다시 하나님에게 돌아가니 회삼귀일會三 歸一이다. 이것이 삼일상태이다. 인간으로 태어나 자신의 중심에서 하 나님을 찾아 스스로의 능력과 가치를 극대화하는 삶을 살고 다시 하나 님에게로 돌아가는 것이다. 인간의 삶에서 이보다 더 떳떳할 수는 없을 것이다.

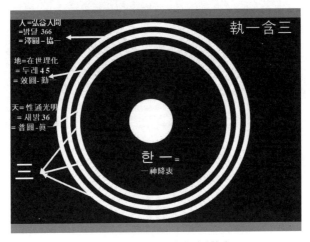

〈그림 10〉 천지인경과 집일함삼

그러므로 나의 중심에 하나님이 내려와 계심으로
나의 본바탕에서 하나님의 광명을 통하고
세상에 머물면서 모든 기의 시작과 끝을 제거하여 재세이화를 이루고
인간의 모든 일에서 시작과 끝을 제거하여 모두에게 이롭도록 홍익인 간을 이룬다

(故一神降衷性通光明 在世理化弘益人間)

『천지인경』은 대중이 인간의 중심에 하나님께서 내려와 계신다는
일신강충을 이룬다면 그 다음의 개천(성통광명)과 재세이화와 홍익인
간을 순차적으로 이룰 수 있음을 말하고 있다. 이는 곧 하나를 잡으면
셋이 끌려온다는 집일함삼執一含三이다.

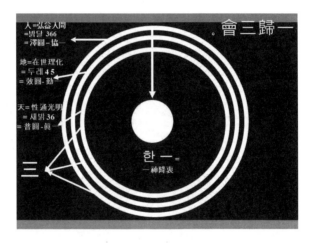

〈그림 11〉 천지인경과 회삼귀일

그리고 그렇게 해서 이루어진 개천(성통광명)과 재세이화와 홍익인
간을 다시 처음 출발한 일신강충 즉 하나님/하느님에게 되돌린다는 것
이 바로 회삼귀일會三歸一이다. 삼일상태 또는 삼일사상의 이론적 근
거가 바로 이것이다. 이를 다른 말로는 성통공완性通功完이라고 한다.

한국대혁명의 시작은 동학농민전쟁과 삼일운동 그리고 항일독립운동
이다. 그 삼일운동의 이론적 근거가 곧 『천지인경』이 설명하는 집일
함삼執一含三 회삼귀일會三歸一로서 『천부경』, 『삼일신고』, 『366사』

가 공통적으로 설명하는 '홍익인간 모형'의 진리인 것이다. 우리는 이제 천부경의 여섯 글자 "일적십거 무궤"에서 천부도天符圖를 유도하여 만들 었다. 그리고 그 천부도라는 기하학적 도형 안에서 수학적 수식을 찾아 냈고 그 위에 『천지인경』 65자를 올려 놓자 음양오행과 태극과 팔괘 와 64괘의 설계원리가 일목요연하게 드러났다. 나아가 그 『천지인경』 65자의 내용이 곧 개벽상태와 개천상태와 재세이화 상태와 홍익인간 상 태 그리고 삼일상태를 기하학적 도형과 수학적 수식으로 설명해주었다.

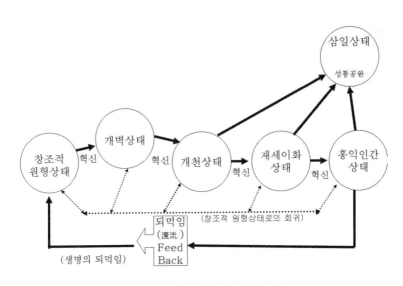

〈그림 12〉 천지인경과 홍익인간 모형

　이제 『천지인경』 을 통해 만들어진 생명의 과정 전체를 하나의 그림 으로 만들어보면 위의 〈그림 12〉다. 그 철학적 이론체계는 제3부와 제 4부에서 하나하나 설명할 것이다.

4. 사막에서 발견한 홍익인간

나는 1980년대 초에 사우디아라비아의 건설현장에서 토목기술자로 5년 간 근무하며 300명의 노동자와 함께 철학실험을 한 바가 있다. 그때 300명의 노동자들은 내가 전혀 의도하지 않은 결과를 행동으로 보여주었다. 그것이 나의 삶에 처음으로 나타난 '홍익인간 모형'이었다.

사우디아라비아 사막의 공사장에서 일한 그들 노동자들은 전 세계 어느 대학에서도 가르치지 않는 '홍익인간 모형'의 생명의 과정철학을 내 앞에서 집단행동으로 보여준 것이다. 나는 '홍익인간 모형'을 사우디아라비아의 건설현장에서 직접 보고 함께 생명의 과정을 실행하고 그것을 주도할 천재일우의 행운을 얻게 된 것이다.

그들 300명의 노동자 한 명, 한 명은 '홍익인간 모형'에 대해 아무 것도 몰랐다. 그러나 300명으로 집단을 이루었을 때 그들은 개인과는 전혀 다른 차원의 창조적 사고능력과 창조적 행동능력을 가지고 있었다.

이는 우리 한민족이 위기 때 마다 그것을 극복하는 '홍익인간 모형'을 현실에서 실현해온 것과 연장선상에서 나타난 것이다.

조지 갤럽의 "여론조사의 핵심인 무작위 표본 추출과정이 실제로 표본을 추출한 수백만 명을 대표하는지에 대한 수학적이고 논리적인 근거가 있다"는 주장은 과학으로 널리 받아들여지고 있다(프랭크 뉴포트, 『여론조사』). 따라서 이들 노동자 300명은 한민족 중에서 무작위로 추출한 표본으로, 이들과 함께 한 실험결과는 곧 한민족의 행동방식을 그대로 반영한다고 볼 수 있는 논리적이고 수학적인 근거가 있는 것이다. 더구나 이 실험은 단순한 여론조사가 아니라 수년간 300명이 직접 '홍익인간 모형'으로 행동한 것이다.

그리고 그 공사를 완료하고 귀국했을 때가 마침 1980년대 중반으로서 우리 한민족의 고유한 경전 『천부경』 , 『삼일신고』 , 『366사』 가 대중에게 역사상 처음으로 공개되었을 시기였다.

나는 내가 경험한 300명의 노동자라는 한민족의 '창조적 대중'이 진행했던 '홍익인간 모형'이 이 경전들 안에 수학적 수식과 기하학적 도형과 철학의 이론체계로 담겨있음을 발견했다. 이 책에서 자세히 설명하는 천지인경과 그 외 아직 공개하지 않은 20여 권의 경전도 마찬가지이다.

그리고 나아가 동학농민전쟁, 삼일운동, 항일독립운동, 4 · 19혁명, 5 · 18광주민주화운동 등이 모두 내가 사우디아라비아에서 만난 300명의 노동자가 보여주었던 것과 같이 '창조적 대중'이 현실에서 '홍익인간 모형'으로 행동한 것임을 알게 된 것이다. 즉 한민족이 지나온 역사를 운영해온 주인은 중화주의 유교 국가나 전체주의 국가에서는 결코 나타난 적이 없고 앞으로 나타날 수도 없는 창조적 대중인 것이다. 왜냐하면 이 같은 창조적 대중이 사회운동을 통해 세상에 나타난 순간 중화주의 유교국가와 전체주의 국가는 종말을 맞기 때문이다.

또한 나는 이 시대 대한민국의 대기업인 LG전자의 신형에어컨 개발 프로젝트에 컨설턴트로 두 차례 참여했다. 그리고 이러한 일련의 과정을 통해 확인한 '홍익인간 모형'을 신형 에어컨의 부품의 설계에 적용하여 서로 다른 두 차례의 과학적 실험을 통해 두 차례 모두 성공했다.

즉 우리 한민족의 '홍익인간 모형'은 이제 과학적 실험을 통해 그 이론 체계의 탁월함을 증명한 것이다. 철학이론을 과학의 실험에 적용하여 성공한 예가 세계철학사에 이 두 번의 실험 이외에 또 있는지 나는 알지 못한다. 바로 이것이 한민족의 '홍익인간 모형'이 지닌 특별한 능력과 가치 중 하나이다.

한민족의 생명의 과정철학은 철저하게 현실에서 창조적 대중의 행동에 의해 발견되고 또한 동학농민전쟁 등 그 창조적 대중이 사회운동으로 현실에서 보여준 것이며, 또한 우리의 고유한 경전은 그 자체가 우리의 조상들이 역사를 통해 행동한 철학이기 때문이다.

우리 한민족의 '홍익인간 모형'은 현실과 동떨어져 철학자들이 자신의 사유를 통해 만들어낸 것이 전혀 아니다. '홍익인간 모형'은 대우주와 대자연과 인간공동체가 진행하는 생명의 과정이론인 것이다.

따라서 이 철학이론으로 에어컨의 기계 부품에 적용했을 때 그 기계 부품은 대우주와 대자연과 인간 공동체가 스스로를 최적화하듯 최대한의 성능이 나타난 것은 당연한 일인 것이다.

그리고 나아가 근대 이후 세계를 움직여온 플랫폼국가의 기본원리가 바로 이 생명의 과정이론임을 알게 된 것이다. 그리고 지난 3천 년 간 세계를 지배해온 철기문명을 극복하는 반도체 문명의 기본 설계원리와 실행방법이 또한 이 생명의 과정철학임도 알게 된 것이다. 즉 민주주의의 이론체계이다.

우리는 이 장을 통해 한민족의 창조적 대중이 한국대혁명의 과정인 동학농민전쟁과 항일독립운동과 4 · 19혁명과 5 · 18민주화운동 등의 원리가 '홍익인간 모형'임을 확인할 수 있다. 그러나 그동안 한국대혁명의 과정을 진행한 한민족의 창조적 대중은 이 이론체계를 전혀 모르는 상태에서 이 운동을 일으킨 것이다.

한민족의 창조적 대중의 잠재적 능력은 역사적으로 매우 훌륭하지만 더 이상 지금과 같은 상태로 방치할 수 없다. 우리는 근대에 와서만 해도 나라를 송두리째 일본에게 빼앗기는 한일합방과 또한 동족상잔의 한국전쟁을 겪은 것이다. 우리 한민족의 잠재적 능력만으로 국난을 해결할 수 없음이 이 두 사건이 안겨준 뼈아프고 피맺힌 한과 함께 증명된 것이다.

따라서 우리는 '홍익인간 모형'이 정확한 수학적 수식과 기하학적 도형과 철학적 이론체계로 확립되고, 나아가 이 이론체계가 과학적 실험을 통해 누구도 부정할 수밖에 없게되는 과정을 확인하는 과정이 매우 중요하다. 그래야 우리는 이 엄혹한 시대를 자신 있게 헤쳐나갈 설계도와 실행방법을 한민족 모든 개인의 것으로 만들 수 있을 것이다. 그럼으로써 우리 한민족에게 어떤 어려움이 닥쳐도 해결할 수 있는 능력을 갖출 수 있을 것이다.

사우디아라비아 사막에서 한민족의 창조적 대중 300명이 홍익인간 모형을 실현하다.

'홍익인간 모형'의 모든 것의 시작은 1981년 사우디아리비아의 건설현장에서 현장기술자로 일하며 비롯되었다. 그리고 1983년부터 1985년 까지 3년간 사우디아라비아의 서남쪽 외진 지방인 카미스 무샤트 Khamis Mushayt에서 벌어진 진흥기업進興企業의 건설현장에서 300명의 노동자와 함께 철학실험을 하게 된다. 진흥기업은 해외 플랜트 건설에 대해 일반에서는 그 개념조차 모를 당시 이미 턴키 베이스의 공사를 수주하여 적극적으로 플랜트 해외현장을 개척한 건설회사였다. 나는 진흥

기업의 플랜트사업본부의 엔지니어링에 입사하여 해외 플랜트 현장에 파견되었다.

당시 이 현장은 지휘체계가 무너져 회사의 골칫거리였다. 전임 토목 책임자들은 귀국하여 돌아오지 않았고, 책임을 승계한 새로운 책임자는 내부적 문제로 귀국하게 되었다. 결국 아직 신참 기술자였던 내가 임시로 현장의 책임을 맡았다. 그 때 약 두 달 만에 현장을 완전히 정상화시킴으로써 현장의 최고책임자와 외국 컨설턴트 회사 감독관들의 신임을 얻어 임시 책임자에서 정식책임자로 3년 간 일하며 현장의 공사를 완료하게 되었다.

문제의 처음 두 달간 사용한 방법은 중국의 진나라가 천하를 통일할 수 있도록 체제를 확립한 법가사상의 대가 상앙의 법가이론法家理論과 민주주의의 원리를 전쟁터에서 실제로 적용하여 평생동안의 치룬 모든 전쟁에서 승리한 오기吳起의 병가이론兵家理論을 동시에 적용한 것이다.

그러니까 상앙의 법가이론은 300명의 노동자에서 무자비하고 엄격한 질서를 요구하는 것으로서 이는 정의의 확립이었다. 오자의 병가이론은 그들에게 관리자와 노동자가 평등한 상태에서 도덕적 질서의 확립이었다.

그리고 커뮤니케이션과 미디어 영역인 "온힘의 영역"을 사용하여 노동자들과 마음을 열고 의사소통과 신뢰와 증폭의 영역을 구축함으로써 해야 할 일을 하는 정의의 영역과 해서는 안되는 일을 하지 않는 도덕의 영역의 균형을 이루어 노동자 공동체를 통합시키는 일이었다.

이 과정에서 해야 할 일을 하지 않는 반장과 조장을 모두 해임시키고,

해야 할 일을 할 수 있는 반장과 조장을 선임했다. 그리고 이제 해서는 안 될 일을 하는 노동자는 없게 되었다. 그리고 노동자들은 서로 의사소통을 원활하게 하게 되었고, 나와의 의사소통도 더 없이 원활해졌다. 그리고 신뢰와 증폭의 영역을 확보했다. 그러나 이는 어디까지나 현장에 만들어진 직관에 의한 것이지 계획이나 이론을 가지고 한 것은 아니었다.

여기까지는 내가 한 일이다. 나는 뒤에 자세히 설명할 개벽상태를 만든 것이다. 그리고 나는 그들에게 자부심과 자존심을 가질 수 있도록 노력했다. 이는 곧 인존성人尊性을 확보하는 것이다. 그러나 그 다음 개천상태를 만든 것은 내가 아니었다. 나는 당시 개벽 상태는 물론 개천 상태가 무엇인지 전혀 몰랐다. 이 300명의 노동자들은 스스로 창조적 대중이 되어 스스로 개천 상태를 만든 것이다.

이 상태는 그 이전의 질서가 무너진 상태와는 너무도 달랐다. 그들은 주어진 일을 처리하는 속도와 정확성에 있어서 그 이전에는 상상도 하지 못할 수준으로 향상된 것이다. 그야말로 300명의 노동자의 능력과 가치는 몇 배, 몇 십 배 증폭된 것이었다.

이제 책임자인 나는 더 이상 그 작업공동체에서 할 일이 없어졌다. 왜냐하면 그 창조적 대중은 스스로가 스스로를 통치하고 스스로가 스스로에게 통치 받는 이른바 자기통치를 하는 공동체가 되었기 때문이다.

따라서 나는 단지 작업지시를 하고 기술지원을 하고 그 결과를 확인하는 정도이지 나머지 일에 대해서는 나서지 않아도 되게 된 것이다.

이는 한사람 또는 소수가 다수를 지배하는 독재주의와 과두주의가 나타내는 압제당한 힘과 대중이 스스로 자기통치를 하고 그 통치는 받는 민주주의가 나타내는 증폭된 힘의 차이와 정확하게 같은 것이다.

나는 실로 우연하게 이 '홍익인간 모형'을 만리타국인 사우디아라비아의 건설현장에서 발견한 것이다. 우리가 흔히 말하는 한국인의 고유한 신바람이니 신기神氣니 하는 애매모호한 것들이 내 눈 앞에서 확연하게 그 정체를 드러낸 것이다.

또한 나는 동학농민전쟁과 항일독립전쟁과 4·19혁명과 광주민주화운동 등을 일으킨 대중들도 바로 이 이론체계를 대중 스스로 적용했다는 사실을 발견했다. 그리고 가장 가까운 시대에 일어난 5.·18광주민주화운동이 이 이론체계와 완전히 부합한다는 사실을 증명했다(최동환, 『우리는 99%에서 한사상으로』, 지혜의 나무, 2013).

그리고 뒤에 설명할 LG전자에서 에어컨 부품을 '홍익인간 모형'으로 만들었을 때 나타나는 그 강력한 성능이 또한 바로 그것이었다.

결국 동학농민전쟁과 그 후 일어난 대중운동들과 내가 사우디아라비아에서 300명의 노동자들과 함께 직접 경험한 내용은 동일한 것임이 증명된 것이다. 그리고 이 원리가 곧 우리 한민족의 고대국가의 설계원리인 천부경과 삼일신고와 366사에 공통적으로 내장된 원리임도 증명된 것이다.

1980년대에 일반에게 공개된 천부경, 삼일신고, 366사에는 홍익인간 모형이 공통적으로 내장되어 있었다.

나는 해외현장에서 귀국 후 300명의 노동자와 함께 직접 주도하여 경험한 '홍익인간 모형'에 대해 아무 것도 머릿속에 떠올릴 수 없었고 그것을 한 마디의 말로도 설명할 수 없었다.

왜냐하면 직접 경험했다고 해서 그 경험한 내용을 아는 것은 전혀 아니었기 때문이다. 내가 어렵게 이역만리 타향에서 '홍익인간 모형'을 경험했지만 그것은 아직 지식이 아니었다. 정확하게 말하면 나는 아무 것도 모르는 상태였다.

이러한 상황에서 우연하게 한민족의 고대국가 배달국에서 전한 『천부경』, 『삼일신고』, 『366사』를 만난 것은 나의 삶에서 일생일대의 행운이었다. 이 경전들에는 내가 사우디아라비아에서 창조적 대중과 함께 만들었던 모든 과정이 모두 수식과 도형과 부호와 철학과 신학의 이론체계로 빈틈없이 완벽하게 만들어져 있었다.

우리 한민족이 나라를 처음 세울 때 그 경전들을 만든 한인, 한웅, 단군왕검님은 창조적 대중이 스스로 개벽상태와 개천상태와 재세이화상태와 홍익인간상태를 만드는 존재임을 이미 정확하고 완벽하게 알고 있었던 것이다.

나는 사우디아라비아의 건설현장에서 300명의 노동자들과 함께 만들어낸 강력한 민주주의의 능력이 우리의 고대국가가 국가를 세운 설계원리를 담은 경전의 내용과 완전히 동일하다는 사실을 알게 된 것이다. 참으로 꿈에서도 생각지도 못한 놀라운 행운이 눈앞에 펼쳐진 것이었다.

그렇다면 내가 직접 수년 간 경험하고도 설명할 수 없었던 이 진리를 우리 한민족의 고대 철학자들은 얼마나 오랜 세월동안 얼마나 많은 천재들이 모여 연구하고 토론하며 이 경전들 안에 그 진리를 담아내는 작업을 했을까? 아마도 우리 한민족의 고대 국가에 존재하던 자연적 지식공동체가 수천 년의 세월에 걸쳐 만들었고 그것이 배달국과 단군조선과 고구려와 발해와 신라로 이어졌을 것이다.

나는 이 경전들을 연구하고서야 비로소 300명의 노동자들과의 경험을 '홍익인간 모형'의 도형과 수식과 철학과 신학의 용어로 머릿속에 떠올리고 말과 글로 설명할 수 있게 된 것이다.

그러나 이 설명도 나의 지식과 사색이 점진적으로 쌓이면서 더 자세하게 설명할 수 있게 된다. 말하자면 이 책에 이르러서야 비로소 '홍익인간 모형'을 역사철학과 정치철학의 틀로 설명할 수 있게 된 것이다.

참으로 우리는 안다는 것에 대해 겸손할 필요가 있는 것이다. 아는 만큼 이외에는 아무 것도 생각조차 할 수 없고, 한마디의 말도 할 수 없기에 말이다.

당시 『천부경』, 『삼일신고』, 『366사』는 한문으로 만들어진 경전으로 난해하기로 이미 정평이 나있었다. 실제로 이 경전들을 보면 마치 암호문과 같이 무슨 말인지 도통 알 수 없게 되어 있다.

그러나 나는 이 경전들을 보기 이전에 『주역周易』이라는 책을 어렸을 때부터 늘 옆에 끼고 다니면서 읽었고 또한 내가 사우디아라비아에서 경험한 이론을 주역에서 풀 수 있지 않을까 생각하여 주역을 깊이 있게 연구하고 있었기 때문에 이 경전들을 보는 순간 깊은 교감을 할 수 있었다. 그리고 어느 순간 이 경전들이 가지고 있는 비밀의 실마리가 풀리기 시작했다.

나는 귀국한 후 이 경전 연구에 몰입하여 우리의 고유한 경전들을 해설하고 이론체계를 정립하고 책으로 발간하는 작업에 오래도록 해왔다. 그리고 이 경전들 중 가장 중요한 『천부경』, 『삼일신고』, 『366

사』는 단군조선시대 이전의 국가인 배달국에서 전한 것이다. 참으로 놀라운 일이 아닐 수 없는 것이다.

불과 100년 전만 해도 수메르 문명이 존재했다는 사실을 아는 사람은 아무도 없었다. 그러나 이제는 수메르 문명이 서양문명의 모체임을 누구나 안다. 배달문명도 이처럼 아직 땅속에서 잠자고 있었던 것이다.

하지만 『천부경』, 『삼일신고』, 『366사』를 전한 나라가 배달국이라는 점에서 배달국은 우리 한민족이 건설한 국가 중 가장 위대하고 지적인 국가였을 것이 분명하다.

나는 이 『천부경』, 『삼일신고』, 『366사』를 전해주신 배달국의 성인현철들에게 말로 표현하기 어려울 정도로 큰 은혜를 입었다. "배달倍達"이라는 개념은 어느덧 내 자신이 되고 있다.

그리고 이 경전들을 읽으면 내 자신의 무의식 깊은 곳에 잠자던 것들이 깨어나는 것을 느낄 수 있었다. 내 경우에는 삼일신고의 366개의 글자를 읽을 때 그런 감정을 처음으로 느꼈다.

특히 삼일신고에서 '일신一神'이라는 두 글자를 보는 순간 느낀 감동은 이루 말로 표현할 수 없는 엄청난 것이었다. '일신'을 직역하면 '하나님'이 된다. 나는 삼일신고에서 이 '일신' 두 글자를 보는 순간 가슴이 뭉클해지고 코끝이 찡해지면서 눈물이 핑 돌았다. 그 어떤 이유도 없었다. 그냥 그렇게 되었다. 그 이유는 그로부터 30년 세월 동안 밝히고 있지만 아직도 다 밝힌 것 같지는 않다.

대우주와 대자연과 인간공동체의 작동원리에 대한 과학적 실험에 성공하다.

300명의 창조적 대중과 함께 사우디아라비아에서 직접 경험한 '홍익인간 모형'은 그 내용이 우리의 고대경전 안에 담겨있었다. 하지만 이 이론체계를 경전에서 찾아내어 설명했다 해도 과학적 실험을 통해 증명되지 않으면 지난 3천 년간 동서양의 사상가들처럼 단지 추상적인 수준에 만족해야한다. 결코 자신의 이론체계에 대해 확실성을 주장할 수 없다.

그런데 나는 우연히도 사회생활의 시작을 건설회사의 플랜트 엔지니어링 부서에서 시작하여 턴키베이스 설계에 대해 기본지식을 가지고 있었고 또한 내가 설계한 현장에서 직접 시공함으로써 설계와 시공을 통해 이론과 실제를 직접 연결해본 경험이 있었다. 그리고 그 시공현장에서 300명의 노동자와 함께 일을 하며 '홍익인간 모형'을 경험한 것이다. 그리고 귀국 후 우리의 경전에서 생명의 과정철학을 발견하고 우리의 『천부경』, 『삼일신고』, 『366사』 등을 책으로 발간하는 일을 해왔다.

그리고 우연하게 나의 책을 읽은 LG전자의 연구소 책임자의 초청으로 에어컨 설계에 컨설턴트로 참여하게 되어 이 경험을 되살리게 된 것이다.

나는 내가 직접 건설 현장에서 경험하고 우리의 경전에서 찾아낸 이론체계로 이 시대 우리나라의 대기업의 에어컨 신제품 설계에 컨설턴트로 참여하여 적용했다. 즉 LG전자의 연구소의 세계적 수준의 엔지니어들과 세계적 수준의 실험장비와 함께 과학적 실험을 통해 이 이론체계로 설계한 부품이 놀라울 만큼 증폭된 능력을 발휘함을 증명함으로써 신제품을 개발했다.

기존의 서양과 일본의 엔지니어들이 설계한 부품과 이 이론체계를 적용한 부품과의 차이는 바로 사우디아라비아에서 소수가 지배하는 노동자 공동체와 노동자 대중이 스스로 자기통치를 하는 노동자 공동체가 나타내는 능력과 가치의 증폭의 차이와 동일한 것이었다.

결국 내 나이 20대 후반에 아무런 의도나 계획 없이 우연하게 시작한 일이 다시 우연과 우연이 꼬리에 꼬리를 물며 지금에 이르게 된 것이다.

LG전자에서 에어컨을 최적화하는 실험은 우리의 경전에 담겨 있는 대우주와 인간 공동체의 작동원리를 실험실에 옮겨와 과학적 실험으로 그 원리를 증명하는 일이었다. 이는 결코 베이컨 식의 귀납적 실험이 아니었다.

이 실험은 공학적 실험의 형태를 가진 정치철학적실험이며, 역사철학적 실험이며, 논리학적 실험이며, 신학적 실험이었다. 나는 대우주와 대자연을 모형으로 삼는 실험에 에어컨이라는 기계를 적용했다. 에어컨의 부품을 대우주와 대자연으로 간주한 것이다.

224쪽 〈그림 13〉에서 기존의 팬은 그 중심 부분과 날개 부분의 비율이 4:96이었다. 그동안 구미와 일본의 엔지니어들은 바람이 나오는 날개의 부분을 최대한 확장하고, 바람이 나오지 않는 중심 부분은 아무런 의미가 없는 것으로 생각했다. 따라서 위와 같은 디자인을 택한 것이다. 이는 소수 지배의 과두주의와 같은 원리이다.

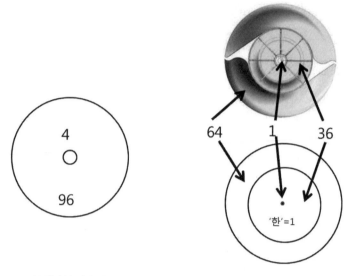

<그림 13> 소수지배의 과두주의 이론이 적용된 일반 팬과
플랫폼국가 이론이 적용된 Han-fan의 비교

플랫폼국가 이론이 적용된 Han -fan

이 실험에 사용된 모형의 평면도는 곧 성운의 모습을 한 대우주의 모습인 것이다. 이것이 우주를 관찰하는 차원에서 벗어나 우주를 모형으로 만들어 실험실 안으로 끌어들인 것이다.

이 실험의 첫 번째 목표는 공적영역과 사적영역이 과연 존재하는 것인가 하는 점이다. 우리가 이미 살펴보았지만 왕필이나 송나라 유학자들의 태극은 점에 불과하다. 이는 공적영역이 될 수 없는 것이다. 그리고 두 번째의 목표는 공적영역과 사적영역의 적정비율은 얼마인가이다.

<그림 13>의 오른쪽 그림이 내가 LG전자의 연구소에서 에어컨 팀과 2년 간 특강과 컨설팅을 통해 만들어낸 팬이다. 이 팬은 공적영역이 36

이고 사적영역이 64이다. 이는 천지인경의 설계와 동일한 것이다.

이는 창조적 대중이 공적영역에 36% 참여하고 사적영역에 64퍼센트 참여하는 것을 의미한다. 즉 창조적 대중의 자기통치 원리가 그대로 적용된 것이다. 그렇다면 기계도 자기통치의 원리가 효율적인가? 답은 그렇다 정도가 아니라 월등하다이다. 즉 능력과 가치의 증폭이 확연하게 나타난 것이다.

그동안 구미와 일본의 엔지니어들이 에어컨에 사용해온 구형 팬은 소수지배의 과두주의 형태를 가지고 있었다. 이와 같은 구형 팬을 에어컨에 장착했을 때 약 50데시벨(dBA) 정도의 소음에서 낮출 수 없다. 시끄러운 소리가 50데시벨을 넘는 경우 마음의 안정을 잃고 집중력이 떨어진다. 60데시벨 정도면 음식을 먹을 마음이 없어진다. 20데시벨: 나뭇잎이 흔들리는 소리, 30데시벨: 주택지의 밤, 40데시벨: 도서관에서 떠드는 소리, 50~60데시벨: 친구와 마주 이야기를 나누는 소리, 60~70데시벨: 전화소리, 80데시벨: 지하철역(김용근, 『명태 선생님의 환경교실』).

따라서 이 에어컨의 소음을 주택가의 밤이나 도서관에서 떠드는 소리 정도인 30~40데시벨(dBA) 정도로 낮추어 공기 순환 문제와 소음 문제를 해결할 필요가 있는 것이다. 기존의 4:96의 비율을 적용한 팬의 소음은 48.6데시벨이다. 이 소음으로는 가정의 에어컨으로는 부적합한 것이며 크기도 너무 크다. 그러나 내가 컨설팅한 36:64의 비율을 적용한 Han-fan의 모형실험에서는 소음이 그림과 같이 34.7 데시벨로 현저히 감소되었음을 나타내고 있다.

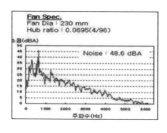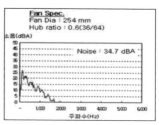

〈그림 14〉 기존 팬의 소음 데이터와 Han-fan의 소음 데이터

즉 이는 창조적 대중이 만들어내는 개천상태인 100=36+64'에서 나온 것이다. Han-fan의 소음 데이터에서 보듯 팬의 내부의 공적영역과 사적영역의 비율을 플랫폼국가 이론 36:64로 바꾸었을 때 나타난 소음의 저하는 놀라울 만큼 큰 것이었다. 이 에어컨에 장착된 한철학의 원리는 나의 책 『한사상과 다이내믹코리아』의 제5장 산업기술: 에어컨 속의 한사상에서 설명한 내용에서 사용한 일부 그림과 설명을 간단히 발췌한 것이다(최동환, 『한사상과 다이내믹코리아』, 지혜의 나무, 2006, 340~355쪽). 따라서 '개천상태 100=36+64'는 단순한 추상적인 철학이론이 아니라 현실 세계에서 기계에게도 탁월한 성능의 향상이 나타나는 실제적인 이론임이 검증되었다. 이 실험의 실험장소는 LG전자 DAC연구소의 소음진단센터 무향실(Noise Evaluation Center, anechoic room), 실험장비는 Bruel & Kjaer - PULSE LabShop, 실험일시는 2003년 12월 18일이다.

즉 바로 이 상태가 최적화된 대우주의 모습인 것이다. 그리고 플랫폼국가인 것이며 민주주의 국가의 이론체계인 것이다.

제3부 새로운 반도체문명을 열다

1. 홍익인간의 역사는 이렇다

인류는 "적어도 200만 년 전에서부터 1만 3천 년 전까지 모든 사람들은 약 50~150명으로 이루어진 긴밀한 수렵 채집 공동체에서 살았고 외부인과 마주칠 일이 별로 없었다."(마크 판 퓌흐트, 안자나 아후자, 『빅맨』)

200만 년 동안 인류는 계급이라는 것을 알지 못했다. 계급구조가 본격적으로 생긴 것은 불과 3천년에 불과하다. 그리고 지난 200만 년 동안 당연하게도 공동체에서 단 한 사람도 배제된 사람이 없고, 서로가 서로를 긴밀히 연결하여 네트워크를 이루는 '우리는 100%'를 이루고 있었다. 물론 수직적 계급구조는 존재하지 않았고, 자연스럽게 수평적인 평등구조를 이루는 '45도 혁명' 구조를 가지고 있었다.

그리고 이 기본적인 공동체 안에서도 지금처럼 남/녀, 노/소, 빈/부 등의 갈등은 있었다. 그러나 인류는 이 대립으로 분리되지 않고 통합하여 공동체의 능력과 가치를 유지했다. 이것이 개벽상태이다.

그리고 그 공동체 안에서 자연스럽게 스스로를 지배하고 지배받는 자기통치의 민주주의적인 정치제도를 가지고 있었다. 이것이 개천상태이다.

또한 인류는 200만 년 동안 수렵채집하기 위해 옮겨 다니며 살아왔다. 그 과정에서 새로운 곳에 머무르는 동안 주어진 대자연을 최대한 활용하여 공동체가 먹고 입고 자는 문제를 최적화했다. 이것이 재세이화 상태이다.

그리고 먹고 입고 자는 문제를 최적화한 다음 공동체의 개인과 개인에게 일어나는 모든 사건을 서로가 서로를 위해 이해하고 도와줌으로서 인간에게 생기는 모든 사건을 최적화하는 공동체적 삶을 살았다. 이것이 홍익인간 상태이다.

이처럼 인류는 200만 년 동안 "우리는 100%"과 "45도의 혁명"으로 서로가 서로와 긴밀하게 연결되었고 또한 수평적인 평등관계를 가지고 있었다. 나아가 개벽상태와 개천상태와 재세이화 상태와 홍익인간 상태의 과정을 살아왔다.

이것이 바로 인류가 200만 년 동안 운영해온 '홍익인간 모형'이다. 자연계를 지배하는 여러 맹수들보다 힘도 약하고 추위를 견딜 털도 없으며 강한 이빨과 발톱도 가지지 못한 인류가 멸종하지 않고 자연계를 평정하고 번영하며 만물의 영장이 될 수 있었던 가장 근본적인 무기가 바로 '홍익인간 모형'이었다.

이 모형은 수렵채집시대에서 유목농경시대로의 대혁명에서 보다 정교하게 바뀌었지만 그 기본적인 틀을 그대로였다. 우리는 이 시대를 신석기시대와 청동기시대로 부른다. 이 신석기시대와 청동기 시대에 국가가 탄생하면서 '홍익인간 모형'은 더더욱 정교하게 완성되었다. 그 대표적인 국가가 한민족의 고대국가인 한국, 배달국, 단군조선이며 이는 다시 삼국시대로 이어졌지만 고려와 조선에서 사라졌고 대한민국에서 다시금 복원되고 있다.

이 '홍익인간 모형'은 지난 3천 년 간 인류를 지배한 철기시대에 와서 완전히 파괴되고 그 대신 차라투스트라의 이원론적 유토피아론이 동서양을 지배해왔다.

이 시대는 대중의 자기통치가 완전히 사라지고 대신 소수의 지배자가 다수의 대중을 지배하며 수직적 계급구조를 만든 것이다. 그러나 지난 3천 년 간의 철기시대는 이제 제3차 산업혁명 이후로는 반도체문명으로 바뀌고 있으며 제4차 산업혁명부터는 다시 대중이 자기통치를 하는 민주주의로 가고 있다. 즉 '홍익인간 모형' 다시 살아나고 있는 것이다.

홍익인간 모형 안의 여러 상태들은 무엇을 설명하고 있는 것일까?

지금까지 우리는 '홍익인간 모형'이 전체적으로 어떤 모습을 하고 있는지에 대해 다양한 방법으로 알아보았다.

이제부터 '홍익인간 모형'의 전체적인 과정 안에 있는 여러 상태들 하나하나에 대한 세부적인 내용을 알아볼 차례이다.

236쪽의 그림이 바로 홍익인간 모형 전체의 과정과 그 안에 담긴 세부적인 여러 상태들이다. 천지인경에서 만들어진 모형에 다시 세부적인 내용이 포함되고 서로의 상관관계가 표시된 전체적인 '홍익인간 모형'이다.

차라투스트라 이후 동서양의 이원론은 공동체의 자기파괴적인 원리였다. 고대 순환론과 이븐 할둔과 슈펭글러와 토인비의 역사 순환론은 이원론을 극복하는 획기적인 원리를 담고 있지만 역사철학에 머물렀을 뿐 그것은 이론철학과 정치철학으로 발전할 정도로 규모를 갖추지 못했다. 한민족이 역사를 통해 살아온 삶의 방식과 그것을 이론체계로 만들어 담아 전해온 천부경, 삼일신고, 366사 등의 고대경전은 역사철학은 물론 이론철학과 정치철학을 모두 설명하는 이론체계를 담고 있다. 그것은 다소 복잡하다. 하지만 실제 현실에서 대자연과 인간 공동체가 진행하는 생명의 과정은 그림에서 보이는 것과 같다. 대자연과 국가와 사회의 움직임은 결코 단순하지 않다.

모든 생명체는 단순한 물질과 달리 DNA를 통해 자신의 정보를 저장하고 후세에 전한다. 그러나 DNA는 생물 개체들의 개별적인 생물학적 정보를 전할 뿐이다. 인간공동체 특히 한민족은 대자연 전체와 인간 개인과 국가와 사회 전체가 생장소멸하는 거대하고 세밀한 사물의 영역과 관념의 영역을 통합함으로써 생명의 과정을 진행하는 이론철학과 정치철학과 역사철학 등은 '홍익인간 모형'이 저장하고 복원하며 전하는 것이다.

저장과 복원은 어느 시대에서든 그 시대에 맞게 '홍익인간 모형'을 가능하게 하는 기본적인 요소이다. 우리 한민족은 언제나 이 저장과 복원이 분명하게 일어났다. 그 대표적인 예가 한국桓國에서 구두口頭로 전해진 천부경을 배달국에서 문자로 옮기고 또한 그 내용을 삼일신고와 366사로 확장하여 이 세 경전을 제작한 것이다.

그리고 『천부경』, 『삼일신고』, 『366사』를 단군조선에서 그대로 받아들였고 그 지식을 바탕으로 여러 경전들을 새롭게 만들고 저장한 것이다.

배달국과 단군조선에서 저장한 지식을 고구려, 백제, 신라, 발해가 다시 복원한 것은 분명하다. 고구려는 배달국과 단군조선에서 저장한 모든 지식들을 그대로 승계받았고 그것을 바탕으로 새로운 여러 경전들을 만들어 다시 후세를 위해 저장했다. 그리고 이 지식들은 백제와 신라와 발해가 다시 받았다.

발해는 그 이전의 배달국, 단군조선, 고구려에서 저장한 모든 지식을 다시 복원했다. 그리고 그것을 바탕으로 다시 새로운 지식을 만들어 저장했다.

발해의 유민들을 통해 고려로 들어온 이 경전들이 어떤 경로로 이 시대에 전해지는지는 분명하게 알려져 있지 않다. 그러나 발해가 중요한 역할을 한 것은 틀림없다.

또한 신라의 경우 발해와 달리 국가적으로 이 지식을 복원했다고 여겨질 증거는 아직 발견되지 않았다. 그러나 신라말 고운 최치원 선생은 명백하게도 개인의 자격으로 이 저장된 지식들을 찾아내어 복원했다. 경주 최씨 문중에는 『고운선생사적편孤雲先生事蹟篇』의 천부경이 전해지며 또한 삼국사기를 통해 유명한 『난랑비서鸞郞碑序』를 전함으로써 '홍익인간 모형'의 중요한 자료가 되고 있다.

신라 말 고운 최치원 선생부터는 한민족의 국가차원의 '홍익인간 모형'의 지식을 저장하고 후세에 전하는 사업을 국가가 포기한 대신 그 일을 개인들이 떠맡는 일로 변모한 것이다. 고려와 조선에서 특히 그러했고 지금 대한민국에서도 국가 대신 개인들이 이 일을 떠맡고 있다.

동학농민전쟁의 핵심 시천주侍天主를 내세운 최제우 선생에게는 이미 이 '홍익인간 모형'의 핵심이 있었다. 그리고 우리 민족에게 무의식속에 살아있던 '홍익인간 모형'이 전면적으로 현실세계로 뛰쳐나온 것이다.

최제우 선생은 경주 최씨로서 최치원 선생의 후손으로 알려져 있다. 그러나 당시 최제우 선생이 『천부경』, 『삼일신고』, 『366사』 등을 접했는지의 여부는 알려진 바가 없다. 그럼에도 무려 1,000년 만에 최치원 선생이 남긴 '홍익인간 모형'이 최제우 선생에게서 개인적 차원에서 다시 부활한 것이다.

또한 항일독립운동에서는 드디어 극한의 어려움을 극복하고 이기선생, 나철 선생, 계연수 선생 등을 통해 『천부경』, 『삼일신고』, 『366사』가 세상에 알려지기 시작했다.

그리고 특히 계연수 선생을 통해 전해진 한단고기에는 고려 이후 사라진 한민족의 고유한 경전인 천부경과 삼일신고와 그 외 여러 경전들을 담고 있다는 점에서 의미가 크다. 그리고 대종교는 만주에서 단군을 앞세운 독립운동을 활발하게 전개하며 경전과 역사를 전했다.

나아가 대한민국 임시정부의 대한민국 건국강령은 한민족의 고유한 경전 신지비사에 담긴 '홍익인간 모형'을 사용함으로써 고려와 조선 1,000년 동안의 한민족 정신의 암흑기를 극복하고 다시 한민족 국가의 철학을 정식으로 계승했다(뒤에서 자세히 설명한다).

그리고 해방 후 이 경전들은 힘을 잃고 사라지다가 1980년대 중반에 한단고기가 번역되며 다시 일반에게 전면적으로 공개되기 시작했다.

나는 1980년대 초 사우디아라비아에서 노동자 300명이 직접 행동으로 보여준 한민족의 육화된 '홍익인간 모형'을 경험했다. 그리고 1980년대 중반에 한단고기를 통해 공개된 '홍익인간 모형'의 지식인 천부경, 삼일신고, 366사를 만나 지금까지 이 지식의 복원을 위해 노력하고 있다.

그리고 나 역시 경주 최씨로서 최치원 선생의 후손이다. 나에게서 복원되어 다시 활용되고 저장되는 '홍익인간 모형'은 신라의 최치원 선생 이래 고려와 조선에서처럼 국가와 무관한 개인 차원의 일이다.

우리 한민족은 이렇게 6천 년 간 모든 왕조에서 '홍익인간 모형'의 저장과 복원을 거듭해온 것이다. 그 중에서 이 대한민국에서의 복원이 가장 극적인 것이다. 왜냐하면 고려와 조선 1,000년 간의 공백을 깨고 다시 복원하는 것이기 때문이다. 더구나 그것은 '홍익인간 모형'의 시련기인 철기문명 3천 년을 견디고 이 이론체계를 가장 완벽하게 적용할 수 있는 반도체 문명의 시대를 시작하기 때문이다.

2. 반도체문명이란 무엇인가?

200만 년 동안 자기통치의 민주주의를 운영해온 인간은 어떤 형태로든 공동체에서 배제되는 것과 공동체가 계급구조로 이루어져 지배자와 피지배자로 나뉘는 것을 견디지 못한다. 그리고 소수가 다수를 배제하고 계급구조를 만드는 것은 오로지 거짓말과 폭력으로만 가능하다.

따라서 공동체를 소수의 지배자와 다수의 피지배자로 나누고 공동체가 계급화될 때 그것을 다시 자신들이 200만 년 이상 살아왔던 평등하고 민주주의적인 사회로 만들려고 하는 생각과 행동은 너무나 자연스러운 일이다.

우리는 100%와 45도의 혁명은 거짓말과 폭력으로 유지되는 소수지배를 극복하고 대중이 주인이 되는 것이다.

그러나 지난 3천 년 간 철기문명 내내 동서양은 "우리는 100%"가 아니라 거짓말과 폭력으로 공동체를 지배자와 피지배자로 만들어 피지배자를 배제시키고 억압하는 이원론이 진리로 통했다. 그리고 공동체를 평등하게 유지하는 "45도의 혁명"을 파괴하고 대신 수직적 계급구조를 만들었다.

이로써 지난 3천 년 간 동서양에서 다수의 대중이 자기통치를 하는 민주주의는 파괴되었고 대신 소수가 다수를 지배하는 거짓말과 폭력으로 유지되는 과두주의가 진리로 행세했다. 그것이 서양에서는 플라톤의 철학이었고 동북아에서는 중화주의 유교였다.

따라서 지난 3천 년 간 동서양에서 인류는 이를 원래대로 대중의 자기 통치를 위한 민주주의로 바꾸려고 해왔지만 이 시도는 모두 실패했다.

그러나 제4차 산업혁명이 여는 반도체문명은 이 거짓말과 폭력을 극복하고 배제하는 사람 없이 모두가 참여하는 '우리는 100%'와 수평적 평등구조를 만드는 '45도의 혁명'을 현실화하는 방향으로 나아가고 있는 것이다.

즉 소수지배의 과두주의는 오로지 거짓말과 폭력으로만 유지된다. 그러나 이미 제3차 산업혁명에서도 이미 모든 정보가 대중에게 공유되기 때문에 더 이상 소수지배의 거짓말이 통하지 않게 되는 것이다. 그리고 소수가 다수를 지배하기 위해서는 폭력이 절대적으로 필요하지만 모든 정보가 공유되는 사회에서 부당한 폭력은 행사되기 어렵다. 따라서 제3차 산업혁명만으로도 거짓말과 폭력으로 유지되는 정치제도는 존재하기 어렵게 된다.

인류역사상 가장 치명적인 소수 지배의 관료주의와 거짓말과 폭력으로 유지되는 정치제도는 중화주의 유교와 전체주의이다.

이 두 정치제도는 제3차 산업혁명부터는 유지가 어려워진다. 인간이 200만년 동안 운영해오던 민주주의와 완전히 반대되는 것이기 때문이다.

그리고 제4차 산업혁명부터는 인공지능과 사물인터넷을 통해 기계가 자기통치를 하게 된다. 이와 같은 고도로 발달한 사회를 운영하기 위해서는 무엇보다 먼저 인간이 200만 년 동안 해오던 자기통치의 민주주의로 돌아가야 하는 것은 당연한 일이다.

그렇지 않다면 인간은 고도로 발달한 전체주의를 받아들여야 할 것이다. 이 전체주의는 인간에게 지난 3천 년 간보다 더 지독한 소수지배의 계급화된 정치제도가 될 것이 틀림없다.

결국 미래의 반도체문명은 인류가 200만 년 이상 운영해오던 자기통치의 민주주의로 되돌아가는가 아니면 철기문명 3천 년보다 더 지독한 최악의 전체주의로 전락하는가 하는 양자택일이 될 것이다. 그 양자택일의 시금석이 바로 누구도 배제하지 않는 "우리는 100%"과 모든 계급이 평등하게 되는 "45도의 혁명"이 이루어지는가 아닌가이다.

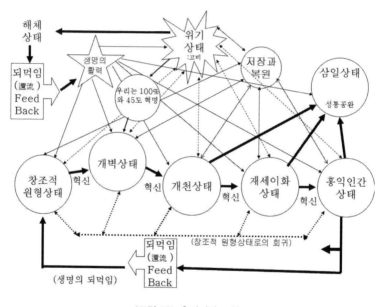

〈그림 15〉 홍익인간 모형

바로 여기서부터 지난 200만 년 동안 인류가 운영해온 민주주의가 이루어지는 과정인 개벽상태와 개천상태와 재세이화상태와 홍익인간 상태로 이어지는 '홍익인간 모형'이 시작하기 때문이다.

플라톤과 그의 수제자 히틀러는 전체주의의 존재방식인 대중조작 프로파간다의 원조다.

소수가 다수를 지배하여 수직적 계급구조를 만드는 방법은 오로지 거짓말과 폭력뿐이다. 지난 3천 년 간 철기문명을 대표하는 철학자 중 한사람인 플라톤은 뻔한 거짓말도 대를 이어 거듭거듭 주입시키면 대중은 마침내 그 거짓말을 진리로 받아들인다는 대중조작의 프로파간다의 원리를 처음으로 그의 저서 『국가』에서 확립했다.

실제로 그의 이원론은 지난 2천 5백 년 간 탁월한 진리로 받아들여져 서구 문명을 지배했고, 세계의 수많은 대학교들을 완벽하게 지배하는 위대한 철학으로 자리 잡고 있다. 하지만 그의 철학의 정체를 냉철하게 이해하는 사람은 거의 없었다.

이 사실에 대해 버트란트 러셀은 "플라톤은 암시로 사람들까지 속일 수 있는 방법을 가지고 있었으며, 후세 사람들은 그의 이상국가가 암시하고 있는 내용을 알지도 못하면서 무조건 존중하였던 것이다. 그리하여 플라톤을 칭찬하는 것은 언제나 옳은 일로 여겨 왔지만, 그를 이해하는 것은 언짢은 일로 간주되었다"라고 정확하게 비판하고 있다(러셀, 『서양철학사』상). 이는 동북아에서 동중서의 중화주의 유교도 똑같은 입장이었다. 그러나 반도체문명에서 플라톤과 동중서를 극복하지 못한다면 반드시 낙오하게 되는 것이다.

히틀러의 지적 살인은 큰 거짓말로 시작했다. 현실에서 6백 만 명의 유태인을 학살했다면, 그 이전에 이미 철학에서 그 수십 배의 사람들을 지적으로 학살했기 때문이다.

히틀러는 페르시아의 이원론적 유토피아론을 "선善이자 선택받은 아리안 인종이 악惡이며 노예인종인 유태인을 제거하면, 천년제국이 이루어진다"는 인종논리로 바꾸어 스스로 전체주의를 실행했다.

히틀러는 전체주의 국가의 설계도인 『나의 투쟁』에서 이른바 대중은 작은 거짓말보다 큰 거짓말에 쉽게 넘어간다는 말을 다음과 같이 정리했다.

"그야말로 올바른 원칙, 곧 거짓말이 크면 믿어 줄 수 있다는 일정한 요소가 늘 존재한다는 원칙 에서 출발했다. 왜냐하면 국민 대중의 마음은 본질적으로 의식해서 일부러 악인이 된다기보다는, 오히려 다른 것에 의해서 손쉽게 타락하는 것이며, 따라서 그들 심성의 단순한 우둔함으로 인해 작은 거짓말보다 큰 거짓말의 희생이 되기 쉽기 때문이다."
(히틀러, 『나의 투쟁』)

히틀러는 "이상은 이 세상의 모든 큰 거짓말쟁이나 큰 거짓말쟁이 단체가 아주 밑바닥까지 알고 있으며, 따라서 비열하게도 이용하고 있는 사실인 것이다"라며 이 큰 거짓말은 이미 이 세상의 개인과 단체에 의해 널리 사용되고 있다는 사실에 대해 한 마디 더 붙이고 있다.

플라톤이 서양문명의 설계자라면, 명백하게도 히틀러는 제1차 세계대전 이후 발생한 전체주의의 설계자이다. 플라톤은 지적 사기의 설계도인 『국가』와 『법률』, 『정치가』 등의 책 안에서만 철학왕이었다. 그러나 히틀러는 전체주의 국가의 완벽한 지적사기 설계도인 『나의 투쟁』 안에서는 물론 현실정치에서도 이 세상에서 가장 지성적인 독일인 8천만 명으로 구성된 '제3제국'이라는 전체주의 국가를 설립하여 실제로 운영한 철학왕이었다.

그 후 전체주의 국가들은 플라톤 이래 2천 5백년 만에 출현한 철학왕 히틀러가 만든 전체주의 국가의 설계도와 운영방법을 금과옥조처럼 소중하게 사용해왔다. 20세기의 전체주의 국가의 운영원리에 대해 조지 오웰은 그의 『1984』에서 다음과 같이 말함으로써 지난 3천 년의 지적 사기 역사를 총정리한다.

"만약 다른 사람들이 당이 강요하는 거짓말을 받아들인다면 - 만약 모든 기록이 똑같은 거짓말을 한다면 - 그 거짓말은 역사 속으로 들어가 진실이 되는 것이다. 당의 슬로건은 말한다. '과거를 통제하는 자가 미래를 통제한다. 그리고 현재를 통제하는 자가 과거를 통제한다.' 하지만 과거는 본질적으로 변경 가능하지만, 절대 변경된 적이 없었다. 현재의 진실이 영원히 진실이다. 원리는 간단했다. 끝없이 계속해서 사람들의 기억만 정복하면 되는 것이다."(조지 오웰. 『1984』)

전체주의는 거짓말을 수단으로 과거를 조작함으로써 미래를 조작할 수 있다. 그러기 위해서 현재를 조작한다는 것이다. 말하자면 현재의 권력이 거짓말로 과거와 미래를 조작한다는 것이다. 총칼을 든 자가 비밀경찰과 강제수용소로 위협할 수 있을 때 조작 못할 것이 무엇이겠는가? 그들은 먼저 과거를 조작하고 현재를 조작하며 미래를 조작한다.

'우리는 100%'와 '45도의 혁명'은 창조적 대중이 이같은 소수 지배를 가능하게 하는 거짓말에 속지 않고 폭력을 극복하는 일에서 시작한다.

일반인들이 저지르는 사기와 살인은 범죄이다. 그러나 국가가 지적 사기와 지적 살인을 저지를 때 그것은 엄숙한 철학이며 열정적인 이데올로기이다. 그리고 그것은 대학 강의실이나 독서클럽에서 진리로 포장되어 가르진다. 역사상 그 누구도 그 지적사기와 지적 살인을 고발한 적이 없고 또한 그 누구도 처벌할 수 없고 처벌된 적도 없다. 그저 제멋대로 제 마음껏 지적사기와 지적살인을 저지르다가 스스로 망할 때까지 기다리는 방법밖에 없었다.

지금까지 이 지적 사기와 지적 살인을 나쁘다고 말한 사람들은 있었지만 그것을 극복하는 해법을 제시한 사람은 없었다. 왜냐하면 플라톤과 동중서에서 보듯 서양철학과 동양철학의 바탕 자체가 모두 그 시작부터 거짓말을 바탕으로 이루어진 것이기 때문이다. 따라서 그 틀 전체를 새롭게 바꾸지 않는 한 지적 사기와 지적 살인을 극복하기는 불가능한 것이다.

그것은 반드시 지난 3천 년 간 문명과 다른 문명이 시작될 때 극복될수 있을 것이다. 그런 면에서 지금 우리가 맞는 제4차 산업혁명으로 시작하는 반도체문명은 지금까지의 철기문명과 완전히 다른 차원의 문명이다. 우리는 이제 이 지적 사기와 지적 살인으로부터 벗어날 계기를 맞고 있다.

또한 그것은 반드시 이들 동서양문명과 전혀 다른 문명에서 만들어진 극히 세련된 것이어야 한다. 바로 그 문명이 우리 한민족이 창조한 배달문명이다. 그리고 그 방법론이 바로 '홍익인간 모형'이다. 전혀 알려지지 않은 한민족의 문명에서 만들어졌지만 미래의 반도체문명을 최적화시킬 수 있는 모형이다.

미헬스의 과두제의 철칙과 전체주의

로베르트 미헬스는 『정당사회학』에서 유명한 과두제의 철칙을 주장한다. 그의 논지는 어떤 조직이든 결국 소수가 다수를 지배하는 과두제가 된다는 것이다. 즉 "근대는 조직을 낳고, 조직은 관료제를 낳고, 관료제는 과두제를 낳고, 과두제는 보수적인 신엘리트를 낳는다"이다.

그리고 바로 그 신엘리트들이 전체주의 국가인 히틀러의 독일과 스탈린의 소련과 천황중심 국체주의 일본을 지배했다.

현대 사회의 유기적 구조를 살펴본다면, 우리는 이 사회는 지위, 권력, 소득의 견지에서 모두 계층화되어 있고, 소수가 상층에 다수가 하층에서 각각 위치하고 있다는 사실을 발견할 수 있다. 이는 자유주의 국가에서도 마찬가지로 일어나고 있다는 점에서 심각한 것이다. 즉 현대사회는 언제 어느 나라에서든 전체주의로 바뀔 수 있음을 말한다.

즉 현대사회는 국가는 물론이고 모든 조직체에는 과두주의가 존재한다. 즉 기업, 노동조합, 정당, 교육기관, 종교단체, 사회단체 등에서 언제나 소수가 다수의 위에서 권위와 지배력을 행사한다.

특히 전체주의 국가에서는 소수의 지도자와 당간부, 관료, 군부세력 등의 엄격한 통치엘리트가 존재한다. 미헬스는 당연하게도 근대와 현대의 모든 국가와 조직에서 민주주의는 존재한 적이 없다고 말한다.

"대의제는 민주주의가 아니다. 조직에 민주주의란 더 이상 없다. 대중의 직접 민주주의는 조직의 건설과 더불어 이미 한 때의 꿈으로 멀어져 버린 뒤이기 때문이다. 이제 조직을 유지하는 것은 과두적 지배체제를 항구화하려는 지도부의 욕구와, 이 지도부를 헌신적으로 추종할 도리밖에 없는 대중의 무기력이다."(로베르트 미헬스, 『정당사회학』)

민주주의는 고대 아테네에서 노예제를 바탕으로한 불완전한 민주주의가 존재했었다. 그러나 아테네 이후 그 불완전한 민주주의와 비슷한 것조차 있어본 적이 없는 것이다. 모두가 한 사람의 독재주의나 소수의 과두주의에 불과했다.

과거에는 한 명의 군주가 대중위에 군림했지만 우리가 민주주의라고 생각하는 제도는 한 명의 군주대신 한 부류의 소군주들을 자신의 손으로 뽑는 것이다.

그럼으로써 "인민은 국가 기구에 대한 지배를 자유롭고 자립적으로 행사할 수 없기 때문에 자진해서 기본권을 헌납한다. 인민에게 유보된 유일한 권리란 지배자를 가끔 새로이 선출할 수 있는 '한가롭고 보잘것 없는' 선거권에 불과하다."(로베르트 미헬스, 『정당사회학』)

우리가 선거를 통한 대의제로 지도자를 선출한다고 해서 민주주의를 운영하고 있다고 믿는 것은 치명적인 착각이다. 근대 이후 그 이름이 무엇이든 민주주의로 불리어온 것은 모두 소수지배의 과두주의에 다양한 모습의 하나에 지나지 않는 것이다. 대의제야말로 과두주의의 전형적인 모습이다.

바쿠닌은 "대의제는 민의를 보장하기는커녕 그와 정반대로 국민에 반하는 정부의 엘리트 정치가 지속되도록 보장해주는 안전장치일 뿐"이라고 지적했다. 즉 "보통선거는 교묘한 속임수요 미끼요 안전밸브요, 실은 뒤에 경찰력 · 은행 · 군대를 기반으로 한 국가의 전제적 권력을 숨긴 가면이요, 엘리트 정치를 감추는 데 기여하는 이른바 민의라는 이름으로 국민을 억압하고 파멸하는 기가 막힌 방편인 것이다."(다니엘 게렝, 『아나키즘 이론에서 실천까지』)

미헬스는 "과두적 구조가 고도로 발전하면 지도부는 본조직뿐만 아니라 산하기관들의 재산까지도 자신의 재산으로 간주한다. 그렇듯 공공 소유와 사적 소유를 혼동하는 것은 정당 과두정과 국가 과두정 모두에게서 공통적으로 나타나는 현상이다"라고 말한다(로베르트 미헬스, 『정당사회학』).

문제는 소수지배의 과두주의는 그것이 정당이든 노동조합이든 국가이든 모두 그 집단을 지배하는 소수의 이익을 위해 존재할 뿐 결코 대중을 위해 존재하지 않는 것이다. 따라서 소수지배의 과두주의는 반드시 대중을 착취하고 억압하기 마련이며 그것이 쌓이면 민란과 혁명과 같은 유혈저항을 하기 마련이다.

자크리의 난, 독일농민전쟁, 프랑스혁명, 러시아혁명 등이 바로 그것이다. 그런데 대중이 유혈저항을 통해 이루려는 것은 소수지배를 막고 대중이 자기통치를 하기 위함일 것이다.

그러나 모든 유혈저항은 그 자체가 또한 소수의 엘리트들이 다수의 대중을 이끄는 치명적인 악순환을 맞게 되는 것이다. 따라서 대중은 기존의 소수지배의 과두주의를 몰아내려고 유혈저항을 하지만 그 저항을 이끄는 자신들의 지도자가 또한 새로운 소수지배의 과두정치를 통해 자신들을 억압하고 있다는 사실을 전혀 알아채지 못하는 것이다.

따라서 근대 이후 발생한 모든 유혈저항은 다시 소수지배의 과두주의로 되돌아가는 악순환의 단순한 반복에 불과하다. 그리고 그 결과로 대중이 다시는 유혈저항을 할 엄두도 내지 못하는 무지막지한 전체주의의 철권통치가 선전선동과 비밀경찰과 강제수용소를 수단으로 출현한 것이다.

 더구나 사회주의와 공산주의를 주장한 소련과 중국, 북한 등의 붉은 전체주의의 경우 같은 프롤레타리아 계급에서 소수지배자가 출현하여 같은 프롤레타리아 계급을 파블로프의 개로 만들어버리는 최악의 비극이 일어난 것이다. 그런가 하면 반대편에서는 대단히 세련된 전체주의가 소리 없이 대중을 지배하고 있는 것이다. 결국 소수지배의 과두주의가 가장 발달한 정치제도가 20세기 이후의 전체주의인 것이다.

 이러한 과두주의와 그것의 극한인 전체주의가 발생하는 것은 서양문명이 기본적으로 플라톤의 거짓말로 만들어진 이원론과 짜라투스트라의 이원론적 유토피아론을 바탕으로 하기 때문이다. 이같은 자기파괴적인 이원론으로는 끊임없는 악순환을 피할 길이 없다.

 과거 어떤 혁명이나 혁신이든 반드시 희생양을 필요로 했다. 이것은 인간이 공동체를 만든 이래 어떤 방식으로든 해온 악습이다. 선사시대에는 짐승을 죽여 희생을 삼았지만 그것이 사람을 죽여 희생을 삼는 방식으로 바뀐 이래 지금까지도 변치 않는 방법이다. 그리고 평상시에는 사회에 최하위 계급을 두고 그들을 학대함으로써 사회를 유지한다. 따라서 근대 이후 모든 나라에서 특수이익집단의 카르텔이 발생하는 것을 막을 수 없다.

3. 우리는 100퍼센트와 45도의 혁명

이 문제를 해결하는 방법은 오로지 '45도 혁명'과 '우리는 100%'뿐이다. 그 어떤 희생양도 만들지 않고 아무도 배제하지 않고 모든 구성원이 민주주의적으로 하나가 되는 것이다. 이것이 '홍익인간 모형'의 시작이다.

그 시작은 수직적 계급구조를 수평적 평등구조로 바꾸어야 한다. 그것이 45도의 혁명이다. 동시에 누구도 배제하지 않는 '우리는 100%'를 이루는 것이다. 이것이 차라투스트라와 플라톤과 동중서의 이원론과 수직적 계급구조를 극복하는 유일한 방법이다.

지배계급은 위장된 도덕과 정의를 선전선동을 통해 대중들을 세뇌시킨다. 그러나 아래 그림과 같이 이 수직적 계급구조는 45도로 회전시킬 때 정상적인 수평적 평등구조가 나타난다. 천부도天符圖가 45도의 혁명에 의해 출현하는 것이다. 개벽 상태가 준비된 것이다.

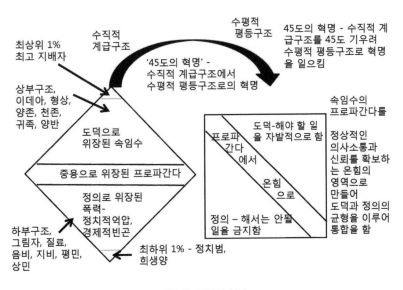

〈그림 16〉 45도의 혁명

이 그림에서 보는 것 같이 수직적 계급구조에는 최상위 1%와 최하위 1%가 존재한다. 그리고 상부구조의 지배계급이 존재한다. 이것이 플라톤에게는 이데아, 아리스토텔레스에게는 형상이다. 중화주의 유교에서는 양존陽尊, 천존天尊이다. 이 계급은 양반, 귀족, 공산당, 노동당이며 이들은 도덕으로 위장된 속임수로 계급구조를 만들어 지배한다.

하부의 피지배계급은 플라톤에게는 동굴의 세계이며 아리스토텔레스에게는 질료이다. 중화주의 유교에서는 지비地卑이며 계급은 여성, 평민, 상민이다. 이들은 정의로 위장된 폭력으로 지배받는다. 최하위의 1%는 희생양으로 정치범이며 강제수용소에 갇힌 죄수이다. "45도의 혁명"은 이 모든 불평등한 계급구조를 평등의 민주주의 구조로 바꾸는 혁명이다.

과두주의를 민주주의로 바꾸는 45도의 혁명과 우리는 100%와 천부도

45도의 혁명은 곧바로 천부도天符圖를 만들어냈다. 이 천부도는 또한 "우리는 100"를 구성한다. 누구도 배제하지 않는 100%이다. 이것이야말로 민주주의의 바탕이다.

즉 우리나라에는 하나가 빠져 100이 되지 못함으로써 일을 망친다는 개념의 수많은 이야기와 전설이 있다. 가령 100개의 산이 있어야 수도가 되는데 하나가 빠져 수도가 되지 못한 전설이 있다. 또한 왕만이 100칸의 집에서 살 수 있고 나머지는 아무리 권세가 높고 돈이 많아도 99칸의 집에 만족해야 했다. 또한 몽골의 전설에서 하나가 빠져 신들이 전쟁을 일으켰다는 신화가 있고, 우리나라 무속인들이 사용하는 99 상쇠방울도 있다.

이 모든 경우는 모두 100을 이룰 때 그 다음 과정이 있음을 말하며 그 중 하나라도 배제되면 그 과정이 멈추게 되는 것을 말한다. 이러한 상태는 "우리는 100%"를 나타내는 아래의 그림이 설명한다.

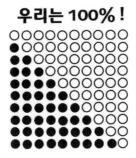

우리는 100%!

우리는 100%이다.
어느 누구 한 사람도 배제하지 않고 100%를 이룰 때 우리이다.

〈그림 17〉 우리는 100%

이러한 모든 자료가 말하는 진리는 인간이 만드는 공동체는 "누구도 배제하지 않는 우리는 100%"가 바탕이 되어야 한다는 것이다.

그 점에서 우리나라의 화백제도는 중요한 의미를 품고 있다. 이는 쿠릴타이로 알려진 몽골을 비롯한 유목민들의 전통적인 민주주의적 합의의 방식이기도 하다.

신당서 신라전에는 "나라 일은 반드시 무리가 모여 의논하고 결정하는데 이 제도를 화백이라 한다. 한 사람이라도 의견을 달리하면 채택하지 않는다"고 했다(『동이전』).

이로써 화백은 만장일치제라는 특징을 가지고 있음을 말해 준다. 즉, 전체인 100에서 1이 빠짐으로서 99가 되는 것을 처음부터 막는 제도인 것이다.

토지개혁은 민주주의의 근본인 "45도의 혁명"과 "우리는 100%"가 대한민국의 현실에서 어느 정도 실현된 의미심장하고 역사적인 혁명이었다.

　대한민국의 45도 혁명과 우리는 100%는 토지개혁으로 만들어낸 것이다.

　산업화를 통해 고속성장을 이룬 한국, 일본, 대만 등의 동아시아 국가들은 모두 토지개혁에 성공한 국가라는 공통점을 가지고 있다.

　우리나라와 일본, 대만 등의 토지개혁 성공은 소련과 중국, 북한의 토지개혁의 실패와 확연히 구분된다. 이들 전체주의 국가들은 지주들의 토지를 빼앗아 농민들에게 무상으로 나누어준다고 하여 농민들을 혁명에 끌어들였다. 그러나 실제로는 국가가 새로운 지주가 되고 농민들은 더 열악한 상태에서 소작인이 되는 형식이었다. 농민들은 협동농장에 소속됨으로 해서 자율과 자치를 완전히 말살당한 것이다. 그리고 지금도 중국은 농지의 소유권을 농민이 가지지 못함으로써 반쪽짜리 농지개혁에 머무르고 있다.

　우리나라를 비롯한 동아시아의 농지개혁은 저렴한 가격으로 농민이 농지를 취득할 수 있고 또 처분권을 가짐으로써 소작농이 자작농으로 전환될 수 있었다.

　즉 우리나라를 비롯한 일본, 대만 등은 중화주의 유교 2천 년 동안 존재하던 농지를 중심으로 한 계급사회를 극복하고 민주주의의 바탕이 되는 "45도의 혁명"과 "우리는 100%"를 이루어 누구나 평등하고 누구도 배제하지 않고 농지를 소유하는 개혁에 접근할 수 있었다. 물론 그것이 완전한 것은 아니었지만 대체로 만족할 만큼의 개혁이었다. 따라서 이 국가들은 그 이전에 비해 국민의 능력과 가치가 몇 배, 몇 십 배의 증폭할 수 있는 바탕을 얻은 것이다.

그러나 소련과 중국과 북한의 토지개혁은 처음에는 지주와 귀족의 땅에 소속된 노비, 소작인들에게 무상몰수, 무상분배 방식을 주장했지만 결국 그들은 국가라는 새로운 지주에게 소속된 노비, 소작인으로 전락함으로써 더 지독한 지주에게 예속된 노비와 소작인으로 전락했다. 그리고 자본가가 운영하던 공장을 국가가 운영함으로써 노동자는 국가라는 더 지독한 자본가에게 예속된 노예가 된 것이다.

따라서 국민의 힘이 증폭되기는커녕 그 이전보다 더 강한 압제를 받게 되어 파블로프의 개가 된 국민은 그 능력과 가치가 몇 배, 몇십 배 축소된 것이다. 사유재산의 폐지와 생산수단의 국유화라는 사회주의/공산주의의 이상이 최악의 속임수와 가장 폭력적인 방법으로 짓밟힌 것이다. 그것도 사회주의/공산주의라는 아름다운 이름의 깃발아래 저질러진 것이다. 우리나라를 비롯한 일본, 대만 등 농지개혁 성공국가는 몇 가지 공통된 배경을 지니고 있다. 즉 소련과 중국과 북한 등이 공산 전체주의 국가가 되면서 세계적인 냉전체계가 만들어지며 이들 공산 전체주의에 대항할 농지개혁의 필요성이 대두된 것이다.

즉 중국의 공산혁명의 성공에는 농민들이 모택동을 지지가 절대적인 원인이었다. 북한도 무상몰수, 무상분배 방식의 농지개혁을 하여 농민들의 지지를 받았다. 나중에 이들 국가의 농민은 농지에 대한 권리를 모두 빼앗기고 협동농장에 들어가는 운명이 되지만 처음에는 농민들이 공산혁명에 대해 절대적인 지지를 했었다.

따라서 " 2차 대전 이후 일본, 대만, 한국을 점령하고 있던 미군정은 공산주의를 극복하려면 농민을 자신의 편으로 만들어야 한다고 판단하였다. 미군정의 농지개혁은 농지개혁을 통한 농민의 생활 여건 개선보다는 공산주의 위협을 대비하는 차원에서 절박하게 실시되었다."(박명호, 『2012 경제발전경험모듈화사업: 한국의 농지개혁』)

이 나라들은 모두 자유주의 자본주의 세력인 미국과 유럽과 전체주의 세력인 소련과 중국과 북한의 경계면에 위치한 커뮤니케이션과 미디어의 영역인 "온힘의 영역"에 속한 나라들로 플랫폼국가를 만들 수 있는 나라들이다.

세계를 자유주의와 전체주의로 나누는 냉전이라는 거대한 전쟁이 충돌하는 세계적인 온힘의 영역에 국제적인 관심과 자본과 기술과 인적 자원과 아이디어들이 모여드는 것은 당연한 이치이다.

그 시작이 한국과 일본과 대만에 실시된 농지개혁이라는 탁월한 정책이었다. 이 정책의 성공으로 전체주의 국가들과는 반대로 이 나라들은 '우리는 100%'와 '45도의 혁명'을 이루어 자본주의와 자유주의의 토대를 만들 수 있었다. 그리고 그 후 한국과 일본과 대만은 세계가 부러워하는 산업화와 고속성장을 이룰 수 있었다.

농지개혁 당시 대한민국의 국민은 대다수인 77% 농민이었고 자작농은 14%에 불과했고 나머지는 소작농이었다. 그러나 농지개혁을 통해 5년 동안 소작료를 내듯 매년 전체 수확량의 30%를 내면 그 땅의 소유권을 얻어 자신의 이름으로 등기를 낼 수 있게 된 것이다. 당시 미군정은 이를 어기면 군사재판에 회부한다고 발표했다. 당시 미군정은 "소작료율은 현금 또는 어떤 형태로 납입하든 수곡총액의 1/3을 넘어서는 안 되고, 현재의 소작계약의 유효기간 중 지주는 일방적으로 소작권을 해지할 수 없으며, 새로운 소작계약에서도 소작료율은 1/3을 넘어서는 안 된다. 그리고 본령의 규정을 위반하는 경우 군사재판소의 형벌에 처한다고 명기하였다(박명호, 『2012 경제발전경험모듈화사업: 한국의 농지개혁』). 이제 전체 국민의 대다수를 차지하던 농민이 비로소 자기 땅을 가지게 된 것이다. 이것이야말로 소외된 계층 없이 "우리는 100%"가 어느 정도 자연스럽게 이루어진 것이다. 대한민국이 플랫폼국가를 이루어 위대해지는 첫걸음이 시작된 것이다.

이승만 정부에서 본격화되고 완성된 우리나라의 농지개혁으로 지주계급이 사라짐으로써 자본주의와 자유주의의 발전에 장애가 되는 지주들 대신 다수의 농민이 그 자리를 차지하게 되었다. 이는 조선의 중화주의 유교로 만들어진 수직적 계급구조가 수평적 평등구조로 바뀌는 혁명 즉 45도의 혁명이 일어난 것이다.

이승만정부의 토지개혁 성공은 세계적으로 잘 알려졌고 특히 개발도상국들에게 중요한 성공사례로 본받아지고 있다. 〈중앙일보〉가 2004년 8월 당시 브라질 대중에게 인기 있던 룰라 대통령과 인터뷰를 했다. 〈중앙일보〉 기자가 물었다. "브라질처럼 풍부한 자원을 가진 나라에 어째서 5,000만 명이 넘는 절대빈곤층이 존재하는 것입니까?" 놀랍게도 룰라의 대답은 이랬다. "한국은 과거 50년대에 농지개혁을 했지만 브라질은 그러지 못했고, 아직도 그것이 풀어야 할 숙제입니다."(〈조선일보〉 2017년 02월 7일자) 철저하게 노동자를 대변한 좌파 정치인 룰라의 대답이었다.

대한민국의 성공과 남미국가들을 비롯한 개발도상국들의 침체의 원인이 바로 토지개혁에 있었음을 그들은 잘 알고 있었다.

이로써 이승만 정부에서 대한민국의 자본주의와 자유주의의 기틀이 마련된 것이다. 그리고 자기 땅을 가진 대한민국 농민은 공산혁명을 주장하는 선동선전에 넘어갈 이유가 없는 것이다.

그리고 자기 땅을 가진 전국의 농민들은 자식교육에 힘을 써 산업화에 필요한 인력을 제때에 제공할 수 있었다. 바로 이것이 대한민국 계속되는 제2차, 제3차 산업혁명의 성공을 이끈 근본적인 배경인 것이다.

이승만정부의 농지개혁이야말로 현실속의 '홍익인간 모형'으로서 오늘날의 번영을 가져오게 만든 가장 중요한 혁명이었다. 바로 이 농지개혁으로 대한민국의 산업혁명이 성공할 수 있었기 때문이다.바로 이 농지개혁으로 대한민국의 산업혁명이 계속 성공하여 반도체문명을 주도적으로 만들어갈 수 있게 된 바탕이 된 것이다.

반대로 소련과 중국과 북한은 국가가 지주가 됨으로써 농민은 국가의 농노 내지는 소작인이 되면서 농업은 물론 산업화의 능력도 대폭 축소되는 계기가 되는 것이다. 이들 전체주의 국가들에게는 지금 눈앞에 다가온 반도체문명이야말로 시련의 문명이 아닐 수 없는 것이다.

4. 처음의 아기 민주주의

개인이든 대중이든 그들은 태어나기 이전에 태아로 살았던 자궁이라는 지상낙원에서 출발한다. 이 태아 상태는 대중이 민족이나 국가나 사회가 되기 전의 원형이며 지상천국이다.

인간은 그가 누구이건 한 번 세상에 태어난 이상 다시는 자신이 살았던 자궁으로 돌아갈 수 없다. 하지만 태아상태에서 경험한 지상천국의 경험은 삶이 다하는 동안 모두의 무의식에 깊게 각인되어있다.

그러나 인간이 무의식이 아니라 현실에서 스스로 지상낙원인 자궁으로 되돌아갈 수 있다고 생각한다면 그것은 단지 자유로부터의 도피일 뿐이다.

누가 어머니 뱃속으로 되돌아갈 수 있다고 주장하는가?

지난 3천 년 간 동서양은 황금시대, 지상낙원, 천년왕국, 지상천국 등의 유토피아를 추구해왔다. 그리고 동양에서는 도道, 도통道通, 풍수 등을 주장해왔다. 또한 현대에는 생태학, 생명론 등을 주장해왔다.

우리는 이 이론들이 생명의 과정을 역주행하여 자신이 태어나기 전 살았던 자궁이라는 시작영역으로 되돌아가려는 것이 아닌지를 살펴볼 필요가 있다. 즉 시대와 장소는 달라도 자유로부터의 도피일 가능성이 많다.

이 영역은 '홍익인간 모형'에서 생명의 과정의 시작이자 원형으로서의 가능상태이다. 이 영역은 삶의 자유로부터 도피하여 되돌아가려하지만 결코 되돌아갈 수 없는 유토피아가 아니다.

이 영역은 인간 개인과 창조적 대중이 스스로 삶을 자유롭게 대자연의 과정에 맞추어 스스로의 자기통치를 실현하고, 의식주와 부귀를 성취하고, 인간으로서 스스로를 완성하는 과정의 시작을 만드는 것이다.

'홍익인간 모형'을 시작하는 영역과 자신의 삶의 자유로부터 도피하는 영역은 모두 동일하다. 인간이 시작되는 자궁속의 태아라는 가능상태이다. 그러나 태아라는 원형으로서의 가능상태에서 '홍익인간 모형'을 자유롭게 시작하는 것과 자유로부터 도피하여 '홍익인간 모형'을 파괴하여 태아라는 가능상태로 역주행하는 것의 차이는 실로 근본적인 차이이다.

태아라는 가능 상태에서 '홍익인간 모형'을 시작하는 것은 누구나 가능하다. 그러나 이미 어른이 된 상태에서 태아라는 가능상태로 되돌아가는 것은 불가능하다. 지난 3천 년 간 동서양의 학자와 정치가들은 대중에게 가능한 일을 포기하고 불가능한 일을 가능하다고 주장해온 것이다.

어머니가 태아를 뱃속에서 기르는 열 달 동안 태아는 더 없이 행복하다. 그러나 이미 태어나 성장한 어른이 태아가 되겠다거나, 태아처럼 만들겠다면 어떻게 되는가? 그것이 소설이나 영화에서는 가능하지만 현실에서는 절대로 불가능한 일을 가능하다고 생각하는 것이다.

인간이 현실에서 태아 상태와 같은 행복을 누리기 위해서는 '홍익인간 모형'의 생명의 과정을 진행하여 창조적 대중 스스로의 피와 땀과 눈물로만이 가능하다.

인간 공동체를 둘로 분리하여 한쪽은 선이고 다른 한쪽을 악이라고 하여 선이 악을 제거하면 천년왕국, 지상천국, 지상낙원을 이룰 수 있다는 식의 차라투스트라의 이원론적 유토피아론은 종교나 문학에서는 가능하다. 그러나 현실적 정치에서는 실현이 불가능한 것이다. 하지만 인간은 어머니 뱃속에서의 유토피아, 지상낙원, 천년왕국의 달콤한 기억을 지우지 못한다.

세계의 전승신화들에 대해 폭넓게 연구한 미르치아 엘리아데는 다음과 같은 결론에 도달한다. "우주 안에서의 인간의 일정한 상태, 즉 '낙원에의 노스텔지어'라고 하는 것을 분명하게 보여주고 있는 것이다. 이러한 표현이 가지고 있는 의미는 무엇인가? 그것은 항상 노력 없이 성과 실재에 머물고자 하는 소망이다. 다시 말해서 자연적인 수단을 매개로 하여 인간의 조건을 초월하고 신적인 조건을 회복하고자 하는, 그리스도교에서 말하는 소위 타락 이전의 상태를 회복하고자 하는 소망인 것이다."(M. 엘리아데, 『종교형태론』)

엘리아데는 과정의 역주행에 대해 정확하게 설명하고 있다. 생명의 과정을 진행하는 일은 언제나 인간의 피와 땀과 눈물을 필요로 한다. 그러나 생명의 과정을 역주행하는 일은 불가능하면서도 그것으로 성스러움과 신적인 조건을 회복할 수 있다고 주장하는 것이다. 이것은 곧 에덴동산으로의 역주행이다. 그리고 어리석은 낙원에의 노스텔지어일 뿐이다.

이원론적 유토피아론에서 유토피아가 정치이론으로 사용될 때 그것은 언제나 생명의 과정의 역주행이 된다. 즉 현실에서 정치가와 사상가가 정치로 이루어질 수 없는 유토피아를 이룰 수 있다고 하는 이유는 단순하다.

그것은 대중에게 현실에서 이루어질 수 없는 유토피아를 제시하고 그 대신 현실에서 대중이 가지고 있는 소중한 것을 내놓으라고 요구하기 위해서이다. 그 때 대중이 가지고 있는 소중한 것은 자유와 인권과 의사소통과 신뢰, 재산 등이다. 그러나 그들은 대중이 원하는 유토피아의 비슷한 것도 만들 수 없다.

지난 3천 년 간 동서양의 대중들은 한 번도 스스로 생명의 과정을 제대로 진행해본 적이 없다. 그리고 이룰 수 없는 유토피아, 천년왕국, 지상천국, 지상낙원의 꿈에 사로잡혀 살아온 것이다.

물론 소수의 지배자는 다수의 대중을 악으로 몰아세워 피지배자로 만들고 자신은 선이며 지배자가 되어 대중의 자유와 재산을 빼앗음으로 유토피아, 천년왕국, 지상천국, 지상낙원의 꿈을 이루었다. 그러나 그들이 부귀영화를 누리는 동안 다수인 대중은 이 세상이 곧 지옥이며, 감옥일 수밖에 없는 것이다.

대중이 자신의 자유와 인권과 의사소통과 신뢰와 재산을 포기하고 그들의 속임수 유토피아의 유혹에 넘어가면 '홍익인간 모형'을 진행하기가 불가능해진다. 최악의 경우 그 길은 결국 전체주의의 나락으로 빠져 파블로프의 개가 되는 함정이 된다.

오늘날 자연으로 돌아가자는 생태론과 생명론의 주장이 널리 알려지고 있지만 여기에는 모종의 음험한 음모가 있다고 경고한 사람은 엘빈 토플러이다. 즉 토플러는 환경보호론자 또는 녹색운동가의 탈을 뒤집어쓴 채 세계를 중세의 종교적 암흑시대로 역주행하려는 음모를 통렬하게 고발하고 있는 것이다.

그들의 주장은 이렇다. 최초에는 인간이 자연과 조화를 이루어 살면서 자연을 숭배했던 생태적 황금시대가 있었다. 산업주의 시대가 도래하면서 인류는 에덴동산에서 쫓겨나 마귀, 즉 기술이 인간사를 지배하게 되었다. 이제 우리는 완벽한 생존 가능성과 조화가 갖추어져 있는 새로운 파라다이스로 이행해가야 한다. 그렇지 못할 때 인류는 아마겟돈(세계 종말에 있을 선과 악의 최후의 결전)을 맞이하게 된다는 것이다."(앨빈 토플러, 『권력이동』)

근본주의적 녹색운동가들의 목표는 먼 과거에 존재했던(로마의 멸망과 샤를 대제 등장의 중간 시기에 존재했던) 유럽으로 되돌아가자고 말하는 것이다. 노골적으로 중세의 암흑시대를 이상시대로 찬양하며 그곳을 향한 역주행을 주장하고 있는 것이다. 토플러는 이렇게 말한다.

"이들이 공통적으로 절대자를 강조하고 또한 개인적 선택의 대폭적인 제한(인간의 도덕성 회복 또는 환경보호를 위해) 이 필요한 것이라고 강조하고 있다는 것은 궁극적으로 인권에 대한 공통적인 공격을 의미한다. 실제로 수많은 환경보호론자들 자신은 녹색 호메이니나 생태적 파시스트가 등장하여 나름대로 특수한 종류의 구원을 내세우게 될 것을 우려하고 있다. 인류의 심각한 위기 속에서는 항상 카리스마적 인물이 나타난다. 앞으로 녹색 히틀러가 나타나느냐의 여부는 다음 번 체르노빌 사건이 일어나기 전에 문화적 변화가 어느 정도까지 진전되느냐에 달려 있다."(앨빈 토플러, 『권력이동』)

드디어 토플러는 녹색운동을 하는 환경보호론자들 가운데에서 생태적 파시스트로서의 녹색 호메이니와 녹색 히틀러가 등장하리라는 예상을 내놓았다. 이들 녹색 호메이니와 녹색 히틀러의 주장은 한마디로 에덴동산으로의 역주행이다.

이들은 홍익인간 모형의 제세이화 상태가 창조적 대중이 현실에서 에덴동산을 만드는 상태임을 알지 못하고 있다. 그리고 아무 피와 땀과 눈물없이 태아 상태로의 역주행을 말하고 있는 것이다. 태아 상태를 재세이화 상태로 착각하는 "잘못 놓인 상태의 오류"를 범하고 있는 것이다.

도교 또한 태아 상태로의 회귀를 주장한다. 이는 곧 정치적으로는 천년왕국, 지상천국, 지상낙원으로의 회귀이다. 『노자』 제6장에는 다음과 같은 글이 있다.

"계곡의 신谷神은 죽지 않으니 이것을 일컬어 검은 암컷玄牝이라 한다. 검은 암컷玄牝의 문을 하늘과 땅의 뿌리라고 한다. 이어지고 또 이어져 영원히 존재하니 아무리 써도 마르지 않는다(谷神不死 是謂玄牝 玄牝之門 是謂天地根 綿綿若存 用之不勤).

일본 학자 하토리 노표服部挋는 『노자설』에서 도조 이치도東條一堂의 말을 인용하여 다음과 같이 말했다.

"이 장은 노자철학의 근육과 뼈의 일부분이다. '곡신谷神'이란 두 글자는 노자가 비밀스럽게 간직해둔 요지로 『노자』 오천 자는 이 두 글자를 설명하였다."(소병蕭兵, 『노자의 성』)

그리고 이 대목은 "『노자』에서 매우 중요하고 가장 기본이 되는 단락이다. 왜냐하면 이것은 '계곡의 신: 검은 암컷'으로 도의 근원성, 영원성과 무한성을 증명하기 때문"이다.

이는 『노자』 전체에서 '곡신谷神'이라는 두 글자가 얼마나 핵심적인 내용인가를 잘 말해주는 것이다. 여기서 '계곡의 신'이 영원히 죽지 않는 불사로 표현한 것은 불로장생을 주장하는 도가와 도교에서 가장 근본적인 내용이다. 이는 곧 자궁 안의 태아를 의미한다. 즉 인간의 생명력이 가장 왕성한 시기가 곧 이 태아 상태이다. 그러나 태아상태가 '홍익인간 모형'의 시작이 아니라 태아상태를 이상적인 유토피아로 삼는다면 그것은 생명의 과정의 역주행에 불과한 것이다.

 태아 상태로의 역주행은 불가능하지만 태아 상태에서 홍익인간 모형의 과정이 시작된다.

 따라서 태아 상태라는 원형을 먼저 제시하고 개벽상태와 개천상태와 재세이화 상태와 홍익인간 상태를 모두 제시하여 생명의 과정을 설명할 때 현실 속에서 대중의 피와 땀과 눈물로 유토피아, 천년왕국, 지상천국을 만들어낼 수 있는 것이다.

 따라서 창조적 대중이 원형 상태, 태아 상태, 가능 상태로서 '홍익인간 모형'의 생명의 과정을 시작을 설명하는 일은 만사에 있어서 가장 근본적인 일이다. 그러나 그 다음 개벽상태, 개천상태, 재세이화상태, 홍익인간상태가 제시되고 그 내용을 철저하게 설명할 수 없다면 그 원형상태, 태아상태, 가능상태는 이원론적 유토피아론으로 전락할 수 있다. 최악의 경우 전체주의로 전락할 수 있음은 이미 역사가 증명한다.

민주주의의 원형 인디언 민주주의 그리고 다산의 탕론

인디언 민주주의가 민주주의의 원형이다. 인디언 사회가 지구상에 존재했던 민주주의의 원형을 간직하고 있었다는 주장은 이미 오래 전부터 주장되어왔다. 아테네 민주주의가 노예와 여성을 배제한 민주주의였다면 인디언 민주주의는 오히려 여성이 강력한 권력을 가지고 있었으며 또한 노예는 아예 존재하지도 않았다. 이 점에서 인디언 민주주의는 인류가 운영한 최선의 민주주의 중 하나이다.

여기서는 그 인디언 민주주의와 다산 정약용의 탕론을 비교하면서 그 공통적인 내용이 곧 우리 한민족은 물론 다른 모든 민족의 원형이라는 사실을 밝히려는 것이다.

하기락은 조선시대 내내 지배계층의 "수탈이 가중화함에 따라 농민의 반역을 일으켰고, 이것이 거듭됨에 따라 자기의 처지에 대한 농민의 자각도 깊어져 갔으니, 이 자각을 이론화한 것이 조선조 실학파 정다산丁茶山의 여전제閭田制와 탕론湯論이었고, 그 이론을 실천으로 옮긴 것이 동학농민전쟁이었다"라고 주장한다(하기락, 『奪還』).

여기서 그는 동학농민전쟁의 이론적 바탕이 여전제와 탕론이라고 했다. 여전제는 우리나라 농촌에 자생적으로 존재하는 민주주의 공동체인 '두레'를 합법화하고 제도화하자는 주장이다.

그리고 탕론은 중국이 중화주의 유교를 받아들이기 이전에 오랫동안 존재했던 중국의 원래 정치제도를 설명한 것이다. 그의 주장은 결국 중국의 탕론과 우리나라에 원래부터 존재하던 두레는 같은 것이라는 의미가 숨어있다. 따라서 탕론과 여전제는 모두 우리나라와 중국에 원래부터 존재하던 민주주의의 전통을 설명한 것이며 동학농민전쟁은 이 이론을 현실화한 것이다.

모건은 『고대사회』에서 모든 사회는 그 시작에서 민주주의 였다고 말한다. 즉 "정치적인 사회가 수립되기 이전에 씨족제도가 실시되고 있던 곳이면 어디에서든지 우리는 씨족사회에 있어서의 인민 또는 민족을 찾아볼 수 있지마는 그 이상은 찾아볼 수 없다. 국가는 존재하지 않았다. 씨족 · 부족 및 종족을 조직하고 있는 원칙이 민주적이기 때문에 그들의 조직은 본질적으로 민주적"이라는 것이다.

찰스 만은 『인디언』에서 즉 씨족장은 여성만이 할 수 있고, 전쟁 사령관은 남성만이 할 수 있다고 했다. "호데노소니 연방의 5개 부족을 이루는 씨족들은 여성 씨족장에 의해 다스려졌다. 이 연방에서 여성 씨족장의 의견을 무시한다면 아무 것도 이루어질 수 없음을 말하는 것이다. 이는 곧 페미니스트들의 이상향이 바로 인디언 민주주의였음을 말하는 것이다. 여자는 전쟁 사령관이 될 수 없었고, 남자는 씨족장이 될 수 없었다."

이 같은 제도는 한민족을 비롯한 북방 알타이 민족들에게도 공통적인 것으로 보인다.

찰스 만은 『인디언』에서 인디언 사회가 만장일치의 민주주의적 제도를 가지고 있었고 연방국가를 이루고 있었다고 한다. 즉 "세네카 족, 카유가 족, 오논다가 족, 오네이다 족, 모호크 족, 그리고 1720년 이후에는 투스카로라 족 인디언들의 느슨한 군사 동맹체인 호데노소니 인디언 연맹국은 콜럼버스 이전 4세기와 이후 2세기 동안 최대의 국가"였다 한다. 이 역시 한민족을 비롯한 북방 알타이어족의 정치제도와 다르지 않다.

호데노소니 연방은 데가나위다라는 평화중재자가 5개의 부족인 세네카 족, 카유가 족, 오네이다 족, 모호크 족, 오논다가 족을 설득해 호데노소니 연맹의 헌법인 '위대한 평화의 법'으로 하나로 묶어 연방국가를 만든 것이다. 이들은 5개 부족을 대표하는 50명의 추장으로 이루어졌다. 각 나라의 추장 숫자는 달랐지만 어차피 모든 결정이 만장일치가 되어야 했기 때문에 이는 별로 중요하지 않았다. 5개 부족은 만장일치를 사회적 이상으로 여겼다(찰스 만, 『인디언』).

이같은 인디언의 정치제도는 다산의 탕론이 설명하는 고대 동북아의 민주주의적 정치제도와 일치한다. 물론 한민족을 비롯한 북방알타이민족의 정치제도와도 일치한다.

다산의 탕론은 중국 한나라가 중화주의 유교를 받아들이기 이전의 정치제도가 민주주의였음을 설명한다. 아마도 이 정치제도가 동중서의 중화주의 유교가 파괴한 참다운 유교일 것이다. 그리고 이 민주주의는 우리의 고대국가의 민주주의와 인디언 민주주의와 놀라울 정도로 일치한다. 이는 동북아 정치제도의 태아 상태, 원형 상태, 가능상태가 민주주의임을 말한다.

뿐만 아니라 다산은 자신도 모르게 탕론에서 단군조선의 도해단군이 전한 경전인 천지인경의 핵심원리를 설명하고 있다. 단군조선의 경전 천지인경은 이 책에서 그 원문과 해설은 물론 그 안에서 '홍익인간 모형'까지 유도해내게 된다. 그 일에 이 다산의 탕론이 또한 적지 않은 보탬이 되고 있음도 우리는 제2부에서 확인했다.

다산은 중국의 고대국가 정치제도를 중화주의 유교의 틀로 보아서는 안 되며 반드시 민주주의의 틀로 보아야 한다고 주장한다. 그 시작을 신하였던 탕왕湯王이 폭군인 걸桀을 쫓아낸 것은 당시 정치제도였던 민주주의로서는 당연하다는 것이다. 그래서 이 논문의 제목이 탕론湯論이다. 따라서 다산은 이렇게 설명한다.

"탕왕湯王이 걸桀을 쫓아 낸 것은 옳은 일인가? 신하로서 임금을 쳤는데도 옳은 일인가? 이것은 옛 도道를 답습한 것이요 탕임금이 처음으로 열어놓은 것은 아니다. 신농씨神農氏 후손들이 덕德이 쇠진하여 제후들이 서로 공벌하자, 헌원씨軒轅氏가 무력을 동원하여 조향朝享하지 않은 자를 정벌하니 제후들이 모두 귀의하여 왔다. 그리하여 염제炎帝와 판천阪泉의 들판에서 전쟁을 벌였고 세 번 싸워 승리를 거둠으로써 드디어 신농씨를 대신하여 헌원씨가 황제로 군림하였다. 이것이 사실이하면, 신하로써 임금을 친 것을 죄주려면 헌원씨가 수악首惡이 되니, 탕왕에게는 따질 필요가 없다."(정약용, 「탕론」)

탕왕이 폭군 걸을 내쫓은 것은 그가 처음이 아니라 무왕武王, 황제黃帝 등도 그러했다는 것이다. 그렇다면 왜 이들은 그들 이전의 천자를 끌어내리고 자신이 그 자리를 차지했으며 왜 그 일이 정당했는가에 대해 다산은 이렇게 설명한다.

"대저 천자의 지위는 어떻게 하여 소유한 것인가? 하늘에서 떨어져 천자가 된 것인가? 생겨진 근원을 더듬어보면 이러하다. 5가家가 1린隣이고 5가에서 장長으로 추대된 사람이 인장隣長이 된다. 5린이 1리里이고 5린에서 장으로 추대된 사람이 이장里長이 된다. 5비鄙가 1현縣이고 5비에서 장으로 추대된 사람이 현장이 되고, 또 여러 현장이 추대한 사람이 제후가 되는 것이요, 제후들이 다 같이 추대한 사람이 천자가 되는 것이고 보면 천자는 여러 사람이 추대해서 만들어진 것이다."(정약용, 「탕론」)

그러니까 천자가 천하의 최고 지위에 있다 하지만 그 자리는 민주주의에 의해 만백성의 추대를 받은 것이나 다름없다는 것이다. 즉 사회의 바닥에서 최고까지의 모든 지도자들은 모두 그 아래의 대중에게 추대를 받아 지도자가 되는 것이며 최고지도자인 천자도 마찬가지라는 것이다. 이 방식은 내가 『민주주의』에서 설명한 인디언 민주주의와 동일한 방법이다.

그렇다면 이렇게 대중의 지지와 추대를 받아 지도자가 된 사람이 그 지위에 맞지 행동한다면 당연히 대중은 그들이 누구이든 끌어내릴 수 있다는 것이다. 이른바 주민소환이다.

"대저 여러 사람이 추대해서 만들어진 것은 또한 여러 사람이 추대하지 않으면 물러나야 하는 것이다. 때문에 5가가 화협하지 못하면 5가가 의논하여 인장을 개정할 수 있고, 5린이 화협하지 못하면 25가가 의논하여 이장을 개정할 수 있고, 구후九侯와 팔백八伯이 화협하지 못하면 구후와 팔백이 의논하여 천자를 개정할 수 있다. 구후와 팔백이 천자를 개정하는 것은 5가가 인장을 개정하고 25가가 이장을 개정하는 것과 같은 것인데, 누가 임금을 쳤다고 말할 수 있겠는가. 또 개정함에 있어서도 천자노릇만 못하게 할 뿐이지 강등하여 제후호 복귀하는 것은 허락하였다. 때문에 주朱를 당후唐侯라 했고 상균商均을 우후虞侯라 했고, 기자杞子를 하후夏侯라 했고 송공宋公을 은후殷侯라 했다."(정약용, 「탕론」)

다산은 지도자가 그 지위에 맞지 않게 행동했을 때 그 자리에서 끌어내리는 것은 그 자리에 앉도록 지지하고 추대한 대중의 당연한 권리임을 일깨워주고 있다. 다산은 이러한 고대 중국의 민주주의가 중화주의 유교로 바뀌기 시작한 때가 진나라와 한나라로부터라고 말하고 있다.
이는 진나라의 법가가 고대 중국의 민주주의를 파괴하고 한나라의 중화주의 유교가 이 수직적 계급구조를 확립했음을 의미한다.

"완전히 끊어버리고 후侯로 봉封하여 주지 않은 것은 진나라가 주나라를 멸망시키고부터이다. 이리하여 진나라의 후손도 후에 봉해지지 못한 채 끊겨 버렸고, 한나라도 마찬가지였다. 사람들은 제후로 봉해지지 않은 채 끊겨버리는 것을 보고는 모두들, "천자를 치는 자는 불인不仁하는 자다"하는데, 이것이 어찌 실정實情이겠는가?"(정약용, 「탕론」)

이제 다산은 탕론의 결론을 제시한다.

"한나라 이후에는 천자가 제후를 세웠고 제후가 현장을 세웠고 현장이 이장을 세웠고 이장이 인장을 세웠기 때문에 감히 공손하지 않은 짓을 하면 '역逆'이라 명명하였다. 이른바 역이란 무엇인가? 옛날에는 아랫사람이 웃사람을 추대했으니 아랫사람이 웃사람을 추대한 것은 순順

이고, 지금은 웃사람이 아랫사람을 세웠으니 웃사람이 아랫사람을 세운 것은 역이다. 그러므로 왕망王莽 · 조조曹操 · 사마의司馬懿 · 유유劉裕 · 소연蕭衍 등은 역이고 무왕武王 · 탕왕湯王 · 황제黃帝 등은 현명한 왕이요 성스러운 황제皇帝이다. 이런 사실을 모르고 걸핏하면 탕왕과 무왕을 깎아내려 요순보다 못하게 만들려 한다면, 어찌 이른바 고금古今의 개변改變된 내용을 아는 자라 할 수 있겠는가? 장자莊子는 이런 말을 하였다. '여름 한 철만 살고 가는 쓰르라미는 봄과 가을이 있다는 것을 모른다.'"(정약용, 「탕론」)

 이 결론은 한나라 이후 중화주의 유교의 눈으로 하나라와 은나라와 주나라의 정치제도를 판단하면 안 된다는 것이다. 고대 중국의 태아 상태, 원형 상태, 가능 상태로서의 정치제도는 민주주의이다. 그리고 정약용은 우리나라의 고대국가들이야말로 아랫사람이 웃사람을 세우는 순順이었음을 알지 못했다. 단군조선이야말로 세습왕조가 아니라 현명하고 덕이 있는 사람을 단군으로 추대하는 국가였다. 나는 이를 전작인 『민주주의』에서 증명했다.

 인간이 공동체를 만든 이래 그 정치제도의 원형이 민주주의라는 사실은 이처럼 분명하다. 지난 3천 년 간 서양의 플라톤과 동양의 동중서이래 모두 이 민주주의를 파괴하고 소수지배의 과두주의나 일인 지배의 독재주의를 만든 것이다.

 인간의 태아 상태는 우주의 무한한 근본과 같은 상태이다. 이를 천부경은 그 81자 중 3글자로 무진본無盡本이라고 한다. 그리고 인간이 스스로를 자기실현하고 자기성취한 상태를 우주의 움직이지 않는 근본인 부동본不動本이라고 한다. 즉 인간은 스스로에게 주어진 생명의 과정을 스스로의 노력에 의해 신과 하나가 되는 경지로 만들 수 있고 또한 자신의 게으름과 악행에 의해 스스로를 파괴할 수도 있음을 의미하는 것이다. 따라서 인간은 태아 상태인 무한한 근본에서 생명의 과정을 시작하여 개벽과 개천과 재세이화와 홍익인간의 상태를 차례로 진행하며 스스로를 완성해나갈 수 있는 것이다.

그러나 어떤 경우에도 인간은 태어난 이상 무한한 근본인 태아 상태로 되돌아갈 수는 없다. 태아 상태는 낙원으로서 모든 것이 공짜로 주어지며 인간이 누릴 수 있는 모든 행복을 누릴 수 있다. 하지만 이미 태어난 인간은 피와 땀과 눈물 없이 공짜로 주어지는 것은 아무것도 없다. 그리고 태어난 이상 태아 상태의 낙원에 되돌아갈 수 없음에도 그것이 가능하다는 속임수에 넘어간 순간 스스로에게 주어진 자유를 스스로 포기하는 것이다. 인간에게 주어진 자유는 평등하게 주어진 생명의 과정에서 스스로 피와 땀과 눈물로 노력하여 스스로 최대한의 가치를 만들어내는 일에 사용하기 위한 것이다. 자유를 포기할 때 신의 세계로 들어가 신과 하나가 되는 길은 완전히 막히는 것이다. 우리는 씨앗이 움을 틔우고 싹이 되어 꽃을 피우고 열매 맺는 생명의 과정이 가지는 엄숙함을 이해할 필요가 있다. 즉 '홍익인간 모형'의 창조적 대중의 원형 상태와 개벽 상태, 개천 상태, 재세이화 상태, 홍익인간 상태이다. 누구도 이 과정을 역주행할 수 없다.

5. 태어남의 혁명, 개벽

천지개벽은 인간과 우주가 원형 상태, 태아 상태, 가능 상태에서 벗어나 신생아로 태어나는 출산 과정을 말한다. 이 때 인간은 반은 아직 어머니 뱃속에 있는 억압 상태이고 반은 세상에 나와 자유로운 상태이다. 즉 억압과 자유가 서로 대립하고 있는 상태가 곧 개벽 상태의 본질인 것이다. 즉 전체 100=억압상태45+자유상태55가 된다. 즉 개벽상태 100=45+55이다. 자유상태 55가 억압상태 45보다 10이 큼으로써 출산과정이 순조롭게 이루어지는 것이다.

개벽은 출산과정, 즉 태아가 신생아가 되는가 사산되는가의 갈림길이다.

개벽은 출산 과정이다. 즉 태아가 신생아가 되는가 사산되는가의 갈림길이다. 이 출산과정에서 아리스토텔레스 형식논리학의 모순률이나 배중률이 적용되면 출산중인 아이는 반드시 죽는다. 출산과정 자체가 모순을 바탕으로 하며 또한 배중률의 영역인 "온힘의 영역"이 작용하기 때문이다.

또는 뉴턴의 작용과 반작용의 물리학이나, 칸트의 정립과 반정립의 이율배반처럼 50:50으로 동일하다면 역시 태아는 신생아가 되는 과정을 이루지 못하고 멈춤으로써 반드시 죽는 것이다.

우리는 아리스토텔레스의 논리학과 헤겔과 마르크스의 변증법과 개벽상태를 비교해볼 것이다. 그리고 이들의 이론체계에서 태아는 신생아가 되지 못하고 죽는다는 사실을 알게 될 것이다.

물론 차라투스트라의 이원론적 유토피아론과 동중서의 중화주의 유교를 대입해도 태아는 출산과정에서 반드시 죽는다는 사실을 확인할 것이다.

　지난 3천 년 간 동서양의 철학자 중 누구도 이 개벽 상태를 만든 사람은 없었다. 모두가 신생아가 사산될 수밖에 없는 원리를 주장한 것이다.

　태아가 신생아되는 것과 사산될 수밖에 없는 차이는 무엇인가? '홍익인간 모형'은 생명체 그 중에서도 인간을 다루므로 태아가 신생아가 되는 출산과정을 무사히 진행할 수 있다.

　그러나 아리스토텔레스의 논리학과 뉴턴의 물리학과 칸트의 철학과 헤겔과 마르크스의 변증법과 차라투스트라의 이원론적 유토피아론은 모두 기본적으로 생명이 없는 관념이나 물질을 다룬다. 따라서 이 이론을 생명을 가진 인간의 태아에 적용할 경우 신생아가 되지 못하고 반드시 죽어 사산될 수밖에 없는 것이다.

　물론 태아가 신생아로 무사히 태어나는 개벽상태의 과정을 거칠 때와 사산될 때 그 아이의 능력과 가치는 비교할 수 없는 차이임은 말할 나위가 없을 것이다.

　이 내용을 태아로서의 대중에게 적용할 때 '홍익인간 모형'을 적용한 대중과 그렇지 않은 대중이 가지는 능력과 가치는 비교할 수 없는 차이가 됨도 당연한 이치이다.

　'홍익인간 모형'의 개벽상태는 작용과 반작용, 정립과 반정립의 경계면에 온힘의 영역이 양극단의 소통과 신뢰를 통해 통합하면서 태아가 신생아가 될 수 있도록 힘을 증폭시킨다. 그리고 이 원리를 수식과 도형과 철학이론으로 설명한다. 즉 100=45+55와 천부도와 철학이론이다.

그리고 이 개벽 상태는 일본민족의 고사기와 일본서기의 창세기와 중국민족의 창세기 반고신화를 설명한다. 또한 반도체문명의 핵심 트랜지스터의 구조원리와 제4차 산업혁명의 체인블럭 등을 설명한다.

그리고 서양의학과 동양의학이 음양오행의 원래 이론체계를 설명한다.

중국 한족의 개벽신화와 도끼

중국의 한족의 개벽신화는 의외로 초라하다. 전해지는 개벽신화 중체계를 갖춘 것은 한나라 때 회남자淮南子의 신화와 그 후 삼국시대 오나라 때 서정의 삼오역기三五歷記의 반고신화 정도이다. 반고신화에 대해 위앤커는 이렇게 말한다.

"삼국시대 서정徐整이 지은 『삼오역기三五歷記』는 남방 민족의 〈반호〉 혹은 〈반고〉 전설을 수집하고, 거기에 고대 경전의 철리哲理적 성분과 자신의 상상력을 가미하여 천지를 개벽한 반고를 창조해 내서, 개벽 시대의 공백을 채우고 중화민족의 시조를 만들어내었다. 이렇게 하여 비로소 신화에서 천지의 개벽과 우주의 생성에 관한 문제에 대해 합리적 해답을 얻게 된 것이다."(위앤커, 『중국신화전설』 1)

그러니까 천지개벽의 신화를 만들고, 중화민족의 시조를 창조한 것은 겨우 삼국시대 오나라 때라는 것이다. 그 나마 반고신화는 중국의 남방과 서남방의 민간에서 출현한 것으로써 중국민족의 원류에서 나온 것도 아니다. 반고신화가 그 이전 한나라초기 회남자의 신화와 맞물린다

해도 그 내용은 너무 빈약하다. 중국 한족의 정신문명은 이처럼 겨우 2천 년 정도이다.

한나라 초기의 『회남자』에 담긴 중국민족 최초의 개벽신화는 다음과 같다.

"옛날, 아직 천지가 생겨나지 않았을 때, 세계의 모습은 그저 어두운 혼돈뿐으로 어떠한 형상도 찾아볼 수 없었다 그 혼돈속에서 서서히 두 명의 대신大神이 나타났는데, 하나는 음신陰神이요 다른 하나는 양신陽神으로, 둘은 혼돈 속에서 열심히 천지를 만들어 갔다, 후에 음양이 갈라지고 팔방八方의 위치가 정해져, 양신은 하늘을 관장하고 음신은 땅을 다스리게 되었으니, 이렇게 하여 우리들의 이 세계가 만들어지게 된 것이다."(위앤커, 『중국신화전설』 1)

그러니까 혼돈 상태에서 음양의 대신이 나타난 이후 음신은 땅, 양신은 하늘을 관장했다는 말이다. 이 내용은 천지개벽을 설명한다. 그러나 음양이 설명되는 순간 그 양극단의 소통과 신뢰와 증폭을 만드는 "온힘의 영역"이 설명되어야 하는데 회남자의 개벽신화에는 그것이 없다. 그리고 개벽신화에서 개천상태로 개혁하여 태극과 64괘가 설명되거나 최소한 암시는 되어야 하는데 그것도 없다. 이것이 중국문명의 수준이다.

이제 그나마 개벽에 대해 가장 자세한 설명을 한 반고신화에 대해 알아보자.

"반고는 천지를 개벽한 대신大神이었으나 그 출처는 도리어 중국의 서남부에서 나왔다. 비교신화의 방법으로 보면 이 신의 원형이 인도의 범천과 서아시아의 개벽신인 BAU로서 인도와 동남아의 통로를 통하여 동한東漢 말에 중국의 영남領南 · 사천四川과 강남江南 지역에 들어왔다는 것을 실증할 수 있다."(何新, 『신의 기원』)

하지만 한나라 초 회남자의 기록과 맞물리므로 반고신화의 출처가 인도나 동남아의 것으로만 볼 수는 없을 것이다. 그 내용은 다음과 같다.

"하늘과 땅이 아직 갈라지지 않았던 시절, 우주의 모습은 다만 어둑한 한 덩어리의 혼돈으로 마치 큰 달걀과 같은 것이었다. 우리들의 시조 반고가 바로 이 큰 달걀 속에서 잉태되었다. 그는 큰 달걀 속에서 태어나고 자라나 곤하게 잠자며 1만 8천 년을 지냈다. 어느 날 그가 잠에서 깨어나 눈을 떠보니, 아! 아무것도 보이지 않았고, 다만 보이는 것이라고는 흐릿한 어둠뿐이었다 정말 사람의 마음을 심란하게 만드는 상황이었던 것이다."(위앤커, 『중국신화전설』 1)

반고의 신화는 달걀을 태아상태로 설정하고 그 달걀 안에서 1만 8천 년간 잠을 잤다는 것이다. 여기서 달걀은 태아상태와 동일한 상태를 말한다. 즉 전체과정의 시작인 가능상태이다.

그리고 잠 자던 반고가 눈을 떠 큰 도끼를 가져와 달걀을 깨고 나와 새로운 세상을 만들었다는 것이다.

"그는 그 상황에 대하여 몹시 고민하다가 화가 나서는 어디서인지 큰 도끼를 하나 갖고 와서 눈앞의 어두운 혼돈을 향해 힘껏 휘둘렀다. 들리는 것은 다만 산이 무너지는 듯한 와르르 소리 뿐, 큰 달걀은 드디어 깨어지게 되었다. 그리고 그 속에 있던 가볍고 맑은 기운은 점점 올라가 하늘이 되었고, 무겁고 탁한 기운은 가라앉아 땅이 되었다. 뒤섞여 있어 갈라지지 않았던 하늘과 땅은 반고의 도끼질 한번 때문에 이렇게 갈라지게 되었던 것이다. 하늘과 땅이 갈라진 후, 반고는 그 하늘과 땅이 다시 붙을까봐 걱정이 되어 머리로는 하늘을 받치고, 다리로는 땅을 누르고 그 중간에 서서는 하늘과 땅의 변화에 따라 자신도 변화해 갔다."(위앤커, 『중국신화전설』1)

반고의 신화는 달걀을 태아 상태로 설정하고 그 달걀 안에서 1만 8천 년간 잠자던 반고가 눈을 떠 큰 도끼를 가져와 달걀을 깨고 나와 새로운 세상을 만들었다는 것이다.

이는 '홍익인간 모형'의 창조적 원형상태를 달걀로 상징하고 달걀을 깨고 만들어진 하늘과 땅은 개벽 상태를 상징한다. 그러나 반고신화에서 소통과 신뢰와 증폭의 영역인 온힘의 영역은 엉뚱하게도 반고의 무지막지한 도끼이다. 이 반고의 도끼는 지난 2천 년 간 중국 정치가 끊임없이 반복하는 대동란의 무지막지한 대살육을 상징한다.

그럼에도 불구하고 반고신화는 개벽 상태100= 음45+온힘 반고의 도끼 10+ 양45=45+55가 됨으로써 '홍익인간 모형'의 수학적 수식과 기하학적 도형과 철학 이론체계로 설명되는 데에는 무리가 없다.

그러나 주목해야할 사실이 있다. 즉 중국인들은 이 반고신화가 의미하는 창조적 원형상태가 개벽상태의 음양오행으로 개혁되는 과정을 전혀 이해하지 못했고 그것을 생명의 과정으로 발전시킬 생각도 하지 못한 채 동중서의 수직적 계급구조의 중화주의 유교를 2천 년 동안 고수했다.

즉 중국에서 음양오행과 태극과 팔괘와 64괘의 원리를 전체적으로 이해하고 설명한 사람이 단 한 사람도 없는 것이다. '홍익인간 모형'은 시간이 수천 년 흐른다고 만들어지는 것이 아니라는 사실을 중국이 말해준다.

일본의 고사기와 일본서기의 개벽신화와 홍익인간 모형

그리고 일본민족이 성서로 추앙하는 『고사기古事記』의 서문은 이렇게 시작한다.

"신 야스마로가 아룁니다. 이 세상의 처음은 혼돈되어 아직 만물의 기상이 나타나지 않았고, 이름도 행위도 없어 누구도 그 형태를 알 수 없었습니다. 그러나 천지가 처음으로 나뉘어 조화 3신이 창조의 시작이 되어 음양이 갈라지고 이자나기, 이자나미 두 영靈이 태어나 만물의 부모가 되었습니다. 이자나미는 불신을 잉태해서 유령계로 들어가게 되었습니다. 이자나미가 있는 곳을 다녀온 이자나기는 그 더러움을 씻고자 했습니다. 눈을 씻어서 아마테라스와 쓰쿠요미가 태어났고, 바닷물에 몸을 씻어서 모든 신들이 태어났습니다."(오노 야사마로, 『고사기』)

일본민족이 성서로 받드는 고사기의 개벽신화에서 창조의 시작인 조화삼신은 천지가 태아상태에 있음을 의미한다. 이는 창조적 원형 상태이다. 음양이 갈라지고 이자나기, 이자나미 두 영靈이 태어나 만물의 부모가 된다는 것은 이른바 개벽 상태를 의미하는 것이다. 이자나미가 눈을 씻어 아마테라스와 쓰쿠요미가 태어났음에서 쓰쿠요미는 사실상 군더더기이다. 중요한 것은 이자나기, 아자나미가 개벽을 일으키며 태양신 아마테라스가 탄생했다는 것이다.

일본의 『고사기』와 『일본서기』의 신화는 창조적 원형 상태에서 개벽상태로 혁신하고 다시 개천 상태를 설명함으로써 중국의 반고신화에 비하면 압도적으로 탁월하고 훨씬 더 정교한 내용이 된다. 그것은 이 고사기와 일본서기의 저자가 동북아의 원류문명인 한민족의 국가이자 일본의 원형인 백제의 철학을 인용했음을 알게 한다. 백제의 철학은 곧 고구려의 철학이고 고구려의 철학이 단군조선과 배달국의 철학이다. 즉 '홍익인간 모형'이다.

이자나기와 이자나미의 개벽신화는 기존의 어디에도 없는 독특한 것으로써 우리 한민족의 고유한 경전 『천부경』, 『삼일신고』, 『366사』의 내용을 잘 설명한다는 점에서 의미가 크다.

"두 신은 섬에 내려와서 하늘 기풍을 세우고 둘이 살 큰 집을 만들었다.

그리고는 이자나기가 여동생 이자나미에게 말했다

'이자나미여, 그대의 몸은 어떻게 되어 있는가?'

'내 몸에는 부족한 곳이 하나 있습니다.'

'그런가. 내게는 남는 것이 하나 있다. 나의 남은 부분으로 그대의 부족한 곳을 막아 국토를 만들까 생각하는데, 어떤가?' '좋아요.'

"'너는 오른쪽으로 돌고, 나는 왼쪽으로 돌자.'

이렇게 말하고는 커다란 하늘위를 돌아 다시 만났다.

먼저 이자나미가 말을 걸었다. '당신은 정녕 멋진 남성이군요.'

이에 이자나기도 대답했다. '그대는 정녕 사랑스런 여성이군'

이렇게 서로 말을 주고받은 후 이자나기는 여동생에게 말했다.

'먼저 여성이 말은 거는 건 안 좋지 않을까?'

아니나 다를까? 그렇게 해서 태어난 아이는 수족이 없는 히루코水蛭子였다 아이를 갈대로 만든 배에 태워 강으로 흘려보냈다. 그리고 다음으로 아와 섬淡島을 낳았으나, 이 또한 아이라고 할 수 없었다.

'두 아이는 어째서 잘못되었던 것일까? 하늘에 있는 신들에게 물어보자.'

즉시 두 신은 천신에게 자문을 구하러 갔다. 그러자 천신은 점을 치더니 말했다.

"'여성이 먼저 말을 건 것이 좋지 않았다. 내려가서 다시 고쳐 말해라.'

그래서 돌아와서 먼젓번과 같이 기둥을 돌고는 이번에는 이자나기가 먼저 말을 걸었다. "그대는 얼마나 사랑스런 여성인가?'

이에 이자나미도 대답했다. "당신은 정말 멋진 남성이에요'"

이 같은 말을 주고 받은 뒤에 다시 결합해 낳은 아이는 아와지노호노사와케 섬淡道之穗之俠別道(아와지 섬淡路島), 다음으로 이요노후타나 섬伊豫之二名島(시코쿠四國). 이 섬은 몸이 하나로 얼굴이 네 개 있고 얼굴마다 이름이 있다."(오노 야사마로, 『고사기』)

이 내용은 개벽 상태 100=45+55 를 설명한다. 먼저 개벽 상태는 대립하는 양극단이 그 경계면에 존재하는 의사소통과 위대한 신뢰과 증폭의 영역인 온힘의 영역에 의하여 하나로 통합된 상태이다.

그런데 100=45+55에서 45는 음이고 55는 양이다. 음양이 동등하지 않고 양이 음보다 10이 클 때 비로소 개벽이 일어난다는 점이 중요하다. 그 큰 10의 부분이 커뮤니케이션과 미디어의 영역으로 소통과 신뢰와 증폭의 영역인 온힘의 영역이다.

개벽 상태는 생명을 가진 생명체가 세상에 태어나는 순간이다. 생명체가 뉴턴의 물리학처럼 작용과 반작용이 동등하면 세상에 태어나지 못하고 멈추어 서게 된다. 이런 경우 태아는 죽음을 면치 못하는 것이다.

여성인 이자나미는 모자라는 음45이고 남성은 남는 양55이다. 여기서 남성인 이자나기의 남는 부분은 10이고 그 10이 여성에게는 부족한 부분이다. 그 10이 소통과 신뢰와 증폭의 영역이다.

즉 개벽상태 100= 여성인 이자니미 음 45+ 남성인 이자나기의 남는 부분 온힘 10+ 남성인 이자나기 양45 = 45+55가 만들어졌다.

개벽상태는 반드시 100=음45+양55가 되어야 한다. 그러기 위해서는 양55인 남성인 이자나기가 이 소통과 신뢰의 영역을 만들어야한다. 그런데 음 45인 여성 이자나미가 소통의 영역과 믿음과 증폭의 영역을 만들려고 했다.

"먼저 이자나미가 말을 걸었다. '당신은 정녕 멋진 남성이군요.'

이에 이자나기도 대답했다. '그대는 정녕 사랑스런 여성이군 ' 이렇게 서로 말을 주고받은후 이자나기는 여동생에게 말했다. '먼저 여성이 말은 거는 건 안 좋지 않을까?

이 경우 여성인 음 이자나미 45는 남성인 양 이자나기 55를 움직일 힘이 없다. 즉 소통과 신뢰와 증폭의 영역인 "온힘의 영역" 10은 양 55에게 있는 것이다. 이는 개벽이 일어날 수 없게 되는 것이며 나아가 개천상태로 혁신할 수 없다. 즉 일본열도와 태양신 아마테라스는 탄생할 수 없는 것이다. 이번에는 정상적인 개벽상태가 만들어진다. 즉 이번에는 아자나기가 먼저 말을 걸었다.

'그대는 얼마나 사랑스런 여성인가.'
이에 이자나미도 대답했다.
'당신은 정말 멋진 남성이에요.'

이번에는 남성인 이자나기가 소통과 신뢰의 온힘의 영역 10을 형성했다. 따라서 100=45+55가 되면서 일본민족의 개벽이 일어난 것이다. 여기서 남성인 이자나기와 여성인 이자나미는 기본적으로 동등하며 평등하다. 그러나 소통과 신뢰의 영역 10은 남성이 만들어야 통합이 가능하다는 것을 일본의 개벽신화는 말하는 것이다. 놀라운 비유이다. 이는 중국 반고신화에서 무지막지한 도끼가 온힘 10으로 개벽 상태를 만들어낸 것과는 비교할 수 없이 자연스럽고 또한 그럼으로써 재미도 있다. 또한 이는 시대와 장소를 막론하고 인간사에서 상식이기도 하다. 아무리 세상이 변해도 남녀가 사랑하고 하나로 통합하는 소통과 신뢰와 증폭의 영역은 남성이 주도하는 것이 자연스러운 일일 것이다. 이 남녀

간에 자연스러운 일이 곧 국가를 만드는 일이나 대자연과 우주가 만들어지는 개벽에서나 마찬가지다. 일본민족이 성서로 받드는 『고사기』와 『일본서기』는 바로 이 '홍익인간 모형'의 개벽 상태를 쉽고 정확하고 재미있게 설명하고 있는 것이다.

일본민족의 개벽은 곧 개천으로 혁신하며 진행된다. 즉 이제 완전히 통합된 이자나기와 이자나미를 통해 새로운 일본열도와 일본인이 창조되는 것이다. 즉 공적영역으로서의 태극인 국가와 지도자가 탄생하고 사적영역 64괘로서 일본사회가 만들어진 것이다.

즉 일본민족의 개천이 이루어진 것이다. 이는 개천 100=36+64가 된 것이다. 그 태극의 중심에 아마테라스가 있고 그 후손이 천황가라는 것이다.

『고사기』와 『일본서기』에서 설명하는 이 내용은 중화주의 유교의 수직적 계급구조를 완전히 극복하는 개벽상태와 개천 상태의 이론이다.

그럼에도 불구하고 일본의 국체사상을 만든 모토오리 노리나가를 비롯한 국학자들은 이 고사기와 일본서기에 나타난 '홍익인간 모형'의 창조적 원형상태와 개벽상태와 개천상태를 설명한 철학을 파괴하고 동중서의 중화주의 유교의 수직적 계급구조로 전락시켜버렸다. 그리고 그것이 일본의 천황중심 국체주의 전체주의로 전락해버린 것이다. 이는 동중서의 중화주의 유교가 주나라와 그 이전에 존재했던 '탕론의 민주주의'를 파괴한 것과 동일한 경우이다.

더구나 일본의 천황중심 국체사상 전체주의는 일본과 조선은 동일한 조상에서 비롯되었다는 일선동조론을 주장한다. 그리고 이즈모 지방

신에 불과한 스사노오를 아마테라스의 동생으로 둔갑시킨다. 또한 그 스사노오를 신라신이자 국조신인 단군으로 둔갑시켜버렸다. 전체주의의 특징인 지적 사기, 지적 살인이 한민족의 국조 단군을 대상으로 일어난 것이다.

근대와 현대 중국의 석학들은 음양오행과 중화주의 유교를 부정하면서 고대 중국의 근본 철학까지 부정했다.

유교가 공자가 창시한 것이 아니라 고대에서 내려오던 사상을 공자가 종합한 것이라고 한다면 동중서의 중화주의 유교는 이 고대사상을 정면으로 부정한 것이 된다. 특히 동중서는 이천년 동안 이어지는 중화주의 유교를 시작하며 대자연과 대우주를 움직이는 자연법칙으로서의 음양오행의 원리를 파괴하고 단지 지배와 피지배의 인위적으로 조작된 양존음비의 계급논리로 만들었다.

여기에 대해 근대중국의 석학 양계초는 분노를 터뜨리며 중국문명의 설계원리인 음양오행론을 "이천 년 동안 온갖 미신을 낳은 본거지"라고 맹렬하게 부정하며 몰아붙였다.

현대 중국의 석학 풍우란 역시 중국문명의 설계원리인 음양오행론이란 "더 많은 허구로써 사실을 대체하고, 더 많은 상상으로써 진실의 결핍된 부분을 대체할 수 있을 뿐"이라며 지난 2천 년 간 중국문명의 핵심 설계 이론체계인 음양오행을 철저히 부정했다(양계초, 풍우란 외, 『음양오행설의 연구』).

이 음양오행은 곧 태극과 64괘의 원리의 바탕이므로 이 근대 이후 중국의 석학들은 이 모두를 모두 부정한 것이 된다.

나아가 이 음양오행과 태극과 64괘의 원리를 부정한 송나라 성리학에 대해 청나라의 대진戴震은 성리학性理學은 "이理로 사람을 죽인다(이리 살인以理殺人)"라고 만천하에 고발했다(풍우란, 『중국철학사』 하).

성리학이 지적 사기를 넘어 지적 살인이라고 고발한 것이다. 이는 우리 조선 성리학에도 그대로 적용되는 말일까?

이를 계승하여 현대 중국이 낳은 가장 위대한 문학가이자 사상가로 불리는 루쉰魯迅은 중국문명을 상징하는 유교의 인의도덕仁義道德이 사람을 잡아먹는 "식인문화食人文化"임을 폭로했다.

이理로 사람이 죽임을 당하고, 그 인의도덕에 사람이 잡아먹힌다고 할 때 그 중화주의 유교는 지적 살인을 넘어 인간성 자체를 말살하는 것이다.

그리고 식인문화? 우리 한민족의 머릿속에는 농담으로라도 이 식인문화를 담을 공간이 없다. 루쉰과 쉬즈위안 등 중국인의 지식인들은 어째서 중국의 식인문화를 당연한 것으로 받아들이는지에 대해 우리 한국인들은 영원히 알지 못한다.

음양오행은 중화주의 유교 2천 년 간 국가의 설계원리일 뿐만 아니라 건축과 토목과 예술은 물론 인간의 생명을 다루는 한의학漢醫學의 기본 원리이기도 하다.

양계초는 음양오행의 체계를 비난하며 "이러한 이상야릇한 체계는 마침내 이천 년 동안 모든 사람들의 심리에 뿌리내렸고, 모든 사람의 일을 지배하였다. 아아! 우리의 생사와 관련된 의약도 모두 이러한 관념의 산물"이라고 주장했다(양계초, 풍우란 외, 『음양오행설의 연구』).

양계초는 인간의 생사生死를 다루는 중국의 한의학이 음양오행이라는 미신의 산물이라고 비판하면서 한탄하고 있는 것이다.

중국은 "미신이라 불리는 방기 술수, 곧 천문, 오행, 형법形法(풍수 · 상술), 산맹, 의술, 망기望氣, 풍각風角 등"에서 다른 것은 미신이라 해도 최소한 한의학에서만큼은 양계초와 풍우란의 비판을 견디어내고 음양오행이 과학이라는 사실을 입증해야만 할 것 같다.

그리고 우리나라의 한의학은 어떤가, 중국의 음양오행과 무엇이 얼마나 다른 입장인가? 우리 한민족만의 한의학韓醫學은 중국의 한의학 미신과 주술이 아니라 과학적 이론체계로 뒷받침되는가?

그렇다면 과연 우리 한민족의 한의학은 양계초의 비판에 대해 얼마나 견딜 수 있는가?

현대 중국에는 노벨평화상 수상자 류샤오보가 있다. 그는 동중서가 만든 중화주의 유교에 대해 이렇게 분통을 터뜨린다. "중국 문화의 최대 비극은 진시황의 '분서갱유'가 아니라 한 무제의 '백가를 모두 내치고 유가만을 떠받들었던' 사상에서 시작됐다"고 밝혔다(류샤오보, 『류샤오보 중국문화를 말하다』).

중국의 모든 근현대 사상가들 중에서 중국의 중화주의 유교 문제를 가장 정확하게 파악한 사람이 곧 류샤오보임이 밝혀진 것이다. 지난 2천 년 동안 중국의 문제는 분서갱유가 아니라 동중서가 만든 중화주의 유교에 있는 것이다.

그런데 중국의 대학자 양계초와 풍우란 등은 음양오행과 태극과 팔괘와 64괘의 원리가 미신이 될 수밖에 없었던 원인이 무엇인가에 대해서는 관심조차 가지지 않았다.

무엇보다도 이 중국의 두 석학은 원래 동북아문명의 핵심인 원래의 음양오행론과 동중서가 만든 중화주의 유교의 음양오행론이 얼마나 큰 차이가 있는지에 대해 아무런 관심도 없었다.

그들은 동중서가 왜곡한 중화주의 유교의 음양오행의 틀에 갇혀서 음양오행을 미신이라고 비판했다는 점에서 중국인으로서의 태생적인 한계를 가진다.

원래 동북아 문명의 핵심인 음양오행과 태극과 팔괘와 64괘의 원리는 다름 아닌 대우주와 대자연과 인간 개인과 공동체의 생장쇠멸의 자연법칙을 최적화하는 생명의 과정 이론체계 그 자체를 담고 있었다. 그러나 역경의 해설서라고 주장하는 계사전의 저자는 이렇게 말한다.

"역에는 태극이 있으니, 이것에서 양의가 생겨나고, 양의에서 사상이 생겨나고, 사상에서 팔괘가 생겨난다. 팔괘는 길흉을 정하고, 길흉에서 대업이 생겨난다(易有大極 是生兩儀 兩儀生四象 四象生八卦. 八卦定吉凶 吉凶生大業.)

계사전은 역에 대해 유익한 정보를 많이 담고 있지만 그것이 이처럼 태극 1-양의 2-사상 4-팔괘 8의 피라미드식 수직적 계층논리를 주장하고 있다는 점이 치명적인 문제가 된다. 고형高亨은 "주역의 괘효 풀이 글은 경經이고, 십익은 전傳이다. 역전易傳을 지은 사람들은 자주 경문을 빌려 그들의 세계관을 발휘"했다고 한다. 그리고 가공된 역경易經은 원래의 역경易經이 아니라고 말한다. 즉 역경의 저자들의 세계관과 계사전 등의 역전의 저자들의 세계관은 일치하지 않는다는 것이다. 옳은 말이다. 역경의 원리는 결코 중화주의 유교식의 수직적인 계급원리가 아니다. 그러나 계사전의 원리에는 수직적인 계급원리가 나타나는 것이다. 그들은 명백하게 역경의 원리를 중화주의 유교의 계급구조로 전락시키고 있다.

이 같은 계층이론은 주자학의 주희朱熹에게서 더욱 더 잘 나타난다. 즉 그는 『역학계몽易學啓蒙』에서 다음과 같이 말한다. "그러므로 하나가 나누어져 둘이 되고, 둘이 나누어져 넷이 되며, 넷이 나누어져 여덟이 되며, 여덟이 나누어져 열여섯이 되며, 열여섯이 나누어져 서른둘이 되고, 서른둘이 나누어져 예순넷이 된다(是故一分爲二 二分爲四 四分爲八 八分爲十六 十六分爲三十二 三十二分爲 六十四 猶根之有幹 幹之猶枝 愈大則愈小 愈細則愈繁)."

주희, 즉 주자가 말하는 이 문장은 1-2-4-8-32-64가 된다고 말하고 있다. 이는 1인 태극이 2인 양의가 되고, 2인 양의가 4인 사상이 되고, 4인 사상이 8인 팔괘가 되고, 64인 64괘가 된다는 주장을 하고 있다(32에 해당되는 이론은 없다).

단학과 선도를 주장하는 조선단학파의 정북창은 『용호비결』에서 다음과 같이 주장한다.

하나가 둘을 낳고, 둘이 넷을 낳아 육십사까지 이르면 만 가지 일로 나누어지게 되는 것이니 이는 인간의 일이다. 다리를 포개어 단정히 앉아 눈썹을 드리우며 입을 다물고 만 가지 일의 어지럽고 번거로움을 수습하여 하나인 태극으로 돌아가는 것은 '선도仙道'이다(蓋一生陽 兩生四 四生八 至於六十四 分以萬事者 人道也).

정북창이 주장하는 조선의 단학/선도는 '일-음양-사상-팔 괘-64괘'식의 수직적 계층이론으로 이는 중화주의 유교의 기 본이론이다.

그러나 '홍익인간 모형'에서 음양오행은 개벽상태 의 '100=45+55'이며 태극과 팔괘와 64괘는 개천상태의 '100=36+64'이며 플랫폼국가와 민주주의의 핵심원리이며 동 서양의 모든 기존철학을 완전히 새롭게 혁신하는 원리이다. '홍익인간 모형'과 중화주의 유교는 같은 음양오행과 태극과 64괘라는 용어를 사용한다 해도 내용은 그야말로 하늘과 땅 차이다.

홍익인간 모형은 중국의 중화주의 유교가 파괴한, 그 자체가 개벽이 자 개천인 음양오행과 태극과 64괘를 원래대로 복원한다.

중화주의 유교는 생장쇠멸하는 자연법칙을 이원론적 유토피아론 의 인위적인 수직적 계급구조의 소수 지배법칙으로 바꾸어버린 것 이다.

따라서 우리는 이 2천 년 간 중국의 중화주의 유교가 파괴하고 조작한 음양오행론은 원래 대우주와 대자연과 인간 개인과 공동체 의 생장쇠멸의 법칙을 최적화하는 생명의 과정 이론체계로 복원할 필요가 있다. 아니 복원하지 않으면 동북아문명의 미래는 단연코 없다.

나는 이를 복원함으로써 원래의 동북아문명의 핵심이 곧 반도체문명과 플랫폼국가의 설계원리라는 사실을 설명할 수 있음을 보여줄 것이다. 이 '홍익인간 모형'의 생명의 과정 이론체계는 음양오행과 태극과 64괘 그리고 그것을 극복하는 우리민족에게만 전해지는 45훈과 366사의 원리로 이루어져있다. 그리고 이 음양오행과 태극과 64괘와 45훈과 366사는 정확한 수학적 수식과 기하학적 도형과 부호로 표시되며 그리고 과학적 실험을 증명되고 철학이론체계로 설명된다. 개벽 상태는 양극단이 대립하는 경계면에 소통과 신뢰의 영역이 양극단을 통합하여 원래의 능력과 가치가 몇 배, 몇십 배 증폭되는 개천상태로 나아가는 상태이다. 이 상태는 서양에서는 칸트의 변증법이 근접하게 설명하고 동양에서는 음양오행의 원리가 이를 설명한다. 즉 〈그림 18〉에 설명된 천부도에 나타난 하도와 낙서의 원리가 바로 음양오행의 원리이다. 칸트의 이율배반에는 이 그림에서 보이는 온힘의 영역이 존재하지 않는다. 단지 작용과 반작용의 대립인 정립과 반정립만을 설명할 뿐이다.

헤겔의 변증법은 먼저 정립thesis이 제시된다. 그러나 그것은 그 반정립 antithesis 에 의해 부정되며 모순에 부닥친다. 이 부정은 다시 부정되며 종합 synthesis 이 이루어진다. 그리고 이 종합은 이제까지 도달된 수준보다 높은 수준에서 다시 반복된다. 마르크스에게서도 이 변증법은 그대로 사용된다. 헤겔과 마르크스의 변증법은 정립과 반정립의 경계면에 이 양극단의 소통과 신뢰를 형성하는 커뮤니케이션과 미디어의 영역인 온힘의 영역이 존재한다는 사실을 알지 못한 데서 온 오류인 것이다. 따라서 이들이 말하는 변증법이란 사실상 낮과 밤이 계속해서 반복되는 변화에 지나지 않는 것이다. 밤이 낮을 부정하면 밤이 오고, 그 밤을 낮이 부정하면 다시 낮이 온다는 것의 반복 이외에 아무 것도 아닌 것이다. 이는 계사전에서 말하는 일음일양지도—陰一陽之道와 다를 것이 없다.

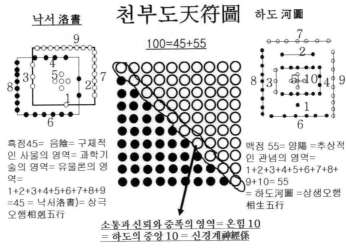

낙서 洛書　　천부도天符圖　　하도 河圖

100=45+55

흑점45= 음陰= 구체적
인 사물의 영역= 과학기
술의 영역= 유물론의 영
역=
1+2+3+4+5+6+7+8+9
=45 = 낙서洛書)= 상극
오행相剋五行

백점 55= 양陽 =추상적
인 관념의 영역=
1+2+3+4+5+6+7+8+
9+10= 55
= 하도河圖 =상생오행
相生五行

소통과 신뢰와 증폭의 영역= 온힘 10
= 하도의 중앙 10 = 신경계神經係

〈그림 18〉 천부도와 음양오행과 온힘의 영역

그러나 이는 어디까지나 지구에서 우주를 바라볼 때의 변화에 지나지
않는다. 태양계의 중심 태양에서 지구를 바라보면 단지 태양빛이 보이
는 곳이 낮이고 그 반대편이 밤일 뿐, 낮과 밤은 항상 동시에 함께 존재
하는 것이다. 따라서 변증법은 지구에서 우주를 볼 때 육안으로 나타나
는 철학적 착시현상에 불과하다. 밤과 낮이 동시에 존재할 때 양극단을
통합하여 봄, 여름, 가을, 겨울의 과정이 발생하는 것이다. 여기서 자연
순환론과 이든 할둔과 슈팽글러와 토인비의 순환론이 설명되는 것이
다. 그리고 이 순환론이 고도로 발전할 때 '홍익인간 모형'이 그 아름
다운 모습을 드러낸다.

6. 서양철학, 트랜지스터와 홍익인간 모형

서양철학은 플라톤 이전의 헤라클레이토스와 파르메니데스 그리고 피타고라스를 살펴보면 그 기본원리를 알 수 있다.

헤라클레이토스는 "우리는 같은 강물에 두 번 몸을 담그면서 담그지 않는다. 우리는 있으면서 동시에 없다."고 주장한다. 그리고 파르메니데스는 "존재는 존재하며, 비존재는 존재하지 않는다"라고 말함으로써 이 두 사람은 정반대의 철학을 제시한 것이다.

즉 헤라클레이토스의 변화와 모순의 철학과 파르메니데스의 동일철학同一哲學이다.

피타고라스에게서 물체는 점들의 집합으로 구성되며 그 특성은 이 점들의 총합을 나타내는 수의 특성에 따르는 것이다.

헤라클레이토스는 피타고라스를 매우 싫어해서 그는 "허튼 소리를 하는 사람의 원조이다"(DK22B81)라고 주장했다. 또한 플라톤과 아리스토텔레스는 파르메니데스를 계승했으므로 헤라클레이토스에 대해 못마땅하게 생각했다.

플라톤 이전의 이 세 사람의 철학자들의 주장과 우리 한민족의 '홍익인간 모형' 이 어떤 관계에 있는가를 모른다면 서양철학도 모르는 것이며 또한 한민족의 고유한 철학도 모르는 것이다.

즉 우리 한민족의 '홍익인간 모형' 에서 보면 서양철학의 원천인 이 세 철학자의 학설은 '홍익인간 모형' 의 전체 생명의 과정이 만들어내는 여러 상태의 한 부분을 차지할 뿐 결코 충돌하는 내용이 아니다.

파르메니데스는 이렇게 말한다.

"말해지고 사유되기 위한 것은 있어야만 한다. 왜냐하면 그것은 있을 수 있지만, 아무 것도 아닌 것 (meden)은 그렇지 않으니까. 이것들을 곰곰이 생각해 보라고 나는 그대에게 명한다."(파르메니데스, 「자연에 관하여」)

형식논리학에서 "A는 A이다"라는 동일률의 바탕이 되는 파르메니데스의 원전이다. 즉 파르메니데스는 "(1) 존재 = 존재, (2) 존재 ≠ 비존재라는 원리이며 후대에 (아리스토텔레스에 의해) 이들이 형식논리학의 법칙인 (가)동일률 A=A, (나)모순율 A≠ B로 보편화된 것이다."(안재오, 『논리의 탄생』)

그의 주장은 그가 직접 밝힌 것처럼 사유와 언어의 영역에서 통용되는 법칙이다. 즉 존재는 있는 것이며 비존재는 없는 것이다. 그에게 현상은 비존재이다. 그의 존재는 시간의 변화를 극복하여 변화하지 않는 영역이다.

따라서 동일률 "A는 A이다."라고 말할 수 있는 유일한 존재가 바로 신인 것이다. 따라서 이 시간을 초월하는 불변의 영역에 대한 동일률을 뒷받침하는 논리가 바로 모순률이며 배중률이다.

나는 1980년 초 사우디아라비아에서 300명의 노동자들과 3년 간 함께 '홍익인간 모형' 의 생명의 과정을 진행했지만 정작 귀국해서 그 경험에 대해 누구에게도 설명할 수 없었다. 아니 내 자신이 나의 머릿속에 떠올려 생각하기도 불가능했다. 그 경험을 머릿속에 떠올리고 그것을 다른 사람에게 설명하려면 그 '홍익인간 모형' 안의 여러 상태들을 만들고 그 내용들 하나하나의 개념에 대해 적절한 용어를 만들어야 하기 때문이다. 그 하나하나의 상태를 이루고 그 내용들을 적절한 언어로 만들지 못하는 한 그 상태를 나의 머릿속에 떠올리는 것마저도 불가능한 것이었다.

그러니까 알지만 말로 설명하기 어려운 이심전심以心傳心의 진리가 있다는 주장은 모두 허황된 거짓말이다. 말로 설명하지 못하는 진리는 전혀 알지 못하는 것에 불과하다. 그것은 말로 설명하기는커녕 그 자신의 머릿속에 떠올릴 수조차 없는 것이기 때문이다.

바로 이것이 파르메니데스가 말하는 사유와 언어의 법칙으로서의 동일의 철학이다. 비트겐슈타인은 그의 『논리철학논고』에서 파르메네데스의 동일의 철학의 언어철학으로 다시 끄집어낸다. 즉 "대체로 말할 수 있는 것은 명료하게 말할 수 있다. 그리고 이야기 할 수 없는 것에 관해서 우리는 침묵해야 한다"라고 한다. 나는 파르메니데스와 비트겐슈타인의 주장이 전적으로 옳다는 것을 나의 경험으로 알았다. 비트겐슈타인의 말처럼 "이야기 할 수 없는 것에 관해서 우리는 침묵해야한다." 말할 수 없는 것은 아무 것도 모르는 것이기 때문이다. 인간은 정확하게 자신이 아는 만큼만 머릿속에 떠올릴 수 있고 그것을 그 만큼만 남에게 말이나 글로 명료하게 설명할 수 있는 것이다.

파르메니데스가 말하는 것은 변화와 생성과는 무관하게 불변하는 영역으로서의 사유와 언어의 영역이다. 말하자면 이 영역은 필변하는 현상으로서의 사물의 영역에 대립되는 영역인 관념의 영역 그 자체이다. 그리고 그 관념의 영역의 그 자체는 공적영역의 신과 이성이다. 파르메니데스는 옳은 말을 하고 있다.

그러나 '홍익인간 모형'은 이 관념의 영역과 그 반대편 사물의 영역 양극단을 통합하여 진정한 불변의 영역인 태극과 진정한 필변의 영역인 64괘로서 개천상태를 설명한다. 그리고 개천상태의 필변의 영역을 불변의 영역으로 최적화하는 재세이화상태를 설명한다. 나아가 사회의 사건을 불변의 영역으로 최적화하는 홍익인간상태를 설명한다. 즉 '홍익인간 모형'은 파르메니데스와 헤라클레이토스를 완전히 극복하며 인간의 사유와 행동의 영역을 전체과정의 모든 상태로 증폭시켜 인간의 능력과 가치를 극대화한다.

헤라클레이토스는 한민족의 '홍익인간 모형'을 놓고 파르메니데스와 전혀 다른 영역에 대해 설명하고 있다.

"우리는 같은 강에 들어가면서 들어가지 않는다. 우리는 있으면서 있지 않다."(탈레스 외, 『소크라테스 이전 철학자들의 단편선집』)

가령 어제 한강에 들어가고 오늘 다시 한강에 들어갔다면, 같은 한강에 어제와 오늘 들어간 것이다. 그러나 어제의 한강물은 이미 흘러갔으므로 오늘의 한강은 어제의 한강이 아니다. 따라서 한강은 오늘 존재한다. 그러나 어제의 한강은 오늘 존재하지 않는다.

이 주장은 파르메니데스의 동일의 철학과는 전혀 다른 모순을 성립시킨다. 이제 헤라클레이토스는 이렇게 주장한다.

"대립하는 것 (antixoun)은 한곳에 모이고(sympheron), 불화하는 것들(ton diapheronton)로부터 가장 아름다운 조화가 이루어진다. 그리고 모든 것은 투쟁에 의해 생겨난다."(탈레스 외, 『소크라테스 이전 철학자들의 단편선집』)

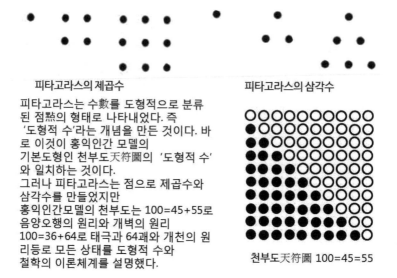

피타고라스의 제곱수

피타고라스는 수數를 도형적으로 분류된 점黙의 형태로 나타내었다. 즉 '도형적 수'라는 개념을 만든 것이다. 바로 이것이 홍익인간 모델의 기본도형인 천부도天符圖의 '도형적 수'와 일치하는 것이다.
그러나 피타고라스는 점으로 제곱수와 삼각수를 만들었지만 홍익인간모델의 천부도는 100=45+55로 음양오행의 원리와 개벽의 원리 100=36+64로 태극과 64괘와 개천의 원리등으로 모든 상태를 도형적 수와 철학의 이론체계를 설명했다.

피타고라스의 삼각수

천부도天符圖 100=45=55

〈그림 19〉 피타고라스의 도형적 수와 천부도의 비교

헤라클레이토스와 파르메니데스 그리고 피타고라스가 풀지 못한 개벽 상태의 비밀

헤라클레이토스는 양극단이 대립하는 모순률을 정당화한다. 마찬가지로 '홍익인간 모형'의 모든 상태는 모두 다 양극단이 대립하는 것이며 불화하는 것을 조화시키고 있는 것이다. 당연히 헤라클레이토스의 주장은 '홍익인간 모형'의 모든 상태의 대립을 설명한다.

즉 헤라클레이토스는 단순한 구체적인 사물의 영역만 설명하는 것이 아니다. 오히려 사물의 영역과 관념의 영역의 대립을 말하고 있다.

그러나 한민족의 '홍익인간 모형'은 여기서 더 나아가 헤라클레이토스에게 왜 모순률을 정당화시키면서 배중률의 영역인 온힘의 영역을 정당화시킬 용기를 가지지는 못했는가라고 묻는다.

모든 대립과 불화를 일으키는 양극단의 경계면에는 소통과 신뢰와 중폭의 영역인 "온힘의 영역"이 있다. 그러나 헤라클레이토스는 이 온힘의 영역까지는 생각하지 못했다. 그럼으로써 헤라클레이토스를 계승한 칸트와 헤겔과 마르크스를 비롯한 모든 서양철학자들은 모두 온힘의 영역을 생각하지 못하여 '홍익인간 모형'의 여러 상태들 중 하나도 제대로 만들지 못한 것이다.

〈그림 19〉는 '홍익인간 모형'을 흑점 45로 백점 55의 도형적 수로 구성하는 천부도天符圖와 피타고라스의 도형적 수인 제곱수와 삼각수를 비교하며 잘 보여주고 있다.

여기서 천부도는 흑점 45와 백점 55를 사용함으로써 음양과 상생오행과 상극오행뿐 아니라 커뮤니케이션과 미디어의 영역 온힘의 영역 10까지 모두 표현하며 하며 개벽상태를 이룬다. 그리고 나아가 여기서 개천 상태와 재세이화 상태와 홍익인간 상태가 만들어진다.

그러나 피타고라스는 단지 흑점만으로 제곱수와 삼각수를 만들고 있을 뿐이다. 이것만 보아도 피타고라스는 우리 한민족의 배달문명이 만들어낸 '홍익인간 모형'의 극히 일부만을 사용하고 있음이 드러난다.

피타고라스의 이론에서는 이 세계가 안고 있는 근원적인 불가사의와 또한 이 세계의 구성요소를 수數에서 발견하고자 하는 바, 즉 1에서 10까지의 모든 기수基數는 각기 제나름의 특수한 역할과 의미를 지니고 있으되, 그 중에서도 특히 완전한 포용성을 지닌다고 할 10이 격별한 의미를 지닌다. 세계의 조화는 (피타고라스야말로 세계를 '우주Kosmos' 라고 불렀던 최초의 인물이었다)오직 그 세계 속에 있는 일체의 것이 수적 관계에 의하여 정돈되고 있음으로서만 가능하다고 본 그는 특히 이것을 음악을 통해 입증하고자 했다(슈퇴릭히, 『세계철학사』 1).

피타고라스가 "세계의 조화는 오직 그 세계속에 있는 일체의 것이 수적관계에 의하여 정돈되고 있다"고 말한 것은 곧 '홍익인간 모형'의 성격을 그대로 설명한 것이다.

그가 "1에서 10까지의 모든 기수基數는 각기 제 나름의 특수한 역할과 의미를 지니고 있으되, 그 중에서도 특히 완전한 포용성을 지닌다고 할 10이 각별한 의미를 지닌다"고 한 것도 '홍익인간 모형'이 설명하는 수학적 수식과 기하학적 도형을 그대로 설명한다. 즉 천부도의 100수는 10과 9로 만들어진다. 그리고 오행상극 45와 오행상생55를 이루는 하도와 낙서는 1에서 10까지의 수가 오행을 설명하는 특별한 의미를 지닌다. 특히 그가 특별하다고 강조한 10은 포용성의 온힘의 영역이다.

또한 "피타고라스는 사물을 수라고 보았고, 물체는 점들의 총합으로 구성되며 그들의 특성은 이 총합을 나타내는 수의 특성을 따른다고 보았다. 엘리아학파의 제논은 이 명제를 "사물은 여럿이다" 또는 "사물은 다수성이다"라는 형태로 해석하고 공격했다."(폴 풀키에, 『변증법의 이해』)

여기서 사물이 수이며 점들의 총합이라고 본 것은 '홍익인간 모형'의 설명방법의 핵심인 "천부도"가 점들로 이루어진 총합이며 그것이 곧 수를 나타낸다는 것과 일치한다.

그러나 그림 21의 삼각수와 제곱수에서 보이듯 피타고라스는 "천부도"가 흑점 45와 백점55를 사용하여 흑점은 사물의 영역, 백점은 관념의 영역을 나타낸 것과 달리 흑점만 사용함으로써 사물의 영역만 나타냈다. 나는 피타고라스가 흑점만 사용한 것이 지난 2천 5백년 간 서양철학들의 상상력을 몇 배, 몇 십 배 축소시킨 원인으로 생각한다.

그리고 피타고라스는 1에서 10까지의 수가 모두 특징을 가진 것을 알았지만 1에서 10까지의 수로 "천부도"의 흑점 45와 백점 55를 만들어 100=45+55로 음양오행과 개벽상태를 만들 수 있음을 알지 못했다. 나아가 100=36+64로 태극과 팔괘와 64괘 그리고 개천상태를 만들며 나아가 재세이화상태와 홍익인간상태를 만들 수 있음은 상상도 하지 못했다.

피타고라스는 이집트와 바빌로니아를 통해 '홍익인간 모형'을 설명하는 "천부도"에 대해 약간의 지식을 알았던 것은 틀림없다. 그러나 그 전체적인 지식이 아니라 지엽말단의 지식 정도를 알았던 것 같다.

따라서 피타고라스는 서양철학의 진정한 원조였지만 그가 전한 지식으로 '홍익인간 모형'을 재구성하기는 역부족이었음을 서양철학 2천 5백 년의 역사가 말해준다.

칸트가 접근하지 못한 커뮤니케이션과 미디어의 온힘의 영역

지난 3천 년 동안 철학은 이 온힘의 영역을 철저히 무시했다. 특히 플라톤과 아리스토텔레스 이래의 논리학과 형이상학은 이 온힘의 영역을 완전히 배제하는 배중률을 만들었다. 따라서 서양철학에서 이 온힘의 영역 즉 마음과 몸을 소통하고 연결하여 통합하는 영역은 전혀 생각할 수조차 없게 규정되어 버린 것이다. 바로 이것이 대중의 능력과 가치를 축소시킴으로써 대중이 발휘할 증폭의 능력을 파괴한 원인이다.

칸트도 마찬가지다. 칸트는 논리학과 형이상학의 문제를 벗어나려고 했지만 그에게 주어진 새로운 도구는 뉴턴의 물리학이었다.

칸트의 한계는 『부량의 개념을 철학에 도입하는 시도』에서 밝힌 두 가지의 명제에서 잘 드러나 있다.

"제 1명제. 세계의 모든 자연적 변화를 통하여 같은 부호(서로 반대가 아닌)항목은 서로 합치고 실질적 반대가 되는 항목은 상쇄한다면 그 총계는 결국 감소하지도 않고 증가하지도 않는다."

제2명제. 우주의 모든 실질적 근거는 같은 부호의 것을 서로 합치고 서로 반대되는 것을 상쇄한다면 그 총계는 제로가 된다. 세계 전체는 그 자체로는 무이다."

칸트는 이 원리를 순수이성의 이율배반에 적용했다. 따라서 칸트는 "순수이성의 분야에서는 진정한 논쟁은 없는 것이다. 양측 모두 그림자와 격투하는 엉터리 격검가擊劍家다"라고 말한다. 즉 독단론과 경험론의 모든 "분쟁에 있어서의 중립의 원칙이라고 할 수 있겠다"라고 말하는 것이다(칸트, 『순수이성비판』).

결국 칸트는 뉴턴 물리학의 작용과 반작용의 사이에는 제로점만이 존재한다는 사실을 말하고 있다. 따라서 그의 철학 전체가 이러한 이율배반의 체제 안에서만 존재한다. 따라서 칸트의 이율배반은 작용과 반작용 즉 정립과 반정립만 존재한다. 이러한 이율배반으로는 대중이 소통과 신뢰와 증폭의 영역을 만들어 능력과 가치를 증폭시킬 방법이 없다.

그러나 생명의 과정은 물리학과 전혀 다르다. 몸과 마음의 사이에는 그 양극단을 소통하고 신뢰와 증폭을 만들어주는 온힘의 영역이 있다. 따라서 창조적 대중의 개벽 100= 몸45+온힘10+마음45 이다.

여기서 서양철학 2천 5백 년과 다른 결정적인 요소가 바로 온힘 10이며 그것이 바로 소통과 위대한 믿음의 영역인 것이다. 그리고 이것이 바로 생명을 가진 대자연과 인간 개인과 사회와 국가를 설명하는 과정원리이다.

헤겔과 마르크스의 변증법은 양극단의 소통과 통합을 파괴함으로써 홍익인간 모형에 접근하는 길을 차단한다.

헤겔이 『정신현상학』에서 예로 든 유명한 내용을 살펴보자.

"꽃봉오리가 활짝 피어나면 그것은 반드시 소멸되기 마련이거니와 이때 그 꽃봉오리는 새로 피어난 꽃에 의해서 부정된다고 할 수 있다. 즉 이렇게 활짝 핀 꽃은 오히려 자신이 거두어들인 열매로 인해 식물의 거짓된 현존재임이 밝혀지면서 이제 그 열매는 꽃봉오리를 대신해 식물의 진리로 등장한다.

물론 여기서 이들 양측이 지니는 형식들은 서로가 구별될 뿐만 아니라 또한 이들은 서로가 용납될 수 없는 입장에서 상호 배척하는 것이 된다.

그러나 이들 서로의 형식은 그 자체의 유동적 설질에 의하여 상호간에 유기적 통일을 이루는 저마다의 계기를 쫓음으로써 결코 서로가 상치될 수 없는 관계에 있을 뿐 아니라 오히려 어느 것도 없어서는 안될 필연적 계기를 이루는 것이다. 바로 이와 같은 상호간의 필연성이 있음으로 해서 전체로서의 생명이 마련되기도 하는 것이다."

우리 한민족이 볼 때 헤겔의 변증법은 상식 밖의 것이다. 그에 따르면 씨앗이 줄기에 의해 부정당하고, 줄기가 꽃에 의해 부정당하고, 꽃이 열매에 의해 부정된다는 것이다. 이처럼 이원론의 틀로 생명의 과정을 규정하려니 억지가 생기는 것이다. 모든 이원론의 경계면에 존재하는 소통과 신뢰와 증폭의 영역인 온힘의 영역이 존재한다는 사실을 안다면 이처럼 엉뚱한 이론이 나타날 수 없는 것이다.

생명의 과정에 의하면 씨앗은 모든 생명의 과정의 원형으로서의 가능상태이다. 그 씨앗이 움이 되는 것은 개벽상태이다. 움이 줄기가 되어 꽃이 피는 것은 개천상태이다. 그리고 꽃이 열매가 되는 과정은 재세이화상태이며, 열매가 완성되는 것은 홍익인간 상태이다.

전체 과정 안의 한 상태가 다른 상태로 바뀌는 것은 그 상태가 온힘의 영역에 의해 양극단이 통합되고 최적화되면서 혁신이 일어나기 때문이다. 헤겔의 변증법과 우리 한민족의 생명의 과정은 이처럼 동일한 현상을 두고 전혀 다른 차원의 내용을 말하고 있다.

이번에는 엥겔스가 『반뒤링론』에서 예로 든 유명한 내용을 살펴보자.

"보리알을 예로 들어보자. 우리는 수 억만 개의 보리알을 벗겨 삶아 먹는다. 그러나 이러한 보리알 중의 하나가 적당한 조건을 만나, 다시 말해서 적합한 지면에 떨어져 온도와 습기의 영향을 받아 그 자체에 독특한 변화가 일어난다. 다시 말해서 싹이 나온다. 보리알 자체가 없어진다. 부정否定된다. 그 리고 그 대신에 거기서 보리알의 부정인 한 식물 이 발생한다. 그러면 이 식물의 정상적인 생애는 어떤 과정을 밟는가? 이 식물이 성장하고, 개화하고, 결실을 맺어서 결국 다시 보리알을 생산한다. 그러므로 보리알이 성숙하면 그 줄기는 말라죽는다. 즉 식물 자체가 부정된다. 이러한 부정의 부정의 결과로 다시 맨 처음의 보리알이 나오는데, 이번에는 한 알이 아니라 열, 배, 스무 배, 서른 배의 보리알이 나온다."

식물이 성장하고 말라버리는 것을 엥겔스는 모순으로 본다. 즉 싹이 보리알을 부정한다. 식물이 성장하고, 개화하고, 결실을 맺어서 결국 다시 보리알을 생산한다. 그러므로 보리알이 성숙하면 그 줄기는 말라죽는다. 즉 식물 자체가 부정된다. 이러한 부정의 부정의 결과로 다시 맨 처음의 보리알이 나온다. 변증법의 부정과 부정의 부정을 식물의 생장쇠멸에 적용한 것이다.

이 역시 이원론의 틀로 생명의 과정을 규정하려는 억지에 불과하다. 즉 긍정과 부정의 경계면에 온힘의 영역이 존재한다는 사실을 알지 못한 것이다. 그러나 생명의 과정안의 모든 상태는 그 자체가 모두가 모순으로 이루어져 있다. 그리고 그 각각의 모순이 온힘의 영역에 의해 통합된 상태에서 최적화하면서 새로운 상태가 이루어진다. 그러나 전체과정은 물론 씨앗이 열매가 되고 열매가 씨앗이 되는 순환과정을 설명한다.

변증법에 대한 근본적인 의문을 제기해보자. 우리가 헤겔의 꽃봉오리와 엥겔스의 보리알에 대해 알아본 것같이 그 이전의 상태를 부정하며 만들어진 모순으로 생성발전이 일어나는가?

과연 열매에 의해 꽃이 부정되는 것을 생성발전이라고 할 수 있는 것인가? 밤에 의해 낮이 부정되고, 낮에 의해 밤이 부정되는 것을 생성발전이라고 할 수 있는가?

씨앗에서 움으로, 움에서 줄기로, 줄기에서 꽃으로, 꽃에서 열매로의 혁신과정이야말로 진정한 생성과 발전이 아니겠는가? 철학자의 머릿속이 아니라 실제로 낮과 밤이 서로 부정한다면 그것은 운동이나 변화와 생성이 아니라 대자연과 우주와 만물의 종말을 의미하는 것이다.

생명의 과정은 밤과 낮이 동시에 하나의 전체를 이루어 그 전체가 만들어내는 춘하추동의 상태들이 가지는 철학적 의미를 수학적 수식과 기하학적 도형과 부호와 철학이론으로 설명한다. 바로 이것이 생성과 발전이 아니겠는가? 변증법과 '홍익인간 모형'의 차이가 바로 이것이다.

마르크스는 그의 『자본론』에서 변증법에 대해 이렇게 밝힌다.

"헤겔에게는 변증법이 거꾸로 서 있다. 신비한 껍질 속에 들어 있는 합리적인 알맹이를 찾아내기 위해서는 그것을 바로 세워야 한다. 변증법은 현존하는 것을 긍정적으로 이해하면서도 동시에 그것의 부정[즉, 그것의 불가피한 파멸]을 인정하기 때문이며, 또 변증법은 역사적으로 전개되는 모든 형태들을 유동상대 · 운동상태에 있다고 간주함으로써 그것들의 일시적 측면을 동시에 파악하기 때문이며, 또한 변증법은 본질상 비판적 · 혁명적이어서 어떤 것에 의해서도 제약을 받지 않기 때문이다."

마르크스의 변증법에도 정립과 반정립이 있을 뿐 그 경계면에 양극단의 소통과 신뢰와 증폭을 만드는 커뮤니케이션과 미디어의 영역으로서의 "온힘의 영역"이 존재하지 않는다. 따라서 양극단이 하나로 통합된 전체를 만들기가 불가능하며 그 전체가 만들어내는 생명의 과정을 만들어내기가 불가능하다. 이것은 헤겔과 마르크스의 변증법 모두에게 해당한다.

생명의 과정은 하나의 전체를 만드는 양극단의 대립이라는 모순을 최적화하여 그 다음 상태로 혁신한다. 그리고 그 최적화를 주도하는 것은 양극단의 경계면에 존재하는 커뮤니케이션과 미디어의 영역인 "온힘의 영역"이 존재하기 때문이다.

마르크스에 의하면 사회는 끊임없는 운동 가운데 있으므로 전체적이고 타당한 이데올로기를 가지고 있는 사회의 하부구조가 변경되는 시점이 항상 나타난다. 하부구조가 변경되면 이데올로기도 변해야 한다. 참된 것으로부터 이제는 참되지 못한 것이 된다. 경제적 기초의 변화와 함께 거대한 하부구조 전체가 천천히 또는 급속히 전복된다고 마르크스는 가르친다. 법, 국가, 경제형태에 대한 견해, (법적, 정치적, 종교적, 예술적, 또는 철학적, 간단히 말하면 이데올로기적 형태)가 변경되고 (경제적 생산제조건에 있어서의 자연과학적으로 충실히 확인된 전복)이 이에 따른다(Robert Heiss, 『변증법』).

문제는 토대가 상부구조를 부정하는 것이 아니다. 중요한 것은 토대와 상부구조는 서로 시시각각 변화한다는 것이다. 그리고 이 양극단은 상하구조라는 수직적 계급구조가 아니라 '45도의 혁명'으로 만들어지는 수평적 평등구조이다. 그리고 최적화할 수 있는 영역이지 서로 부정하는 영역이 아니라는 점이다.

전체를 둘로 분할하는 토대와 상부구조가 서로 싸우는 동안에는 토대와 상부구조가 하나로 통합되는 전체를 이루지 못하고, 그 전체가 만들어가는 생명의 과정 즉 '홍익인간 모형'을 진행하지 못한다.

물론 마르크스는 토대와 상부구조의 경계면에는 이 양극단을 소통하고 신뢰하게 만드는 커뮤니케이션과 미디어의 영역으로서의 "온힘의 영역"이 존재한다는 사실을 전혀 알지 못한다.

그러나 이 "온힘의 영역"이 최적화된 토대의 영역과 상부구조의 영역의 균형을 이루어 통합함으로써 하나의 전체를 이루며 개벽상태를 이루는 것이다.

따라서 "온힘의 영역"이 존재하지 않는 변증법은 끊임없는 부정의 연속이지만 "온힘의 영역"이 존재하는 생명의 과정은 끊임없는 균형과 통합과 조화를 통해 각각의 상태들의 최적화를 계속 만들어 나간다.

그러므로 변증법은 헤겔과 마르크스의 머릿속에 만들어진 조작된 자연법으로 존재할 뿐 현실에서 적용할 수 있는 내용이 별로 없다. 하지만 '홍익인간 모형'의 생명의 과정은 자연법칙 그 자체이므로 현실의 대자연과 인간 개인과 대중의 움직임을 그대로 설명한다.

마르크스에 의하면 "자본주의 체제는 반드시 몰락하며 그 대신에 자본주적 체제는 거짓이라는 것이다. 자본주의적 체제는 봉건체제와 교체된 것으로서 갖고 있는 진리를 상실한 것이다."(Robe(Robert Heiss, 『변증법』)

마르크스는 자신의 이론에 대해 스스로 의심하고 있다. 그는 "만국의 프롤레타리아여, 단결하라!"고 프롤레타리아 계급을 선동하고 있다.

마르크스 스스로가 주장하는 변증법적 법칙이 옳고 그것이 결정론적으로 이미 예정되어 있는 것이라면 마르크스가 선동하지 않아도 프롤레타리아는 스스로 단결할 것이고 사회주의 혁명은 자동적으로 일어날 것이다.

그런데 실제로는 마르크스와 그의 수많은 추종자들이 그토록 오래도록 온 힘을 다해 단결하라고 선동했음에도 불구하고 만국의 프롤레타리아는 단결한 적이 없다. 또한 러시아나 중국에서 일어난 혁명의 주인공은 프롤레타리아가 아니라 그가 "감자들이 한 자루의 감자자루를 이룬 것처럼 지역적 연계 이외에는 동질성을 구체화하지 못한 비非계급"이라고 경멸하던 농민들이었다(칼 마르크스, 『루이 보나파르트의 브뤼메르 18일』). 더구나 한국대혁명의 시작인 동학농민전쟁은 그 농민들이 7개월 간 민주주의적인 자기통치를 실행했다. 이 사실을 안다면 조선의 농민이 만들어낸 동학농민전쟁을 마르크스의 이론과 연결시키는 것은 한민족의 인존성人尊性에 대한 모욕임을 알게 된다.

그가 주장한 "프롤레타리아 계급은 선이고, 부르주아 계급은 악이다. 선인 프롤레타리아 계급이 악인 부르주아 계급을 제거하면, 프롤레타리아 계급의 천년왕국이 이루어진다"는 차라투스트라의 이원론적 유토피아론에 대한 또 하나의 새로운 하나의 각주에 불과했다.

국가를 이루기 위한 전체적인 대중을 순수한 우리말로는 '온'이라고 한다. 사전적 의미로는 "전부의, 모두의, 전숲"을 의미한다. 온 세상은 전체 세상을 말한다. 또한 우리말 '온'은 고어로 '100'을 의미한다. 가령 우리말

'온뉘'는 곧 백대百代를 의미하며 이는 백 번째의 대, 멀고 오랜 세월, 오 랫동안 이어져 내려오는 여러 세대를 말한다.

개벽은 대우주와 대자연과 인간 개인과 대중이 태아상태에서 신생아 로 태어나는 과정이다. 그 과정에서 억압상태 45와 자유상태 55가 대립 하는 상태는 항상 자유상태가 억압상태보다 크다. 그래야 태아는 무사 히 신생아가 된다. 자유상태 55가 억압상태 45보다 10이 큼으로써 출산 과정이 순조롭게 이루어지는 것이다. 그래서 개벽상태는 100=45+55가 된다.

뉴턴의 작용과 반작용, 칸트의 정립과 반정립이 50:50으로 동일하다 면 태아는 신생아가 되는 과정을 이루지 못하고 멈춤으로써 반드시 죽 는 것이다.

즉 이 개벽 상태는 전체로서의 100를 이루는 부분 그 하나하나가 양극 단인 음과 양, 몸과 마음, 유물론과 관념론, 상극과 상생으로 나뉘어 대 립하고 있는 상태 이다. 이는 기존의 논리학과 변증법을 근본적으로 극복하는 새로운 방법이다.

그렇다면 이 반은 억압 상태요 반은 자유상태인 이 개벽 상태가 어떻 게 하나로 통합되면서 어떻게 세상을 향해 나올 수 있는가? 즉 어떤 힘 이 전체인 '온' 100을 이루게 하는가 하는 것이다.

이 양극단이 45:45로 대립하면서도 그 양극단의 경계면에 10이 존재 하며 전체 100=45+10+45 = 45+55를 이루게 하는 힘 또는 영역을 '온힘 의 영역'이라고 한다. 온힘은 양극단의 경계면에서 양극단의 의사소통 을 이루며 하나가 될 수 있는 위대한 신뢰와 힘의 증폭을 만들어낸다.

반도체문명을 여는 제3차, 제4차 산업혁명은 양극단의 소통과 통합을 위한 커뮤니케이션과 미디어의 영역인 온힘의 영역의 활성화로 시작한다.

즉 아무리 의사소통이 원활해도 그 의사소통이 양극단을 통합할 수 있는 위대한 신뢰와 힘의 증폭을 만들지 못하면 온힘이 아니다. 그리고 온힘이 없으면 전체로서의 온 즉 100을 만들지 못한다.

여기서 이 시대에 의사소통을 위한 중요한 미디어가 제3차 산업혁명의 바탕인 PC와 스마트폰과 인터넷이라면 위대한 신뢰는 제4차 산업혁명의 블록체인을 통해 만들어낼 수 있을 것이라고 기대해볼 수 있을 것이다.

다시 말하면 인터넷이 만들어내는 초연결시대라 해도 양극단을 통합하는 위대한 신뢰와 그 힘을 증폭시킬 방법을 만들 수 없다면 반도체문명은 탄생하지 못한다는 말이다.

하버마스는 의사소통이론에 대해 논하였고, 마샬 맥클루언은 미디어에 대해 설명을 했다. 또한 제3차 산업혁명과 함께 커뮤니케이션 미디어론이 봇물이 터지듯 세상에 쏟아졌다. 그러나 무엇이 어떤 상태의 어떤 영역에서의 의사소통인가, 무엇이 어떤 상태의 어떤 영역에서의 미디어인가에 대해 정확한 이해를 한 사람은 없었다.

가장 중요한 것은 소통은 반드시 신뢰와 하나가 될 때만 효력이 있다는 것이다. 그리고 소통과 신뢰는 하나의 영역이 아니라 사물의 영역과 관념의 영역과 그 경계면의 "온힘의 영역"으로 나뉘는 세 개의 영역이 있으며 이 세 개의 영역이 하나로 통합될 때 비로소 참다운 소통과 신뢰와 증폭이 일어나 하나의 전체로 통합된다는 점이다.

그리고 여기서 끝나는 것이 아니라 이렇게 통합된 소통과 신뢰와 증폭의 영역이 개벽 상태가 개천 상태와 재세이화 상태와 홍익인간 상태에서 각각 다른 역할을 하게 된다는 점이다. 나아가 개천 상태와 재세이화 상태와 홍익인간 상태는 각각 전혀 다른 차원의 소통과 신뢰와 증폭의 영역을 가진다는 점이다.

이와 같은 사실을 하버마스와 맥클루언을 비롯하여 다른 모든 커뮤니케이션과 미디어 학자들은 상상조차 하지 못했다.

인간은 다른 동물과 달리 언어를 만들어냈다. 그리고 언어를 사용하는 인간은 사회를 만들어냈다. 언어가 발생하여 하나의 사회가 이를 사용할 때 그 사회에게 주어진 모든 사물의 영역은 언어로 바뀌면서 인간의 관념의 영역 안으로 들어온다. 그럼으로써 그 사회와 주어진 자연은 일체가 된다. 언어는 사회의 사물의 영역과 관념의 영역이라는 양극단의 경계면에서 양극단의 소통과 신뢰와 증폭의 영역을 구축하는 것이다.

문자는 한 번 말하면 사라지는 말과 달리 시간의 한계를 극복하게 해주는 전혀 새로운 미디어로서 의사소통과 신뢰의 영역을 만들어준다.

마찬가지로 인간은 화폐를 만들어냈다. 화폐를 사용하는 인간은 사회를 만들어냈다. 화폐의 형태가 조개껍질이든 동전이든 아니면 다른 무엇이든 화폐라는 매체를 통하여 물건을 교환하는 시장이 형성되며 그 시장은 나름대로의 문화를 형성한다. 여기서 화폐는 단지 소통의 수단이 아니라 그 사회가 가지는 신뢰의 정도를 반영한다. 사회가 통합이 되어 질서가 있으면 화폐 또한 가치가 있고 소통이 원활하지만 사회가 통합과 질서를 잃으면 화폐는 무용지물이 된다.

또한 인간은 길을 만들었다. 그런데 길은 사회를 만들어냈다. 과거 인간의 조상들은 길을 인위적으로 만든 것이 아니라 필요에 의해 다니다 보면 길이 자연스럽게 생긴 것이다. 그리하여 이웃마을들과 길이 연결되면 서로 오가며 서로에게 필요한 물건들을 나누면서 오가며 또한 함께 문화를 만들어가며 자연스럽게 소통하며 신뢰와 증폭을 형성해나가며 하나로 통합된다. 육지의 길뿐 아니라 강과 바다의 길도 마찬가지이다.

언어, 문자, 화폐, 길은 모두 사물의 영역과 관념의 영역의 경계면에서 이 양극단의 소통과 신뢰와 증폭의 영역을 만들어낸다. 그럼으로써 이 양극단이 균형과 통합을 이루게 하는 것이다. 그 통합된 전체가 사회인 것이다.

인간은 불을 만들어냈다. 그리고 불을 사용하는 인간은 사회를 만들어냈다. 이는 무슨 말인가? 인간이 불을 만든 것은 단지 음식을 익혀먹는 용도만은 아니었다. 모닥불에 음식을 익히는 동안 우리의 조상들은 무엇을 했을까? 사냥에서 성공하고 돌아온 남자들은 여자들에게 꼭 필요한 철분과 단백질이 가득한 짐승의 고기를 모닥불 위에 걸어놓고 의기양양하게 사냥에서 있었던 이야기를 서로 자랑스럽게 떠들었을 것이다. 그리고 음식을 먹고 나면 모닥불을 돌며 노래와 춤을 추었을 것이다. 이는 문화이다. 또한 음식은 반드시 마을에 돌아와 먹고, 조리된 음식은 공평하게 나눈다는 것은 정의이다.

문화는 관념의 영역이고, 정의는 사물의 영역이다. 이 양자가 소통하고 신뢰와 증폭을 만드는 영역이 온힘의 영역이다. 이 경우 모닥불이야말로 현대의 전기電氣보다 더 근본적인 온힘의 영역이 아니고 무엇이겠는가?

언어, 문자, 화폐, 도로, 불 등은 서로 다르지만 모두 인간사회의 사물의 영역과 관념의 영역을 소통하고 신뢰와 증폭을 형성하게 하여 균형과 통합을 이루게 하는 의사소통과 신뢰의 영역을 형성한다. 이를 우리는 온힘의 영역이라고 했다.

온힘의 영역으로 통합이 되기 전의 대중과 통합된 대중의 능력과 가치의 차이는 그야말로 몇 배, 몇십 배의 차이가 있다. 이것이 바로 증폭의 힘이다.

오늘날 커뮤니케이션 미디어로 불리는 수많은 매체가 있다. 전기와 라디오와 텔레비전, PC와 인터넷과 체인블럭 등이 바로 매체들이다.

동양과 서양은 지난 3천 년 간 사물의 영역과 관념의 영역에 대해서만 생각하며 경험론이 옳다거나 아니면 관념론이 옳다는 식의 이원론에만 매달려왔다. 그러나 정작 그보다 더 중요한 것이 그 양극단이 동시에 존재하며 그 양극단을 연결과 소통하고 신뢰와 증폭을 형성하는 온힘 의 영역이라는 소통과 신뢰의 영역이었다.

"우리는 100%"와 "45도의 혁명"에 의해 수직적 계급구조를 수평적 평등구조로 만든 창조적 대중은 이제 그 내부를 통합할 수 있게 되었다.

창조적 대중이 전체 100으로 통합하는 방법은 자신의 사회의 사물의 영역에서 정의를 확보하고 관념의 영역에서 도덕을 확보하며 이 양극단이 서로 소통하고 위대한 신뢰를 확보하는 온힘의 영역을 활성화하는 일이다.

도덕의 영역은 관념의 영역이며 문화의 영역으로 서로가 서로를 돕는 상생相生의 영역이다. 이 영역은 하도河圖에 의해 예의인지신禮義仁知信에 의해 서로를 돕고 존중하며 하나로 연결된다. 예의인지신은 예禮=화火, 의義=금金, 인仁=목木, 지知=수水, 신信=토土이다. 그림과 같이 이 추상의 영역으로서의 도덕의 영역 안에서 예의인지신은 서로 상생오행으로 소통한다.

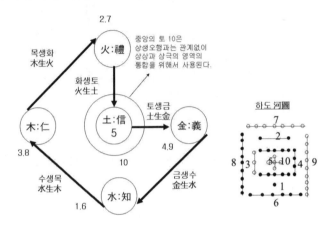

〈그림 20〉 하도의 원리로 설명되는 도덕의 영역에서 상생오행의 소통

또한 이는 아나키스트인 크로포트킨이 주장한 상호부조의 영역이다. 이 상생의 영역도 그 자체의 의사소통과 신뢰가 필요하다.

상극의 영역은 사물의 영역으로 만인에 의한 만인의 투쟁이 벌어지는 상극相剋의 영역이다. 상극의 영역에서 토극수土克水ㆍ수극화水克火ㆍ화극금火克金ㆍ금극목金克木ㆍ목극토木克土의 소통이 일어날 때 사물의 영역이 최적화될 수 있다. 따라서 이 상극의 영역도 그 자체의 의사소통과 신뢰가 절대적으로 필요하다. 〈그림 21〉은 낙서의 원리로 설명되는 사물의 영역에서 상극오행의 소통을 보여준다.

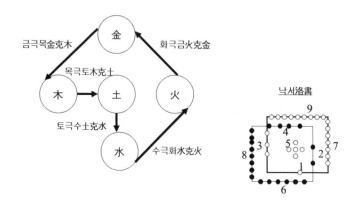

상극오행의 실례
토극수:치산치수, 수극화(가뭄 방지)/화극금:제철소, 금속, 기계
금극목:건축, 종이, 문화/목극토:조림사업, 토목

〈그림 21〉 낙서의 원리로 설명되는 사물의 영역에서 상극오행의 소통

특히 사물인터넷은 사물의 영역을 기계들이 자율적으로 소통하게 마
듦으로써 새로운 혁명을 일으킨다.

온힘의 영역은 중용의 영역으로 관념의 영역과 사물의 영역, 도덕의
영역과 정의의 영역을 소통하게 하고 이 양극단이 균형과 통합을 이룰
수 있는 위대한 신뢰를 만들어준다.

우리가 살펴본 모닥불, 도로, 화폐 그리고 언어, 문자, 라디오, 텔레비
전, 인터넷, PC, 블록체인 등이 온힘의 영역이다.

지금까지는 이 온힘의 영역을 무시해왔지만 사실상 온힘의 영역이 사
물의 영역과 관념의 영역을 통합함으로써 증폭을 이루어낸다는 사실
을 우리는 알았다.

온힘의 영역의 변천이 곧 문명의 변천과 밀접한 관계를 가진다. 제1
차 산업혁명이 철도와 선박이라는 미디어와 관계가 있다면, 제2차 산

업혁명은 고속도로, 전화, 라디오, 텔레비전과 관계가 있다.

제3차 산업혁명은 정보고속도로인 인터넷과 PC와 관계가 있다. 제4차 산업혁명은 블록체인과 인공지능과 사물인터넷과 관계가 있다.

따라서 상생과 상극 그리고 온힘의 영역은 모두 각자의 영역에서 의사소통과 신뢰가 필요하다.

그러나 온힘의 영역은 양극단인 상생과 상극의 영역을 통합하여 하나의 전체가 되게 만들어 '홍익인간 모형'의 생명의 과정을 진행하게 만든다는 점에서 근본적인 것이다.

인터넷은 대단히 특별한 매체이다. 인터넷은 그 자체로 PC들과 스마트폰, 스마트 카, 스마트 시티 등을 연결시켜주는 매체이다. 그리고 인터넷은 신문, 잡지, 방송 등 모든 매체들을 연결시켜주는 매체이다. 즉 궁극적인 매체이다. 또한 모든 사물에 센서가 부착될 때 이 사물들이 서로 연결하여 소통할 수 있게 하는 사물인터넷으로서의 매체이다. 이는 사물의 자율적 영역을 형성한다. 뿐만 아니라 인터넷은 가상공간을 형성해준다는 점에서 온힘의 영역을 넘어 그 자체로 관념의 영역을 형성한다. 즉 인터넷은 사물의 영역과 관념의 영역을 모두 연결하는 매체이며 또한 이 양극단을 연결하는 온힘의 영역으로서의 매체이다. 따라서 인터넷을 단순한 매체로 생각하는 것은 인터넷의 역할을 제대로 이해하지 못한 것이다. 인터넷이 가진 이같은 능력으로 모든 사물을 연결하는 사물인터넷과 모든 축적된 정보를 활용하는 빅데이터와 가상세계가 만들어져 제4차 산업혁명이 가능해지는 것이다. 그러나 인터넷은 매우 중요해졌지만 지금까지는 온힘이 가지는 능력인 소통과 신뢰와 증폭 중 소통과 가상의 영역만 만들어냈을 뿐이었다. 또한 그 의사소통은 언제든 왜곡될 수 있다. 독재주의 국가들은 오히려 국민을 감시하는 수단으로 인터넷과 소셜미디어를 이용하기도 한다. 그들은 그들의 조작된 의사소통으로서 프로파간다가 위협받을 때는 언제든 인터넷 접속을 차단할 수 있다. "이집트와 시리아의 독재자들이 정권 차원의 도전을 받자 실제로 그렇게 했다. 또는 중국이 "만리방호벽Great Firewall(중국 정부가 인터넷 검열을 위해 구축한 방호벽으로 만리장성을 빗대어 지칭함)을 썼던 것처럼, 승인받지 않은 온라인 통신의 흐름을 막는 통신 여과 및 통제 장치를 정교하게 구축할 수 있다."(모이제스 나임, 『권력의 종말』)

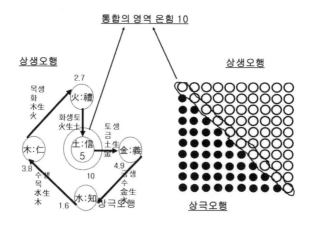

〈그림 22〉 천부도의 온힘 10 그리고 상생오행의 온힘 10의 일치

전체주의 국가도 제3차 산업혁명의 시대에 적응하며 점점 더 고도화되고 있음을 보여주는 것이다. 이는 인터넷이 소통만 이루었을 뿐 신뢰를 이루지 못했기 때문이다. 제4차 산업혁명은 온힘이 가지는 소통과 신뢰와 증폭을 모두 확보할 수 있다는 점에서 출발한다. 소통은 민주주의적이어야 하는 것이다. 그리고 체인블럭은 이 온힘의 영역에 신뢰를 만들어 줄 수 있다. 소통이 민주주의적이고 또한 신뢰를 확보할 수 있

을 때 사물의 영역과 관념의 영역을 통합하여 이 영역들이 가지고 있는 힘을 몇 배, 몇 십 배 증폭시킬 수 있다.

그러나 이 일은 쉽지 않다. 단순히 체인블럭의 효과만으로 이루어지는 것은 아니다. 그러나 체인블럭은 주목할 만하다.

우리 인간은 처음에 언어와 불과 도로라는 매체에 의해 서로 소통하고 신뢰를 확보했다. 그리고 도덕과 정의의 영역을 확보하고 이 셋을 통합함으로써 사회를 창조해냈다.

그 당시에는 사회 즉 마을의 구성원들은 숫자가 많지 않았으므로 그 마을사람들이 사회의 통합을 위해 정의와 도덕을 어떻게 지키고 기여하는가와 또한 그것을 무시하고 파괴하는가에 대해 모두 알 수 있었다. 즉 도덕과 정의를 통합하는 온힘의 영역이라는 소통과 신뢰와 증폭의 영역이 의심 없이 작동하고 있었다.

따라서 마을 사람들은 모두가 신뢰를 확보하여 정당한 평판을 얻으려고 노력했고 그 평판에 따라 합당한 대우를 받을 수 있었다.

그러나 마을주민의 숫자가 늘어나 수천 명, 수만 명이 되면서 소통과 신뢰와 증폭의 영역이 제대로 작동하기 어려워졌다. 따라서 도시의 중앙에 광장을 만들어 서로 도시의 문제에 대해 토론하고 합의함으로써 소통과 신뢰를 확보하는 일이 중요해졌다.

그러나 제1차 산업혁명과 제2차 산업혁명으로 도시주민의 숫자가 수십만 명, 수백만 명이 되면 문제는 달라진다. 이제는 신문과 라디오와 텔레비전을 통해 소통과 신뢰와 증폭이 만들어지는데 이는 조작되기 쉬운 것이다. 따라서 도시주민이 많아질수록 소통과 신뢰는 파괴되고 사라지며 속임수와 선전선동이 대신하는 현상이 나타난다.

이제 제3차 산업혁명을 통해 인터넷과 PC 그리고 스마트폰을 통해 개인들이 거대한 정보고속도로를 통해 서로 연결되면서 소통이 가능해졌다.

그러나 이 소통에 신뢰가 결합되지 않으면 온힘의 영역은 말들어질 수 없다. 이러한 관점에서 볼 때 신뢰를 만들어주는 블록체인이 성공적으로 일반화된다면 지금까지 없었던 온힘의 영역의 활성화가 일어날 수 있는 것이다.

인간 개인에게 온힘의 영역은 양의학의 중추신경계이며 한의학의 경락이다.

인간 개인으로 볼 때 온힘은 몸과 마음의 소통과 신뢰를 이루어 통합함으로써 인간의 능력과 가치를 증폭시키는 영역이다. 동서양 모두 몸과 마음의 이원론을 만들어 몸을 부정하고 마음을 선택하던가 아니면 마음을 부정하고 몸을 선택하는 식이었다. 그것이 아니면 칸트식으로 몸과 마음의 이율배반을 성립시켰다. 또는 대승불교의 성립자 나가르주나 식으로 몸과 마음 모두를 부정했다.

지난 3천 년 간 동서양의 철학자 중 누구도 몸과 마음의 경계면에 이 양극단의 소통과 신뢰와 증폭의 영역인 온힘의 영역이 있음을 알지 못했다. 따라서 몸과 마음을 통합하는 개벽을 생각한 사람은 없었다. 그러나 인간은 누구나 몸과 마음을 통합하여 살고 있다. 이 당연한 사실을 철학자들은 부정해온 것이다. 그렇다면 과연 인간 개인에게 온힘의 영역은 무엇인가?

그것은 무엇보다 먼저 신경계이다. 인간의 몸 구석구석에 퍼져있는 말초신경으로부터 모든 정보가 들어오면 그것은 중추신경계인 척수신경을 거쳐 뇌신경에 모인다. 그 정보가 모여 인간의 의식에 영향을 주고 인간의 뇌는 그것으로 판단을 내려 척수신경을 통해 말단 신경에 정보를 내보내면 인간의 몸은 그것으로 행위한다. 그러니까 신경계가 곧 의사소통과 신뢰와 증폭의 영역으로 온힘의 영역이다. 즉 인간 자신의 미디어와 커뮤니케이션 영역이다.

가령 인간의 눈이 아름다운 장미꽃을 보고 마음이 상쾌해지고, 코로 그것의 향기를 맡으며 마음이 뭉클하게 감동했다고 하자. 여기서 장미꽃을 본다는 것은 눈에 퍼져있는 말초신경이 작동하여 그 정보를 뇌신경으로 보내고 뇌는 그것을 의식에 전달하여 마음이 상쾌해지며 감동한 것이다. 그리고 마음은 그 향기를 맡고 싶다는 욕망을 일으켜 코로 향기를 맡도록 뇌가 명령하여 코가 말단 신경계를 통해 냄새를 맡아 마음이 뭉클해진 것이다.

우리는 여기서 몸과 마음과 뇌와 의식이 모두 중추신경계와 말단신경에를 통해 움직인다는 사실을 알 수 있었다. 즉 몸과 마음의 경계면에는 신경계가 있다는 것이며 그것을 통해 모든 정보가 들어오고 나가는 소통이 이루어지는 것이다. 그리고 이 소통은 언제나 철저한 신뢰를 요구한다.

무서운 독사나 말벌을 장미꽃으로 인식하거나 썩은 고기 냄새를 장미향기로 잘못 인식하면 생명이 위태로운 위험한 순간이 온다. 따라서 정보의 소통은 반드시 신뢰를 생명으로 하는 것이다. 그리고 신경계는 능력의 대대적인 증폭을 일으킨다. 신경계가 발달하여 활동하는 동물의 능력은 신경계가 없는 동물이나 마비된 동물에 비하면 몇 배, 몇십 배 증폭된 능력을 발휘하기 때문이다. 인간도 식물인간 상태에서는 신경계가 몸과 마음을 움직이지 못한다. 따라서 정상 상태에서는 식물인간 상태와 비교조차 할 수 없이 그 능력과 가치가 증폭된다.

바로 이것이 음양오행의 상극의 영역인 몸과 상생의 영역인 마음 사이에 존재하는 온힘의 영역이다. 즉 "음양오행 100= 상극의 영역 몸 45+ 온힘10+ 상생의 영역 45"이다.

여기서 상극의 영역 45는 낙서洛書로 설명된다. 그리고 온힘10과 상생의 영역 45는 하도河圖로 설명된다. 이것이 바로 하도낙서河圖洛書이다. 그러나 지난 2천년간 동북아에서 하도낙서를 논하는 사람은 많았지만 하도에 나타나는 온힘 10이 무엇인지에 대해 아무도 설명한 사람이 없었다.아니 그 온힘 10에 대해 관심을 가지는 학자조차 본 적이 없다.

이 하도낙서는 주역 64괘와 태극의 바탕이 된다. 물론 지난 2천년간 한중일 삼국에서 하도낙서에서 주역 64괘와 태극과 팔괘가 출현한다는 사실을 설명한 학자 또한 한 사람도 없다. 다시 설명하겠지만 음양오행 즉 하도낙서가 몸과 마음과 온힘의 영역이라면 태극과 64괘는 그 바탕 위에서 움직이는 머리와 몸과 마음이다. 온힘의 영역은 머리에는 뇌신경이 되고 몸과 마음의 경계면에서는 척수신경과 말단신경이 되는 것이다.

이처럼 온힘의 영역은 개벽의 원리인 음양오행과 개천의 원리인 태극과 64괘의 핵심원리이다. 더 나아가 이 온힘의 영역은 재세이화와 홍익인간에도 또한 그에 맞는 역할을 한다.

서양의학은 신경계를 발견했음에도 서양철학자 누구도 신경계가 가지는 이 명백한 철학적 의미를 알지 못했다. 동양의학은 그 철학적 의미를 알 수 있는 열쇠인 음양오행과 태극과 64괘를 가지고 있음에도 불구하고 그것이 무엇을 의미하는지 알려고 노력조차 하지 않았다. 그리고 그 핵심원리인 온힘 10이 무엇인지 알려고 하지도 않았다.

또한 한의학은 경락經絡을 사용하면서도 그것이 무엇인지 설명조차하지 못했다. 온힘의 영역으로서의 경락의 역할은 장차 한의학韓醫學에게 주어진 숙제임에도 그것을 이해하려는 학자를 본 적이 없다. 그럼으로 해서 근대중국의 석학 양계초가 음양오행의 체계를 비난하며 "이러한 이상야릇한 체계는 마침내 이천 년 동안 모든 사람들의 심리에 뿌리내렸고, 모든 사람의 일을 지배하였다. 아아. 우리의 생사와 관련된 의약도 모두 이러한 관념의 산물"이라고 한탄한 것이다. 인간의 생사를 다루는 중국의 한의학漢醫學이 음양오행이라는 미신의 산물이라고 한탄하고 있는 것이다. 우리나라의 한의학은 이 모든 원리의 핵심을 설명하는 천부경, 삼일신고, 366사를 비롯한 20여 권의 경전이 있다. 그 차이가 얼마나 엄청난 것인지를 설명하고 증명하는 것은 한의학의 몫일 것이다.

반도체문명의 핵심 트랜지스터의 구조는 곧 홍익인간 모형의 개벽 상태 100=45+55의 원리 그 자체이다.

철기문명을 대체할 반도체문명은 트랜지스터의 설계원리와 불가분의 관계가 있다. 그리고 트랜지스터의 원리는 온힘의 영역이 가지는 소통과 신뢰와 증폭의 원리 그대로를 담고 있다.

이는 반도체문명이 '홍익인간 모형'의 이론체계가 아니면 설명이 불가능함을 말해주고 있다.

트랜지스터는 진공관에서 출발했다. 장거리를 이동하는 도중에 전기 신호가 약해지는 현상이 나타났고 목적지까지 증폭시키는 역할이 필요했다. 이 증폭 기능을 위해 최초로 개발된 것이 '진공관'이다. 오늘날 반도체 트랜지스터의 주된 역할도 스위칭 기능과 증폭이다. 반도체의 발전과정을 살펴보면 〈진공관 - 트랜지스터 집적회로〉이다. 이 연결과 증폭의 기능이 곧 온힘이 가지는 소통과 신뢰와 증폭과 일치한다(소통·연결).

인터넷경제의 첫 번째 원칙은 무어의 법칙이다. 이는 단위 칩당 트랜지스터의 수가 18개월마다 두 배씩 늘어난다는 것이다. 그러므로 처리 속도와 메모리의 양도 늘어난 트랜지스터도 두 배씩 늘어나는 것이다.

무어의 법칙은 결국 인터넷 경제의 기본단위는 트랜지스터임을 알 수 있다. 더 나아가 반도체문명의 바탕은 곧 트랜지스터임을 알 수 있다.

트랜지스터는 〈그림 23〉처럼 p-n-p형과 n-p-n형 두 가지가 있다.

그리고 이는 모두 서로 다른 역할을 하는 영역인 이미터와 베이스와 컬렉터 세 부분이 하나의 전체를 이루고 있다. 그 기능도 P형 반도체는 정공을 많이 가지고 있는 물질로 '+'전기를 발생시키고, N형 반도체는 전자를 많이 가지고 있는 물질로 '-'전기를 발생시킨다.

이미터는 방출하는 역할을 하는 영역이고, 컬렉터는 모으는 역할을 하는 영역이며, 베이스는 스위치와 증폭의 역할을 한다. 이 세 개의 단자가 하나가 되어 트랜지스터가 만들어지는 것이다. 트랜지스터의 설계원리는 곧 삼원론三元論임을 분명히 보여준다.

바로 여기서 트랜지스터는 '홍익인간 모형'의 개벽상태가 "100= 음의 영역 45(컬렉터)+ 소통과 신뢰와 증폭의 영역 10(스위치와 증폭) + 양의 영역 45(이미터)"의 구조와 정확하게 일치한다.

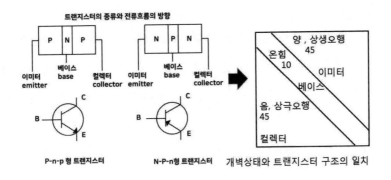

트랜지스터의 종류와 전류흐름의 방향

P-n-p형 트랜지스터   N-P-n형 트랜지스터   개벽상태와 트랜지스터 구조의 일치

개벽상태 100 =
음 45(컬렉터)+소통, 신뢰,증폭의 영역 온힘 10(베이스-스위치와 증폭)+ 양 45(이미터)

〈그림 23〉 개벽 상태와 트랜지스터 구조의 일치

P-N-P형의 경우 컬렉터-베이스-이미터로 전류 가 흐르고, N-P-N형의 경우 이미터-베이스-콜렉터의 방향으로 전류가 흐른다. 그리고 흘려보낸 전류에 비해 최종적으로 나타나는 전류는 수배에서 수십배로 증폭되는 것이다. 바로 이것이 전자혁명이요 반도체혁명의 바탕이다.

이 같은 트랜지스터의 구조는 지난 3천 년 간 철기문명을 통해 동서양에 막대한 영향력을 행사한 차라투스트라의 이원론적 유토피아론으로는 접근조차 불가능하다. 또한 플라톤의 이원론과 아리스토텔레스의 논리학과 칸트의 이율배반과 헤겔과 마르크스의 변증법으로도 역시 접근조차 불가능하다.

물론 동중서의 중화주의 유교의 음양오행으로도 접근불가이다. 왜냐하면 트랜지스터는 이들 이론과 같이 이원론을 바탕으로 한 수직적 계급구조가 아니라 양극단의 경계영역이 소통과 신뢰와 증폭의 역할을 하는 수평적 평등구조이기 때문이다. 즉 삼원론을 바탕으로 하기 때문이다.

즉 두 가지의 서로 반대가 되는 양극단의 영역이 그 중간의 제3의 영역을 통해 하나로 통합되는 것만 해도 지난 3천 년 간 동서양의 철학으로는 설명이 불가능하다. 모순률과 배중률를 모두 극복하고 있기 때문이다.

그러나 트랜지스터는 세 가지의 서로 다른 영역이 하나의 전체를 이루며 특히 제3의 영역인 배중률의 영역인 온힘의 영역이 전류의 흐름을 조절하는 스위치의 역할과 전류를 증폭시키는 역할을 한다. 즉 배중률의 영역이 온힘의 영역이며 트랜지스터의 베이스의 영역이다.

"이미터란 '방출하다'라는 뜻이고, 컬렉터란 '모으다'의 뜻이다. 짐작하겠지만 이미터에서 방출하는 자유전자 혹은 정공을 컬렉터가 끌어 모으는 것이다. 이때 베이스는 스위치 혹은 증폭작용 역할을 한다."(김태섭, 『규석기시대의 반도체』).

한마디로 트랜지스터의 구조는 지난 3천 년 간 철기 문명 동안 동서양의 그 어떤 철학자의 것과도 전혀 다른 차원의 이론체계를 제시하면서 전혀 새로운 반도체문명을 열고 있는 것이다. 이 트랜지스터를 이루는 서로 다른 세 영역은 앞의 〈그림 3〉에서 보듯 천부경天符經의 네 글자 일적십거가 만들어낸 천부도가 보여주는 서로 다른 세 영역과 배치와 동일하다.

즉 이미터가 방출하는 영역임은 양陽의 영역이며 상생오행의 영역 그리고 컬렉터가 모으는 영역임은 음陰의 영역이며 상극오행의 영역과 그 개념이 동일하다. 그리고 베이스가 스위치와 증폭의 영역임은 소통과 신뢰의 영역인 온힘의 영역과 그 배치형태와 동일하다.

 반도체와 실리콘 밸리의 아버지이자 노벨물리학상 수상자인 윌리엄 쇼클리는 서문에서 설명했듯 꼬리에 불이 붙은 당나귀의 힘으로 트랜지스터의 증폭을 설명했다.

 이는 내가 개벽 상태의 온힘이 가지는 증폭의 능력과 가치를 식물인간이 벌떡 일어나 격투기 선수가 되는 것으로 설명하는 것과 같은 내용이지만 , 쇼클리는 공학을 말하고 있고 나는 철학을 말하고 있다.

 '홍익인간 모형'에서는 트랜지스터에서 베이스의 역할을 하는 온힘의 영역은 양극단인 음양의 영역을 소통과 신뢰로 개벽에서 개천으로 획기적인 혁신을 일으킨다. 이 혁명은 곧 힘의 증폭이다. 그 사회가 가지고 있던 힘을 몇 배, 몇 십 배 증폭시켜 그 전에는 상상도 하지 못하는 힘을 발휘하게 하는 것이다.

 트랜지스터와 개벽상태는 그 배치구조 100=45+10+45 와 그 결과 증폭되는 능력에서 일치한다.

 다만 개벽 상태는 트랜지스터의 원리와 비교할 수 없이 훨씬 더 정교하며 그 이후 개천상태와 재세이화상태와 홍익인간상태로 이어지며 지속적인 증폭이 이루어진다는 점에서 근본적인 차이가 있다. 그러나 고대의 신석기문명과 청동기문명에서 한민족이 만든 '홍익인간 모형'이 미래의 반도체문명과 플랫폼국가의 원리와 만나 다정스럽게 하나가 되는 것은 틀림없다.

아시아 대륙과 유럽 대륙과 소통과 통합을 이루는 세계 플랫폼국가로서 미국

미국과 대한민국이 위치한 지정학적 위치는 바로 전 세계 단위의 커뮤니케이션과 미디어의 영역으로서의 "온힘의 영역"이다. 이로써 세계 플랫폼국가 미국과 대한민국이 눈앞에 펼쳐진다. 먼저 미국을 살펴보자.

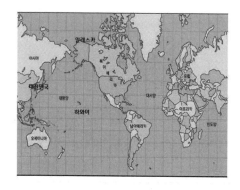 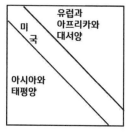

〈그림 24〉 세계 플랫폼국가로서 미국

미국이라는 지정학적 위치는 아시아와 유럽의 소통과 통합을 이루는 세계 플랫폼국가를 바라볼 수 있게 되어 있다. 미국은 제2차, 제3차 산업혁명의 핵심국가였고 지금은 제4차 산업혁명을 주도하고 있다. 이의 성공 여부가 세계 플랫폼국가의 가능 여부를 결정할 것이다.

그러나 미국의 이러한 미래는 중국과 러시아에 의해 불투명해지고 있다. 특히 중국은 전체주의 국가임에도 스스로를 플랫폼국가로 만들기 위해 일대일로一帶一路를 만들려하고 있다. 일대一帶One Belt는 중국에서부터 중앙아시아를 거쳐 유럽으로 뻗는 육상실크로드 경제 벨트이고,

일로—路One Road는 동남아를 경유해 아프리카와 유럽으로 이어지는 21세기 해양 실크로드를 말한다.

즉 미국과 중국이 각자 플랫폼국가를 만들려고 하고 그것은 앞으로 세계정세의 근본질서를 만드는 일이 될 것이다.

그런데 이 미국과 중국 두 나라가 플랫폼국가가 되기 위해 대한민국이 차지하는 지정학적 위치와 정치경제적인 역량에 두 나라 모두의 핵심적인 이익이 걸려 있다.

미국은 주로 유럽인들과 아프리카인들이 만든 국가이므로 대서양을 통해 유럽과 아프리카와 관계를 유지하고 발전하는 일에는 문제가 될 것이 없을 것이다.

그러나 문제는 태평양과 맞닿아 있는 국가들이다. 이 지역에는 우선 전체주의 국가인 중국이 있으며, 또한 전체주의에서 벗어났다고 하지만 여전히 권위주의가 힘을 가지는 러시아가 있다. 또한 핵무기를 가진 북한이 있다. 이 세 나라는 자유주의 자본주의를 운영하는 미국과 세계관이 전혀 다른 나라이다. 사정이 이러하므로 미국이 태평양 지역에서 영향력을 가지기는 쉽지 않다.

미국이 일본과 가깝다고는 하지만 일본은 미국 역사상 처음으로 미국의 영토를 공격한 나라이며 미국과 정면으로 맞붙어 전쟁을 했던 나라이다. 미국의 지식인들 중 이러한 일본을 깊게 신뢰하는 사람은 생각보다 많지 않다. 북한은 또한 역사상 처음으로 미국 본토를 핵무기로 공격하겠다고 나선 국가이다.

따라서 우리 대한민국의 지정학적 위치는 미국이 동아시아와 동남아와 인도를 아우르는 태평양에서 영향력을 행사하기 위해서는 절대적으로 필요한 나라이다. 우선 대한민국은 그 자체로 중국과 러시아의 팽창을 막고 있다. 대한민국과 일본과 대만이 없으면 이들 나라의 세력은 태평양을 직접 위협하게 되는 것이다. 이렇게 되면 미국은 태평양에 영향력을 행사하기가 불가능해진다.

미국에게 대한민국은 태평양 전체의 운영에 핵심 중의 핵심 이익을 보장하는 국가이다. 다시 말하면 미국이 양대양 세계 플랫폼국가가 되는가의 여부가 대한민국에 달려있다고 해도 결코 과언은 아니다.

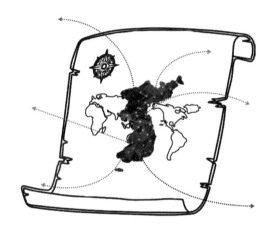

〈그림 25〉 전 지구적 양 대륙 플랫폼국가로서 대한민국

대한민국은 미국과 유럽과 일본이라는 해양세력과 중국과 러시아라는 대륙세력이 충돌하는 "온힘의 영역"으로서의 세계적인 군사력과 자본과 기술과 지식과 고급인력들이 집결할 수밖에 없다. 대한민국이 세계적인 플랫폼국가가 되지 않는다면 그것이 이상한 일이다.

아메리카대륙과 유라시아대륙의 소통과 통합으로 만들어내는 세계 플랫폼국가로서 대한민국

대한민국은 유라시아대륙과 아메리카대륙의 소통과 통합으로 이루어지는 온힘의 영역으로 플랫폼국가를 이룬다. 그리고 지금 이 시대에 우리에게 주어진 천시와 지리와 인화를 활용할 수 있다면 대한민국이 세계적인 강대국이 되는 일은 어려운 일이 결코 아니다.

미국과 러시아도 처음 출발할 때는 대한민국과 같이 좁은 영토와 초라한 국력을 가진 변방국가였다. 우리나라라고 미국과 러시아 만큼 큰 국토와 강대국으로 발전하지 못할 이유가 어디에 있는가? 바로 지금이 위기이자 천재일우의 기회이다.

일본은 우리나라보다 먼저 유라시아 대륙과 아메리카 대륙과의 커뮤니케이션과 미디어의 영역으로서 플랫폼국가를 만들었었다. 플랫폼국가의 일반적 발전방식은 선진문명을 가진 플랫폼국가의 힘과 자본과 기술을 얻어와 후진문명에 머무르는 나라를 지배하는 방식이다. 일본은 선진문명국가인 미국과 유럽의 힘과 자본과 기술을 얻어와 후진문명에 머무르고 있는 청나라와 전쟁에서 이기고 나아가 선진문명국인 러시아와 전쟁에서 승리했다. 그리고 조선과 만주와 대만을 차지했다.

그러나 일본은 미국이 지원하는 장개석의 중국과 유럽열강이 지배하는 동남아를 지배하고 미국의 국토인 하와이를 공격했다. 이로써 일본은 어리석게도 플랫폼국가가 되기 위해 반드시 자신들의 편이 되어주어야 할 미국과 유럽과 전쟁을 한 것이다. 또한 그 과정에서 플랫폼국가 일본은 파괴되면서 전체주의 국가가 되어 망한 것이다. 만일 일본이 플랫폼국가로서 미국과 유럽의 자본과 기술을 받아들이면서 당시 주인다운 주인이 없었던 만주와 시베리아를 점령했다면 일본은 오늘날 미국과 중국 못지 않는 영토와 국력을 가진 플랫폼국가로서 강대국이 되었을 것이다. 물론 그랬다면 한민족에게는 최악의 재앙이 닥쳤을 것이다. 그러나 세계사에서 기회는 오직 한 번 뿐이다. 이 시대에는 명백하게도 아메리카 대륙과 유라시아 대륙을 통합하는 커뮤니케이션과 미디어의 영역으로서의 플랫폼국가가 되는 기회가 대한민국에 와있는 것이다.

대한민국이 자리 잡고 있는 한반도는 세계의 4대 강대국인 미국과 중국과 러시아와 일본이 충돌하고 있는 지역이다. 이 강대국들 중에서 우리 땅에 대해 영토적 야심이 없는 국가는 미국이 유일하다. 이 강대국들 중 역사적으로 우리나라를 가장 많이 침략한 나라는 역시 중국이며 앞으로도 마찬가지이다. 더구나 중국은 중화주의 유교의 본산이며 현재는 전체주의 국가로서 우리민족의 창조적 대중이 세계사를 무대로 활동하는 일에 가장 위험한 사상을 가지고 있는 나라이다. 즉 과거, 현재, 미래를 통틀어 우리에게 가장 위험한 국가가 곧 중국이다. 중국은 포스트 전체주의 국가이다. 접두어가 무엇이 붙든 전체주의 국가는 플랫폼국가를 만들기가 불가능하다. 왜냐하면 플랫폼국가의 힘은 온힘의 영역에서 나온다. 즉 양극단의 경계면에서 소통과 신뢰와 증폭을 책임지는 온힘의 영역이야말로 플랫폼국가가 가지는 폭발적인 힘의 핵심인데 전체주의 국가는 이 영역을 선전선동을 위한 프로파간다의 영역으로 만든다. 미국은 다른 무엇보다도 자신이 세계 플랫폼국가가 되기 위해 우리나라가 필수불가결한 국가이다. 따라서 미국은 지금까지도 우리에게 많은 도움이 되었고 앞으로도 그럴 것이다. 우리나라 역시 세계적 플랫폼국가가 되기 위해 미국은 필수불가결한 국가인 것이다.

북한과 대만도 동북아에서 해양세력과 대륙세력의 경계면에 위치한 소통과 신뢰와 증폭의 영역인 온힘의 영역이다. 특히 미국과 중국이 패권을 다툴수록 북한과 대만은 지금까지 없었던 엄청난 위기와 기회를 동시에 가지게 된다. 이 두 나라도 일본과 대한민국이 가졌던 비약적인 발전의 기회가 온 것이다. 동북아는 전체주의 소굴이라는 게 문제지만 대한민국은 동북아에서 이 문제를 가장 슬기롭게 극복한 나라이다.

7. 거대한 위기 앞에서

이원론과 계급의 발생은 곧 생명의 과정을 해체하는 위기 상태임을 말한다. 철기문명 내내 동서양에서 '홍익인간 모형'이 나타나지 못하고 차라투스트라의 이원론적 유토피아론이 주류가 된 것이 바로 이러한 이유이다. 베르그송은 몸과 마음의 문제를 세 가지로 분류하며 다음과 같이 말한다.

"인식론에 있어서 우리는 세 가지 선택을 할 수 있으며 통틀어 세 가지 밖에는 없다. 그것은 마음이 사물을 따르든가, 사물이 마음을 따르든가, 그렇지 않으면 사물과 마음 사이에 신비스러운 일치를 가정하든가 하는 세 가지 중에서 한 가지를 선택해야 한다."(베르그송, 『창조적 진화』)

베르그송이 말하는 이 세 가지 방법론은 모두 '홍익인간 모형'에서 보면 위기 상태이다.

즉 마음이 사물을 따르면 유물론이 되고, 사물이 마음을 따르면 관념론이 된다. 사물과 마음의 신비스러운 일치를 가정하면 이율배반이 된다.

이 세 가지 안에는 모두 지난 3천 년 간의 철학을 모두 담고 있지만 세 가지 모두 생명이 없는 사물이나 추상적 영역을 설명할 뿐 생명을 가진 인간을 설명하지 못하고 있다. 따라서 이는 모두 위기 상태이다.

중화주의 유교에서 마음은 양陽으로 존귀하며, 몸은 음陰으로 비천하다. 따라서 관존민비, 남존여비 등의 계급구조가 생겨난다. 또한 마음인 관념의 세계는 지배자이고, 몸인 유물론의 세계는 피지배자가 되니,

관념의 세계를 담당하는 종교인, 관료들이 지배자가 되고 유물론의 세계를 담당하는 농민과 노동자는 피지배자가 된다.

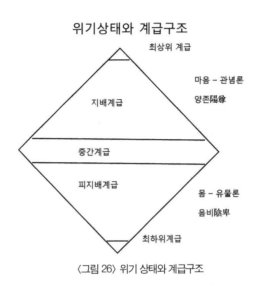

〈그림 26〉 위기 상태와 계급구조

그리고 지배자 중에서도 최상위의 지배자가 있고, 피지배자 중에서도 최하위의 피지배자가 있다. 이러한 구조는 사회가 분리되어 있어 지배자의 속임수가 도덕의 역할을 하고 그들의 폭력이 정의의 역할을 하기 마련이다. 이를 견디다 못한 피지배자는 또한 언제나 복수를 위해 반란과 혁명을 준비한다.

인간사회에 이러한 계급구조가 생기는 것을 당연하다고 생각하거나 그것이 문명세계와 야만세계를 구분 짓는 것으로 생각할 수도 있을 것이다.

그러나 이러한 계급구조가 발생한 것은 약 3천 년 전 철기문명에서부터이다. 소위 야스퍼스가 말하는 차축시대가 바로 이러한 계급구조가 생기던 시대이다. 이러한 위기상태는 지속이 불가능하다.

　중화주의 유교는 위기 상태의 대표적 실례이며, 한민족 역사에서 조선시대, 그것도 세종 시대가 한민족 최악의 위기 상태였다.

　노예제도는 사회제도와 노예가 차지하는 인구비율로 관찰할 수 있다. 노예제도가 성립하려면 먼저 노예를 사유재산으로 만들 수 있는 제도가 있어야 하고, 노예를 공급하는 무역과 전쟁을 통한 정복이 있어야 한다.

　우리나라에는 노예제도가 없었다. 우리나라에 처음으로 노예제도가 생긴 시기는 조선시대이다. 따라서 조선시대는 한민족의 반만년 역사상 최악의 위기상태였다. 임진왜란, 정유재란, 병자호란과 홍경래의 난과 동학농민전쟁을 만들고 이어 결국 국권을 빼앗긴 데에는 내부적으로 중화주의 유교의 계급구조를 만들어 위기상태의 사회로 만들었기 때문이다.

　노예제 사회가 성립하려면 "전체 인구에서 노예의 구성비가 최소한 20~30%는 되어야 함을 강조하는 사람들이 있다, 물론 이 추정은 경험적 근거들을 바탕으로 한다. 공화정 말기 이탈리아의 총인구 600 만 명 가운데 노예가 약 200만 명에 달했다고 짐작되며, 19 세기에 미국 남부 여러 주에서도 총인구의 약 1/3이 노예였다는 통계가 있다."(역사학회, 『노비 · 농노 · 노예』)

　우리 한민족의 국가들에는 이 두 가지 조건에 해당하는 바가 없다. 노예제 사회를 위한 "이와 같은 기준의 노예제도가 성립한 적이 없었고 그 인구도 10% 미만이었다."(역사학회, 『노비·농노·노예』)

"서양식 노예라고 할 수 있는 전쟁포로 출신의 생구生口가 있었지만 그것은 소수였다."(이영훈, 『한국경제사』 1)

그러니까 조선이 중화주의 유교를 받아들이기 이전에 우리나라는 노예제도가 없었다는 말이 된다.

"우리나라의 고대사를 노예사회로 본 것은 큰 실수이다. 이는 우리의 고대국가가 노예국가라는 의미라고 생각할 수 없다는 의미가 된다. 즉 마르크스가 말한 식의 국가가 우리의 고대국가에는 적용되지 않는다는 의미이다."(이영훈, 『한국경제사』 1)

읍락의 지배층은 일반 성원을 노奴라고 불렀다. 그 같은 언어생활을 통반한 예종의 감각은 읍락 상호간에, 나아가 국 상호간에 같은 원리로 확장하였다. 예컨대 고구려는 그에 복속한 옥저의 읍락을 노복으로 대우하였다. 고구려왕은 그에 굴복하거나 신속한 백제왕과 신라왕을 노객으로 호칭하였다."(이영훈, 『한국경제사』 1) 노奴를 노예로 본 것은 실수인 것이다.

중국의 노비가 노예적인 성격을 갖는 데 비하여 고려나 조선의 노비는 농노에 유사한 성격을 갖는다고 비교한 견해는 그러한 노비의 변화된 성격을 주목한 것이다(역사학회, 『노비·농노·노예』). 농노와 노예는 근본적인 차이가 있는 것이다.

"농노는 인신적으로 예속된 데 따르는 제반 의무를 졌다, 성인 남녀 농노는 매년 해방노예와 자녀들에게 부과되던 인두세 형태의 세를 영주에게 지불해야 했다. 상속할 때는 동산의 1/2 내지 1/3 에 달하는 상속세를 영주에게 내야 했고, 상속자가 없을 때는 영주가 재산을 모두

회수하였다."(역사학회, 『노비·농노·노예』).

"장원 밖의 사람과 혼인을 할 때는 허가세를 내야 했다. 보유재산의 양에 따라 현금으로 세를 내야 했고, 토지에 긴박되었다."(역사학회, 『노비·농노·노예』)

조선이 받아들인 중화주의 유교는 우리민족이 수천 년간 지켜오던 평등적 질서를 송두리째 바꾸어놓았다. "유교를 국시로 한 조선왕조의 성립 이후 모든 것이 달라지기 시작하였다, 동리 내부에까지 양반, 상민, 노비로 인간을 차별하는 신분 질서가 침투하였기 때문이다. 한 동리에서 신분을 달리한 인간들이 혼거한 것도 다른 나라에서 찾기 힘든 한국사만의 개성적 특질이다. 그에 따라 동리는 갈등하고 분열하였다. 공동체는 해체되었으며, 양반신분의 결사체로 변모해 갔다." (이영훈, 『한국경제사』 1)

"고려시대 전체를 통해서 노비의 존재를 정당화하는 주장의 근거는 노비가 중범죄자들로서 처벌된 자들이라는 것에 국한되었다. 그리고 양인을 인신매매에 의해 노비로 만드는 것을 금지하고, 채무에 의해 노비나 사환使煥으로 만드는 것도 금지하는 법이 도입되었다."(역사학회, 『노비·농노·노예』)

세종은 중화주의 유교질서를 조선에 받아들였다. 그럼으로써 한민족이 6천 년 전 처음 국가를 세운 배달국 이래 역대 한민족 국가들이 시행해온 하늘에 대한 제사를 포기했다. 하늘에 대한 제사는 오직 중국의 천자만이 할 수 있다는 것이 세종의 생각이었다. 조선은 단지 중국의 제후국에 불과하다는 중화주의 질서를 한민족 역사상 처음 받아들인 것이다.

"세종은 그가 제정한 오례五禮에서 하늘에 대한 제사를 폐지하였다. 이전의 고려왕조는 군사 · 외교의 수준에서 중국과 조공 · 책봉의 관계를 맺었지만, 하늘에 대한 제사를 고수함으로써 하늘 아래 자존하는 독립국으로서의 정체성을 놓치지 않았다. 그에 비해 조선왕조는 하늘과의 직접적 교섭을 포기하였다. 또한 세종은 독립국의 군사적 위용을 상정하는 출정出征 의례를 군례軍禮에서 배제하였다. 조선왕조는 제후국으로서 독자의 군사적 의지를 스스로 제거하였다."(이영훈, 『한국경제사』 1)

이 사실은 매우 중요한 의미를 지닌다. 조선이 중국의 제후국이 되면서 국가의 내부 질서가 모두 온통 중화주의식의 지배와 피지배의 계급구조로 바뀐 것이다. 또한 독립국으로서의 독자적인 군사주권도 포기한 것이다.

"우리 조선 이전의 국가에서 노예는 주민 전체의 10%를 넘지 않았다. 따라서 노예의 노동력으로 국가가 작동한 것이 아니다. 그러나 조선왕조에서 갑자기 노예는 40%로 증가했다. 우리 민족에게 마르크스가 말한 의미의 노예국가는 오직 조선왕조뿐이었다."(이영훈, 『한국경제사』 1)

중국을 비롯하여 다른 나라들은 점차 노예제가 사라져가는 세계적인 추세였지만 우리나라는 반만년 역사 동안 노예제도가 존재하지 않았음에도 마지막 왕조인 조선에서 처음으로 노예제도가 발생한 것이다. 그것도 노예가 10%에서 40%로 급격히 증가한 것이다.

특히 성군으로 일컫는 세종에 와서 그 같은 일이 일어난 것이다. 이는 한민족의 장대한 역사를 이끌어오던 한민족만의 질서가 갑자기 무너지고 위기상태를 맞게 된 것을 의미한다. 그 중심에 세계 어디에도 찾기 어려운 노예신분 세습법인 종천법從賤法이 있었다.

세종은 노비와 양인의 결혼을 허용했으며, 나아가 그들이 낳은 자녀를 모두 노비 신분으로 돌렸다. 종천법으로 불린 이 고약한 신분세습의 원리는 세계사의 다른 곳에서 유례를 찾기 힘든 것이다. 이후 세조는 종천법을 취소하고자 했으나 성공하지 못했다.

"노비와 양인의 결혼은 15세기 전반만 해도 노비의 전체 결혼에서 10~20%에 불과했지만, 15세기 후반부터 부쩍 증가하여 16세기 말까지 내내 40~60%의 높은 수준을 유지하였다. 그에 더하여 종천법이 적용됨에 따라 노비인구가 기하급수적으로 증가하였다. 이미 15세기 후반이면 노비의 인구비중은 전체 인구의 30~40%에 달하였다."(이영훈, 『한국경제사』 1).

이제 한민족이 그 기나긴 역사를 통해 중국을 비롯한 주변국과의 투쟁에서 그들보다 인구도 적고 영토도 좁았지만 그들보다 몇 배, 몇십 배의 능력과 가치로 그들을 압도하던 '홍익인간 모형'의 능력과 가치는 완전히 사라졌다. 이제 조선은 한민족의 특성과 정반대로 대중의 능력을 수 배, 수십 배 축소시키는 중화주의 유교의 계급구조가 정착된 것이다. 15~16세기에 걸쳐 노비가 전체 인구의 30~40%로 팽창한 것은 그 시대가 한국인이 이전에 경험한 적이 없는 격동기였기 때문이다, 격동의 본질은 한마디로 공동체 사회의 해체와 신분제 사회로의 이행이었다.

이 같은 중화주의 유교식 국가는 우리민족에게 너무도 이질적인 것이었다. 조선시대는 조선의 대중이 발휘할 수 있는 능력과 가치를 조선의 왕조 스스로가 완벽하게 파괴했다. 즉 한민족 최대의 위기 상태였다.

한민족 전체 대중의 30~40%가 노비가 되는 전대미문의 위기 상태는 의심의 여지없이 한민족 최초이자 최대의 위기 상태였다. 그러나 이 문제는 그것으로 끝나는 것이 아니라 계속 꼬리에 꼬리를 물고 나타난다.

즉 15~19세기의 조선시대에는 중화주의 유교가 우리 한민족을 지배하며 지배계급과 피지배계급이 처음으로 뚜렷하게 나타났다. 이른바 양반계급이 상민과 노비를 착취하고 억압했다. 우리 한민족의 역사에서 없었던 이러한 수직적 계급구조는 한민족 대중 전체를 둘로 나누어 지배하기 위한 투쟁과 지배에서 벗어나려는 투쟁으로 나뉘어 국력을 소모하게 만들었다. 따라서 모두가 힘을 합쳐 외침을 극복하고 국가를 번영케 하여 모두가 잘 사는 한민족의 전통적인 능력이 파괴되고 말았다.

그리고 한민족 역사상 임진과 정유의 왜란과 병자호란으로 인해 조선의 백성들이 수없이 죽고 집과 재산을 잃은 것처럼 비참한 적은 없었다. 그 원인은 다름 아닌 조선이 받아들인 중화주의 유교의 병폐가 아닐 수 없었고 그 중에서도 백성의 30~40%에 이르는 대중을 노비로 만든 세종의 악법에 있었고 근본적으로는 중화주의 유교에 있었다.

그러나 위기 상태는 이 정도로 그치지 않았다. 급기야 조선왕조가 전쟁다운 전쟁도 한 번 해보지도 못하고 일본에게 나라를 송두리째 빼앗김으로써 해체 상태 즉 무질서 상태가 만들어졌다. 한민족 역사에서 처음으로 국권을 탈취당한 이 사건은 그 원망과 비난의 대상은 물론 일본이지만 그 이전에 조선왕조가 되어야 하는 것이 정상적인 사고일 것이다. 중화주의 유교로 한민족의 능력과 가치를 수 배, 수십 배 축소시켰기 때문이다. 그러므로 이처럼 비현실적인 국가는 현실에서 지속할 수 없는 국가이다. 일본이 아니면 중국이나 러시아가 국권을 빼앗았을 것이다.

그리고 조선시대에 만들어진 중화주의 유교식 계급사회가 우리 한민족의 전통적인 것이 아니다. 우리의 진정한 전통은 '홍익인간 모형'의 창조적 대중이 자기통치를 하는 평등하고 자유로운 민주주의적인 전통이다.

한민족이 나라를 잃고 36년간 일본의 지배를 받은 왜정시대倭政時代는 한민족이 일본민족에게 지배를 받으며 억압과 착취를 받은 무질서상태이다. 특히 이 시대에는 천황중심 국체사상 전체주의의 지배를 받음으로써 이제 막 근대에 접어선 우리민족에게 치명적인 악영향을 주었다. 사실상 일본의 전체주의는 남북한에게 모두 치명적인 악영향을 주었다.

하지만 남한은 군사독재를 했음에도 자유주의를 운영하며 산업혁명에 성공함으로써 일본과 독일과 소련이 전체주의로 산업혁명에 성공한 것과 차별화했다. 즉 이들 국가들처럼 전체주의를 하지 않으면서도 산업혁명에 성공한 것이다. 그렇다 해도 군사독재는 일본 전체주의가 운영했던 군국주의의 영향을 받은 것으로써 그 후유증이 적지 않았다. 물론 전체주의와는 비교할 수 없을 정도로 덜 가혹한 것이지만 독재라는 점에서 문제가 되지 않을 수 없었다. 그러나 남한은 다시 자유주의로 돌아올 수 있었고, 민주화를 이루었으며 또한 놀랄만한 번영을 지속할 수 있었다. 일본과 독일과 소련 등의 전체주의 국가들에서 이러한 대대적인 민주화가 일어나지 않았다는 점에서 우리 한민족과 대한민국은 특별하다.

전체주의는 최악의 위기 상태로서 특히 우리 한민족에게 그렇다.

그러나 북한은 전체주의를 택했음에도 불구하고 산업혁명에 실패했고, 삼대세습의 수령 중심 주체사상 전체주의가 되어 이어지고 있다. 이는 북한의 동포들의 능력과 가치를 수 배, 수십 배 축소시켜온 것이다.

그렇다면 왜 전체주의가 한민족에게 가장 큰 위협이 되는가? 한민족은 '홍익인간 모형'을 통해 공동체를 통합하고 힘을 증폭시켜 다른 민족이 가지지 못한 강력한 능력과 가치를 가질 수 있었다. 그 능력으로 수많은 내우외환을 이겨내고 오늘에 이른 것이다.

그러나 중화주의 유교와 전체주의는 그 자체가 위기상태로써 모든 국가와 사회의 능력과 가치를 수 배, 수 십 배 축소시킨다. 한민족의 '홍익인간 모형'과 중화주의 유교와 전체주의는 완전히 반대편에 서있는 것이다.

특히 전체주의는 한민족이 수천 년 동안 갈고 닦아온 자발성과 자율성을 완전히 파괴하고 인간을 한갓 기계나 파블로프의 개로 만들어버리는 것이다. 중화주의 유교와 전체주의는 한민족에게 최악의 위기 상태, 나아가 무질서 상태를 만든다.

공사상과 홍익인간 모형은 모두 베르그송이 말하는 이전의 세 가지 철학을 극복하되 완전히 다른 차원의 것이다.

공사상空思想은 나가르주나(용수龍樹)로부터 비롯되었다. 나가르주나 (150~250경)는 '불교의 위대한 학자, 세기적 철학자, 논리학자 그리고 제2의 붓다라고 칭송받는'인물이다(자야데바 싱, 『용수의 마디아마카철학』).

지난 3천 년 간 몸과 마음 중 어느 하나를 택하거나 양자의 신비한 일치를 가정하는 것이 세 가지의 서로 다른 철학을 만들었다. 그런데 나가르주나는 이 세 가지와 전혀 다른 네 번째의 철학을 만들어냈다. 이는 세계철학사에서 분명 놀라운 발견이었다.

불교의 중관사상을 서양에 처음으로 소개한 체르밧스키는 중관불교가 일으킨 대승불교를 다음과 같이 정리했다.

"오래 전부터 잠복해 있던 사상이 A.D. 1세기에 이르러 드디어 그 모습을 적나라하게 드러내게 됐을 때 불교 교단 내에 일어난 변화는 가히 혁명적이었다. (더 이상 윤회하지 않도록) 생존을 절대적으로 마감하는 개인적 해탈의 길(=소승적 아라한의 길)에 대해서 무신론적이고 무아론적으로 접근한 가르침이었으며, 기도 행위도 인간으로서의 그 교조에 대한 숭배행위에 불과했던 종교가 대승불교시대가 되자 수많은 사원과 성인들로 둘러싸인 절대자에 대한 숭배로 탈바꿈하게 되며 지극히 헌신적이고 지극히 의례적인 종교로 변하게 된다."(무르띠, 『불교의 중심철학』)

이 혁명을 일으켜 대승불교를 설립한 사람이 곧 나가르주나(龍樹, Nagarjuna)이다. 소승불교와 대승불교의 차이가 이렇게 요약될 때 그 대승불교의 중관사상에 대해 무르띠는 이렇게 요약한다.

"중관 교학 전체를 한 마디로 요약하면 〈연기에 대한 재해석〉이라고 할 수 있다. 그래서 경험적으로는 실체가 있는 것 같지만 어떤 것도 실재하지 않는다. 중도中道란 양극단, 즉 긍정적인 견해나 부정적인 견해 (sat有와 asat無) 등 모든 견해를 받아들이지 않는 것이다.”(무르띠, 『불교의 중심철학』)

나가르주나의 중도는, 즉 긍정적인 견해나 부정적인 견해sat(有)와 asat 無) 등 모든 견해를 받아들이지 않는 것이다. 이른바 대립하는 양극성 을 모두 파괴하는 것이다.

붓다는 상주론常住論sasvata-vada)이나 단멸론斷滅論uccheda-vada, 또는 긍정 과 부정의 평범한 대립을 독단론과 비판론 간의 더욱 근본적인 대립으 로 대체시켰다. 이것이 바로 중도적 입장(madhyama pratipad)이다. 그 러나 이것은 두 극단 사이에 위치한 제3의 입장이라는 의미의 입장이 아니라 그 양자를 파기破棄한 무입장無立場의 입장인 것이다. 따라서 이 것은 한 차원 높은 데 있다(무르띠, 『불교의 중심철학』).

그러니까 양극단을 모두 파기한 무입장의 입장이 바로 공사상이라는 것이다. 그것을 중도적 입장이라 해서 중론中論이다.

공사상과 ‘홍익인간 모형’은 모두 베르그송이 말하는 이전의 세 가지 철학을 극복하되 완전히 다른 차원의 것이라는 점에서 주목할 만하다.

한민족의 한철학은 양극단을 모두 긍정하고 최적화하여 양극단의 경 계영역인 온힘의 영역이 양극단의 소통과 신뢰를 확보하여 그 힘을 증 폭시켜 하나로 통합함으로써 이전에 가졌던 힘을 열 배 백 배로 증폭시 킨다. 다시 말하면 개벽을 통해 일신강충을 일으킴으로써 , 성통광명, 재세이화, 홍익인간의 과정을 진행하는 것이다.

대승불교의 공사상, 중론은 이처럼 한민족의 생명의 과정과는 완전히 반대되는 이론체계를 가진다. 대승불교의 공사상으로 이루어지는 세계는 적멸寂滅한 상태라고 한다. 사전적 의미로는 나고 태어남 즉 생멸生滅이 함께 없어져 무위 적정無爲寂靜함. 번뇌의 경계를 떠남으로써 열반 즉 니르바나라고도 한다.

따라서 공사상과 전체주의와 한민족의 한사상 즉 '홍익인간 모형'의 차이를 분명히 이해한다면 세계철학사의 핵심을 모두 아는 것과 같다.

해체 상태는 무질서 상태이며 모든 생명체의 물적 근원이다.

해체 상태는 위기 상태가 완전히 해체되어 생명이 사라지는 상태이다. 이 상태는 무기물의 상태이다. 이 무기물의 상태가 무의미한 상태라는 말은 아니다. 해체상태는 이미 생명의 질서를 잃은 무질서 상태이다.

그러나 오히려 해체상태는 되먹임 과정을 통해 모든 생명의 과정에 있는 생명체의 물적 근원이 되어준다. 생명을 가진 만물은 이 무질서 상태를 바탕으로 하여 생명의 활력을 얻어 생명의 과정을 진행하는 것이다.

즉 죽은 생명체는 다시 물질로 돌아가고 그 물질을 모든 생명체가 다시 나누어가지면서 새로운 생명의 과정들이 여기저기서 시작되는 것이다.

따라서 지금 우리 인간이 나라고 생각하는 그 몸은 수천만 년 전 아니 헤아리기조차 어려운 세월 동안 우주를 돌아다니던 물질들로 이루어진 것이다. 모든 인간은 그 자체에 우주 전체의 영원성을 포함하고 있는 것이다.

우리는 조선이 중화주의 유교로 인해 위기 상태를 맞아 결국 나라를 빼앗기고 해체상태가 되었음을 알고 있다. 그러나 조선이라는 국가는 사라져도 한민족과 그 사회가 해체되어 사라진 것은 아니었다.

한민족 사회는 다시 개벽 상태를 만들고 개천 상태를 만들어 대한민국을 세웠고 오늘에 이르고 있다. 하지만 한민족의 진정한 개벽 상태와 개천 상태는 남북통일이 일어날 때 만들어지는 것이다.

따라서 아직도 우리 한민족은 내부적으로 새로운 개벽상태와 개천상태를 위해 맹렬하게 움직이고 있다. 그리고 외부적으로는 거대한 해양세력과 대륙세력의 온힘의 영역으로 플랫폼국가를 이루고 있다.

한민족이 한민족이기 위해서는 인존성이 반드시 필요하다.

5·18 광주민주화운동은 45도의 혁명으로 진행된 운동이다. 5·18 광주민주화운동은 80만 광주 시민이 10일간 스스로 자기통치를 한 한국 대혁명의 한 부분인 것이다.

한국대혁명의 일관된 원리를 담은 인존성은 모든 인간은 자유롭고 평등하다는 진리이다. 이것이 바로 한민족이 나라를 처음 세운 이래 지켜온 '홍익인간 모형'의 바탕이다.

신중심주의의 영역과 인간중심주의의 영역을 통합한 개벽의 상태가 최적화되면 개천開天의 상태가 만들어진다. 즉 태극과 64괘의 영역이다.

이때 그 중심이 되는 존재가 바로 천지인경의 일신강충一神降衷 그것이다. 그리고 동학의 시천주侍天主이다. 즉 모든 인간의 중심에는 모두가 평등하게 하나님이 내려와 계신 것이다.

수운 최제우(1824~1864) 선생은 두 가지의 정신적 외세를 극복하려고 했다. 하나는 중화주의 유교이며 다른 하나는 소위 서양의 서학(천주교)이었다. 이 두 가지를 극복하기 위해 내세운 것이 동학이었다.

그 핵심이 나의 중심에 하나님이 계시다는 시천주侍天主이며 또한 최시형선생의 향아설위向我設位가 그것이다. 시천주는 나의 중심에 존재하는 하나님/하느님을 모신다는 말이며, 향아설위는 벽 앞의 신위를 모실 것이 아니라 내 안의 하나님을 모시라는 말이다. 동학농민전쟁은 항일독립운동을 거쳐 4·19와 부마민주항쟁과 광주민주화운동 등으로 이어진다. 동학농민전쟁의 핵심인 시천주사상은 고대로부터 전해진 우리민족의 하나님/하느님을 다시 재현한 것이라고 한다.

하나님을 동학이 재현했다는 것은 참으로 한민족 역사에서 획기적인 일이다. 이 역시 일신강충을 설명한다. 바로 이 사상에 의해 우리 한민족 철학과 신학의 중심이 되는 개념인 인간은 존엄한 존재라는 인존성人尊性이 성립한다. 4·19혁명과 5·18광주민주화운동 또한 이 인존성 확립의 연장성에 있는 것이다.

하나님께서 인간의 중심에 내려와 계심으로써 인간은 신이 아니지만 누구나 존엄한 인존성人尊性을 가지게 되어 신본주의와 인본주의가 만들어내는 모든 문제를 한꺼번에 극복하는 것이다.

일신강충이 설명하는 한민족의 하나님은 한민족의 여러 경전에 여러 가지 설명이 있다. 단군조선의 3세 단군 가륵님의 중일경中一經의 내용을 살펴보자.

"천하의 가장 큰 근본은 나의 중심에 존재하는 하나님이다. 인간이 그 하나님을 잃는다면 어떠한 일도 이룰 수 없다(天下大本 在於吾心之中一也 人失中一則事無成就)."

중일경은 "하늘 아래 가장 큰 근본은 나의 중심에 존재하는 하나님一神(天下大本 在於吾心之中一也)"이라고 선언한다 . 그리고 인간이 자신의 중심에 존재하는 하나님을 잃는다면 어떤 일도 이룰 수 없다는 것이다. 이것이 인존성이다. 그러나 신 중심주의와 사람 중심주의는 모두 인간의 중심에 하나님이 존재한다는 사실조차 알지 못한 것이다. 인간이 스스로 존엄하다는 인존성을 알지 못하는 문명에서 얼마나 끔찍한 일들이 벌어지는가는 세계사가 말해주고 있다.

신중심주의는 오로지 신만이 존엄하며 모든 인간은 태어날 때부터 원죄原罪를 짓고 있는 악한 존재라고 가르친다. 즉 신은 선하고 인간은 악할 수밖에 없는 것이다.

그러나 인간의 중심에 하나님이 존재하는 일신강충의 진리앞에 이 원죄론은 무의미해진다. 인간은 그 자체가 원래부터 더 없이 존엄한 것이다.

반면에 신중심주의를 부정한 휴머니즘, 인간중심주의, 사람중심주의는 신중심주의의 신이 보여주었던 신성함을 파괴했다. 이제 휴머니즘, 사람중심주의는 무자비하고 오만하며 스스로 신이 되려고 한다. 황장엽의 사람중심주의는 "인간의 운명의 주체는 개인이 아니라 사회적 집단이다. 사회적 집단(인류)과 외부세계와의 관계에서 인간의 운명이 결정된다." "우리 개인을 고립적으로 보면 작은 존재이지만 영원한 인류의 생명과 뿌리를 같이 한다는 점을 고려한다면 더없이 위대한 존재라는 것이 명백하다" 고 한다(황장엽, 『인간중심철학 원론』).

황장엽은 개인을 부정하고 사회를 신격화하는 이원론으로 주장하고 있다. 그러나 모든 개인은 이미 일신강충으로 스스로 인존성을 가지고 있다. 황장엽은 '홍익인간 모형'이 개천 상태를 넘어 재세이화 상태와 홍익인간 상태에서야 만들어지는 사회의 성스러움을 단순한 개인과 사회의 이원론으로 만들 수 있다고 생각한다. 이는 "잘못 놓인 상태의 오류"이다.

8. 새 하늘을 여는 플랫폼국가

　개천 상태는 개인이나 대중이 어머니의 뱃속에서 태아가 태어나는 과정인 개벽상태를 지나 세상에 태어나 성인이 된 상태이다. 이제 비로소 몸과 마음을 통합하여 머릿속에서 이성과 지성을 통일한 인간성을 사용하여 판단하며 통찰력을 가지고 생각하고 행동할 수 있게 된 상태이다. 이 상태에서 민주주의 플랫폼국가가 만들어진다.

　대중의 능력과 가치를 몇 배, 몇 십 배 증가시키는 개천 상태의 민주주의

　지난 3천 년 간 동서양의 어떤 철학자도 이 개천 상태를 알지 못했다. 차라투스트라와 플라톤과 동중서의 이원론은 대중이 발휘할 수 있는 능력과 가치를 몇 배, 몇 십 배 축소시키는 것이었다. 그럼으로써 한 사람이 권력을 독점하고 지배하는 독재주의나 소수가 권력을 독점하고 지배하는 과두주의가 가능해지는 것이었다.

　그러나 개천 상태는 대중이 집단지성과 집단이성을 통일하여 국가를 운영하는 국가성으로 생각하고 행동함으로써 대중의 능력과 가치를 몇 배, 몇 십 배 증가시킨다. 그럼으로써 개천상태는 대중이 대중 스스로가 스스로를 통치하고 스스로 통치 받는 민주주의로 운영되는 것이다.

　즉 개천 상태는 창조적 대중이 스스로의 소통과 신뢰와 증폭의 영역을 만들어 양극단을 대립을 통합하여 집단이성과 집단지성을 통일한 국가성으로 스스로가 스스로를 다스리고 다스림을 받는 자기통치를 이루어 국가를 만든 상태이다. 대중이 아니라 개인의 경우에도 동일한 원리이다.

창조적 대중이 이루어낸 개천 상태의 민주주의적 시민은 전체주의의 폭민이 파블로프의 개가 되는 것과는 정반대의 성격을 가진다.

그러나 지난 3천 년 간 동서양의 철학자들은 이처럼 개천 상태에 이르러서야 비로소 나타나는 이성과 지성, 자유와 의지를 개천 상태를 만들 철학적 능력이 없음에도 불구하고 이성과 지성, 자유와 의지 중 하나를 제1의 원리, 출발점, 전제로 삼아 다른 모든 철학이론을 설명하려고 했다. 또한 동양의 경우도 다르지 않다. 도道, 이理 또는 기氣, 아트만 등을 모두 제1원리, 출발점, 전제로 삼아 다른 모든 철학이론을 이끌어내려고 했다. 이 모든 제1원리를 내세우기 위해서는 '홍익인간 모형'이 설명하는 전체 과정인 개벽상태와 개천상태과 제세이화상태와 홍익인간상태를 설명하며 그 각각의 상태에서 이 모든 제1원리들이 각각 따로 설명된다는 것을 증명해야한다. 그러나 지난 3천 년간의 철학자들은 모두 개벽상태에도 못 미치는 단 하나의 상태에서 이성과 지성, 자유와 의지, 도道, 이理 또는 기氣, 아트만 중 하나를 제1원리, 출발점, 전제를 만들어 다른 모든 철학이론을 이끌어내려고 한 것이다. 따라서 이들 모두는 "잘못 놓여진 상태의 오류"를 범한 것이다.

지난 3천 년 간 철기시대의 동서양의 철학자들은 단지 차라투스트라의 이원론적 유토피아론과 플라톤과 동중서와 같이 사회를 한 사람의 지배자나 소수의 지배자가 다수를 지배하기에 적당한 철학을 만들어 그것을 진리로 포장하려다 보니 조작된 자연법칙을 만들 수밖에 없었다. 그러다 보니 자연법칙 그 자체인 '홍익인간 모형'은 철기시대 내내 묵살될 수밖에 없었다. 그러나 이제 반도체문명의 시대를 맞아 다시 '홍익인간 모형'을 불러내고 있다. 아직 태어나지도 않은 태아 상태나, 태아에서 신생아로 태어나는 도중인 개벽상태에서 이성과 지성과 인간성과 국가성을 사용할 수 있겠는가?

칸트는 뉴튼의 물리학을 바탕으로 자신의 철학을 만들었다. 따라서 그는 양극단 즉 사물의 영역과 관념의 영역의 경계면에 소통과 위대한 신뢰와 증폭의 영역인 온힘의 영역이 존재한다는 사실을 생각해낼 수 없었다. 따라서 칸트는 유일하게 개벽상태 비슷한 이율배반을 찾아냈지만 그것은 단지 식물인간 상태에 불과했다. 개천은 그 식물인간으로서의 대중이 양극단을 소통과 신뢰와 증폭을 통하여 통합한 개벽상태를 넘어 개천상태에 이르러 벌떡 일어나 이성과 지성, 자유와 의지를 통일하여 사회를 만들고 국가를 세워 자연으로 나아가 피와 땀과 눈물로 농사를 짓고 공장을 만들어 물건을 생산하는 상태이다.

이러한 개천상태의 창조적 대중의 능력과 가치가 칸트의 이율배반의 상태의 대중보다 몇 배, 몇 십 배 향상된다는 것은 누구나 알 수 있는 사실이다.

한민족은 동학농민전쟁 이래 이 철학을 바탕으로 집단이성과 집단지성을 통합한 국가성으로 한국대혁명을 통해 플랫폼국가를 만들어 최종적으로 홍익인간 국가를 만들려고 하고 있다. 우리는 천부도와 천지인경을 통해 이를 설명했다. 중앙 36은 태극과 팔괘를 설명하며 외부의 64는 64괘를 설명했다. 그 64의 흑점 30은 역경의 상경 30괘이고 백점 34는 하경 34괘였다. 이제 온힘 10은 백점 5개로 중앙의 주관과 주체의 소통과 신뢰와 증폭을 통해 주관체로 통일하고, 외부의 4개로 객관과 객체의 소통과 신뢰와 증폭을 통해 객관체로 통일한다. 그리고 이를 천부도에 적용하면 아래의 그림과 같다. 또한 이를 표로 만들면 다음 쪽의 〈표 1〉이 된다.

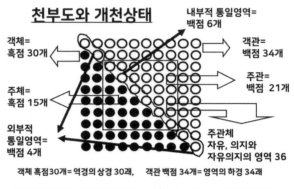

팔괘는 다음 쪽의 그림과 같이 태극을 여덟 방향에서 관찰한 것으로 태극과 팔괘의 관계를 한눈에 알 수 있다. 보다 자세한 설명은 나의 『천부경』 2차 개정판(지혜의나무, 2009, 502쪽)을 참고하기 바란다.

또한 이 팔괘에 의미를 부여하면 뒤에서 설명하게 될 팔강령이 된다. 이제 태극은 공적영역, 64괘는 사적영역이 된다. 즉 태극은 개인에게는 머리, 공동체에는 국가가 된다. 64괘는 개인에게는 몸과 마음, 국가에는 사회와 시장이 되는 것이다.

다음 350쪽 〈표2〉는 태극인 공적영역 36과 64괘인 사적영역 64가 가지는 체계적인 내용을 설명하고 있다. 천부도에서 설명된 태극과 64괘가 이 테두리표에 의해 그것을 이루는 모든 부분들이 설명되는 것이다.

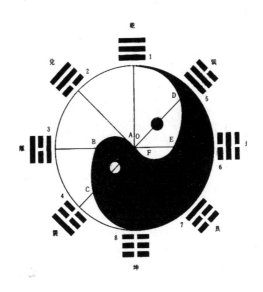

〈표 1〉 공적영역 36과 사적영역 64의 구조

내부원리			외부원리		
공적영역(본체계)			사적영역(현상계)		
천	지	인	천	지	인
주관	주체	주관체	객관	객체	객관체
39	구체성	통일성	추상적	구체적	통일적
21	15	36	34	30	64

　　우리가 순수이성과 순수지성 그리고 이성과 지성, 자유와 의지를 논
하기 위해서는 반드시 먼저 개벽 상태에서 양극단을 통합할 근거를 제
시해야 한다. 즉 음양오행의 근거를 설명해야 한다. 그리고 그 음양오
행의 개벽상태를 혁신하여 개천 상태가 태극과 64괘의 내용이며 그것
을 통해서만이 순수이성과 순수지성 그리고 이성과 지성, 자유와 의지
는 물론 주관과 주체, 객관과 객체 그리고 이를 통합한 주관체와 객관

체를 설명할 수 있게 되는 것이다.

<표2> 테두리표

현실적 존재							
공적영역-주관체의 영역				사적영역-객관체의 영역			
주관	주체	내적 통일체	주관체	객관	객체	외적 통일체	객관체
이성	지성	주관적 통일성	인간성 국가성	심법 心法	심방 心房	객관적 통일성	동기 動機
개념	직관	통일력	통찰력 등	기운 氣運	기질 氣質	통일력	행위 行爲
자유	의지	통일력	자유의지	신형 身形	신체 身體	통일력	행동 行動
순수이성: 오로지 선하여 악함이 없음 순수 지성: 오로지 깨끗하여 더러움이 없음 순수 인간성:오로지 후하여 박함이 없음	64괘의 영역						
	상경 30괘			하경 34괘			
팔강령과 태극과 팔괘 (8=36)	건乾, 곤坤, 둔屯, 몽蒙, 수需, 송訟, 사師, 비比, 소축小畜, 이履, 태泰, 비否, 동인同人, 대유大有, 겸謙, 예豫, 수隨, 고蠱, 임臨, 관觀, 서합噬嗑, 비賁, 박剝, 복復, 무망无妄, 대축大畜, 이離, 대과大過, 감坎, 이			함咸, 항恒, 돈遯, 대장大壯, 진晋, 명이明夷, 가인家人, 규睽, 건蹇, 해解, 손損, 익益, 쾌夬, 구姤, 췌萃, 승升, 곤困, 정井, 혁革, 정鼎, 진震, 간艮, 점漸, 귀매歸妹, 풍豊, 여旅, 손損, 태兌, 환渙, 절節, 중부中孚, 소과小過, 기제旣濟, 미제未濟			

그렇지 않고 지난 3천 년 간 동서양의 철학자들이 이들을 논하는 것은 모두 "잘못 놓여진 상태의 오류"에 빠진 것이다.

1천 년 만에 다시 원래의 한민족으로 돌아가는 대한민국 건국강령 그리고 신지비사

우리 한민족이 근대를 맞아 다른 어느 민족과도 다른 창조적 대중으로 동학농민전쟁을 통해 개벽을 일으켰고 항일독립운동을 통해 새로운 나라를 건설하는 개천의 토대를 만들었다. 그 시작을 알리는 문건이 바로 대한민국 건국강령이다. 이는 우리 한민족이 근대를 맞아 개벽을 거쳐 개천으로 향하는 첫 걸음으로 중요한 의미를 지닌다.

대한민국 건국정신의 근원을 단군조선의 경전 『신지비사』와 『천지인경』에 두고 있다. 대한민국 건국정신을 설명하는 건국강령의 제1장에는 "우리나라의 건국정신建國精神은 삼균제도三均制度에 역사적 근거를 두었으니, 선민先民의 명명明命한 바 "수미균평위首尾均平位"하면 "홍방보태평興邦保泰平"이라 하였다. 이는 사회각층의 지력智力과 권력과 부력의 가짐을 고르게 하여 국가를 진흥하며 태평을 보전 · 유지하려 함이니 홍익인간과 이화세계理化世界하자는 우리 민족의 지킬 바 최고의 공리"라고 밝힌다.

여기서 우리는 먼저 "수미균평위首尾均平位"하면 "홍방보태평興邦保泰平"이라는 10개의 글자가 신지비사 180개의 글자로 이루어진 경전의 한 구절임을 살펴보아야 한다. 그리고 삼균제도란 이 경전이 설명한 삼경제도에서 온 것임을 살펴보아야 한다. 그리고 홍익인간과 이화세계는 곧 재세이화在世理化, 홍익인간을 의미한다. 그리고 신지비사와 천지인경의 근원은 천부경과 삼일신고와 366사이다. 따라서 대한민국 임시정부는 대한민국 건국정신을 『천부경』과 『삼일신고』와 『366사』에 두고 있다고 선언했다고 보아도 무방할 것이다.

이는 단군조선 시대의 경전 『신지비사神誌秘詞』의 삼경설에서 유래한 삼균사상을 국가의 근본으로 함을 말한다. 그리고 재세이화와 홍익인간을 그 목적으로 함을 명문화하고 있음으로 해서 이미 설명한 『천지인경天地人經』의 '홍익인간 모형'인 일신강충一神降衷, 성통광명性通光明, 재세이화在世理化, 홍익인간의 과정을 바탕으로 하고 있는 것이다.

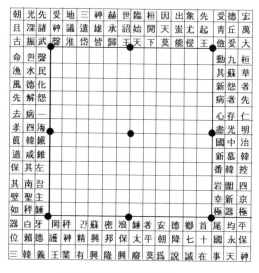

〈그림 27〉 신지비사 180글자

"아침 햇빛 먼저 밝아 오는 이 땅에, 삼신께서 환하게 세상에 강림하셨네. 한인님께서 먼저 그 밝은 모습을 나타내시고, 성통공완의 가르침을 넓고 깊게 심으셨노라.

모든 신들과 의논하여 한웅님을 보내시니, 한웅님께서는 한인님을 승계하시고 그 천통을 이어받아 마침내 개천을 하셨도다. 치우님께서는 청구에서 일어나시어, 무력으로 만고에 그 명성을 떨치시도다. 회대 지방이 치우님에게 복속하니, 천하는 감히 침범할 생각을 못하였노라.

단군왕검님께서 천통을 이어 받으시니, 구한이 모두 기뻐하는 소리로 진동하였네. 백성들은 물을 만난 물고기와 같이 살아나고, 바람을 만난 풀과 같이 덕화가 새로워지도다. 원한이 있는 자에게 먼저 그 원한을 풀어 주시고, 병든 자에게 먼저 병을 낫게 해주시도다(朝光先受地 三神 赫世臨 桓因出象先 樹德宏且深 諸神議遣雄 承詔始開天 蚩尤起靑邱 萬 古振武聲 淮岱皆歸王 天下莫能侵 王儉受大命 歡聲動九桓 魚水民其蘇 草風德化新 怨者先解怨 病者先去病)."

"모두가 한마음으로 어짊과 효도를 살피고 보전하게 하시니, 천하가 모두 밝은 빛으로 가득 차노라. 진한은 중앙에서 나라 안을 안정시키게 하시니, 다스림의 도는 밝고 새로워 모두에게 미치도다. 마한은 왼쪽을 보좌하게 하시고, 번한(변한)은 남쪽을 견제하게 하시니, 험난한 바위 산이 사방의 벽을 에워쌈과 같도다.

성스러운 우리 주님± 새로 마련된 수도에 나아가시니, 마침내 삼한은 저울대, 저울추, 저울 그릇의 모습을 이루어 내도다. 백아강은 저울 그릇이요, 소밀랑은 저울대요, 안덕향은 저울추로세. 머리와 꼬리가 평형을 이루어 나란히 있으니-수미균형위首尾均平位-, 그 덕에 힘입어 하나님의 정기를 지켜 내노라.

나라가 크게 일어나 태평성대를 이루니-흥방보태평興邦保太平-, 칠십 개 국이 기꺼이 와서 따르네. 세세손손 삼한의 성스러운 진리를 보전한다면, 왕업은 갈수록 크게 번창해지리라. 함부로 나라의 흥망성쇠를 입에 담지 말지니, 오직 하나님을 정성스럽게 섬기는 일에 달려 있느니라

(一心存仁孝 四海盡光明 眞韓鎭國中 治道咸維新 慕韓保其左 番韓控 其南 峻岩圍四壁 聖主幸新京 如秤錘極器 極器白牙岡 秤幹蘇密浪 錘 者安德鄕 首尾均平位 賴德護神精 興邦保太平 朝降七十國 永保三韓義 王業有興隆 興廢莫爲說 誠在事天神)."

위의 신지비사에서 수미균형위首尾均平位와 홍방보태평興邦保太平이 원문의 일부로 사용되었음을 살펴보았다.

신지비사의 삼경제도를 그림으로 그리면 〈그림 28〉과 같이 저울대-진한, 저울그릇-마한, 저울추-번한으로 요약됨을 알 수 있다. 건국강령은 이 원리를 국가에 적용할 때 삼균제도가 됨을 말하는 것이다. 놀랍게도 대한민국 건국강령은 단군조선의 정치철학을 그대로 옮겨온 것이다. 임시정부의 삼균제도는 정치의 균등(균정권), 경제의 균등(균리권), 교육의 균등(균학권)이다. 즉 정치와 경제와 교육이 마치 단군조선의 삼경제도처럼 저울과 비교하여 서로 균형을 이루도록 한 것이다. 이는 곧 개벽 상태를 혁신한 개천의 원리이다.

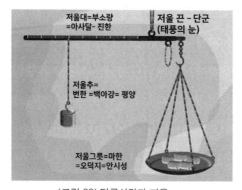

〈그림 28〉단군삼경과 저울

그리고 이 단군의 삼한과 삼경을 천부도에 옮기면 정확하게 〈그림 29〉가 된다. 신지비사는 단군조선의 삼한을 천부경에서 유도했음을 알게 한다. 그리고 삼한을 이루는 진한, 번한, 마한이 곧 개천 상태를 설명하고 있다.

즉 태극 36이 진한 그리고 역경의 상경 30괘가 번한이며 역경의 하경 34괘가 마한임을 알 수 있는 것이다. 이 삼한 그림의 남북방위는 현대의 방식과 거꾸로다. 이 천부도 그림의 흑색은 음으로 서쪽과 북쪽을 가르키고, 백색은 양으로 동쪽과 남쪽을 가르킨다. 따라서 마한은 동남방향이고 번한은 서북방향이다. 실제로도 번한은 서북쪽이며 마한은 동남쪽이다.

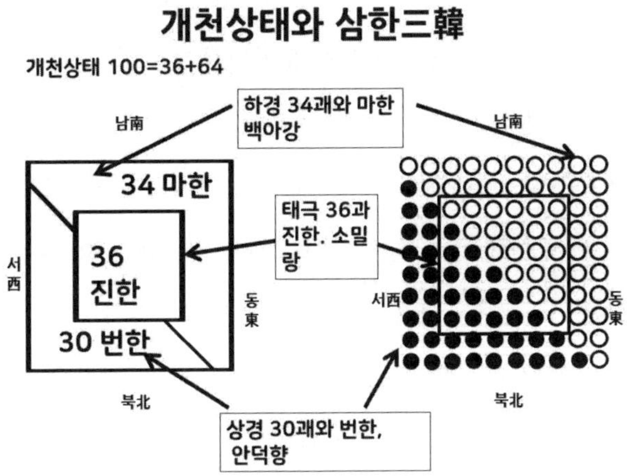

개천상태와 삼한三韓

개천상태 100=36+64

〈그림 29〉개천상태와 삼한

대한민국 임시정부의 대한민국 건국강령은 다름 아닌 배달국의 개천開天의 원리를 재현한 것이라는 사실을 우리는 분명히 확인할 수 있는 것이다. 그리고 이를 재세이화와 홍익인간과 연결시키고 있다.

신지비사의 180자는 정확하게 바둑판의 외부를 이루고 있다. 내부는 고구려의 고주몽대왕이 전한 개물교화경의 글자수 144자와 일치한다. 즉 신지비사 180자와 개물교화경 144자는 바둑판 전체를 채우는 숫자이다.

그런데 이 180×144=25,920이 된다. 이 25,920이라는 숫자는 아이작 뉴튼이 계산해낸 지구의 세차운동기간과 정확하게 일치한다. 즉 바둑판은 그 자체가 고대의 컴퓨터인 것이다. 참고로 25,920÷12별자리=2160년이 된다. 또한 지구는 72년에 1도 회전하므로 72×360도=25,920년이다. 신지비사 180글자와 개물교화경 216글자는 모두 이 우주의 세차운동기간을 이루는 숫자와 연관이 있는 것이다.

우리 한민족의 고대경전인 신지비사와 개물교화경이 바둑판에 맞추어 만들어진 것은 대우주의 운영원리에 일치하기 위한 것임을 알 수 있다.

이 『신지비사』 180글자는 고려사 김위제전에는 10구절 50자로 축소되어 전해진다(如秤錘極器 秤幹扶疏樑 錘者五德地 極器白牙岡 朝降七十國 賴德護神精 首尾均平位 興邦保太平 若廢三諭地 王業有興隆). 이 『신지비사』는 고려때 김위제가 천도遷都를 주장할 때 이를 신지비사神誌秘詞라고 부르며 그 모습을 드러냈다. 『정감록』과 『격암유록』에서 중요하게 다루어지는 새로운 나라 새로운 수도를 주장하는 바탕원리로 나타나기 시작한 것이다. 즉 고려삼경의 원본이다. 이 신지비사의 내용을 정감록 식으로 처음 사용한 사람은 아마 고려말의 묘청妙淸일 것이다. 그는 수도를 개성에서 평양으로 옮기자고 주장하면서 "정도 평양 삼십육국 래조定都 平壤 三十六國 來朝"라고 했다. 이는 신지비사에서 "수미균평위 뢰덕호신정 흥방보태평 조항칠십국 영보삼한의

왕업유흥륭首尾均平位 賴德護神精 興邦保太平 朝降七十國 永保三韓義 王業有興隆"의
내용에서 70국을 36국으로 바꾼 것이다.

조선의 권근은 응제시주에서 "신지神誌는 단군시대 문장과 명필을 겸
한 사람이니 호를 스스로 선인이라 하였다. 비사秘詞가 있으니 저울秤로
서 삼경三京을 비유하였다. 삼각산三角山 남南을 오덕구五德邱로 삼아서
저울추秤錘에 비유하였다.

오덕五德이란 것은 중앙에 면악面岳이 있으니 원형이라 토형土形이
고, 북北에 북악北岳이 있으니 곡형曲形이라 수덕水德이고, 남南에 관덕
악冠德岳이 있으니 첨형尖形이라 화덕火德이오 동東에 양천남행산楊川南行
山이 있으니 직형直形이라 목덕木德이오 서西에 수주북악樹州北岳이 있으
니 방형方形이라 금덕金德이라 하였다"

권근이 소개하는 신지비사는 이미 원래 '홍익인간 모형'의 의미를 완
전히 말살시키고 그 대신 풍수지리의 오행론으로 둔갑시키고 있다.

그리고 이제 신지비사는 조선 풍수지리의 원본이 되어 정감록과 격암
유록에서 도선과 무학의 풍수지리론으로 나타나면서 원래 신지비사의
내용은 심각하게 왜곡된다. 물론 그 중에서는 원래의 의미를 은유적으
로 하는 내용도 있지만 대부분은 권근이 소개한 범위를 벗어나지 않는
다.

정감록의 감결은 모든 예언서의 원본에 해당한다. 그 감결의 시작이
평양에서 서울로 도읍을 옮기자는 내용을 담고 있다. 이는 고려의 김위
제와 묘청이 수도천도론에 신지비사를 사용했던 내용을 그대로 복사
한 것에 지나지 않는다. 그 내용은 다음과 같다.

곤륜산으로부터 내려온 산맥이 백두산에 이르러 원기가 평양에 머무나 평양에 이르렀으나, 평양은 이미 천년의 운수가 지나고 송악으로 옮겨져 오백년 도읍할 땅이 되지만 요사스러운 중과 궁희들이 난을 꾸미고 땅 기운이 늙어서 쇠약해지고 하늘의 운수가 막혀지면 운수는 한양으로 옮길 것이다(自崑崙山來脈 至白頭山元氣 至于平壤 平壤己過千年之運 移于松岳 五百年之地 妖僧宮姬作亂 地氣養衰敗 天運否塞 運移千漢陽).(이병도 외, 『한국의 민속사상』)

그리고 한양은 다시 정씨에 의해 새로운 국가가 계룡산 아래 세워진다는 내용으로 바뀌어 모든 예언서의 핵심 주제가 되는 것이다.

신지비사의 '홍익인간 모형'이 이처럼 묘청의 정치적 야심으로 왜곡되고 다시 정감록에 의해 혹세무민하는 지적사기, 지적 살인의 독약으로 바뀐 것이다.

이렇게 보면 대한민국 건국강령이 신지비사의 내용으로 대한민국 헌법의 기초를 만든 일이야 말로 한국대혁명의 중요한 순간 중 하나라고 할 수 있는 것이다.

대한민국의 태극기는 플랫폼국가 민주주의의 상징이다.

우리는 중화주의 유교에 의해 파괴된 음양오행과 태극과 64괘를 회복하는 원리를 살펴보았다. 이를 더 깊게 검토해보자. 전체 국민이 100%라고 할 때 개천 상태에서는 태극의 영역에 36%, 64괘의 영역에 64%가 배치된다. 이는 고대의 백성의 의미와도 같다.

백성은 대중 전체를 말하니 100개의 씨족이다. 그리고 공적영역은 36민, 사적영역은 64민이다. 이 내용에 대해 한단고기는 "64민六十四民 민유 64도民有 六十四徒"라고 말한다.

여기서 사적영역을 민이라 하여 64민 또는 64도라 하였다. 『삼국지三國志』 위서魏書 동이전東夷傳 진한辰韓 조에서 우리의 조상들을 서로를 도徒라고 불렀다는 기록이 있다.

즉 "상호개위도相呼皆爲徒"라는 것이다. 여기서의 도徒가 두레이다. 즉 64민이란 64개의 두레로써 64개의 독립 씨족 또는 독립 마을 정도로 이해할 수 있을 것이다. 따라서 64괘는 원래 64개 씨족이 가지는 독자적인 특성을 말하는 것이다. 따라서 한단고기의 이 기록은 다른 어디에서도 찾을 수 없는 태극과 64괘가 가지는 정치철학의 의미를 담고 있다. 공적영역은 36개의 씨족으로 국가를 형성하는 것으로 볼 수 있다. 여기서 사적영역 64와 공적영역 36은 고정불변 하는 것이 아니라 돌아가며 하는 것이 원칙인 것이다. 이 태극과 64괘가 한민족의 고대국가의 기본 설계 원리이다. 이 의미는 무엇인가? 100개의 씨족이 하나로 통합하여 그 중 36개 씨족이 공적영역인 국가를 이루고 나머지 64개 씨족이 사적영역인 사회와 시장을 이루며 자율적으로 돌아가며 자기통치를 하는 것이다. 전체 100을 대중이라고 볼 때 36%가 공적영역인 국가를 이루어 통치를 하고, 64%가 사적영역인 시장과 사회를 이루며 통치를 받는다. 창조적 대중은 공적영역과 사적영역 어디든 언제나 자유롭게 바꿀 수 있다.

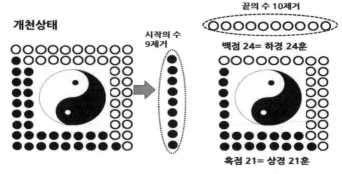

개천상태에서 재세이화의 상태로

개천상태

시작의 수
9제거

끝의 수 10제거

백점 24= 하경 24훈

흑점 21= 상경 21훈

개천상태의 사적영역 64괘=
상경 30괘+하경 34괘

재세이화의 사적영역 45훈=
상경 21훈+하경 24훈

플랫폼국가 100 = 태극 36 + 64괘

〈그림 30〉 플랫폼국가와 태극과 팔괘와 64괘

　바로 이것이 민주주의의 원리이자 한민족 개천의 원리이다. 이 원리
는 오늘날 플랫폼국가에도 그대로 적용될 수 있다. 대한민국의 국기가
태극기라는 사실은 이 개천 상태의 원리를 국가의 기본원리로 삼겠다
는 말과 같다.

〈그림 31〉 태극기

대한민국의 국기를 태극기로 삼은 것은 결과적으로 대단히 탁월한 것이었다. 다만 태극의 모양과 팔괘가 아니라 사괘인 점은 불만이다. 그러나 중요한 것은 개천상태의 핵심인 태극과 팔괘를 태극기가 대한민국의 국기라는 점이다.

이는 임시정부의 대한민국 건국강령에서 신지비사에서 태극과 64괘의 원리 즉 민주주의 국가와 플랫폼국가의 원리인 개천과 나아가 재세이화, 홍익인간을 명문화함으로서 대한민국 헌법정신에 기초가 된 것과 연결된다. 이로써 대한민국 건국강령과 태극기는 한민족의 고대국가에서 전한 '홍익인간 모형'을 대한민국에서 복원한 것이다. 이를 통해 대한민국이 배달국과 단군조선과 고구려와 발해와 신라를 계승하는 한민족의 전통국가임을 한민족 자신과 세계에 선포한 것이다. 이제 고려와 조선에서 1,000년 동안 끊어졌던 한민족의 '홍익인간 모형'이 대한민국에서 공식적으로 부활한 것이다.

한국대혁명은 근대를 시작하며 한민족이 고대에 나라를 처음 세우며 전한 국가의 설계원리와 실행방법인 '홍익인간 모형'을 대한민국을 세우며 만든 대한민국 건국강령과 대한민국 국기 태극기에 담으며 시작한 것이다. 이제 철기문명을 극복하는 반도체문명의 시대에 대한민국은 미국과 일본과 태평양과 중국과 러시아와 유라시아대륙의 경계면에 위치하여 소통과 신뢰로 이 양극단의 세력을 통합함으로써 한민족의 능력과 가치를 증폭하여 새로운 플랫폼국가가 되어 새로운 개천 상태를 이루고 있고 나아가 전 인류의 재세이화, 홍익인간 상태를 바라보고 있다.

제4부 한국대혁명이 시작되었다

1. 왜 대혁명인가?

인류가 200만 년 동안 스스로 자기통치를 하며 운영해왔던 '홍익인간 모형'에서 개천상태와 재세이화 상태와 홍익인간 상태는 그것이 수렵채 집시대이든 유목농경시대이든 인간이 스스로의 능력과 가치를 극대화 하는 상태라는 점에서 매우 중요하다.

그러나 지난 3천년 간 철기문명 동안 인간은 자신의 공동체를 자기파 괴의 이원론적 유토피아론으로 '홍익인간 모형'을 완전히 파괴하였다. 그 최악의 상태가 중화주의 유교와 전체주의였다. 그 최악 중의 최악이 바로 동북아로서 근대 이후 이 중화주의 유교와 전체주의의 지배를 함 께 받아오는 과정에서 유럽과 미국과 달리 지적 독립을 이루지 못했기 때문이다.

이 중화주의 유교와 전체주의가 최악인 이유는 대중이 '홍익인간 모 형'을 통해 발휘할 능력과 가치를 완전히 파괴하기 때문이다. 따라서 산업혁명 이후 가장 중요한 새로운 성장동력을 만들어낼 능력이 없기 때문이다.

남이 만들고 개척한 영역을 베끼고 훔치는 것은 자살행위에 불과하 다. 어느 문명과 사회가 가지는 진정한 능력은 그 이전까지 아무도 모 르는 영역을 새롭게 발견하고 활용하여 세계를 이끄는 새로운 성장동 력으로 만드는 능력이다.

PC, 인터넷, 셰일오일, 인공지능, 사물인터넷 등은 그 이전에는 존재하지 않던 전혀 새로운 기술이 세계경제의 새로운 성장동력이 된 것이다.

 지식을 통합하는 세 가지 방법이 있다.

 반도체문명을 이끌 기술 또한 현재 알려진 기술이 더 발전함은 물론 지금 우리가 모르는 획기적인 기술이 될 가능성이 크다. 한국대혁명은 한계에 달한 철기문명의 사고와 행동의 틀을 극복하고 새로운 반도체문명에 꼭 필요한 사고와 행동의 틀로 이루어내는 것이다. 새로운 반도체 문명의 기술은 철기문명 3천 년 간 인간이 상상도 할 수 없었던 사고와 행동의 틀을 철학에서 제공하고 정치에서 혁명이 일어날 때 가능해진다. 이 혁명이야말로 지난 3천 년 간 없었던 독자적인 지적혁명으로 대혁명이라고 할 수 있는 것이다. 한국대혁명은 무엇보다 먼저 한민족의 지적 독립을 선언하는 것이다.

 즉 모든 지식을 네트워크화하는 것이 "우리는 100%"와 "45도의 혁명"이다. 그리고 모든 지식의 원형이 창조적 원형상태이다. 또한 개벽상태를 이루는 양극단은 서양에서는 경험론과 합리론의 대립으로 알려지고, 동양에서는 음양오행론으로 알려졌다. 우리는 양극단이 그 경계면에 위치한 온힘의 영역에 의해 소통과 신뢰를 이루어 통합함으로써 그 능력과 가치가 증폭됨을 알았다. 개벽상태가 만들어진다는 사실을 알게 된 것이다. 이 개벽상태만으로도 지난 3천 년간 동서양의 철학의 한계를 완전히 극복하는 이론체계이다. 이는 오로지 우리 한민족만이 이루어낸 철학의 승리이다.

 그러나 한민족이 나라를 처음 세우며 전한 『천부경』과 『삼일신고』와 『366사』에 담긴 국가의 설계도와 그 실행방법에서 개벽 상태는 겨우 시작에 지나지 않는다.

우리는 인간 개인과 공동체의 중심에 하나님이 존재함으로써 신본주의와 인본주의의 문제를 모두 해결하고 인존성人尊性을 확보하여 공적영역인 태극으로 국가를 세우고 사적영역 64괘인 사회를 만들 수 있었다.

제4부에서는 개천 상태의 완성과 재세이화 상태와 홍익인간 상태를 다룬다. 즉 태극과 64괘의 그림과 부호는 알고 있었지만, 태극이 국가이며 64괘가 사회이며 이것이 음양오행의 대립을 통합한 개벽상태 위에 만들어진다는 개념에 대해서는 지난 3천 년 간 동서양의 어떤 철학자도 상상조차 한 일이 없었다. 오로지 우리 한민족의 고유한 경전들에서만 밝혀진 국가의 설계원리와 실행방법이다.

그러나 개천상태는 아직 완전한 것이 아니다. 공적영역 태극인 국가와 사적영역 64괘인 사회가 아직 하나로 통일되어 있지 못하기 때문이다.

따라서 개천 상태로 만들어진 국가와 사회는 전혀 다른 차원의 소통과 신뢰를 통한 능력과 가치의 증폭이 거듭 일어나야 한다.

여기서부터는 오로지 한민족에게만 알려진 진리이다. 중국과 일본에게도 음양오행과 태극과 64괘와 팔괘라는 이름과 내용은 알려졌었다. 물론 그 안에 담긴 심오한 의미는 전혀 알려지지 않았다.

하지만 팔강령八綱領에 대해서는 그 개념은 물론 명칭조차도 중국과 일본에는 전혀 알려진 바가 없다. 이 팔강령에 대한 지식은 오직 우리 한민족에게만 전하는 366사라는 경전만이 간직하고 있다. 우리 한민족이 처음 국가를 세우며 전한 개천상태의 진정한 의미는 팔강령에 의해 완성되는 것이다. 즉 이 원리가 철저한 사회주의와 철저한 자본주의의 완벽한 조화로 만들어지는 민주주의를 설명한다.

그리고 재세이화 상태는 64괘를 최적화함으로써 45훈을 만들어낸다. 이는 대자연을 최적화하고 사회를 최적화하는 것이다. 우리는 이 재세이화상태와 마르크스의 공산주의를 비교 검토할 필요가 있다. 진정한 의미의 공산주의는 폭력혁명이 아니라 생명의 과정을 통해 개벽상태와 개천상태를 넘어 재세이화상태에 이르러 대중이 의식주를 해결하며 자연스럽게 이루어진다는 것이 바로 우리 한민족의 지혜이다.

그리고 우리는 중국의 한족이 주장하는 대동사회와 공산사회와 우리 한민족의 홍익인간상태를 비교 검토할 필요가 있다.

중국 한족들의 대동사회와 공산사회가 아무런 이론적 바탕이 없이 이원론으로 만들어진 것이라면 우리 한민족의 홍익인간 상태는 '홍익인간 모형'의 전체과정 중 마지막 상태로서 철저한 수학적 수식과 기하학적 도형과 그에 합당한 철학의 이론체계를 갖추어 설명한다.

이는 이 시대의 대한민국과 중국의 국가 설계원리와도 밀접한 관계가 있는 중요한 주제이다.

그리고 이 '홍익인간 모형'은 대자연이 진행하는 생명의 과정의 원리로서 인간이 만든 모든 지식을 통합하고 있다. 즉 '홍익인간 모형'은 지식의 대통합을 설명한다. 새로운 반도체문명을 이끄는 새로운 기술과 새로운 정치제도는 새로운 지식의 대통합의 틀에 의해 발견되고 완성될 것이다.

그리고 우리 한민족은 '홍익인간 모형'을 모든 지식을 통합하는 이론체계를 만들었을 뿐 아니라 전체 역사를 통해 이를 현실을 통해 실현해 왔다. 특히 동학농민전쟁이후 지금까지 진행하고 있는 한국대혁명은 현실에서 민주주의의 실현과 성취와 완성을 추구하고 있다.

지식을 통합하는 방법에는 세 가지가 있을 것이다. 하나는 전체를 통해 부분을 파악하는 방법이고, 다른 하나는 전체를 부분으로 분해하여 파악하는 환원주의적 방법이다. 세 번째는 전체가 살아서 생각하고 행동하는 생명체로서 진행하는 생장쇠멸의 생명의 과정안의 여러 상태들 안에 담긴 지식들을 파악하는 방법이다. 이 세 번째의 것이 전체를 생장쇠멸하는 과정으로 보는 이븐 할둔과 슈펭글러와 토인비의 순환사관이며 궁극적으로는 한민족의 '홍익인간 모형'이다.

『일반체계이론』의 저자 폰 버틀란피는 전체를 이렇게 설명한다.

"오늘날 과학에서는 다소간 애매한 용어이기는 하지만 '전체성', 예컨대 조직의 문제라든가, 국부적인 사건으로 분해될 수 없는 현상, 또는 부분들을 고립시키거나 혹은 배열시킬 경우 부분들의 움직임이 현저히 달라지는 역동적인 상호작용 따위와 관련된 개념들이 나타난다. 간단히 말해서 각각의 부분들을 고립시킨 연구에 의해서는 이해될 수 없는 다양한 질서의 체계가 그것이다. (중략) 이러한 생각은 우리가 일반체계 이론이라고 부르는 새로운 과학분야를 자명한 것으로 가정하게 한다. 이러한 주제의 과제는 체계의 구성요소의 성격과 그들 사이의 힘의 관계가 어떠하든 간에 체계에서 일반적으로 타당한 원리들을 찾아내는 일이다. 그러므로 일반체계 이론은, 지금까지 막연하고 반 형이상학적 개념으로 간주되었던 '전체성'에 관한 하나의 일반과학이다."

버틀란피가 말하는 새로운 과학분야로서 전체의 상호작용을 통해 부분을 알아가는 새로운 사고의 틀을 우리에게 알려준다. 그러나 그가 말하는 전체에는 소통과 신뢰와 증폭을 담당하는 온힘의 영역이 빠져 있다.

따라서 그가 말하는 전체는 전체가 될 수 없음은 물론이고 생명을 가진 생명체로서 역동적으로 만들어내는 생장쇠멸의 과정을 조금도 설명하지 못한다. 그러므로 버틀란피가 말하는 전체는 전체가 아닐뿐더러 진정한 전체인 '홍익인간 모형'이 설명하는 생장쇠멸의 과정 모두에는 접근조차 하지 못한다.

그리고 에드워드 윌슨은 이와 반대로 부분에서 전체를 설명하는 환원주의적 방법으로 생명현상을 물리화학적으로 환원하여 지식을 통합할 수 있다고 주장한다. 소위 통섭론이다.

그러나 이븐 할둔과 슈펭글러와 토인비의 순환사관과 '홍익인간 모형'은 윌슨의 환원주의적인 방법론을 이미 극복하고 있다.

신 중심주의자들은 "신神"을 그리고 휴머니즘, 인간중심주의자, 사람 중심주의자들은 "이성"을 전제로 하여 다른 모든 것을 설명하려고 한다.

생물학적 환원주의자들에게는 "신"과 "이성"이 "DNA" 또는 "물리법칙"으로 바뀌어 나타나고 있다.

즉 신과 이성으로 모든 것을 설명하려고 했을 때 발생하는 모든 문제가 "DNA"또는 "물리법칙"으로 모든 것을 설명하려고 할 때 반복되어 나타날 수 밖에 없는 구조를 가지고 있다. 서양철학 2천 5백 년의 역사에서 이 문제는 계속 다른 모습으로 바뀌어 나타나고 있을 뿐 그 근본적인 문제는 동일한 것이다.

그렇다면 "DNA" 또는 "물리법칙"은 무엇인가? 그것은 사물의 영역을 설명하는 과학의 영역이다. 윌슨은 "환원주의는 다른 방도로는 도저히 뚫고 들어갈 수 없는 복잡한 체계를 비집고 들어가기 위해 채용된 탐구 전략이다. 환원주의는 그 복잡성을 이해하는 유일한 방법이다. 환원주의 없이 복잡성을 추구하면 예술이 탄생하지만, 환원주의로 무장하고 복잡성을 탐구하면 그것이 과학이 된다"고 주장한다(에드워드 윌슨, 『통섭』).

무엇보다 윌슨을 고무하는 것은 과학이 "비록 완벽하지는 않지만 어쨌든 인류가 뽑아든 마지막 검"이라는 믿음이다(에드워드 윌슨, 『통섭』).

그는 이제 과학으로 모든 지식을 설명할 수 있다고 주장한다. 그러나 과학은 사물의 영역을 설명한다. 그 반대편에 관념의 영역이 있으며 이는 인간의 마음과 도덕과 문화를 설명한다. 그리고 이 양극단의 경계면에는 소통과 신뢰와 증폭을 만드는 온힘의 영역이 있다. 이 세 가지의 서로 다른 영역이 통합되어 개벽상태를 이룬다.

윌슨이 과학으로 모든 지식을 통합한다는 통섭론은 사물의 영역으로 개벽상태의 한 부분에 불과하다. 그것으로 개천상태에서 설명되는 지성과 이성과 인간성, 의지와 자유와 자유의지, 주체와 주관과 주관체의 지식을 설명하려고 하는 순간 "잘못 놓인 상태의 오류"를 범하는 것이다.

나아가 그 단순한 과학지식으로는 재세이화 상태와 홍익인간 상태를 설명하기는커녕 상상도 할 수 없는 것이다. 지식의 통합은 '홍익인간 모형'에서야 비로소 가능해지는 것이다.

과학이 진리라고 주장하며 관념의 영역을 흡수 통합하려는 순간 그 반대편의 관념의 영역을 모욕하고 파괴하는 것이며 이성과 자유를 파괴하는 것이다. 따라서 관념과 이성과 자유를 무엇보다 중요시하는 시인을 비롯한 문학가와 예술가들이 윌슨의 통섭론에 극도로 분노하는 것은 당연하다.

김지하 시인은 "하나 물어보자. 당신들 목적이 통섭에 의해 고통에 빠진 인간과 생명과 정신과 영을 구원하고 해방하기 위함이어서 사회생물학을 붙들고 있는 것인가? 아니면 미국제니까, 또 어쩌다 돈 들여서 배운 것이니 그것을 가지고 이 조그만 '미국과학 식민지'에 와서 한번 휘젓고 싶어서인가?"라고 묻는다. 그리고 마침내 한마디로 "지랄하고 자빠졌네"라고 일갈했다(이인식 외, 『통섭과 지적 사기』).

에드워드 윌슨이 『사회생물학』 첫 장에서 "지구상에 존재하는 모든 사회성동물을 조사하러 어떤 다른 행성에서 날아온 동물학자에게는 역사학, 문학, 사회학은 물론 법학, 경제학, 심지어 예술까지도 모두 인간이라는 한 영장류에 관한 사회생물학에 불과하다."고 주장할 때 시인, 문학가, 예술가들이 극도로 분노하는 것은 당연할 것이다.

그런데 시인과 문학가와 예술가 뿐 아니라 전통적으로 관념의 영역을 중시하는 종교인들 또한 분노하기는 마찬가지일 것이다.

윌슨의 제자 최재천은 "사회생물학은 유전자의 눈높이에서 생명을 바라보는 새로운 관점이며, 유전자 속에 들어 있지 않은 것은 우리에게 존재할 수 없다. 사랑, 윤리, 자기희생, 종교 등 인간만이 갖고 있을 법한 특성조차 인류의 진화사를 통해 어떤 방식으로든 번식을 도와왔기 때문에 오늘날까지 우리 속에 남아 있다."고 주장한다(에드워드 윌슨, 『인간 본성에 대하여』). 이제 통섭론은 종교까지도 DNA에 포함된다는 것이다.

이 같은 주장은 도킨스와 비슷하다. 도킨스에 따르면, "생명체는 DNA, 또는 유전자에 의해서 창조된 '생존기계'이며, 유전자는 본질적으로 이기적이며, 언뜻 보기에 이타적인 행동이지만 실제로는 유전자가 주어진 환경 속에서 생존하기 위한행동이다... 우리는 모두 같은 종류의 복제자 DNA라 불리는 분자를 위한 생존 기계인 것이다."(리처드 도킨스, 『이기적인 유전자』)

인간이 공동체를 통해 만들어내는 관습과 문화와 종교, 철학은 인간의 DNA와는 관계가 없는 것이다.

도킨스가 우리 모두는 "DNA라 불리는 분자를 위한 생존 기계인 것이다"라고 선언할 때 그 주장은 부분적으로는 옳다.

개천 상태의 공적영역의 지성은 맹목적인 생존의지를 설명하므로 인간이 생존기계인 것은 옳다. 그러나 그 반대편의 이성은 자유를 가진 존엄한 존재임을 설명한다. 이성과 자유는 과학과는 무관하다.

도킨스와 윌슨과 최재천은 인간이 가지고 있는 지성만을 인정할 뿐 이성을 가지고 자유를 누리는 존엄한 존재임을 부정하고 있는 것이다.

종교는 인간의 관념의 영역에서 이루어지는 활동 중 대표적인 것이다. 이는 "DNA라 불리는 분자"와 아무런 상관이 없다. 윌슨이 "종교 행위들을 유전적 이득과 진화적 변화라는 이차원 상에서 측량할 수 있다"고 장담하는 것은 과거 중세의 신중심주의자들이 "신"의 존재를 증명할 수 있다고 큰소리 치던 모습을 연상시킨다.

결국 에드워드 윌슨이 주장한 물리법칙으로의 환원론으로 만들어지는 통섭은 "빛인 DNA 또는 물리법칙은 선으로 어둠이자 악인 관념의 영역을 이기고 모든 지식을 통합한 지식의 천년천국을 만들어낸다"는 말로서 차라투스트라의 이원론적 유토피아론에 새로운 각주가 더 추가된 것이다.

'홍익인간 모형'은 역동적으로 살아서 움직이는 대자연과 인간공동체가 만들어내는 생명의 과정 그 자체이다. 그 과정안의 한 부분에도 미치지 못하는 것을 전체라고 주장하며 그것을 진리로 우기는 것은 언제나 소수의 야심가들이 다수를 지배하려는 속임수와 음모가 숨어있다.

무엇보다도 새로운 반도체문명은 이러한 소수지배의 속임수와 음모가 대자연과 인간공동체의 자연스러운 원리인 대중의 자기통치로 운영되는 민주주의로 바뀌고 있는 것이다.

이 거대한 변화야말로 대혁명이며 그 원동력이 바로 한민족이 수천년간 발전시켜온 사고와 행동의 틀 '홍익인간 모형'이 만들어내는 독자적인 지적 독립을 이루어주는 한국대혁명이다.

2. 사회주의와 자본주의의 완벽한 조화

현실적으로 실현 가능한 진정한 복지는 민주주의의 공적영역에서 창조적 대중이 스스로 만들어내는 것이다. 그것이 곧 사회주의와 자본주의의 완벽한 조화에서 이루어진다. 그것이 곧 개천상태를 의미하는 '플랫폼국가 100=공적영역 36+사적영역 64'의 의미이며 진정한 플랫폼국가가 시작하는 원리이며 참다운 민주주의 강대국의 작동원리이다.

우리는 대중이 개벽 상태의 통합을 통해 자신의 능력과 가치를 증폭시키는 원리를 알아보았다. 그리고 다시 최제우의 시천주, 에머슨의 대령, 천지인경의 일신강충을 통해 개천상태가 되어 대중이 공적영역인 국가를 만들어 스스로를 지배하고 사적영역인 사회, 시장을 만들어 스스로 지배받는 자기통치를 이루며 다시 한 번 능력과 가치의 증폭을 만들어내는 원리를 알아보았다. 문제는 이 공적영역인 국가와 사적영역이 시장이 어떻게 최적화되며 나아가 하나로 통합하는가 하는 문제이다.

로버트 오언의 모든 계급의 연합체로서의 사회주의와 홍익인간 모형을 비교한다.

산업혁명이 만들어낸 자본주의가 가장 강력한 효율을 가지고 있음은 분명하다. 그러나 그 살인적인 경쟁에서 패배한 사람들에게 자본주의는 너무 가혹하다. 이른바 잉여인간의 문제를 자본주의는 피할 수 없다. 전체주의는 잉여인간의 문제를 해결하려다 인간을 기계나 파블로프의 개로 만들어버렸다.

사회민주주의는 좋은 면이 많지만 효율적이지 못하다는 문제가 있다. 사회민주주의에서 자본주의 성장동력을 만들기는 극히 어렵다. 시장이 만드는 치열한 경쟁이 없기 때문이다.

물론 내가 말하는 사회주의는 오직 노동자만이 계급이고 자본가와 농민과 룸펜프롤레타리아는 비계급인 마르크스식의 사회주의가 아니다. 대신 "모든 국가의 모든 계급들의 연합을 얘기하기 위해 '사회주의'라는 단어를 쓰기 시작했다."는 로버트 오언의 사회주의를 말하는 것이다.(로버트 오언, 『사회에 관한 새로운 의견』).

자본주의와 사회주의의 모든 쟁점의 중심에 노동과 부동산과 화폐가 있다. 칼 폴라니는 "노동 시장, 토지 시장, 화폐 시장이 시장경제에 필수적이라는 점은 의심의 여지가 없다. 하지만 인간과 자연이라는 사회의 실체 및 사회의 경제 조직이 보호받지 못하고 시장경제라는 '사탄의 맷돌'에 노출된다면, 그렇게 무지막지한 상품 허구의 경제 체제가 몰고 올 결과를 어떤 사회도 단 한 순간도 견뎌내지 못힐 것이다."라고 주장한다(칼 폴라니, 『위대한 전환』).

시장경제는 대단히 효율적이다. 그러나 그 효율의 뒷면에는 사탄의 맷돌이 숨어있다는 것이다.

폴라니가 말하듯 토지와 노동을 자본으로 하는 자본주의 국가는 해결할 수 없는 문제를 안고 있는 것이다. "시장경제의 충동질로 인하여 인간을 노동으로 자연을 토지로 환원시켜버린 결과 사회는 쇠사슬에 묶여버렸고, 현대사는 그 쇠사슬에 묶인 주인공이 마침내 사슬을 끊고 포효하는 극도의 긴장감을 가진 드라마로 다시 태어나게 된다"는 것이다(칼 폴라니, 『위대한 전환』).

폴라니는 "노동이나 토지가 의미하는 바가 무엇인가. 그것들은 다름 아닌 사회를 구성하는 인간 자체이며 또 사회가 그 안에 존재하는 자연 환경인 것이다 이것들을 시장 메커니즘에 포함한다는 것은 사회의 실체 자체를 시장의 법칙 아래 종속시킨다는 뜻이다"라고 한다(칼 폴라니, 『위대한 전환』).

폴라니는 시장경제는 결국 사회를 폐허로 만들 것이라고 주장한다. 그는 "비록 사람들은 '노동력'도 다른 상품이나 똑같은 것이라고 우겨대지만, 그것을 일하라고 재촉하거나 마구 써먹거나 심지어 시용하지 않고 내버려두거나 하면 그 특별한 상품을 몸에 담은 인간 개개인은 어떻게든 반드시 영향을 받지 않을 수 없게 마련이다. 이런 체제 아래서 인간의 노동력을 그 소유자가 마음대로 처리하다 보면 그 노동력이라는 꼬리표를 달고 있는 '사람'이라는 육체적 · 심리적 · 도덕적 실체도 소유자가 마음대로 처리하게 된다. 인간들은 갖가지 문화적 제도라는 보호막이 모두 벗겨진 채 사회에 알몸으로 노출되고 결국 쇠락해간다. 악덕 · 인격 파탄 · 범죄 · 굶주림 등을 거치면서 격심한 사회적 혼란의 희생양이 되어갈 것"이라고 주장한다(칼 폴라니, 『위대한 전환』).

지금까지 이 문제의 해결방법은 모든 부동산을 국유로 하는가, 사유로 하는가? 모든 일자리를 국가에서 배분하는가 아니면 개인들의 경쟁에 맡기는가 하는 것이다. 그러나 이 두 가지 해결 방법은 모두 실패로 돌아갔다.

홍익인간 모형의 민주주의 100= 사회주의 36+자본주의 64는 자본주의의 구조적 문제 부동산과 일자리 문제를 해결한다.

'홍익인간 모형'은 부동산과 일자리 문제에 대해 지금까지 누구도 제시하지 못했던 세 번째 해결방법을 제시한다. 즉 국가안의 부동산과 일자리 100% 중에서 민주주의로 이루어진 공적영역인 국가가 36%를 관리함으로써 철저한 사회주의적 체제를 채택하고, 나머지 사적영역 64%는 철저하게 자본주의적인 체제를 채택함으로써 공정하고 자유로운 경쟁과 지속적인 새로운 성장동력이 지속적으로 창출되게 하는 것이다.

이와 같은 체제는 "개천상태 100=36+64"를 현대국가에 적용시키는 방법론이다. 이 체제는 우리 한민족이 수천 년간 축적해온 지식을 현대화하는 것이며 또한 Han-fan을 비롯한 두 차례의 실험결과로 증명된 이론의 현대의 정치경제에 적용하는 방법론이다.

이 방법론은 민주주의의 전면적인 채택을 말하는 것이다. 공적영역 36%를 국민이 직접 책임지는 정치체제이기 때문이다. 이 점은 전체주의 국가에서 강제로 배분하는 것과는 전혀 다르다.

부동산은 토지와 주택을 통틀어 말하는 것이다. 국가는 가격으로 따져서 전 국토의 36%를 항상 소유하거나 활용가능한 상태를 유지하여야 한다. 그리고 모든 주택의 36%를 항상 소유하거나 활용가능한 상태를 유지해야한다. 그럼으로써 국가 안에서 어디든 필요한 곳에 주택과 공장을 언제나 공급할 수 있어야 한다.

주택의 경우 토지 위에 마련되는 것인데 "토지란 단지 자연의 다른 이름일 뿐인데, 자연은 인간이 생산할 수 있는 것이 아니다."(칼 폴라니, 『위대한 전환』) 즉 이러한 토지 위에 지은 주택을 상품이라고 하기에는 문제가 있는 것이다. 그렇다고 이 주택을 전체주의 국가처럼 국가에서 독점하여 지어 분배한다면 효율상의 문제가 생긴다. 모든 영역에서의 자유롭고 치열한 경쟁만이 새로운 성장동력을 만들 수 있다. 그리고 새로운 성장동력을 만들지 못하는 국가는 이미 플랫폼국가가 아니다.

자본주의 시장경제라는 '악마의 맷돌'이 돌아가는 동안 낙오하고 실패하는 사람이 생겨나는 것은 지극히 당연한 일일 것이지 부끄러운 일도 아니며 죄악은 더더욱 아니다.

공적영역인 국가는 주택이 필요하지만 구매하거나 임대할 능력이 없는 사람들에게 최소한의 조건으로 거주할 수 있는 주택을 마련해주어야 한다. 국가는 아파트를 짓거나 기존의 주택들을 사들여 최소한의 임대료만으로도 살 수 있는 임대주택을 마련해야한다. 그 비율은 전체 주택의 36%가 되어야 한다. 이렇게 될 때 모든 국민들의 주거가 안정될 수 있을 것이다. 그리될 때 그들은 다시 기운을 차리고 새로운 기회를 찾을 수 있을 것이다. 공장 또한 주택과 동일한 원리로 공적영역인 국가에서도 마련될 수 있다.

사적영역의 경우 자본주의 시장경제에 의해 철저하게 자유를 바탕으로 주택을 자유롭게 지을 수 있도록 해야 한다. 아파트와 개인주택의 크기에 대한 규제는 최소한으로 해야 한다. 최대한 마음대로 능력껏 자유롭게 지어서 마음껏 살 수 있어야 한다. 다만 그에 합당한 합리적인 세금만 내면 되는 것이다. 그 세금으로 공적영역의 주택을 짓고 운영할 수 있는 것이다. 그럼으로써 애덤 스미스가 말했듯이 부자가 마음껏 자신의 욕망을 위해 돈을 쓰는 것은 가난한 사람에게 좋은 일이다. 다만 민주주의 국가에서는 부자가 가난한 사람의 인존성을 짓밟고, 착취하고 그 위에 군림하며 억압하는 것은 있을 수 없는 일이다. 공장 또한 주택과 동일한 원리로 사적영역인 시장에서 마련될 수 있다.

폴라니는"노동이란 인간 활동의 다른 이름일 뿐이다. 인간 활동은 인간의 생명과 함께 붙어 있는 것이며, 판매를 위해서가 아니라 전혀 다른 이유에서 생산되는 것이다 게다가 그 활동은 생명의 다른 영역과 분리할 수 없으며, 비축할 수도 사람 자신과 분리하여 동원할 수도 없다."고 했다(칼 폴라니, 『위대한 전환』).

이러한 노동은 일자리에 의해 보장된다. 일자리가 없으면 노동도 없는 것이다. 현대국가의 일자리는 국가의 공직과 사기업과 자영업의 일자리로 구분된다. 그리고 이 일자리를 갖지 못한 비정규직 노동자와 일용직 노동자와 자영업자와 무직 그리고 노숙자 등이 있다.

일자리가 없거나, 자신의 일자리에 만족하지 못하거나, 잠시 다른 일자리를 갖고 싶은 사람들이 만족할 만한 일자리는 이 세상에 없을 것이다. 그러나 최소한의 범위에서 생존을 보장받을 수 있는 일자리를 마련할 수는 있다. 그것은 국가의 공직에서 마련될 수 있다.

개천 상태에 있어서 태극인 국가의 공직은 일자리를 원하는 전체 국민 중 36%에 해당한다. 나머지 사기업과 자영업이 64%를 차지한다.

하지만 현대의 어떤 국가도 공무원을 일자리를 원하는 전체 국민의 36%로 채우는 나라는 없다. 왜냐하면 그 경우 발생한 봉급과 연금 등의 비용을 감당할 만큼 튼튼한 재정을 가진 나라는 없기 때문이다.

그렇지만 우리가 Han-fan의 실험에서 보았듯이 공적영역이 전체의 36%를 차지할 때 가장 강력한 효율이 나타났었다.

이 문제는 국가의 재정을 위험하게 하지 않을 정도로 공무원의 봉급을 줄일 수 있다면 해결될 수 있다. 그 만큼 많은 사람에게 공직을 나누어줄 수 있을 것이기 때문이다. 정말로 복잡하고 전문적인 영역은 인공지능과 빅데이터가 맡을 수 있다. 다만 그 결정은 대중이 가지는 집단지성과 집단이성을 통합하는 국가성이 할 수 있게 마련하는 것이다.

고대 아테네의 민주주의에서도 많은 시민들이 공직을 가졌다. 현대국가의 법정에서 공무원은 판사와 검사와 서기 등 몇 명에 불과하다. 그러나 아테네의 법정의 공무원은 501명 또는 1001명 등에 이를 정도로 압도적인 다수가 재판관이었다. 그리고 아테네의 공무원은 일당을 받았는데, 그 일당은 노동자 일당의 반이었다.

아테네민주주의의 경우와 Han-fan의 실험을 참고로 한다면 전체 국민의 36%에 해당하는 많은 국민에게 적은 봉급을 주되 필요한 일자리를 줄 수 있을 것이다. 이렇게 한다면 공적영역은 로버트 오언이 말한 모든 계급들이 연합한 사회주의가 추구해오던 이상을 만족시키는 영역이 될 것이다.

나아가 팔강령으로 이 공적영역과 사적영역이 완전한 하나가 될 때 민주주의가 현실에서 실현되며 그 이전에는 없었던 능력과 가치가 증폭될 수 있을 것이다.

그러나 개천상태는 아직 대중이 완전한 자기통치를 하는 민주주의를 이루지 못하고 있다. 공적영역 태극인 국가와 사적영역 64괘인 시장과 사회가 아직 하나로 통일되어있지 못하기 때문이다.

따라서 개천 상태로 만들어진 국가와 시장과 사회는 전혀 다른 차원의 소통과 신뢰를 통한 능력과 가치의 증폭이 다시 일어나야 하나로 완전히 통일되어야 한다.

이 일을 담당하는 것이 팔괘八卦이다. 그리고 단순한 부호에 지나지 않는 팔괘에 이와 같은 소통과 신뢰와 증폭의 역할을 부여할 때 그것을 팔강령八綱領이라고 부른다. 우리 한민족이 처음 국가를 세우며 전한 개천의 진정한 의미는 팔강령에 의해 완성되는 것이다. 즉 진정한 민주주의는 팔강령으로 이루어진다.

우리는 개벽 상태에서 온힘의 영역이 사물의 영역과 관념의 영역의 소통과 신뢰와 증폭의 영역임을 살펴보았다.

그런데 개천 상태가 되면서 온힘의 영역은 공적영역인 태극과 사적영역인 64괘의 영역으로 분리되어 버렸다. 다시 말하면 창조적 대중이 스스로 국가와 사회를 만들면서 온힘의 영역도 태극인 국가와 64괘인 사회로 분리되어 버린 것이다.

경제학자 톤다니 다비데(Tondani Davide)는 세금과 복지혜택에 대해 '부의 소득세(Negative Income Tax)'와 '기본소득'을 구분하며 "세금과 복지 혜택 제도의 한 형태인 부의 소득세와 보편적 기본소득은 같은 부의 재분배 효과를 나타내지만, 경제적이고 윤리적인 관점에서 보면 두 제도는 근본적으로 다르다"고 주장한다(팀 던럽, 『노동 없는 미래』).

"부의 소득세는 어떤 사람이 자신의 소득이 일정 수준 밑으로 내려올 때 받게 되는 돈이다 그러니까 정부에 세금을 내는 게 아니라 오히려 정부로부터 돈을 받는 것이다. 복지가 세금 제도와 연계된 관리하기 쉽고 단순한 지불제도 형태로 변하는 것이다. 그러나 중요한 것은 이 제도는 한 사람의 소득과 긴밀히 연계되어 있어. 정확히 말하자면 보편적인 제도는 아니다 조건 없이 주어지는 것도 아니며, 그래서 사람들이 자립할 수 있어지면 받는 돈도 줄어든다."(팀 던럽, 『노동 없는 미래』)

‘홍익인간 모형’의 민주주의는 국가에서 공직을 일자리로 보장받을 수 있고, 또한 사적영역인 시장에 양질의 풍부한 일자리가 있다. 공적영역인 국가에서 최소한의 임대주택을 공급받을 수 있으며 사적영역인 시장에서 풍부한 주택이 제공된다. 그리고 소득이 있으면 있는 만큼 국가에 세금을 내고 소득이 없으면 국가에서 생활비를 받는 ‘부의 소득세’을 택한다면 민주주의는 무리 없이 이루어질 수 있을 것이다. 또한 인존성人尊性은 무리 없이 보장받을 수 있을 것이다.

물론 그 경우 부의 소득세는 소득이 없는 국민이 최소한의 범위 내에서 받고, 국가가 감당할 수 있는 범위 내에서 지출될 만큼 국가와 시장 모두가 충분히 소통과 신뢰로 통일될 때 대중의 능력과 가치의 증폭이 일어날 것이다.

사회주의와 자본주의는 서로의 영역을 침범하지 않고도 공존이 가능할 뿐만 아니라 완전히 하나로 통일 될 수 있다. 그리고 그렇게 될 때 가장 효과적인 국가가 될 수 있다.

사회주의와 자본주의 둘 중의 하나를 선택하는 것으로 생각하는 것이야말로 어리석은 차라투스트라식의 이원론적 발상에 지나지 않는 것이다.

민주주의를 설명하는 개천상태는 공적영역인 태극을 사회주의 영역으로 만들고, 사적영역을 자본주의 영역으로 운영한다.

이제 국가의 온힘의 영역과 사회의 온힘의 영역은 서로 다시 하나가 되기 위해 소통과 신뢰와 증폭의 영역을 만들어나가기 시작한다. 이것이 팔강령이 만들어내는 여덟 가지의 과정이다. 이 과정을 성공적으로 이루어낼 때 그 국가와 사회와 시장은 그 이전에는 상상도 할 수 없었던 폭발적인 힘을 가지게 되는 것이다. 그러나 실패할 때는 위기 상태로 전락한다.

3. 홍익인간 모형이 여는 새로운 세계상

"백성百姓 100= 공적영역 태극 36민+ 사적영역 64민"의 구성은 고대국가의 기본원리이다. 즉 백 개의 씨족은 공적영역인 국가를 담당하는 36개의 씨족과 사회와 시장을 담당하는 64개의 씨족이 자기통치를 이루어내는 것이다. 그리고 공적영역과 사적영역은 씨족들이 돌아가며 맡는 것이지 어느 한 씨족이 독점하는 것이 아니다.

중국의 한족들은 지난 2천 년 간 태극과 64괘의 소통과 신뢰와 증폭을 팔괘八卦가 설명한다는 사실에 대해 전혀 알지 못했다.

오로지 우리 한민족만이 팔괘의 진정한 의미가 국가와 사회가 하나로 통일하는 소통과 신뢰와 증폭의 영역임을 알고 그것을 이론화하였다. 이를 팔강령이라고 한다. 팔강령에 대한 전체적인 내용은 『366사(지혜의 나무, 2007년, 93~113쪽)을 참고 바란다.

한족들은 역경의 64괘의 본문 내용만 알지 그 전체적인 의미는 전혀 알지 못했다. 그리고 36인 태극의 그림만 알았지 그 의미에 대해서는 아무 것도 알지 못한다.

또한 태극을 여덟 방향에서 관찰하면 팔괘가 나오며 그것이 국가인 태극과 사회인 64괘를 통일하는 소통과 신뢰와 증폭의 원리인 줄은 꿈에도 상상하지 못한 것이다.

〈그림 32〉는 팔괘에 그 의미인 팔강령을 부여한 것이다. 이 팔강령의 여덟 개의 강령은 각각이 또 하나의 과정을 이루며 태극인 국가와 64괘인 사회를 의사소통과 신뢰와 증폭을 이루어 통일하는 원리이다.

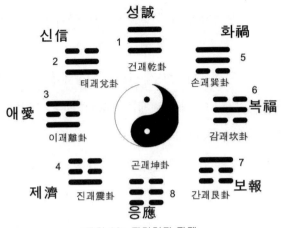

성誠

신信 1

2 건괘乾卦

태괘兌卦

화禍

5

손괘巽卦

6 복福

애愛 3

이괘離卦

감괘坎卦

4 곤괘坤卦

제濟 진괘震卦 8 간괘艮卦 7

보報

응應

<그림 32> 팔강령과 팔괘

태극으로서 공적영역인 국가가 64괘로서 사적영역인 사회에 대해 정성과 믿음과 사랑과 구제(성신애제誠信愛濟)의 영역을 각각 최적화하면서 점진적으로 극진하게 대할 때 공적영역과 사적영역은 소통과 신뢰와 증폭이 만들어진다.

그 과정에 있어서 사적영역이 공적영역에 대하여 복과 보답과 응함(복보응福報應)의 영역을 각각 최적화하여 반응할 때 공적영역과 사적영역은 완전히 하나로 통일되는 것이다.

하지만 만일 공적영역인 태극이 사적영역인 64괘에게 성신애제로 소통하는 과정에서 거짓이나 숨김 등이 있었다면 사적영역은 화禍로서 반응하게 되며 이때 질서상태는 파괴되고 위기상태가 되는 것이다.

보다 자세하게 설명하자면, 공적영역인 국가가 사적영역인 사회와 시장에 대해 정성을 다하여 그 정성이 쌓이면 사회와 시장에게는 국가에 대한 믿음이 만들어진다. 국가가 그 믿음을 쌓고 또 쌓으면 사회와 시장은 국가에 대한 사랑이 만들어진다. 국가가 그 사랑을 쌓고 또 쌓으면 사회와 시장은 국가와 함께 일을 만들어 구제를 할 수 있는 상태를 만들게 된다.

이 일련의 소통과정에서 국가가 사회와 시장에게 속이거나 혼자만 알고 있는 것이 있다면 이 과정 전체는 무효가 된다. 그리고 국가와 사회 모두는 위기상태로 빠지게 되는 것이다.

그러나 국가가 사회와 시장에게 속이거나 혼자만 알고 있는 것이 없이 모두 소통하고 신뢰를 얻어 힘을 증폭시켰다면 사회와 시장은 국가에게 정성을 쌓은 만큼 응함을 이루어주고, 믿음을 쌓은 만큼 보답을 이루어주고, 사랑을 쌓은 만큼 복을 이루어준다.

이 팔강령의 과정을 통해 공적영역인 국가와 사적영역인 사회와 시장은 완전히 하나로 통일하게 된다. 그리고 그 국가와 사회와 시장은 이전에는 상상도 할 수 없었던 폭발적인 힘을 발휘하게 되는 것이다. 개천 상태는 이 팔강령의 과정을 통해 비로소 완성되는 것이다.

팔강령은 그동안 중화주의 유교가 파괴하고 왜곡하였던 태극과 팔괘와 64괘의 진정한 의미를 완전히 복원하게 해주어 이 진리를 현대의 국가와 사회에 적용할 수 있게 해준다.

이 팔강령을 통해 국가와 사회와 시장이 하나로 통일될 때 소위 전설적으로 전해지던 성군聖君의 정치가 이루어지는 것이다. 다시 말해 성군의 정치란 어느 개인이 뛰어난 것이 아니라 창조적 대중이 뛰어난 정치철학에 의해 움직이는 것임을 알 수 있다.

그러므로 왕권은 세습되는 것이 아니라 그 시대에 가장 뛰어난 지도자를 창조적 대중이 선출하여 만들어지는 것이다. 왕권이 세습되기 시작할 때 이미 개벽상태와 팔강령으로 완성된 개천상태는 망가진 것이다. 단군조선의 47대 단군들의 역사를 설명한 단군세기를 살펴보면 왕권이 세습이 원칙이 아니라 선출이 원칙임을 보여준다. 바로 이것이 창조적 대중의 국가이다. 하물며 이 시대에 세습이 어느 분야에서 용납되겠는가?

우리는 이제 태극인 공적영역의 국가가 64괘인 시장과 사회와 팔강령의 과정을 통해 완전히 하나가 되는 개천상태에 대해 이해했다.

그런데 이 태극인 공적영역인 국가와 64괘인 시장과 사회가 오늘날 현대사회에서 어떻게 만들어지는 것인지에 대해서는 아직 모르고 있다.

먼저 태극과 64괘는 그 이전에 개벽상태에서 사물의 영역과 관념의 영역을 온힘의 영역이 통합하여 만들어졌다. 이 상태는 대중이 만든 사회였다. 대중은 이 사회의 중심에 공적영역인 국가가 만들어 스스로 자기통치를 하고 사적영역인 사회와 국가가 만들어 스스로 자기통치를 받아들이는 것이다. 이것이 민주주의의 기본원리이기도 하다.

현대사회에서 사적영역은 자본주의가 지배하는 시장이 형성한다. 그리고 공적영역은 중화주의 유교 이래 받아들여진 관료주의로 운영된다.

그러나 반도체문명의 플랫폼국가에서 관료주의로 운영되는 공적영역은 점차 각계각층의 대중을 형성하는 사회가 직접 운영하는 민주주의로 전환되어가고 있다. 그리고 그것은 시간문제일 뿐 결국 대중을 이루는 각계각층의 사회가 공적영역을 담당하게 될 것이다.

그러나 사적영역인 자본주의 시장경제의 경우 철두철미한 자본주의가 보장될 필요가 있다. 그야말로 자유롭고 치열한 경쟁을 하되 공정한 경쟁을 통해 끊임없이 새로운 성장동력을 찾아냄으로써 지속적으로 성장하는 자본주의적인 시장은 부자와 가난한 자 모두에게 절대적으로 유익한 것이다.

민주주의 국가 시민은 이러한 시장에서 일자리를 64% 마련할 수 있다. 기업은 사적영역의 일자리를 마련하면서 마음껏 높은 액수의 봉급과 여러 혜택을 보장해줄 수 있을 것이다.

일자리를 원하는 모든 사람에게 일자리를 주고 또한 일하기를 원하지 않는 사람에게는 일하지 않을 자유도 주는 것이다.

이처럼 민주주의 국가가 공적영역은 사회주의, 사적영역은 자본주의를 이루어 철저한 법치로 자기통치를 한다면 능력과 가치가 최대로 증폭된 국가가 될 수 있을 것이다.

중화주의 유교나 전체주의의 공직을 가지는 것은 국가의 소수 지배자가 되어 권력과 명예를 누리게 됨을 약속한다. 그리고 그 권력은 부와 연결된다. 자본주의 국가의 공직 또한 이와 다르지 않다.

민주주의 국가의 공직은 사회 전체의 시민이 지배자가 됨을 약속한다. 따라서 부 역시 자연스럽게 다수에게 나누어 분배된다. 명예는 공정하게 평가되어 공적을 세운 소수에게만 보장된다.

근대국가가 탄생한 이래 가장 심각한 문제는 관료주의이다. 특히 동북아의 한중일 삼국은 중화주의 유교의 관료주의뿐만 아니라 전체주의적인 관료주의의 위험성에도 크게 노출되어 있다. 이는 전체주의의 나락에 떨어지는 위험 이외에도 국민의 능력과 가치를 대폭 축소시키는 현실적인 문제가 있다. 그러나 국가의 공적영역이 사회 각계각층이 운영하는 사회주의가 된다면 관료주의는 완전히 극복할 수 있다.

민주주의는 무엇보다 입법, 사법, 행정의 국가의 공무원의 대부분을 추첨으로 선발함으로써 일자리를 대폭 확대하고 관료주의를 없애는 것이다. 그리고 꼭 필요한 공직만 선거로 선출하거나 시험으로 선출하는 것이다.

전 세계에서 워런 버핏, 조지 소로스와 함께 세계 3대 투자가 중 한 사람인 짐 로저스 로저스홀딩스 회장은 2017년 8월 우리나라를 찾아와 서울 노량진 학원가를 둘러본 뒤 "한국 청년들은 모두 공무원을 꿈꾸는데 이런 경우는 세계 어디에도 없다"며 "내가 걱정되는 건 앞으로 한국의 인구도 줄어들 것이고, 빚도 점점 늘어나고 있는데 모든 사람이 공무원이 되고 싶어 한다는 것"이라고 주장했다. 우리 대한민국에 중화주의 유교의 관료주의가 이 시대에도 얼마나 깊은 영향을 주고 있는가를 단적으로 말해주는 실례이다. 아직도 관존민비사상은 우리나라의 현실이다.

가능한 한 많은 사람에게 추첨을 통해 공직을 주되 국가의 재정에 부담이 되지 않는 범위로 봉급을 제한한다. 이것이 고대 아테네식 공직 선발 기준이다. 오늘날 우리에게 필요한 것도 이러한 민주주의이다.

모든 계층이 가장 자연스럽게 조직된 사회가 국가의 영역이 되는 것이 사회주의 체제의 공적영역으로서의 국가이다. 가장 효율적이고 창의적인 혁신이 지속적으로 일어날 수 있게 하는 것이 자본주의 체제의 사적영역으로서의 시장과 사회이다.

사회주의 체제의 공적영역과 자본주의 체제의 사적영역이 하나가 되는 일은 사실상의 민주주의 국가가 현실에서 이루어지는 것이다. 그리고 칼 폴라니가 말하는 자본주의 시장경제라는 '악마의 맷돌'이 민주주의의 '천사의 맷돌'로 전환됨을 의미한다.

기본소득과 민주주의100 = 사회주의 36 + 자본주의 64

개천 상태 100=36+64는 현대국가에서도 적용될 수 있다. 민주주의가 아닌 소수가 지배하는 과두주의 국가에서는 최소한의 소득을 구할 방법이 전혀 없는 사람들도 많다. 이 문제에 대해 기본소득이라는 새로운 개념이 만들어졌다. 기본소득은 가난한 사람이고 부자고 할 것 없이 국민 모두에게 일정한 소득을 국가에서 보장해주는 것이다. 그러나 현실적으로 기본소득은 국가재정의 파탄을 만들어낸다.

하지만 개천상태가 만들어내는 민주주의는 일자리가 공적영역인 국가에서 36%, 시장과 사회에서 64%가 만들어지므로 구태여 기본소득이 필요 없다. 대신 소득이 있을 때는 세금을 내고 소득이 없을 때는 국가로부터 지원을 받는 부의 소득세는 민주주의에서도 고려할 만하다.

기본소득은 미국에서 IT산업으로 성공한 기업가들이 큰 관심을 가지고 있다. 왜냐하면 장차 제4차 산업혁명으로 일자리가 대폭 줄어들 경우 소득이 없는 사람들은 소비를 할 수 없게 되기 때문이다. 소비를 할 수 없다면 자본주의의 확대재생산 체제가 무너지게 되고 그 경우 그들 IT산업으로 성공한 기업가들도 파산하게 될 것이기 때문이다.

하지만 이 경우는 마치 로마의 소수 지배자들이 가난한 다수의 시민들에게 공짜 빵과 원형경기장과 공중목욕탕으로 환심을 사는 것과 비교된다. 그러나 그 이전의 아테네 민주주의는 공직에서 대대적으로 일자리를 마련하여 민주주의를 운영함으로써 복지 문제를 정치 영역에서 해결했다. 여기서 소수 지배의 과두주의와 다수 지배의 민주주의가 갈라지며 구별된다.

즉 이 문제는 소수의 지배자들이 다수의 대중을 지배하는 과두주의를 채택하는가 아니면 다수의 대중이 스스로 권력을 가지고 자기통치를 하는가의 선택에 대한 문제이다.

소수가 다수를 지배하기 위해서는 포퓰리즘을 사용한 정치를 해야한다. 그것이 곧 공짜 빵과 원형경기장과 대중목욕탕이다. 현대국가에서는 기본소득이 될 것이다.

그러나 다수가 다수를 지배하는 민주주의는 공짜 빵과 원형경기장과 대중목욕탕이 필요 없다. 대신 대중이 국가의 권력을 가지고 행사하는 민주주의가 필요하다. 따라서 현대국가도 결국 이 둘 중 하나의 선택문제이다.

"기본소득이란 정부가 국민에게 매달 조건 없이 기본적인 생활을 하는 데 충분한 돈을 지급하는 제도이다. 기본소득은 수입이 많든 적든 관계없이 모든 사람에게 돈을 지급한다는 데 그 특징이 있다.

기본소득은 부자와 가난한 사람을 가리지 않고 또 수입이 많든 적든 가리지 않고 모두에게 일정한 소득을 보장해주는 제도이다.

즉 "기본소득이라는 아이디어는 지구화되고 있는 세상에서 삶이 불안정하고 저소득층 사람들이 품위 있는 생활수준에 도달하는 것이 어렵기 때문에 이들이 품위 있게 생존하는 것을 보장하려면 모두에게 적정한 금액의 현금소득이 매달 지급되어야 한다는 것이다. 또한, 가족이나 기구의 일부 성원에게 지급되는 것이 아니라 개인에게 지급되어야 한다는 것이다."

〈동아일보〉 2018년 2월 17일자에 의하면 "서울연구원의 '기본소득의 쟁점과 제도연구' 보고서에 따르면 모든 서울시민 개인에게 조건없이 기본소득 최저 월 20만원을 지급한다면 24조원, 최고 월 82만 6000원을 지급한다면 102조 원이 들어간다"고 한다.

기본소득을 채택할 경우 서울에서만 24조원 또는 102조 원이 들어간다는 것이다. 아무리 국가의 부가 넘쳐난다고 해도 기본소득을 나누어줄 만큼의 부를 가지고 있는 나라는 없을 것 같다.

홍익인간 모형의 재세이화와 마르크스의 공산사회의 차이

마르크스는 페르시아의 이원론적 유토피아론을 바탕으로 "선善이자 선택받은 프롤레타리아계급이 악惡이며 사라져야 할 계급인 부르주아계급을 제거하면, 공산사회라는 천년왕국이 이루어진다"는 계급논리로 만들었다. 물론 마르크스에게 감자자루에 불과한 농민과 누더기를 걸친 프롤레타리아인 룸펜프롤레타리아도 경멸의 대상이자 존재해서는 안될 비계급이다.

이같은 마르크스의 유물사관 역시 짜라투스트라의 직선적 역사관이며 단 한 번만 순환하는 일환론一環論이다. 그리고 공산사회를 만들기 위해 프롤레타리아는 폭력혁명을 일으켜야 한다는 것이다.

마르크스는 이 이원론적 유토피아론에 근거하여 사회와 경제는 선이고 국가와 정치는 악으로 설정한다.

그러나 우리는 이미 민주주의 국가가 성립하기 위해서는 이같은 이원론을 극복해야한다는 사실을 알았다. 즉 모든 이원론에는 대립하는 양극단이 있고 그 경계면에 소통과 신뢰와 통합을 담당하는 온힘의 영역이 있다. 이 온힘의 영역이 양극단을 통합할 때 개벽 상태가 만들어진다. 그리고 그 중앙에 공적영역인 국가가 자리잡고 외부에 사적영역인 시장과 사회가 자리잡을 때 개천 상태가 이루어진다.

풍요로운 사회 재세이화상태는 이 개천상태의 사적영역인 사회가 대자연을 최적화할 때 만들어진다. 그리고 평등한 사회 홍익인간 상태는 사회의 개개인의 관계를 최적화할 때 이루어진다.

마르크스는 통합하여야 할 양극단인 부르주아와 프롤레타리아를 분리시켜 죽을 힘을 다해 싸우게 만들어 부르주아를 박멸할 때 공산사회가 만들어진다고 주장한 것이다. 물론 감자자루에 불과한 농민과 누더기를 걸친 룸펜프롤레타리아도 비계급이다. 마르크스의 주장대로 한다면 인류는 천년왕국에 도달하는 것이 아니라 종말을 맞을 것이 분명하다.

우리는 홍익인간 모형의 재세이화와 홍익인간과 마르크스의 사회주의와 공산주의를 분명히 구분하여 이해할 필요가 있다.

재세이화 상태는 개천 상태로 만들어진 민주주의를 바탕으로 사적영역에서 의식주를 완전히 해결하고 자연을 최적화함으로써 대중이 발휘할 수 있는 능력과 가치가 다시 한 번 대대적으로 증폭되는 상태를 말한다.

말하자면 지난 3천 년 간 차라투스트라의 이원론적 유토피아론 이후 대부분의 철학자 신학자들이 꿈꾸어오던 유토피아로서의 에덴동산, 지상천국, 천년왕국 등이 상상 속에서가 아니라 현실세계에서 대중의 피와 땀과 눈물로 이루는 재세이화 상태를 말하는 것이다.

과거 히틀러나 스탈린도 사회주의 낙원을 주장하며 상상 속의 낙원을 현실화하려고 했다. 그들은 제2차 산업혁명에 성공하며 상상속의 낙원을 현실화했다고 주장했다.

그러나 그들의 낙원은 이원론적 유토피아로서 그들이 선이되면서 반드시 악이 되어야 하는 사람들이 있었다. 그리고 결과적으로는 소수가 지배자가 되고 다수가 노예가 되는 전체주의에 불과했다.

물론 지난 3천 년간 지상천국, 천년왕국 등을 주장하는 정치세력들이 동서양에 넘쳐났지만 그들 역시 이원론적 유토피아론으로 결국 그 형태가 무엇이든 소수가 다수의 것을 빼앗고 착취하는 것이 지나지 않았다.

우리는 이제 차라투스트라의 이원론적 유토피아론으로는 의식주를 해결하고 풍요로움과 행복을 얻을 수 없다는 사실을 이해할 수 있게 되었다.

재세이화는 이 이원론의 양극단에서 소통과 신뢰의 영역인 온힘의 영역을 활성화하여 양극단을 통합함으로써 대중의 능력과 가치를 증폭시키는 개벽 상태를 이루고, 그 중앙에 공적영역과 외부에 사적영역을 이루는 개천 상태를 이루어 다시 한 번 대자연과 공동체를 최적화하여 대중의 능력과 가치를 대대적으로 증폭시킴으로써 시작되는 것이다. 이러한 민주주의 국가와 사회가 자연을 최적화시킬 때 비로소 대중은 의식주를 해결하여 풍요로움과 행복을 얻을 수 있다. 이것이 바로 현실 속의 지상낙원이다.

대중이 자기통치를 이루어 국가를 만들어내는 개천 상태의 공적영역은 곧 정치의 영역이다. 그리고 사적영역에서 대중이 최적화된 조직을 사용하여 대자연을 할용함으로써 의식주를 해결하여 풍요로움을 이루는 것은 최적화된 경제의 영역이다.

마르크스가 말하는 토대와 상부구조의 이원론은 아직 개벽상태도 이루지 못한 상태이다. 즉 토대와 상부구조사이에 온힘의 영역이 없다.

그리고 사회주의 혁명과 국가가 사라지는 공산주의 사회 역시 개벽상태조차 이루지 못한 상태에서 이상사회를 주장하고 있는 것이다.

'홍익인간 모형'은 사회주의와 공산주의의 용어를 개벽상태를 넘어 개천상태와 재세이화상태의 것으로 설명한다. 이는 근본적인 차이이다.

제세이화 상태의 가장 기본적인 모습은 공동체와 자연과 인간으로 인한 위기를 겪을 때 마다 처음부터 다시 시작하지 않아도 되는 지속적인 자연과 정치경제 제도를 말한다. 그럼으로써 시작과 끝이 없이 지속되는 풍요로운 공동체와 자연을 만들어내는 것이다.

플랫폼국가가 재세이화로 만드는 풍요로운 사회와 자연

이 상태는 다음 쪽 〈그림 32〉와 같이 개천 상태의 사적영역에 시작과 끝을 제거함으로써 이루어진다. 이 개념은 우리 한민족의 고유한 경전 천부경과 삼일신고와 366사에 언어와 수식과 부호와 철학이론으로 공통적으로 내장되어 있다. 『천부경』 81자는 상경 24자 중경 36자 하경 21자로 이루어져있다. 『천부경』 81자는 그 자체로 81= 태극36+[64-(시작의 수9+끝의 수10)]으로 구성되어 있는 것이다. 여기서 64-(시작의 수 9+끝의 수 10)=45의 45는 바로 재세이화를 의미한다. 이 수식은 같은 배달국에서 전해진 경전 366사에도 설명된다. 366사는 팔강령과 상경 21훈 157사와 하경 24훈 156사로 이루어져있다. 여기서 상경 21훈과 하경 24훈을 합하면 45훈으로 역시 재세이화를 의미한다.

그리고 8강령 + 45훈(訓) + 313 사(事) = 366사(事)가 된다. 여기서 366사는 다음에 설명할 홍익인간의 숫자이다.

두레와 재세이화는 이렇게 연관을 갖는 것이다.

한민족은 사회가 자기통치를 하며 사회 스스로를 최적화하고 자연을 최적화함으로써 사회의 구성원 모두가 함께 더불어 잘사는 재세이화의 상태를 만들었다. 이 재세이화가 이루어지는 최적화된 사회의 이름을 두레라고 했다. 두레는 과거 유목과 농경을 함께 하던 시절부터 농업국가가 된 삼국시대 이후까지 시대가 달라지면 그 변화에 적응하며 모습을 바꾸어왔다. 두레는 하나의 단체이지만 근로, 군사, 도덕, 신앙, 유흥 등의 다양한 성격을 가진다.

하지만 그 원리는 변함이 없다. 즉 사실상 국가가 필요 없는 최적화된 사회가 바로 두레가 만들어내는 사회였다.

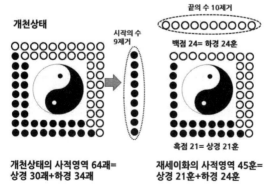

<그림 33> 개천 상태에서 재세이화 상태로

로버트 오언이 "모든 국가의 모든 계급들의 연합을 얘기하기 위해 '사회주의'가 곧 두레에서 이루어지는 것이다. 아나키스트와 마르크스가 말하는 국가가 소멸된 상태는 바로 이 두레가 만들어내는 최적화된 사회에서 이루어지는 것임을 그들은 알지 못했다. 그러나 실제로는 국가가 소멸하는 것은 아니다. 단지 국가가 존재하지만 존재하지 않는 것과 마찬가지로 완벽한 자발적이고도 자율적인 민주주의 사회의 역할을 하는 것이다.

농경사회의 재세이화는 최적화된 사회인 두레로 만들어진다.

마르크스의 폭력혁명이 아니라 보이지 않는 사회주의 혁명이 이미 일어났다.

사실상 이 시대는 이미 사회주의 혁명이 일어나 자본가가 소유하던 생산수단이 노동자로 넘어왔지만 그 사실을 아는 사람은 많지 않다.

이미 현대 자본주의 국가의 실제 자본가는 각종 연금기금이다. 우리나라에도 국민연금기금을 비롯한 공무원연금기금, 사학연금기금 등 각종 연금기금이 있다.

이제는 더 이상 마르크스주의자들이 말하듯 소수의 자본가가 다수의 노동자를 지배한다는 세상이 아닌 것이다. 오히려 다수의 노동자가 자본가가 되어 어떤 대기업에서도 대주주가 되어 회사의 운영권을 지배할 수 있게 된 것이다.

어떤 대기업이든 창업주나 그 자손들이 가지고 있는 주식 전체 주식에 비하면 매우 소규모에 지나지 않는다. 연금기금이야말로 막대한 자금력을 동원하여 대기업을 비롯한 모든 기업의 "지배적 지위"를 확보하여 운영권을 가질 수 있는 유일한 존재가 된 것이다.

피터 드러커는 이같은 사회주의 혁명이 가장 먼저 일어난 나라가 미국이라고 말한다.

즉 "만약 '사회주의'를 '노동자에 의한 생산수단의 소유'라고 정의할 수 있다면-그리고 이러한 정의가 올바르고도 움직일 수 없는 유일한 정의하고 한다면 - 미국이야말로 사상최초의 진정한 사회주의 국가라 할 수 있을 것이다. 오늘날의 미국 기업의 고용인들은 그들의 연금기금을 통하여 적어도 미국 기업의 순자산의 25%를 소유하고 있는데 이는 기업을 충분히 통제하고도 남을 정도이다. 자영업자, 공무원, 그리고 학교와 대학의 교직원들의 연금기금도 또한 최소한 순자본의 10%를 차지하고 있기 때문에 미국 기업의 순자본의 3분의 1 이상을 미국 노동자들이 소유하고 있는 셈"이라는 것이다(피터 드러커, 『보이지 않는 혁명』).

드러커는 오늘날 노동자들이야말로 사회의 생산수단을 소유하고 있다고 말하며 이것이야말로 '보이지 않는 혁명'이라고 주장하는 것이다. 그야말로 진정한 사회주의 혁명은 보이지도 들리지도 않는 가운데 이미 이루어져 있는 것이다.

즉 "실제로 오늘날 농업부문을 제외한 미국의 경제는 대부분 미국의 노동자들이 자신의 투자 행위인 연금기금을 통하여 소유하고 있다. 이것은 아옌데가 칠레를 '사회주의국가'로 만들기 위해 행했던 국유화나 쿠바의 카스트로가 했던 국유화 및 스탈린 주의의 전성기 헝가리나 폴란드에서 있었단 국유화보다 그 정도가 더 심한 편이다. 사회주의이론의 용어를 빌린다면 미국의 고용인들이야말로 진정한 의미에서의 생산수단의 '소유자들'이라 할 수 있다. 그들은 연금기금을 통하여 유일

진정한 '자본가'가 되어 미국의 '자본'을 소유하고 통제하며 또 이를 움직이고 있는 것"이라고 주장한다(피터 드러커, 『보이지 않는 혁명』).

오늘날 우리나라는 미국과 조금도 다르지 않다. 우리나라의 국민연금과 공무원연금, 사학연금 등의 규모는 이미 세계적인 거대규모이다.

예를 들면 2017년 말 대한민국의 국민연금기금은 617조 1천억원 규모로써 작년 말 558조3천억원 대비 58조 8천억원 증가했다.

"국민연금기금은 1988년 5300억원으로 시작해 2003년 100조원을 처음 넘어선 이후 14년 만인 올해 600조원을 돌파했다. 이는 운용 자산 규모 기준으로 세계 3대 연기금에 해당한다."(경향비즈, 2017년 11월 29)

2017년 현재 대한민국 국민은 모두 세계 3대 연기금의 주인으로서의 자본가인 셈이다. 사회주의 혁명이 소리없이 성공한 것이다. 블룸버그 통신에 의하면 2017년 세계 제1의 부자는 빌게이츠로 996억달러, 이건희 삼성전자 회장이 200억 달러로 46위였다. 빌게이츠는 100조원, 이건희 회장은 20조원 정도이다.

그러나 국민연금기금만 해도 617조원으로 작년 대비 증가액만 58조이다. 우리나라에서 감히 비교할 자가 없는 엄청난 자본가인 셈이다. 또한 이 돈은 매년 증가하고 있는 것이다. 물론 이 막대한 자금을 어떻게 현명하게 증식하고 또 사용하는가 하는 문제가 남아있는 것이다.

이 시대의 최적화된 사회로서의 두레인 연기금이 재세이화를 이루어 풍요로움을 만들어 줄지의 여부는 오로지 대한민국 국민에게 달려있는 것이다.

재세이화는 대중이 사적영역인 시장과 사회를 자기통치로 공적영역화하는 것이다.

64괘는 창조적 대중이 대자연 안에서 사적영역인 사회와 시장을 다양성을 갖추어 이룬 상태이다. 이 상태에서 시작과 끝을 제거한 재세이화 상태는 시장과 사회를 이룬 대중 스스로가 스스로를 지배하고 지배받는 자기통치를 이루는 상태이다.

재세이화 상태는 사회와 시장 그리고 대자연과 스스로의 소통과 신뢰를 이루어 국가의 지배 없이도 스스로 자기통치를 하며 대중의 능력과 가치를 대대적으로 증폭한 상태를 만드는 것이다.

이는 지금까지 개벽 상태와 개천 상태에서 소개한 소통과 신뢰와 증폭의 과는 전혀 다른 차원의 증폭인 것이다. 물론 재세이화 상태가 국가를 부정하는 것은 전혀 아니다. 오히려 국가에 의지하지 않고도 시장과 사회가 스스로 자기통치를 할 능력을 갖춘다는 말이다.

이렇게 하여 사적영역인 시장과 사회가 스스로를 공적영역으로 혁신하는 것이다. 이렇게 했을 때 시장과 사회는 스스로 생명력을 가지고 그 이전에 발휘할 수 없었던 강력한 능력을 가질 수 있게 된다.

그리고 대자연이 스스로의 생명력을 회복하여 스스로 자기통치를 하며 생태적 순환을 이룰 수 있도록 최적화하는 것이다.

이로써 창조적 대중은 최적화된 사회와 시장 그리고 대자연 속에서 풍요로운 삶을 이룰 수 있게 된다.

재세이화 상태는 대중이 자신이 처해있는 공동체와 대자연을 최적화하는 상태이다. 따라서 재세이화는 자연론, 생명론, 생태론과 연관된다.

그러나 대부분의 자연론, 생명론, 생태론은 이미 앞에서 살펴본 바와 같이 생명의 과정을 역주행하여 우리가 출발했던 원형으로서의 에덴동산, 천년왕국, 지상천국 등으로 되돌아가는 상태를 의미했다.

그러고 이러한 것들이 전체주의의 이론에 사용되었음을 알 수 있었다. 하지만 재세이화 상태는 개벽상태와 개천상태를 혁신한 상태로서의 상태이다. 이미 국가와 사회가 최적화된 상태에서 그 바탕이 되는 자연을 최적화하는 상태인 것이다.

가령 농경사회에서의 재세이화는 산과 물을 다스리는 치산치수治山治水로서 자연을 최적화하여 인간이 자연의 피해를 입지 않고 자연도 살리는 방법이었다.

자연을 자연 그대로 두자는 주장은 자연을 신으로 섬기는 범신론적 사고이다. 그리고 생명의 과정을 역행하여 원시시대로 돌아가자는 것이다. 이는 인간이 문명을 포기하고 원시인으로 돌아가자는 것이다. 그러나 이처럼 허무맹랑하고 무책임한 생각도 없는 것이다. 이런 방식으로 대한민국 5천만 인구를 몇 달이나 먹여 살리겠는가?

재세이화는 공동체와 자연이 스스로 생명의 과정을 진행할 수 있도록 최적화하는 것이다. 결코 자연을 신으로 섬기는 범신론이 아니다. 또한 인간이 자연을 정복한다는 인간중심주의적인 오만함도 아니다.

재세이화는 사회와 시장을 최적화하고 풍요롭게 만들고 자연을 최적화하여 보다 안전하고 평온한 사회를 만드는 것이다.

우리는 전체주의 국가들이 스스로 사회주의/공산주의라고 주장하는 말을 오랫동안 들어왔다. 그러나 전체주의 국가와 사회주의/공산주의 국가는 근본적으로 다른 국가이다. 공산주의 국가라는 것은 이상적인 국가였을 뿐 세계사에서 한번도 만들어진 적이 없을 뿐 아니라 시도조차 해본 적이 없는 국가이다. 사회주의는 프롤레타리아 뿐 아니라 모든 계급이 통합되어 만들어진다.

공산주의를 주장하지만 실제로는 전체주의 국가는 국가가 유일한 자본가이며 국가가 유일한 지주이다. 이러한 국가에서 노동자들은 자본주의 노동자보다 나을 것 없는 처우를 받으며 훨씬 더 착취를 당한다. 농민도 봉건시대 지주들에게 소작하는 것보다 집단농장에서 국가에 소작인 노릇하는 것보다 나을 것 없는 처우를 받으며 훨씬 더 착취를 당한다. 이러한 국가가 어떻게 공산주의일 수 있겠는가?

홍익인간 상태는 인간과 인간이 자율과 자치로 서로의 관계를 최적화하여 대중의 능력과 가치가 증폭되는 상태이다. 즉 창조적 대중은 인간과 인간 사이에 일어나는 모든 사건을 최적화함으로써 억울한 사람이 없도록 하고, 서로가 서로에게 이로운 관계를 만들어냄으로써 진정한 평등사회를 이루어내는 상태이다. '홍익인간 모형'에서 일어나는 여러 가지 능력과 가치의 증폭 중에서 홍익인간 상태에서 일어나는 능력과 가치의 증폭이 가장 의미심장하고 최고로 인간의 가치를 높이는 것이라고 할 수 있다.

그럼으로써 어떤 사건이 일어나더라도 인간과 인간사이의 관계가 파괴되지 않고 지속되고 발전되는 창조적 대중을 스스로 이루는 것이다.

홍익인간은 대중 스스로 자율적이고 자발적으로 인간사회가 만들 수 있는 최대의 복지를 만들어내는 것이다.

중국의 한족들은 전체적인 '홍익인간 모형'의 이론체계를 처음부터 가지고 있지 못했다. 그들은 음양오행과 태극과 64괘와 384효를 알고 있었지만 그 이론을 단지 1-2-4-8-16-64로 이루어지는 피라미드식 계급구조, 카스트식의 계급구조를 만들었을 뿐이다. 그나마 그것은 중국의 한족의 것이 아니라 페르시아 배화교의 창시자 차라투스트라의 이원론이었다.

그 음양오행과 태극과 64괘와 384효에 진정한 의미를 알게 해준 것이 '홍익인간 모형'인 것이다. 그리고 전혀 알려지지 않았던 팔강령과 45훈과 366사를 설명해주고 있다. 이 45훈이 재세이화 상태이고 366사가 홍익인간 상태이다.

이 개념은 우리 한민족의 고유한 경전 천부경과 삼일신고와 366사에 언어와 수식과 부호와 철학이론으로 공통적으로 내장되어 있다.

천부경 81자가 상경 24자 중경 36자 하경 21자로 구성된 것은 역경의 64괘의 시작과 끝을 제거함으로써 이루어진 것이었다. 이는 천부경 81자의 외부가 역경의 384효의 시작과 끝을 제거함으로써 중앙의 1과 함께 366사를 이루었음을 말하는 것이다.

즉 천부경이 81자로 이루어진 것에는 그 81자 자체가 재세이화를 의미하며 그 천부경 81자의 외부에는 보이지 않는 366사가 숨어 있으면서 홍익인간을 설명하고 있는 것이다.

『삼일신고』는 처음부터 366글자로 이루어져 홍익인간을 설명하며 그 내부에서 개천과 재세이화를 담고 있다.

또한 『천부경』, 『삼일신고』와 함께 한민족 3대 경전 중 하나인 『366사』는 팔강령과 상경 21훈 157사와 하경 24훈 156사로 이루어져 있다. 여기서 상경 21훈과 하경 24훈을 합하면 45훈으로 역시 재세이화를 의미한다.

　그리고 8강령 + 45훈(訓) + 313 사(事) = 366사(事)가 된다. 여기서 366사가 바로 홍익인간의 숫자이다. 366사라는 경전은 그 부피가 가장 큰 만큼 매우 친절하게 팔강령과 45훈과 『366사』를 모두 설명하고 있는 것이다.

　이처럼 우리 한민족은 생명의 과정의 최종적인 목표 『366사』로서 홍익인간을 설명하기 위해 최초의 국가인 배달국을 세울 때 천부경과 삼일신고와 366사를 만들어 후세에 전한 것이다.

　그리고 『366사』는 곧 역경 384효가 설명하는 국가가 경험하는 모든 사건을 최적화하여 시작과 끝을 제거하여 영구적으로 지속하는 홍익인간의 상태를 의미하는 것이다. 그것이 곧 인간을 널리 이롭게 하는 홍익인간 상태가 아닐 수 없는 것이다.

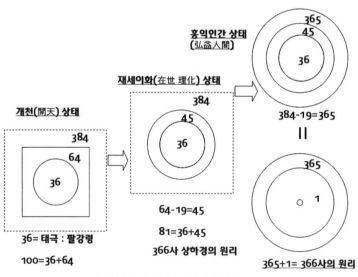

〈그림 34〉 홍익인간 366사의 원리

한민족의 홍익인간 모형과 중국이 말하는 대동사회는 무엇이 다른가?

근대 이후 중국에서는 홍익인간을 설명하는 대동세계가 도교의 이상 사회, 무정부주의 상태, 사회주의로 설명되었다. 풍우란은 "보통 유가가 절절히 제창하는 정치사회는 소강의 정치에 불과하고, 그 위에 따로 대동의 정치가 존재한다는 말이다. 이것은 도가 학설을 채용한 정치사회철학이다"라고 말한다.

유가가 말하는 이상정치는 단지 소강사회에 지나지 않는다는 것이다. 소강小康이라는 말은 지금도 우리가 흔하게 쓰는 말이다. 즉 태풍이나 전투가 한창이다가 지금은 소강상태小康狀態에 있다는 말을 사용한다. 소강상태라는 말은 소란이나 혼란 따위가 그치고 조금 잠잠한 상태를 말한다. 중국인들은 대동사회가 한민족의 홍익인간상태와 같은 원림임을 상상도 하지 못하고 있다. 즉 홍익인간은 그 이전에 개벽 상태와 개천 상태와 재세이화상태의 과정을 통해 현실에서 이루어지는 상태이다.

그리고 개벽, 개천, 재세이화, 홍익인간의 각각 상태들은 말과 수학적 수식과 기하학적 도형과 부호 그리고 철학적 이론체계가 뒷받침된다. 즉 『천부경』, 『삼일신고』, 『366사』 라는 경전으로 이 모든 내용이 설명되는 것이다.

예기의 소강사회와 대동사회는 현대중국의 소강사회와 사회주의 강국으로 다시 부활했다. 그런데 대동사회가 어떻게 사회주의 강국이 되는가? 그것은 이미 근대 중국의 강유위가 준비해둔 것이다. 청나라말 강유위는 그의 『대동서大同書』에서 "인류의 공통적 이상인 태평대동

太平大同의 경역境域에는 급진적으로 일약도달—躍到達하기는 어려운 것이므로 진화의 원칙에 의하여 점진적으로 그 단계를 승평升平, 곧 소강의 세상을 지나 태평대동의 이상적 단계에 도달할 것이라고 하였다. 그는 중국의 근대를 시작하며 대동大同, 소강小康, 거란據亂의 개념을 다시 복원한 것이다. 시진핑이 말하는 '사회주의 강국'이 태평세 즉 대동세상이라는 주장은 청나라의 하휴와 강유위에게서 찾을 수 있다.

강유위는 전제주의, 제국주의를 난세라 하고, 자유주의, 입헌정치가 소강세상이라 했다. 그리고 자유주의, 사회주의, 세계주의가 태평세상 즉 대동세상이라고 주장한 것이다. 시진핑이 주장하는 "사회주의 강국"이란 강유위가 말하는 태평대동의 시대인 자유주의, 평등주의, 사회주의, 세계주의의 태평시대와 맞물린다. 결국 현대중국은 다시 거란, 소강, 대동으로 되돌아온 것이다.

막스 베버는 그의 『유교와 도교』에서 소강세상과 대동세상 그리고 강유위가 이 내용으로 유교사상이 사회주의적 이상을 정당화했다고 보고 있다. 즉 『예기禮記』의 예운편禮運篇에는 다음과 같은 상태가 서술되고 있다. 즉, 왕위는 세습에 의해서가 아니라, 선거에 의해서 임명되며, 부모는 자기 자식들만을 그들의 자식으로서 사랑하는 것이 아니며, 자식들도 자기 부모에게만 그들의 부모로서 효도하는 것이 아니다. 그리고 유아, 과부, 노인, 자식이 없는 사람, 병자 등은 공동재산에 의해 부양되며, 남자들은 노동을 하고 여자들은 가정을 돌본다. 또한 재화는 절약해서 저축되지만, 사적인 목적을 위해 축적되지 않으며, 노동은 자기의 이익 때문에 행해지는 것이 아니다. 또 도둑이나 반도叛徒는 존재하지 않으며 모든 문은 열린 상태에 있고 국가는 결코 권력국가가 아니다. 이것이 '대도大道(위대한 길)'이며, 그 결과가 '대동大同(위대한 동질성)'이다.

이에 반해서 이기심에 의해 만들어진, 개인적인 상속권, 개별가족, 호전적인 권력국가와 개연적 이해관계의 독점척인 지배를 수반하는 경험적인 강제질서는 특정적인 용어로 '소강(小康, 작은 평안)'이라고 불리어진다.

그 무정부주의적인 이상사회의 기술은 이처럼 경험적인 유교적 사회이론의 틀을 벗어나 있다. 특히 모든 유교윤리의 기초인 효도와 일치하지 않기 때문에, 정통설은 그 원인을 한편으로는 텍스트의 불순화로 몰렸으며, 또 다른 한편으로는 그 속에서 '도가적' 이단설의 냄새를 맡기도 하였다(여하튼 레게도 같은 견해였다).

반면에 당연한 이유에서 현재 강유위康有爲(1858~1927)의 근대적 학파는 바로 그 진술을 사회주의적 미래이상이 유교적으로 정당하다는 것을 입증하는 증거로 인용하곤 하였다(막스 베버, 『유교와 도교』).

즉 베버는 강유위의 사회주의 학파가 예운에서 말하는 대동사회가 사회주의 이상과 중화주의 유교를 일치한다는 증거로 인용하고 있다는 것이다.

강유위가 주장하는 사회주의의 이상사회와 예기의 내용과 일치하지는 않는다. 그러나 그는 유교가 사회주의적 이상과 일치한다는 억지주장을 함으로써 공산당 독재의 전체주의 중국이 과거와 단절되지 않고 이어지는 일에 큰 영향력을 행사한 것이다.

중화주의 유교는 음양오행과 태극과 64괘의 원리를 단지 지배와 피지배의 원리인 양존음비陽尊陰卑로 바꾸었기 때문에 그 이론을 사용할 수 없다.

하지만 우리 한민족의 '홍익인간 모형'은 근본적으로 다르다. 우리는 음양오행과 태극과 64괘의 진리를 개벽과 개천의 원리로 설명한다. 그리고 45훈과 『366사』의 진리로 재세이화와 홍익인간을 설명한다. 중국인들은 꿈에서도 상상하지 못할 일은 우리 한민족은 이미 물샐틈없는 이론체계로 만들어냈고 그것을 과학적 실험을 통해 증명까지 한 것이다. 여기에서 한민족이 가지고 있는 진정한 저력이 무엇인가를 알 수 있는 것이다. 하지만 우리 대한민국은 한민족의 '홍익인간 모형'이 그들과 비교할 수 없는 광대무변하고 또한 정교할 뿐 아니라 과학적 실험으로 증명된 현실적인 이론임에도 아직 알려지지 않고 사장되어 있는 것이다.

그리고 그 근원인 『천부경』, 『삼일신고』, 『366사』는 현실에서는 외래사상인 유교, 불교, 단학/선도와 동서양철학의 이론으로 설명함으로써 그 안에 담긴 '홍익인간 모형'을 말살하려는 사람들이 우리나라에 넘쳐나고 있는 것이 아닌지를 우리는 예의주시할 필요가 있다.

『예기』의 예운禮運 편은 대동사회大同社會와 소강사회小康社會를 설명하고 있다. 『예기』 말하는 대동사회, 즉 홍익인간 사회의 모습은 다음과 같다.

"공자가 말했다. 대도가 행해지던 때와 삼대(夏殷周)의 현철들이 정치를 했을 때에는 세상은 사유私有가 아니라 공공公共의 세상이었다. 그리하여 임금된 자는 그 지위를 자손에게 넘겨주지 않고 착하고 유능한 자를 뽑아 전수傳授했으며 신의를 강습하고 화목함을 닦았다. 그러므로 사람들은 자기 부모만을 섬기거나 자기자식만을 사랑하는 일이 없었다.

노인들로 하여금 편안하게 그 여생을 마칠 수 있게 하고, 장년은 쓰임이 있었고. 어린이는 교육을 받았다. 홀애비와 과부, 고아와 지식없는 노인들과 장애인 모두 부양을 받았다. 남자는 각자 소질에 적합한 직업이 있고, 여성들은 각자 의지할 곳이 있다.

재화라는 것은 버려지는 것을 싫어하지만 결코 지나치게 소유하지 않았다. 힘은 반드시 자신의 몸에서 나오지 않는 것을 꺼려했지만, 그것을 자신만을 위해 사용하지는 않았다. 이러한 풍습으로 인해 간특한 음모는 막혀 일어나지 못하고 도적과 반란은 일어날 수 없었다. 그러므로 사람들은 대문을 잠그지 않고 편안하게 살 수 있었다. 이러한 세상을 공평하고 떳떳한 도리가 천하가 함께 한다 하여 대동의 세상이라 하였다(孔子曰 大道之行也 與三代之英 丘未之逮也 而有志焉大道之行也 天下爲公 選賢與能 講信修睦 故人 不獨親其親 不獨子其子使老有所終 壯有所用 幼有所長 鰥寡孤獨 廢疾者 皆有所養男有分 女有歸 貨 惡其棄於地也 不必藏於己 力 惡其不出於身也 不必爲己 是故謀閉而不興 盜竊亂賊而不作 故外戶而不閉 是謂 大同)."

대동사회의 노동은 당연히 전체의 이익을 위해 노동하며 노동의 산물인 재화는 자신을 위해 사용하지만 또한 모든 사람이 공동으로 그 재화를 향유할 수 있도록 한다는 말이다. 이것이 우리나라의 '홍익인간 모형'의 재세이화 상태인 두레이다. 바로 재세이화가 이루어지고 있는 사회인 것이다. 또한 사회적 약자를 하나의 공동체 안에 받아들여 보살폈다는 것이다. 또한 재화가 사리사욕을 위해서만 쓰이지 않고 모두를 위해서도 사용된다. 이렇게 사회 안에서 일어나는 모든 사건을 최적화하는 일이 생활화하고 풍습이 될 때 모든 인간을 이롭게 하는 홍익인간 상태가 이루어지는 것이다.

4. 백범 사상은 홍익인간 모형의 바탕이다

백범 김구 선생은 동학농민전쟁과 항일독립운동 그리고 대한민국 건국까지를 하나의 전체로 묶는 한국대혁명 그 자체이다. 그럼으로써 그 삶 자체로 '홍익인간 모형'에 접근하고 있다.

백범 선생은 동학농민전쟁에 직접 동학접주로서 참여했고, 백주 대낮에 주막에서 민간으로 위장한 일본군 육군 중위 쓰치다(土田讓亮)를 맨손으로 때려죽이고, 중국에서 대한민국 임시정부의 항일독립운동에 최고 지도자로서 주도적으로 참여하여 여러 민족적 거사를 성공시킨다. 그리고 해방 대한민국의 건국까지 오직 한민족의 독립을 위해 싸웠다.

백범의 삶은 그 자체로 한국대혁명이다. 즉 근대 이후 동학농민전쟁과 항일독립운동과 4 · 19혁명과 5 · 18광주민주화운동 등을 통해 한국대혁명을 진행함으로써 '홍익인간 모형'을 실현하는 한민족 전체를 대표하는 기본적인 틀이 되고 있다.

한민족이라면 누구나 백범과 같은 삶을 살고자 했을 것이다. 그러나 백범처럼 살지는 못했어도 한민족이라면 대부분 근대 이후 질풍노도와 같은 시대에 치열하게 삶을 살아가며 거대한 한국대혁명에 크던 작던 기여함으로써 오늘의 대한민국이 있고 또한 미래의 한민족이 존재할 것이다.

따라서 이 책을 마무리 지으면서 현실의 '홍익인간 모형'으로서 백범의 삶을 살펴보는 것도 의미가 있을 것이다.

나는 이 책에서 미국의 지적 독립선언을 주장했던 에머슨의 사상을 소개했다. 그리고 미국에서 유학한 사람들 중 에머슨의 지적 독립정신을 배워온 사람이 누구인가를 물었다.

그런데 나는 근대 이후 한민족의 지적 독립선언을 가장 뚜렷하게 선언한 사람이 대학의 학자가 아니라 백범 선생이라는 사실을 깨달았다.

선생은 18세에 동학의 접주가 되어 동학농민전쟁에 참여했다. 그리고 선생은 21세에 주막에서 조선옷을 입고 조선말을 하는 일본군 육군 중위 쓰지다를 발견하고 일본도를 휘두르는 그와 맨손으로 싸워 때려죽인 후 "국모보수國母報讐(국모의 원수를 갚음)의 목적으로 이 왜를 타살하노라" 하고 끝줄에 '해주 백운방 텃골 김창수'라 써서 통로의 벽 위에 붙였다.

앞날이 창창하고 뛰어난 능력을 가진 조선과 일본의 두 젊은이가 외나무다리에서 만나 생사를 건 결투를 벌인 것이다. 조선의 젊은이는 동학의 접주 출신 백범 선생이었고, 일본의 젊은이는 일본 육군 중위로서 서울 말씨를 자유롭게 구사할 정도로 탁월한 인재였다. 그리고 조선에 조선인의 옷을 입고 침투하여 800량의 자금을 사용할 정도로 중요한 스파이 임무를 수행 중인 쓰지다였다.

만일 그 쓰지다가 백범 선생을 일본도로 베었다면 그는 훗날 일본 군부의 중요한 위치에 올랐을 것이 틀림없다. 아마 그는 일본의 큰 정치가가 되었을지도 모른다. 하지만 그는 운이 지독하게 없는 일본의 젊은 장교였다. 하필이면 조선의 호랑이 백범 선생을 만났기 때문이었다. 이 사건 이후 독립운동과 해방 후 건국에 이르기까지 선생의 업적은 눈부시다.

백범 선생은 거기에 더해 대한민국 지적 독립선언의 장본인이었음은 놀라움을 안겨준다. 선생은 『백범일지』의 "내가 원하는 우리나라"에서 이렇게 발표한다.

"지금 인류에게 부족한 것은 무력도 아니요, 경제력도 아니다. 자연
과학의 힘은 아무리 많아도 좋으나 인류 전체로 보면 현재의 자연과학
만 가지고도 편안히 살아가기에 넉넉하다. 인류가 현재 불행한 근본 이
유는 인의가 부족하고 자비가 부족하고 사랑이 부족한 때문이다. 이 마
음만 발달이 되면 현재의 물질력으로 20억이 다 편안히 살아갈 수 있을
것이다. 인류의 이 정신을 배양하는 것은 오직 문화이다.

"나는 우리나라가 남의 것을 모방하는 나라가 되지 말고 이러한 높고
새로운 문화의 근원이 되고 목표가 되고 모범이 되기를 원한다. 그래서
진정한 세계의 평화가 우리나라에서, 우리나라로 말미암아서 세계에
실현되기를 원한다. 홍익인간이라는 우리 국조 단군의 이상이 이것이
라고 믿는다."(김구, 『백범일지』)

백범 선생이 인의와 자비와 사랑을 논하는 것은 신라의 석학 최치원
선생의 난랑비서의 핵심인 우리나라의 고유한 풍류도가 유불선삼교를
포함하고 접화군생 즉 재세이화, 홍익인간 한다는 내용을 인용하고 있
는 것이다. 즉 우리의 고유한 풍류도가 유교의 인의와 불교의 자비와
기독교의 사랑을 포함한다는 말을 하고 있는 것이다, 백범은 도교 대신
기독교를 넣어 뛰어난 현실감각을 보여준다. 백범은 신라의 최치원 선
생을 계승하여 이 시대에 한민족의 지적 독립선언을 하고 있는 것이다.
백범 선생의 "나는 우리나라가 남의 것을 모방하는 나라가 되지 말고

이러한 높고 새로운 문화의 근원이 되고 목표가 되고 모범이 되기를 원한다. 그래서 진정한 세계의 평화가 우리나라에서, 우리나라로 말미암아서 세계에 실현되기를 원한다"는 말보다 더 진실하고 더 웅장한 대한민국의 지적 독립선언이 어디에 또 있을까?

미국의 지적 독립선언을 한 에머슨이 "미국이라는 몸과 마음에 자리 잡고 있는 '유럽이라는 회충'을 몰아내고 그 자리에 '유럽적인 정열을 미국적인 열정으로 대체시키는' 것이 자신의 목표라고 선언"하고 "이제 우리는 우리의 발로 걸을 것이고, 우리의 손으로 일할 것이며, 그리고 우리의 정신으로 말할 것"이라고 한 내용과 백범선생의 지적 독립선언을 비교하며 음미해볼 필요가 있을 것이다.

그리고 일본과 중국이 근대와 현대에 이와 같은 지적 독립에 완전히 실패한 사실을 비추어보면 백범의 지적 독립선언이 얼마나 큰 가치를 가지는가를 알 수 있다.

우리 한민족이 노예상태에서 벗어나 새로운 나라를 건설할 때 "우리나라가 남의 것을 모방하지 않고 새로운 높고 새로운 문화의 근원이 되고 목표가 되고 모범이 되기를 원한다"는 백범의 말은 그야말로 대한민국의 지적 독립선언이다. 이는 또한 에머슨의 "질투란 무지이고 모방은 자살"이라는 말과 비교할 만하다.

대한민국이 나아갈 길에 대해 "그래서 진정한 세계의 평화가 우리나라에서, 우리나라로 말미암아서 세계에 실현되기를 원한다"는 말은 곧 한민족이 처음 나라를 세웠을 때 개천과 재세이화와 홍익인간을 선언하며 '홍익인간 모형'을 제시한 것과 그 의미가 조금도 다르지 않다.

끝으로 선생이 "홍익인간이라는 우리 국조 단군의 이상이 이것이라고 믿는다"라고 말하며 홍익인간과 국조 단군을 명문화할 때, 한민족이 처음 나라를 세울 때의 설계 원리인 '홍익인간 모형'과 그 민주적 지도자 단군을 부활시키고 있다.

이제 우리는 선생이 제시한 단군과 홍익인간을 지난 3천 년 간 동서양의 철학을 모두 담고 있으면서도 그들은 상상조차 할 수 없었던 반도체문명을 이끄는 민주주의 플랫폼국가의 설계 원리로서의 '홍익인간 모형'으로 설명할 수 있게 되었다. 우리는 이제 근대 이후 동북아의 한중일 삼국이 이룰 수 없었던 독자적인 지적 독립을 이룰 수 있게 된 것이다. '홍익인간 모형'은 이제 근대 이후 한중일 삼국이 만들 수 없었던 반도체문명을 이끌어나갈 성장동력을 마련할 바탕이 되어줄 것이다.

백범 김구 선생의 삶 그 자체가 한국대혁명이었다. 이제 우리는 한 사람의 백범 김구 선생의 한국대혁명이 아니라 한민족 모두의 한국대혁명으로 나가갈 수 있게 된 것이다. 양 대륙 세계 플랫폼국가인 대한민국이 바로 그것이다!

참고문헌

제1부

1

닐 포스트먼, 홍윤선 역, 『죽도록 즐기기』, 굿인포메이션, 2010.

2

오카다 다키시, 『심리조작의 비밀』, 황선종 역, 어크로스, 2017.

한나 아렌트, 이진우 외 옮김, 『전체주의의 기원』 1, 한길사, 2013.

해리슨 M,라이트, 박순식 역, 『제국주의란 무엇인가』, 까치, 1981.

블라디미르 일리치 레닌, 박세영 역, 『제국주의』, 과학과 사상,

1988.

앤서니 기든스, 진덕규 역, 『민족국가와 폭력』, 삼지원, 1991.

Vaclav Havel, 『The Power of the Powerless』, 1978.

3

루이스 멈포드, 문종만 역, 『기술과 문명』, 책세상, 2013.

필립 T. 호프먼, 이재만 역, 『정복의 조건』, 책과 함께, 2016.

김태유, 『패권의 비밀』, 서울대학교출판문화원, 2017.

토인비, 홍사중 역, 『역사의 연구』, 홍사중역, 동서문화사, 2007.

주경철, 『대항해시대』, 서울대학교출판문화원, 2008.

에릭 홉스봄, 정도영 외 역, 『혁명의 시대』, 한길사, 2006.

맨슈어 올슨, 최광 역, 『국가의 흥망성쇠』, 한국경제신문사, 1992.

클라우스 슈밥, 송경진 역, 『제4차산업혁명』, 메가스터디, 2016.

마뉴엘 카스텔, 김묵한 외 역, 『네트워크 사회의 도래』, 한울, 2003.

4

김태유, 『패권의 비밀』, 서울대학교출판문화원, 2017.

차하순, 『서양사총론』 1, 탐구당, 2003.

5

김석균, 『바다의 해적』, 오션&오션, 2014.

피에르 클라스트르, 홍성흠 역, 『국가에 대항하는 사회』, 이학사, 2005.

크리스 하먼, 천경록 역, 『민중의 세계사』, 책갈피, 2004.

로버트 오언, 하승우 역, 『사회에 관한 새로운 의견』, 지식을만드는지식, 2005.

마르크스, 엥겔스, 서석연 역, 『공산당선언』, 범우사, 2000.

맨슈어 올슨, 최광 역, 『국가의 흥망성쇠』, 한국경제신문사,
1992.

마뉴엘 카스텔, 김묵한 외 역, 『네트워크 사회의 도래』, 한울,
2003.

6

폴 존슨, 『위대한 지식인들에 관한 끔찍한 보고서』, 한국언론자
료간행회, 1999.

강준만, 『미국사산책』 2, 인물과 사상사, 2010.

랠프 왈도 에머슨, 전미영 역, 『자기신뢰』, 창해, 2015.

Alan W. Gomes, 고진옥 역, 『유니테리언 유니버살리즘』, 2002.

에리히 프롬, 김석희 역, 『자유로부터의 도피』, 휴머니스트출판

그룹, 2012.

박의경, 『미국 민주주의와 관용의 정신』, 2010.

마뉴엘 카스텔, 김묵한 외 역, 『네트워크 사회의 도래』, 한울, 2003.

매클루언, 김상호 역, 『미디어의 이해』, 커뮤니케이션북스, 2012.

김태유, 『패권의 비밀』, 서울대학교출판문화원, 2017.

크리스티안 생-장-폴랭, 성기완 역, 『히피와 반문화』, 문학과지성사, 2015.

이케다 준이치, 서라미 역, 『왜 모두 미국에서 탄생했을까』, 메디치미디어, 2015.

클라우스 슈밥, 송경진 역, 『제4차산업혁명』, 메가스터디, 2016.

KBS 미국의 부활 제작팀, 『미국의 부활』, 가나문화콘텐츠, 2016.

이즈야마 와타루, 유엔제이 역, 『셰일가스 혁명』, 이투데이, 2013.

사스키아 사센, 박슬라 역, 『축출 자본주의』, 글항아리, 2016.

7

모토오리 노리나가, 고희탁 외 역, 『일본의 국체 내셔널리즘의 원형』, 동북아역사재단, 2011.

강항, 이을호 역, 『간양록看羊錄』, 서해문집, 2005.

박홍규 외, 『국학과 일본주의』, 동북아역사재단, 2011.

다치바나 다카시, 이규원 역, 『천황과 도쿄대』 2, 청어람미디어, 2008.

김후련, 『일본신화와 천황제 이데올로기』, 책세상, 2012.

마뉴엘 카스텔, 김묵한 외 역, 『네트워크의 사회의 도래』, 한울, 2008.

9

류 샤오보, 김지은 역, 『류샤오보 중국문화를 말하다』, 한국물가정보, 2011.

이기동, 『유교』, 사단법인

편집부, 길희성 외 역, 『경전으로본 세계종교』, 전통문화연구회,
2017.

정 위안푸, 윤지산외 역, 『법가, 절대권력의 기술』, 돌베게, 2011.

리영희, 『전환시대의 논리』, 창비, 2010.

쉬즈위안, 김영문 역, 『독재의 유혹』, 글항아리, 2012.

김관도 외, 김수중 외 역, 『중국 문화의 시스템론적 해석』, 천지,
1994.

루쉰, 김태성 역, 「광인일기」 (『아Q정전』, 열린책들, 2011.)

김택민, 『중국역사의 어두운 그림자』, 신서원, 2005.

10

마틴 스토퍼드, 양창호 외 역, 『해운 경제학』, 박영사, 2015.

칼 야스퍼스, 백승균 역, 『역사의 기원과 목표』, 이화여자대학교

출판부, 1986.

제2부

1

채필근 『비교종교론』, 한국기독교서회 1975.

J. B. 노스, 윤이흠 역 『세계종교사』, 현음사, 1986.

이로카와 다이키치, 박진우역, 『메이지 문화』, 삼천리, 2015.

바츨라프 하벨, 「김정일은 최악의 독재자」, 〈워싱턴포스트〉

2004. 6. 18., 이미숙 워싱턴 특파원, 〈문화일보〉 2004. 6. 19.

강철, 「노동해방운동의 힘찬 전진을 위해」(1996. 4. 10) 「한 노동

운동가가 청년 학생들에게 보내는 편지!」(1986)(김영환, 『강철서

신』, 도서출판 눈, 1989.

신용하, 『동학과 갑오농민전쟁』, 일조각, 1993

나키츠카 아키라 외, 『동학농민전쟁과 일본, 모시는사람들, 2014.

프리드히리 니체, 곽복록 역, 『비극의 탄생. 즐거운 지식』, 동서문화사, 2009.

황장엽, 『인간중심철학 원론』, 시대정신, 2008.

3

그레이스 E. 케언즈, 이성기 역, 『역사철학』, 대원사, 1994.

이븐 할둔, 김용선 역, 『무캇디마(이슬람 사상)』, 삼성출판사, 1982.

슈팽글러, 양해림 역, 『서구의 몰락』, 책세상, 2008.

토인비, 홍사중 역, 『역사의 연구』, 동서문화사, 2007.

계연수, 임승국 역, 『한단고기』, 정신세계사, 1985.

정약용, 「탕론」 (정약용, 임정기 외 역, 『다산 시문집 제11권』,

솔출판사, 1996)

4

프랭크 뉴포트, 정기남 역, 『여론조사』, 휴먼비즈니스, 2007.

마크 판 퓌흐트 · 안자나 아후자, 『빅맨』, 웅진씽크빅, 2011.

제3부

2

러셀, 최민홍 역, 『서양철학사 상』, 1979

조지 오웰. 권진아 역, 『1984』, 을유문화사. 2012.

히틀러, 황성모 역, 『나의 투쟁』, 동서문화사, 2016.

로베르트 미헬스, 김학이 역, 『정당사회학』, 한길사, 2002.

박명호, 『2012 경제발전경험모듈화사업:한국의 농지개혁』, 기획재정부, 2013.

일레인 페이절스, 하연희 역, 『숨겨진 복음서:영지주의』, 루비박스, 2006.

말틴 루터, 지원용 역, 『말틴 루터의 종교개혁 3대 논문』, 컨콜디아사, 1993.

배덕만, 『교회 세습, 하지 맙시다』, 홍성사, 2016.

다니엘 게렝, 김홍옥 역, 『아나키즘 이론에서 실천까지』, 여름언덕, 2015.

마르크스, 엥겔스, 『공산당선언』, 서석연 역, 범우사, 2000.

칼 마르크스, 『루이 보나파르트의 브뤼메르 18일』, 비르투, 2012.

한나 아렌트, 이진우 외 역, 『전체주의의 기원』 1, 한길사, 2013.

3

M. 엘리아데, 이은봉 역, 『종교형태론』, 한길사, 1996.

앨빈 토플러, 이규행 감역, 『권력이동』, 한국경제신문사, 1991.

소병, 노승현 역, 『노자의 성』, 문학동네, 2000.

하기락, 『奪還』, 형설출판사, 1985.

루이스 헨리 모건, 최달곤 역, 『고대사회』, 문화문고, 2000.

찰스 만, 전지나 역, 『인디언』, 오래된미래, 2005.

정약용, 「탕론」(정약용, 『다산 시문집 제11권』,임정기 외 역,

솔출판사, 1996.

4

위앤커, 전인초 외 역, 『중국신화전설』 1, 민음사, 2002

何新, 洪熹 역, 『신의 기원』, 동문선, 1990.

오노 야사마로, 강용자 역, 『고사기』, 지식을만드는사람들, 2009.

양계초, 풍우란외, 『음양오행설의 연구』, 김홍경, 1993.

풍우란, 박성규 역, 『중국철학사 하』, 까치글방, 2007.

류샤오보, 김지은 역, 『류샤오보 중국문화를 말하다』, 한국물가
정보, 2011.

시에 쏭링, 김홍경, 신하령 역, 『음양오행이란 무엇인가』, 연암출
판사, 1995.

高亨, 김상섭 역, 『고형의 주역』, 예문서원, 1995.

주희, 김상섭 해설, 『역학계몽』, 예문서원, 1996.

탈레스 외, 김인곤 외 역, 『소크라테스 이전 철학자들의 단편선
집』, 아카넷, 2005.

안재오, 『논리의 탄생』, 철학과 현실사, 2002.

비트겐슈타인, 김양순 역, 『논리철학논고』, 동서문화사, 2011.

슈퇴릭히, 임석진 역, 『세계철학사』 1, 분도출판사, 1987.

폴 풀키에, 최정식 외 역, 『변증법의 이해』, 한마당, 1992.

헤겔, 임석진 역, 『정신현상학』 1, 지식산업사, 1988.

프리드리히 엥겔스, 김민석 역, 『반듀링론』, 새길, 1988.

마르크스, 김수행 역, 『자본론』 1, 비봉출판사, 2012.

Robert Heiss, 황문수 역, 『변증법』, 일신사, 1973.

김태섭, 『규석기시대의 반도체』, 한국표준협회미디어, 2017.

5

베르그송, 서정철 · 조풍연 역, 『창조적 진화』, 을유문화사, 1992.

역사학회, 『노비 · 농노 · 노예』, 일조각, 1998.

이영훈, 『한국경제사』 1, 일조각, 2016.

무르띠, 김성철 역, 『불교의 중심철학』, 경서원, 1999.

황장엽, 『인간중심철학 원론』, 시대정신, 2008.

6

신일철 역, 「정감록」 (이병도 외 역, 『한국의 민속사상』, 삼성출판사, 1983.

신채호, 『조선상고사』, 일신서적, 1998.

홍선희, 『조소앙의 삼균주의 연구』, 부코, 2014.

강만길, 『조소앙』, 한길사, 1982.

이병도, 『한국고대사회와 그 문화』, 서문문고, 1978.

계연수, 임승국 역, 『한단고기』, 정신세계사

이병도, 「고대남사당」, 『서울대학교논문집』 제1집, 1954

신용하, 「두레공동체의 농악과 사회사」, 『한국사회연구』 제2집, 한길사, 1984.

제4부

1

루드비히 폰 버틀란피, 현승일 역, 『일반체계이론』, 민음사, 1990.

에드워드 윌슨, 최재천, 장대익 옮김, 『통섭』, 사이언스북스, 2005.

에드워드 윌슨, 이병훈, 박시룡 옮김, 『사회생물학』, 민음사, 1992.

이인식 외, 『통섭과 지적 사기』, 인물과사상사, 2014.

리처드 도킨스, 이용철 옮김, 『이기적인 유전자 』, 두산동아, 1992.

2

로버트 오언, 하승우역, 『사회에 관한 새로운 의견』, 지식을만드는지식, 2005.

칼 폴라니, 홍기빈 역, 『위대한 전환』, 도서출판 길, 2009.

팀 던럽, 엄성수 역, 『노동 없는 미래』, 한국물가정보, 2016.

최광은, 『모두에게 기본소득을』, 박종철출판사, 2011.

마르크스, 김수행 역, 『자본론』, 비봉출판사, 2012.

피터 드러커, 이규창 역, 『보이지 않는 혁명』, 단대출판사, 1981.

에리히 프롬, 김석희 역, 『자유로부터의 도피』, 휴머니스트출판그룹, 2012.

정약용, 김영호 역, 「經世遺表」(『한국의 실학사상』, 삼성출판사, 1984.)

막스 베버, 이상률 역, 『유교와 도교』, 문예출판사, 1996.

4

김구, 『백범일지』, 학민사, 1997.